U0609847

国家出版基金项目
NATIONAL PUBLICATION FOUNDATION

时空坐标、形成路径与奠定：构筑中国疆域的文明板块研究

于逢春　著

黑龙江教育出版社

中国边疆研究文库二编
——当代学人边疆研究名著

编委会成员名单

（以姓氏笔画为序）

主　　编：厉　声
副　主　编：丁一平　于逢春　李大龙
编委会成员：丁一平　马大正　于逢春　王子今
　　　　　　王希隆　厉　声　吕一燃　李大龙
　　　　　　李治亭　李金明　李国强　邢玉林
　　　　　　林荣贵　周伟洲　魏存成

序　言

　　边疆既是一个地域概念，也是一个政治概念。就地域层面而言，是指国家毗连边界线、与内地（内陆、内海）相对而言的区域。一般而言，历史上中国的边疆是在秦统一中原、其重心部分形成之后确立的，有着两千多年的历史沿革；相应地，中国的边疆研究也有着悠久的历史和优良的传统，并与国家和边疆的安危息息相关。

　　从近代到新中国成立，中国边疆研究曾出现过两次研究高潮，第一次研究高潮是 19 世纪中叶至 19 世纪末，西北史地学的兴起，国家边界沿革的考订、边疆民族发展的著述等，是这一时期中国边疆研究高潮的标志。在边疆研究的热潮中，一些朝廷的有识之士开始学习近代国际法的领土主权原则，与蚕食我国领土的列强势力相对抗。黄遵宪、曾纪泽等都曾以"万国公法"为武器，在处置国家边界事务中与英、俄列强执理交涉。在边疆研究领域，学者们开始将政治学、法学等与传统的史学、地理学等相互结合，开创了现代意义上的边疆学研究。

　　第二次研究高潮是 20 世纪 20 年代至 40 年代，是在国家与民族危机激发下出现的又一次中国边疆研究高潮。国际法与政治学方法也被广泛地运用到中国边疆史地的研究之中，边政学的创立与研究、以现代学术新视角和新方法对中国边疆进行的全方位研究，是这次高潮的突出成就；研究内容也从边疆领土主权、历史地理扩展到民族、语言、移民、中外交通等领域。与此同时，边疆考察作为中国边疆史地研究的内容与方法，也愈益受到重视。

两次研究高潮的实践与成果，实现了中国边疆研究从传统中国史学研究向现代多学科综合研究的转变，为中国边疆研究学科领域的进一步拓展与深化奠定了基础。新中国建立后，中国边疆史地研究方兴未艾。继而在改革开放大潮的推动下，带来边疆学研究的三度兴起。此次研究高潮酝酿于 20 世纪 80 年代初，兴盛于 90 年代，至今热度不减。

1983 年，中国社会科学院中国边疆史地研究中心（以下简称"边疆中心"）成立，这既是我国边疆史地研究第三度热潮的产物，也进而成为国家边疆研究的前沿引领者。

近 30 多年来，边疆中心在边疆研究领域已取得了丰硕的学术成果，很多研究成果不仅填补了新中国成立以来各自领域的学术研究空白，而且以综合性、系统性、科学性的特点，成为目前国内同类研究中的优秀作品，对学科建设和发展、对推动全国边疆史地研究，均起到了举足轻重的作用。在研究内容方面，已形成了从最初以中国近现代边界研究为主，发展到古代中国疆域史、中国近代边界沿革史和中国边疆研究史三大系列为重点的研究格局。近年，坚持基础研究与应用研究并重，在继承和弘扬中国边疆史地研究遗产的基础上，已逐步形成了历史研究与现状研究、基础研究与应用研究融而为一的中国边疆学研究模式。

边疆中心所实施的应用研究，是以当代我国边疆的稳定和发展现状为切入点，直面当代中国边疆面临的紧要问题和热点问题，进行跨学科的综合性研究。中国边疆研究不但要追寻边疆历史发展的规律和轨迹，还应探求边疆发展的现实和未来。当代我国边疆现状研究首先是建设有中国特色社会主义的需要，也是中国边疆学学科发展的需要。我国边疆区域的发展现实，促使中国边疆现状研究的内涵和外延要有新的学科定位：即将中国边疆作为统一多民族国家的有机组成部分，作为一个完整的研究客体；现状与历史不可分，现状的历史实际上也是历史的现状，所以要进一步加强历史的和现状的综合性一体研究。通过对学科布局的适时调整，中国的边疆研究不断取得学科突破和新的学科增长点，进而尽快实现以基础研究为主的中国边疆史地研究向基础研究与应用研究并重的中国边疆研究的过渡。

短期内，我国在中国边疆疆域理论研究方面必须明确主旨有大的突破。且在深化实证研究的同时，进一步加大理论研究投入的力度，不断探索中国边疆历史与现状发展的规律。在实证研究的基础上，努力为历史上多元一体的中华民族边疆地区的政治、经济、人文发展和变迁构筑理论体系，是中国边疆史地学研究的根本目标。近30年来，大量高水平的研究成果相继面世，为对中国边疆疆域理论体系的构建与未来中国边疆学学科体系的构建奠定了坚实的基础。

一方面，边疆实证研究的不断深化，需要理论层面的支撑。在中国古代历史疆域理论、历代边疆治理理论，古代统一多民族国家边疆地区的发展规律、古代边疆民族在多元一体中华民族中的发展规律等方面，以及在近现代陆疆、海疆与边界的理论问题等方面，通过大量的实证研究探索其中的规律，进一步构建我国边疆历史发展与统一多民族国家发展的理论体系。

另一方面，边疆研究学科的发展需要尽快完成中国边疆学学科的构建，包括边疆学学科的概念、界定与范畴，学科性质和功能，学科体系构建等一系列理论问题，建立以马列主义为指导的、有中国特色的中国边疆学理论体系。近年来，国内数所大学以开设边疆学博士点为契机，也在加紧边疆史地学科的构建；一些高校或地方科研院所，先后以"中国边疆学"或"中国边疆史地学"的学科定位建立了相关的学科专业；围绕边疆研究先后出现的相关学科命名有边疆政治学（边政学）、边疆史地学（边史学）、边防学、边疆安全学（边安学）等。但从学科层面，还学术界尚未形成统一的认识，缺乏基本学科框架的规范系统论证。在诸如边疆学的内涵与外延及整体构建等方面还需要做更多深入研究；在疆域理论研究方面则需要投入更多的力量，尽快拿出较为成熟的成果。同时，应注重学科理论建设与方法论的进一步开拓，在原有的历史学、民族学、历史地理学等为主的基础上，扩展引入政治学、社会学、法学、国际关系学、地缘政治学等理论与方法，进一步突出边疆研究作为跨学科、边缘学科和新兴学科的特点与优势，不断推动和加快学科建设步伐。

学术研究与研究成果的出版是并行的。20 世纪 80 年代末，当组建不久的边疆中心在成果出版方面寻找出路的时候，黑龙江教育出版社以高度的政治责任心与敏锐的学术眼光，伸出了合作之手。一晃至今，双方精诚合作了 20 多年。先是以"边疆史地丛书"的形式，自 1991 年 3 月开始出版，截至 2011 年，先后有 70 余种边疆研究著（译）作面世。已出版的学术著作得到了学术界和读者的广泛关注，取得了良好的社会效益，持续有力地推动着中国边疆研究学科的不断发展。如果说边疆中心在边疆研究方面成为了学术前沿的引领者，那么黑龙江教育出版社则以边疆研究成果的出版而成为国内外知名的品牌出版社。

在当前我国边疆研究氛围持续高涨的形势下，经边疆中心与黑龙江教育出版社共同努力，将以更为严格的科学态度、更为严谨的学风文风，共同出版水平更高的边疆研究著作。遂决定"中国边疆研究文库"的形式，由边疆中心组稿审定，黑龙江教育出版社编辑出版。

"中国边疆研究文库"由"中国边疆研究文库初编——近代稀见边疆名著点校及解题"与"中国边疆研究文库二编——当代学人边疆研究名著"两部分组成。前者共选出近 50 种近代以来面世的我国边疆研究学术著述，在实施点校的基础上，作出导读性与研究性的解题，予以重新出版；后者选择近50种新中国成立六十多年来我国（包括台湾、香港、澳门）边疆研究的老一代知名学者、中年有为学者、年轻后起学者的著述，汇集出版。可以说，这些著作基本代表了目前我国边疆学研究的水平。同时，对1949年后有较大影响的边疆研究著述又进行了修订出版，特别是将新近的研究成果充实其中，使这些有影响的研究成果内容更加翔实、完整，更具学术价值。这套边疆研究文库，无论是初编还是二编，全部匹配有与文字内容相关的图片，它将以新的形式提供给读者。

今天，中国边疆研究已是一门方兴未艾的显学，呈现在读者面前的《中国边疆研究文库》尚属开创之举，一定有诸多不尽如人意之处，衷心希望得到广大读者的支持帮助、批评指正。同时，我们也有信心，在目前《中国边疆研究文库》初编、二编近100部著作的基础上，继往开来，努力开拓进取，组织更多边疆研究的优秀成果，继续出版三编、四编……为我国边疆研究的持续兴盛，为繁荣边疆的历史文化，为今天我国边疆的社会稳定和经济发展，作出应有的贡献。

需要说明的是，本《文库》系国家出版基金特别资助项目，如果没有国家出版基金办大手笔支持我国的出版事业，本《文库》是无法面世的。在此，请允许我们表示诚挚的感谢。

主编谨识

目　录

导论 ……………………………………………………… （1）

一、研究的缘起 ……………………………………… （3）

二、中国疆域底定的关键时间 ……………………… （8）

三、"五大文明板块"的空间向度 ………………… （10）

四、中国疆域统合黏合剂：大一统、华夷同源、

天下观、汉字 ………………………………… （22）

五、在陆上专制皇权与海上社会力量之间 ………… （32）

第一章　金瓯正圆时：中国疆域最终奠定的时空坐标 …… （39）

一、引言 ……………………………………………… （41）

二、清朝对其疆域最终形成的学理与法理确认 …… （44）

三、外国对清朝疆域最终形成的法律承认 ………… （54）

四、列强对清朝领土主权最终形成的法律认同 …… （58）

五、本章小结 ………………………………………… （62）

第二章　跃马亦高歌："大漠游牧文明板块"论衡 …… （65）

一、引言 ……………………………………………… （67）

二、"大漠板块"的范围与基本社会结构 ………… （72）

三、"大漠板块"的基本特质 ……………………… （78）

四、"大漠板块"在中国疆域形成过程中的作用 … （113）

五、蒙古帝国之余绪：清朝与沙皇俄国 …………… （122）

六、本章小结 …………………………………………（127）

第三章　中原正逐鹿："泛中原农耕文明板块"探析 ……（133）

一、引言 ……………………………………………（135）

二、"泛中原板块"的形成 ………………………（139）

三、大一统、天下观、华夷同源谱系及其在中国疆域奠定中
的地位 …………………………………………（151）

四、"泛中原板块"在中国疆域形成过程中的作用 ……（161）

五、本章小结 ……………………………………（164）

第四章　异域变旧疆：泛中原视域下的西南边疆及土司
……………………………………………………（167）

一、引言 …………………………………………（169）

二、从郡县到自立
——两汉魏晋南北朝时期西南地区政治生态衍变之缘由
……………………………………………………（171）

三、在自治与自立之间
——隋唐五代两宋时期西南地区羁縻府州与南诏、
大理政权自立之内因 ………………………（176）

四、土司制度
——蒙古—元朝时期西南地区社会态势生成之基础
……………………………………………………（178）

五、改土归流
——明清时期西南地区之渐次"中原化"历程及动力
……………………………………………………（182）

六、本章小结 ……………………………………（199）

第五章　男儿事长征："辽东渔猎耕牧文明板块"讨究 ……（203）

一、引言 …………………………………………（205）

二、"辽东板块"的地理环境及经济类型 ……………（207）

三、"辽东板块"的形成 …………………………………… （220）

四、"辽东板块"的特质 …………………………………… （223）

五、"辽东板块"诸政权及其在中国疆域底定过程中的作用

………………………………………………………… （229）

六、本章小结 ……………………………………………… （233）

第六章　回首望长安："雪域牧耕文明板块"论考 ……… （237）

一、引言 …………………………………………………… （239）

二、"雪域板块"的形成 …………………………………… （242）

三、"雪域板块"的特质 …………………………………… （254）

四、"雪域板块"在中国疆域形成过程中的作用 ………… （264）

五、本章小结 ……………………………………………… （269）

第七章　帆船上的中国："海上文明板块"构筑 ………… （273）

一、引言 …………………………………………………… （275）

二、中国人大航海与"海上板块"的形成 ………………… （278）

三、"海上板块"的特质 …………………………………… （293）

四、"海上板块"对中国社会及疆域形成的影响 ………… （297）

五、明清王朝禁海与海上社会力量的兴起及辛酸 ……… （298）

六、本章小结 ……………………………………………… （304）

第八章　疆域黏合剂："华夷同源"谱系与大一统思想的建构

——以《史记》有关记述为中心 ………………… （307）

一、引言 …………………………………………………… （309）

二、《史记》有关"华夷同源、天下一统"的纵向与横向构筑

………………………………………………………… （313）

三、司马迁构建"华夷同源、天下一统"框架的历史条件

——华夏族群边缘的外展 ………………………… （330）

四、司马迁构建"华夷同源、天下一统"框架的理论与

地理学准备 ………………………………………… （333）

五、本章小结：移动的华夷界限与司马迁的华夷族群认同

…………………………………………………………………………（336）

第九章　现实与想象："天下观"的形成与衍变…………（341）

一、引言……………………………………………………（343）

二、近代国家意义上的"中国"与"中原王朝"之间的差异

………………………………………………………………（346）

三、扩张与变动的"天下"…………………………………（348）

四、现实中的"天下"与想象中的"天下"…………（357）

五、"天下"与近代意义上的国家——"中国"之间的重合

………………………………………………………………（363）

六、本章小结：在外延与内缩之间………………………（365）

结语………………………………………………………（369）

一、中国疆域底定的必然性与中国疆域形成模式的例外论

………………………………………………………………（369）

二、1820—1949 年约 350 万平方公里左右陆疆与两个海域

之殇………………………………………………………（374）

三、台湾海峡两岸的和平统一大业………………………（408）

后记………………………………………………………（410）

导论

公元前2世纪后半叶的世界主要形势是，东亚及中亚一部分由前汉帝国、北亚及中亚一部分由匈奴单于国、西亚由安息帝国、欧洲由罗马共和国来主导。

古代中国的匈奴单于国与汉帝国
——公元前2世纪后半段的世界
（《ビジュアル世界史》,東京:株式会社東京
法令出版,2000 年）

导　论

一、研究的缘起

1. 在古代世界帝国废墟上浴火重生的现代世界大国

1970 年，GDP 排名世界第一的美国是 10 255 亿美元，排名第 14 位的中国是 272 亿美元，美国是中国的 37.7 倍；2011 年，GDP 仍排名世界第一的美国是 15 065 亿美元，排名第二的中国是 6 988 亿美元，美国是中国的 2.15 倍。历史回溯到清中期的乾隆时代，清帝国的 GDP 曾占世界的 40% 左右，遥遥领先于世界上任何国家。但自 19 世纪 30 年代末以降，清朝先是惨败于大英帝国，继而大大小小的殖民者纷至沓来，大的如沙俄，小的如葡萄牙；远的如英国，近的如日本，无一例外地都曾欺辱过近代中国，并在晚清及民国时期从中国获得数量不菲的战利品。一时强盛的清帝国最终被淘汰出世界级帝国行列。但时过 170 年 (1840—2010 年)，今日中国作为清帝国绝大部分版图、人民与文化的继承者，正以大国之姿缓慢但却坚定地重返世界舞台。中华民族复兴之期，借用毛泽东先生的一句话来形容，可以说是有如"站在高山之巅，已见喷薄欲出的一轮红日，它是遥望海中已见桅杆尖顶的一艘航船；它如躁动于母腹之中快要成熟了的一个婴儿"。

迄今为止，还从来没有一个世界级帝国在大国游戏中被淘汰出局后，其嫡传继承者能够凤凰涅槃，成功地重返世界大国之列，如波斯帝国、罗马帝国、亚历山大帝国、阿拉伯帝国、莫卧儿帝国、奥斯曼帝国、西班牙帝国、葡萄牙帝国、拿破仑帝国等。这是因为上述世界级帝国的瓦解，或由于内部冲突而起，或因外部强敌打击所致。而这些瓦解后的帝国均没有内在动力使其重新崛起，不但在前近代没有，即使进入民族国家时代也鲜有复兴者。这些帝国消亡后，其废墟上再也没有产生过一个类似的强大的前近代世界帝国或现代性世界大国，相反，这些地区均先后产生了多个政治中心、多个国家的复杂局面。

与上述帝国的"兴起—隆盛—衰退"仅有一个周期，且消亡之后就再也没有复兴过相比较，前近代中华帝国的历史却有例外性。譬如，在上述诸帝国中，罗马帝国前后延续了近千年，是享国时间最长的帝国，但也仅有一个兴衰周期。古代中国虽然没有一个享国历史如此长的阶段性帝国，但却有着前后相继、文明传递的多个帝国链条，一脉相承 2 000 多年。秦始皇于前 221 年建立了古代中国第一个帝国，嗣后，在秦帝国的废墟上先后崛起与消亡了许多阶段性帝国。在这诸多帝国链条中，每个世界级帝国的兴衰周期大都是四五百年，如由汉帝国（前 221—316 年）①，

---

① 前 221 年秦始皇初步统一中原，为后来的汉帝国崛起奠定了制度文明与物质文明的基础。中经汉高祖、惠、文、景帝的经营，汉帝国渐次崛起；自前 140 年汉武帝即位，到前 33 年汉元帝驾崩，汉帝国趋于鼎盛；自前 32 年汉成帝即位，到 220 年曹丕建立曹魏政权，直至 316 年西晋政权灭亡，期间汉帝国虽由衰败而中兴，但也没有挽救其命运。三国西晋虽从制度文明、物质文明乃至于主体统治族群上继承汉帝国，但没有一个政权能够挽救颓萎不堪的局面，从而摆脱短时期便退出历史舞台的命运。

中经唐帝国（317—915 年）①，再到元帝国（916—1367—1632 年）②，最后到清帝国（1368—1911 年）③，大都如此。虽然这些帝国建立者出身的民族（族群）各不相同，但维系帝国链条运作的"大一统"观念、"华夷同源"谱系、汉字、律法等的古代中国文化却从来没有中断过，从而使得古代中国的各个世界级帝国之间具有内在的文化继承性与疆域连续性。

那么，为什么单单古代中国能够拥有若干个前后相继的世界级帝国链条，并且获得了在 2 000 多年时间里兴衰更替而不废的天赐际遇呢？这种例外性与古代中国疆域的形成路径之间是否有关系呢？如果有关系的话，中国疆域又是如何形成的呢？其路径是什么样式的呢？其最终奠定的时间坐标在何时、空间坐标在哪里呢？与其他世界性帝国相比较，前近代的中华帝国具有什么样的性格呢？凡此种种，都是本书拟回答的问题。

---

① 自 317 年以降的"五胡乱华"，随之而来的东晋十六国，及其后来南北朝、杨隋时代，莫不是唐帝国崛起的前奏。各种政权与势力经过三百年的彼此攻伐，各种族群经过三百年的相互融合，一个崭新的"外汉内胡"帝国——唐帝国伴随着李世民的登场而趋于强盛，中经高宗李治、女皇武则天的经营，到唐玄宗李隆基开元年间达到了鼎盛。伴随着"安史之乱"的爆发，唐帝国进入衰退阶段，渐次衍化成"五代十国"的局面，最终无法收拾。

② 契丹人与蒙古人同属游牧民族且血缘甚近。916 年，契丹人兴起于蒙古草原东南部，尔后向四周拓展。中经契丹—辽帝国对蒙古高原、今东北、京津以及冀、晋北部的经营，再经金帝国在此基础上向南推进，长时期对黄、淮海流域的开拓，凡此种种，均为蒙古—元帝国的横空出世铺垫。自 1206 年成吉思汗兴起于斡难河畔，到朱元璋政权占领北京，此时期为蒙古—元帝国的鼎盛期。自 1368 年元顺帝退守蒙古草原开始，元帝国走向衰落。到 1632 年林丹汗走死青海大草滩，元帝国彻底退出历史舞台。

③ 就物质文明与制度文明而言，清帝国文明有三个源头，分别为满洲人与生俱来的辽东渔猎耕牧文明、明王朝废墟上的农耕文明与政治制度、北元王朝——鞑靼汗朝废墟上的游牧文明与对草原合法性的统治。由此之故，明王朝虽系汉族建立的王朝、北元王朝——鞑靼汗朝虽系乣古人建立的政权，但却为清帝国的兴盛提供了统治中原及内地十八省的制度文明，为清帝国储蓄了征服藩部、改土归流的人力与物力。因此之故，明王朝与北元王朝——鞑靼汗朝系清帝国成为世界级帝国的贮备阶段。经过清太祖、清太宗、清世祖的经营，到了康雍乾三朝，清帝国达到了繁盛，形成了世界帝国的模样。嘉道以降，清帝国缓慢地走向衰落之路，迨至 1840 年清英之役，清帝国再也无法恢复其元气，从此走上不归路。

2. 中国疆域最终奠定的时空坐标与形成路径

关于中国疆域最终奠定的时空坐标与中国疆域的形成路径问题，笔者曾分别提出了"中国疆域底定于 1820 年说"（简称"1820 年说"）与"构筑中国疆域的五大文明板块论"（简称"五大文明板块论"）。前者是从法理的角度探讨中国疆域究竟在哪个关键时间正式奠定；后者探究中国疆域的形成过程、途径及特点等。

所谓"1820 年说"，是指纂修于 1820 年①的《嘉庆重修一统志》及该志所附"皇舆全图"。该说既承载着中国历史内在发展所能达到的空间极致，又记述着康熙帝祖孙四代对领土、边界、主权与边民所具有的清晰的界定与认知的理念。并且，还附丽着俄罗斯与西欧列强对清朝领土主权的国际承认。因此，笔者将中国疆域最终奠定的空间坐标判定在《嘉庆重修一统志》及该志所附"皇舆全图"所确定的领域。同时，1820 年的清朝疆域是中国疆域范围的最终底定的极点。该年也是东西方力量对比最终逆转的临界点，更是古代中国国势由强转衰的最后时刻。故笔者将中国疆域最终奠定的时间坐标判定在该年。

所谓的"五大文明板块"，系指大漠游牧文明板块②、泛中原

① 清朝第三次纂修《大清一统志》始于嘉庆十六年（1811 年），由穆彰阿等主持，历时 34 年，至道光二十二年（1842 年）完成。因这次重修始于嘉庆十六年，所辑资料以嘉庆二十五年（1820 年）为断，故名《嘉庆重修一统志》。

② 本书的"大漠游牧文明板块"范围，概指秦汉万里长城以北至贝加尔湖北岸，从大兴安岭经西伯利亚森林地带、蒙古高原、天山山脉以北至锡尔河流域以西的广袤草原地带。该地带曾是游牧部族的天堂。该地带大致以南北走向的阿尔泰山脉为界，分为东西两部分。东段以今蒙古高原为中心。由于自古以来称蒙古高原大沙漠以北地区为漠北，以南地区为漠南，故又称"大漠"。"大漠"之称呼，出自《后汉书·乌桓传》（北京，中华书局点校本，1982）："匈奴转北徙数千里，漠南地空。"古代"漠"通"幕"，故又称蒙古大沙漠北部为幕北，南部为幕南，如《史记·匈奴传》："以精兵待于幕北，与汉大将军接战一日。"清代人仍称内蒙古为漠南，外蒙古为漠北。前 200 年左右，该地域被古代中国的匈奴冒顿单于统一。西段则以哈萨克草原为中心，向西连接着南俄草原。另外，以往不少学者习惯上以乌拉尔山脉为界，将欧亚大陆草原连同森林地带分为东、西两大区域。对此，本书后面将会涉及，此不赘述。

农耕文明板块①、辽东渔猎耕牧文明板块②、雪域牧耕文明板块③、海上文明板块④。这五种类型"文明板块"⑤的划分，是根据底定于 1820 年中国疆域的自然地貌、人文地理态势与社会形态来推定的。这些原本历史渊源不同、文化传承各异的文明板块，经过 2 000 多年的相互撞击与攻防，彼此融合与和解，最终被融合为一体。各个"文明板块"在不同的时期所起的历史作用是不同的。1820 年以前，在"泛中原板块"上诞生的中原王朝与其同期存世的——在其他文明板块上诞生的单于朝或汗朝、王朝或赞普朝之间，是一种平行与平等的关系，既无主从与主次之别，更无正统与僭伪之分。统合"五大文明板块"的黏合剂，则是中国固有的人文地理条件与"大一统"理念、"天下观""华夷同源"谱系等文化传统。

应该说，"五大文明板块论"的产生，首先得益于中国近百年来，特别是近 60 年来的考古学成就。20 世纪 80 年代中期在辽

---

① 本书的"泛中原农耕文明板块"范围，大致是指从战国秦汉长城一线到南海与中南半岛北部，从巴颜喀拉山、横断山以东迄渤海、黄海、东海的广阔地带。另外，还包括夹在昆仑山与天山之间、经过河西走廊与世界屋脊东麓下的黄土高原相衔接的南疆绿洲。该地带从很早时期起，便是农夫的家园。该地带于前 100 年前后被汉武帝及其子孙统一。

② 本书的"辽东渔猎耕牧文明板块"，系指位于大兴安岭山系、战国秦汉长城之辽东段、朝鲜半岛北部山地、日本海、鄂霍次克海与外兴安岭山系之间的辽阔地带。该地带东部与北部适于渔猎，中部便于耕作，西部易于放牧，呈现渔猎耕牧交汇的经济形态。该地带最终于 10 世纪由辽朝初次统一。

③ 本书的"雪域牧耕文明板块"范围，是指南、西、北、东四面分别环绕着喜马拉雅山、喀拉昆仑山、昆仑山、阿尔金山、祁连山与巴颜喀拉山、横断山，平均海拔 4 000 米以上的青藏高原及毗邻地带。该地域系平地丘陵地带，适宜游牧、河谷地带有利农耕之地，于 740 年前后被松赞干布赞普及其子孙统一。

④ 本书的"海上文明板块"范围，是由介于欧亚大陆东部弓形陆缘与该大陆东部海中的弓形列岛链，以及堪察加半岛与澳洲大陆北部之间的鄂霍次克海、日本海、黄海、东海、南海、爪哇海、苏拉威西海、班达海、阿拉弗拉海等若干个海域圈构成，又称"环中国海""亚洲地中海文化圈"或"东亚的内海"，但虽称"环中国海"却不意味着今日中国就应该拥有该诸海域的全部主权，此种划分仅仅是为了便于研究而已。

⑤ 该"板块"只是借用板块构造论（plate tectonics）的名词，表明各个不同地域的动感的、立体的形态。

西发现的红山文化，将中华文明史提前了1 000多年。嗣后，全国各地考古工作者纷纷将期盼目光从中原地区收回，开始关注当地的考古事业。迄今为止，全国绝大部分省份都发现了旧石器时代遗址，所有省份都发现了大量的新石器时代遗址。苏秉琦形容这种态势说："一时，中华大地文明之花，真如满天星斗，星星之火已成燎原之势。"① 同时，苏氏将新石器的中国考古文化分为六大区系，而广义的中原地区仅仅是六大区系之一。② 苏氏进而认为，中国文明起源从时间顺序来看，中原并不是最早的，不都是从中原向四周辐射。从旧石器中晚期到新石器初期，很可能是辽河流域比海河流域早，海河流域又比黄河中游流域早。③ 根据这些考古成果，再结合文献记载，我们可以清晰地看到，中国疆域的形成并非是以中原为中心逐步向四周展开的。实际上恰恰相反，中国疆域得以底定，"泛中原板块"自然功不可没，但更得益于诞生在各个"文明板块"上的各种政权。这些政权经常以中原为目标、为表演舞台，从四周向此汇集。同时，这些政权一俟占据中原后，则一方面将其发祥地纳入其统治版图，另一方面则以中原为基地，渐次征拓四方。

为了便于读者理解"1820年说"与"五大文明板块论"等观点与理论的内涵，笔者拟对以下几个问题予以简要解析，以便于阅读。

二、中国疆域底定的关键时间

关于中国疆域的形成路径，以及历代中原王朝疆域与现代中国疆域的关系问题，从20世纪50年代初期至今，许多学者都在

---

① 苏秉琦：《中国文明起源新探》，99页，沈阳，辽宁人民出版社，2009。
② 苏秉琦：《中国文明起源新探》，28～30页，沈阳，辽宁人民出版社，2009。
③ 苏秉琦：《关于重建中国史前史的思考》，载《考古》，1991（12）；苏秉琦：《华人·龙的传人·中国人》，114～123页，沈阳，辽宁大学出版社，1994。

探讨。其中，白寿彝、孙祚民、谭其骧①等最早探讨这些问题。

首先，孙祚民认为，"应当以当时各该王朝的疆域为历代国土的范围"②。无疑，孙氏可能没有厘清"民族国家"（nation - state）与前近代国家（部族或王朝国家）的区别。因为中原汉族王朝不但不能等同于近代意义上的"中国"，即使是"中国历代王朝"，也决不能画上等号。对此，白寿彝评价说，类似于孙祚民等的史观，"显然还受着传统的历史观的支配，就是还受着皇朝历史观点的支配"，如此"很容易引导我们的历史工作陷入大汉族主义的偏向"。③

其次，白寿彝认为"用中华人民共和国的国土范围来处理历史上的国土问题，是正确的办法"④。但问题随之而来，正如谭其骧所诘责："要是那样的话，岂不等于承认沙俄通过《瑷珲条约》《北京条约》割让的乌苏里江以东、黑龙江以北的地方，本来就不是我们的地方吗？"⑤

第三，谭其骧的主要观点是把"18世纪50年代到19世纪40年代鸦片战争以前这个时期的中国版图作为我们历史时期的中国范围。所谓历史时期的中国，就以此为范围"⑥。但需要指出的是，18世纪50年代—19世纪40年代，时间跨度近百年。在这近百年的时间流变中，中国版图始终处于或剧烈或缓慢地变化之中，从而使人难以搞清究竟哪个关键时间是中国版图最终形成的标志。而且谭氏虽然提出了论点，但缺乏实证过程。

由此看来，唯有解答下列几个问题，才能判定中国疆域最终

---

① 白寿彝：《论历史上祖国国土问题的处理》，载《光明日报》，1951 - 05 - 05；孙祚民：《中国古代史中有关祖国疆域和少数民族问题》，载《文汇报》，1961 - 11 - 04；谭其骧：《历史上的中国和中国历代边疆》，载《中国边疆史地研究》，1995（2）。

② 孙祚民：《中国古代史中有关祖国疆域和少数民族问题》，载《文汇报》，1961 - 11 - 04。

③④ 白寿彝：《论历史上祖国国土问题的处理》，载《光明日报》，1951 - 05 - 05。

⑤⑥ 谭其骧：《历史上的中国和中国历代边疆》，载《中国边疆史地研究》，1995（2）。

奠定的时空坐标究竟应设定在何时与何处。即：（1）清帝国是否具备或何时具备近代意义上的民族国家的基本要素，即定居的居民、确定的领土、一定的政权组织与主权；（2）清帝国是否存在着近代意义上的国家疆域、国家边界与边境制度；（3）清帝国的国家疆域、国家边界是否存在着有意识的自我认定、法理确定；（4）清帝国的国家疆域、国家边界是否取得了国际法意义上的国家承认等。

对照上述几个基点，笔者将中国疆域最终奠定的时间坐标判定在 1820 年。① 至于将中国疆域最终奠定的时间向度确定在 1820 年的具体论据与论证过程，笔者将在正文中展开。

三、"五大文明板块"的空间向度

1. 关于中国疆域形成问题的几次讨论

中国从来都是一个多民族（族群）的国家，中国历史上兴起的四个世界级帝国（汉、唐、元、清），都是由一个统治民族（族群）为主体、包含多民族（族群）的国度。任何一个统治民族（族群）的性格形成都离不开地缘因素。因此，多年研究世界帝国史的彭树智认为"地缘因素和帝国的文明交往特性密切相关。它常常是一个地区内的人群的生活方式、文化传统、群体性格等种族或民族异质性的指数根源。环境和谋生手段的相异性，导致帝国主导民族的外部和内部关系的多样化交往模式"。所以，"每一个帝国都是以自己国家为核心来展开与外界接触与交往的。在这种接触和交往中，必然会形成一个文化经济发展水平、社会形态、民族心理、社会制度等各方面比较接近的地区。正是在这个地区形成一个帝国交往的文化圈或文明区"②。彭氏的结论来源

---

① 于逢春：《论中国疆域最终奠定的时空坐标》，载《中国边疆史地研究》，2006（1）。

② 彭树智：《论帝国的历史、文明和文明交往——〈世界帝国兴衰丛书〉总序》，收入于卫青：《波斯帝国》，彭氏"总序"，1~2 页，西安，三秦出版社，2001。

于只有一个兴衰周期的中国以外的世界帝国景况，虽然与古代中华帝国的情形有一定的差异，但对笔者却有启发性，即上述古代中国的四个世界级帝国崛起初期，都有自己的发祥地与核心文化传承及文明圈。嗣后，伴随着这些帝国的渐次强盛，或快速或缓慢地进入中原地带或原帝国的核心地带，并以此为基地征讨四方，号令天下。

实际上，笔者在考察中国疆域形成问题的过程中，之所以提出了"五大文明板块论"，就是因为笔者在考察上述的汉、唐、元、清四大帝国的形成地域、文明渊源及其开国君主的出身民族（族群）时，看到了与以往的惯常思维截然不同的东西。以往的教科书、京剧与评书等，经常在有意无意间倡导中原中心主义思想，以及汉民族先进于周边少数民族等历史观与价值观。

1949 年以降，伴随着马克思主义唯物史观在中国内地的确立，以往的旧史观逐渐退出历史舞台。但不可否认的是，一些"旧史观"还或多或少地存在于人们的脑海之中，隐隐约约地显现在各种论著里，"中原中心论"是其中的重要内容之一。"中原中心论"的核心内涵大体系现在以下两个方面：（1）中原地区是华夏文明发祥地；（2）中原文明是先进的，其他地区是落后的，是作为中原文明的辐射对象与接受者而存在的。该史观大致肇始于先秦后期，迄于民国，在中国社会中始终处于主导地位，直至今日仍有相当数量的共鸣者。

从学术上对"中原中心论"进行"清算"肇始于 20 世纪三四十年代。当时以顾颉刚等为首的疑古学派以抽筋剔骨式的方法，颠覆了经学家所构筑的"层累地造成的"三皇五帝时代，解构了三皇、五帝与夏、商、周三朝为一以贯之的正统王朝体系的神话。[①] 同时，另一些史学家则主张借助于已有的考古成果，跳

---

① 顾颉刚：《禹贡注释》，收入《中国历史地理名著选读》第一辑，北京，科学出版社，1959。

出经学窠臼，从源头上梳理中国历史脉络。其中，徐旭生、傅斯年、蒙文通的观点很有代表性。

徐旭生认为中国古代部族的分野，大致可分为华夏、东夷与苗蛮三大集团。三大族不断接触，始而相斗，继而相安，血统与文化逐渐交互错杂，终于同化，形成华夏文化。① 傅斯年认为，三代及近于三代之前期，大中原地带大体上有东夷、西夏不同的两个系统，夷与商属于东系，夏与周属于西系。这两个系统，因对峙而生争斗，因争斗而起混合。② 蒙文通则运用区系类型学原理，认为炎帝、黄帝、泰帝（太昊伏羲氏）三族渊源不同，分别出于江汉、河洛、海岱。③ 承继蒙氏、傅氏、徐氏三位先贤研究之余绪，苏秉琦于 1975 年提出了文化区系类型学说。他将现今人口分布密集地区的考古学文化分为六大区系，各区系之间经过数千年的接触、交流、战争，逐渐融合，形成多源多流的战国七雄和多源一体的华夏民族。④ 但不可否认的是，先贤们的着眼点大都没有脱离中原地带。

关于中国疆域形成问题的研究，如前所述，最初开始于新中国成立伊始。当时不少学者基于民族平等的原则，第一次讨论了历史上汉族与少数民族关系问题，进而涉及如何看待中国历史疆域问题。具有代表性的意见有两类：白寿彝提出的"用中华人民共和国的国土范围来处理历史上的国土问题"⑤；孙祚民提出的以我国历史上历代皇朝的疆域为历代国土的范围。⑥ 刘清涛称前者

---

① 徐旭生：《中国古史的传说时代》（增订本），37～127 页，北京，文物出版社，1985。
② 傅斯年：《夷夏东西说》，收入《傅斯年全集》，第 3 卷，181～182 页，长沙，湖南教育出版社，2000。
③ 蒙文通：《古史甄微》，收入《蒙文通文集》，第五卷，成都，巴蜀书社，1999。
④ 苏秉琦：《中国文明起源新探》，110～138 页，沈阳，辽宁人民出版社，2009。
⑤ 白寿彝：《论历史上祖国国土问题的处理》，载《光明日报》，1951－05－05。
⑥ 孙祚民：《中国古代史中有关祖国疆域和少数民族的问题》，载《文汇报》，1961－11－04。

为"框架说"，后者为"过程说"。① 陈玉屏等分别称之为"上溯法"与"下叙法"。②

从 20 世纪 70 年代末到 80 年代末，不少学者就中国历史疆域问题进行了第二次讨论。并在"框架说"与"过程说"基础上，提出了：（1）"1840 年前的清朝疆域说"；（2）"各民族共同活动范围说"；（3）"中原统一王朝疆域说"。其中（1）的代表者是谭其骧。他认为，"新中国的学者不能再学杨守敬的样儿仅仅以中原王朝的版图作为历史上中国的范围"，应该以"18 世纪 50 年代到 19 世纪 40 年代鸦片战争以前这个时期的中国版图作为我们历史时期的中国的范围。所谓历史时期的中国，就以此为范围。不管是几百年也好，几千年也好，在这个范围之内活动的民族，我们都认为是中国史上的民族；在这个范围之内所建立的政权，我们都认为是中国史上的政权"③。陈连开与陈梧桐等也附和此说。前者认为"1840 年以前的疆域是中国确定无疑的历史疆域"；④后者认为中国的历史疆域不仅包括中原王朝的疆域，1840 年西方资本主义国家侵略中国以前的清朝疆域，就是中国确定无疑的历史疆域；⑤（2）的代表者是翁独健。他主张"关于疆域问题，我们是一个统一的多民族国家，我们国家的历史是各族人民共同缔造的，各族人民的历史，不管他们在历史上处于什么地位，也不论处于什么情况，属于中原王朝一部分也好，独立于中原王朝之外也好，都应该是中国历史的组成部分。是否也可以说，各族人民在历史上曾活动过的地区，都可以算是我国不同时期的疆域

① 刘清涛：《60 年来中国历史疆域问题研究》，载《中国边疆史地研究》，2009（3）。
② 陈玉屏：《关于我国古代民族关系史的一个重要理论问题》，载《烟台大学学报》，2005（4）；芈一之：《从实际出发研讨中国民族关系史中几个问题》，收入《中国民族关系史研究》，北京，中国社会科学出版社，1984。
③ 谭其骧：《历史上的中国和中国历代疆域》，载《中国边疆史地研究》，1991（1）。
④ 陈连开：《论中国历史上的疆域和民族》，载《中央民族大学学报》，1981（4）。
⑤ 陈梧桐：《论中国的历史疆域与古代民族战争》，载《求是学刊》，1982（4）。

范围"①。赵永春等附和此说，② 并在 20 多年后仍持此说，进一步认为今日中国疆域所包括的所有民族以及历史上在此疆域内曾经存在过的民族，它们的活动地区及其所建立政权管辖的疆域，均是历史上中国疆域的组成部分；③（3）的代表者为杨建新、周伟洲等。其中，杨氏提出了确定历史上中国疆域范围的三原则：其一，以秦、汉、隋、唐、元、明、清这些统一王朝为基础；其二，以行政管辖来确定历史上的疆域范围；其三，既然古代缺少明确边界，应以边疆游牧民族长期固定的传统游牧地为准。④ 嗣后，杨氏又对其观点进行了完善，认为确定历史上中国疆域问题既应从当前中国的疆域出发，也要从多民族国家的事实出发，既要尊重历史实际，又要承认少数民族政权的地位，舍弃汉人主体民族的观念。⑤ 而周氏则认为"历史上的祖国不是一片相当于今天的地域，而是同今天中国一样是一个国家；或者是统一的国家（统一时期），或者是由这个统一的国家分裂为几个国家（分裂时期）"，故历史上中国疆域当指历史上我国统一的多民族国家疆域，当时汉族或其他民族建立的统一多民族政权就是中国，其疆域就是中国疆域。⑥

从 20 世纪 90 年代至今，又有许多学者再度探讨中国历史疆域问题，但大多是重复或附和谭其骧、白寿彝的观点。唯有陈玉屏认为 1840 年是"天下"最终定型，中国形成了空前大一统国家的"关键时间"。在清朝统一的历史疆域内的各民族的先民，当时在这个疆域上所建立的与中原政权并立的政权，和中原政权

① 翁独健：《民族关系史研究中的几个问题》，载《中央民族学院学报》，1981 (4)。
② 赵永春、王松龄：《关于处理中国历史上民族政权之间关系的几点看法》，载《四平师院学报》，1981 (4)。
③ 赵永春：《关于中国历史上疆域问题的几点认识》，载《中国边疆史地研究》，2002 (3)。
④ 杨建新：《沙俄最早侵占的中国领土和历史上中国的疆域问题》，收入《中俄关系史论文集》，兰州，甘肃人民出版社，1979。
⑤ 杨建新：《再论中国历史上的疆域问题》，载《兰州学刊》，1986 (1)。
⑥ 周伟洲：《历史上的中国及其疆域、民族问题》，载《云南社会科学》，1989 (2)。

一样，都是中国的一部分。①

从前面的论述中可以看出，谭其骧用鸦片战争前100多年的历史时段作为中国疆域奠定的时间，使人难以搞清究竟哪个"关键时间"是中国版图最终形成的标志。陈玉屏虽然将1840年作为中国疆域奠定的"关键时间"，但却以英国侵华事件作为这个"关键时间"的产生契机。问题是，第一次鸦片战争对中国疆域完整性的影响并没有人们惯常认为的那么巨大。换言之，虽然英国租借了香港，但并没有改变中国疆域的基本构造。

除了谭其骧与陈玉屏等之外，国内学者大都从夏商周、秦汉、魏晋南北朝、隋唐、两宋辽金、元明清等中原王朝的视角，描述中国疆域形成史。如顾颉刚、史念海等研究范式便是从"西周之疆域"到"清代疆域"等中原王朝的疆域。② 也就是说，国内学者对中国疆域形成史的描述，多与顾颉刚等研究范式一样，并未脱出中原王朝中心史观的窠臼。虽然国内学者们大都将进入中原的周边民族政权纳入叙事体系，但对没有定鼎中原的单于朝、汗朝、赞普朝，以及各类王国等，或忽略不计，或视之为外国，或将其置于中原王朝的附属政权或地方政权境地。凡此种种，足以说明学者们论述中国疆域形成问题时，大都未脱出中原王朝中心史观的窠臼。国外学者往往站在单一民族国家的视角来看待此问题，于是出现了"长城以北非中国论""中国乃汉族国家"等论调。

无论是国内学者，还是国外学者，不管他们对中国疆域范围或奠定时间持什么样的观点，大都没有探讨中国疆域形成的路径与构成的特点。另外，这些学者大都没有厘清构筑中国疆域的内在力量来自何方，也没有解明中国如此广袤的疆域究竟是如何形

---

① 陈玉屏：《关于我国古代民族关系的一个重要理论问题》，载《烟台大学学报》，2005（4）。
② 顾颉刚、史念海：《中国疆域沿革史》，北京，商务印书馆，1999。

成的问题。另外，这些学者也没有论证古代中国的各地域与各民族在中国疆域奠定过程中究竟处于什么样的地位等问题。

2. "五大文明板块论"的构想基础

在前文中，笔者曾提出了（1）中国疆域是如何形成、路径是什么样式；（2）中国疆域最终奠定的时间坐标在何时、空间坐标在哪里；（3）与其他世界级帝国相比较，前近代的中华帝国具有什么样的性格等问题。

客观地说，截至目前，能够回答上述疑问的学术成果，似乎只有"五大文明板块论"。那么，该论说又是如何被构建出来的呢？这首先起源于笔者对"泛中原板块"在中国疆域最终奠定过程中实际地位的探讨；其次得益于笔者对汉、唐、元、清这四个世界级帝国的发祥地，以及开国集团核心成员出生地为什么大都在中原或旧帝国核心区域的边缘的理论思考。

就"泛中原板块"在中国疆域最终奠定过程的作用而言，在秦汉及以前，该板块曾利用其先发优势，对其他板块起到过主导作用。同时，各大板块最终被统合于"中国"的黏合剂——"大一统"思想、"天下观""华夷同源"谱系架构等思想或理论也发祥于此。但不可否认的是，自三国时代以降，由于生活手段与生产方式的局限，从"泛中原板块"上孕育出来且由汉族为主体建立起来的中原王朝，往往善文治而乏武功，在底定中国疆域的最后几轮冲刺表演中，更多的时候只是一个看客，而不是表演者本身。

实际上，在中原地带由部落而古国、由古国而方国、最终到帝国的历程中，促动帝国诞生的力量并没有在狭义的中原地带产生，而是由夏、商、周、秦这些中原的"外来户"逐步完成的。苏秉琦认为这些"外来户"中的先周、秦与西部有关，夏则有源于东南方的线索，商人则认辽东为老家。正因为如此，"把黄河中游以汾、渭、伊、洛流域为中心的地域，称作中华民族的摇篮并不确切，如果把它称作在中华民族形成过程中起到最重要的凝聚作用的一个熔炉，可能更符合历史的真实"①。

但按照"中原中心史观"的逻辑，建立汉帝国的刘邦集团核心成员的出生地或祖籍地大都应该在秦帝国核心地带——关中与中原。而实际上恰恰相反，他们大都出身于该地带的边缘——泗水郡。如果说刘邦集团核心成员的出生地还大都在"泛中原板块"的话，那么其余三个世界级帝国——唐、元、清的开国集团核心成员的出生地或祖籍地则均在旧帝国核心区域的边缘，乃至于"泛中原板块"的边缘，其出身的民族（族群）也非汉族。

以往论说中国历史时，往往"汉唐"并论，以昭示其国力之盛。但李唐王朝的开国者若以女系母统言之，其创业与初期君主，如高祖之母独孤氏、太宗之母纥豆陵氏、高宗之母长孙氏，皆是鲜卑人，② 人所共知，不待赘述。至于男系，虽然其姓氏好像是汉族的"李"氏，实则不然。《新唐书》说，李世民的祖父李昞"天赐生虎，西魏时，赐姓大野氏，官至太尉，与李弼等八人佐周代魏有功，皆为柱国，号'八柱国家'。周闵帝受魏禅，虎已卒，乃追录其功，封唐国公，谥曰襄。襄公生昞，袭封唐公，安州总管、柱国大将军"③。无论是北周，还是西魏，皆为突厥化的鲜卑族拓跋部建立的王朝，其具有世袭贵族性格的"八柱国"从来都没有汉族出身者。在这一点上，李氏与同为北周、西魏贵族及"八柱国"的隋文帝杨坚家族相同。隋"高祖文皇帝，姓杨氏，讳坚，弘农郡华阴人也。汉太尉震八代孙铉，仕燕为北平太守。铉生元寿，后魏代为武川镇司马，子孙因家焉。元寿生太原太守惠嘏，嘏生平原太守烈，烈生宁远将军祯，祯生忠，忠

① 苏秉琦：《中国文明起源新探》，53~54页，沈阳，辽宁人民出版社，2009。
② 欧阳修、宋祁、范镇，等撰：《新唐书》卷1《高祖纪》、卷2《太宗纪》上，北京，中华书局点校本，1982。
③ 欧阳修、宋祁、范镇，等撰：《新唐书》卷1《高祖纪》，北京，中华书局点校本，1982。

即皇考也。皇考从周太祖起义关西，赐姓普六茹氏，位至柱国、大司空、隋国公"①。那么这个"普六茹氏"是本姓，还是赐姓呢？这个问题待我们回过头来看看李渊的家系后，再来回答。李渊的本姓，据《旧唐书》说：其"皇祖讳虎，后魏左仆射，封陇西郡公，与周文帝及太保李弼、大司马独孤信等以功参佐命，当时称为'八柱国家'，仍赐姓大野氏。周受禅，追封唐国公，谥曰襄。至隋文帝作相，还复本姓"②。这里披露出来的信息是"仍赐姓大野氏"之"仍"字。"仍"者，一仍其旧也。也就是说，李渊的祖先本姓大野氏或其他胡族姓氏，后来改为李氏，而今周文帝又将其本姓——大野氏复赐给之。类似记载还有，如《新唐书》说，隋"文帝相周，复高祖姓李氏，以为千牛备身，事隋谯、陇二州刺史"③。隋文帝特意复唐"高祖姓李氏"，但同样也是冒姓的李穆却没有这样的幸运。据《隋书》记载说，"李穆，字显庆，自云陇西成纪人，汉骑都尉陵之后也"④。其中的"自云"者，自说自话也。那么，为什么同样是冒姓李氏，唯有李渊才能"还复本姓"呢？这是因为李氏本姓大野氏，杨氏本姓普六茹氏，皆为胡姓，二者不但分别冒姓弘农杨氏、陇西李氏，更主要的是二者为姻亲，母系家族皆为鲜卑拓跋氏。也就是说，同属于一个民族（族群），且拥有血亲关系的杨、李两家，在冒姓这个问题上，具有一荣俱荣，一损俱损之连带关系。关于杨、李家族的姻亲关系，《新唐书》记载说，大野（李）虎生唐"高祖于长安"，高祖"体有三乳，性宽仁，袭封唐公。隋文帝独孤皇后，

---

① 魏征、孔颖达、颜师古，等撰：《隋书》卷1《太祖纪》，北京，中华书局点校本，1973。
② 刘昫、赵莹、张昭远，等撰：《旧唐书》卷1《高祖纪》，北京，中华书局点校本，1975。
③ 欧阳修、宋祁、范镇，等撰：《新唐书》卷1《高祖纪》，北京，中华书局点校本，1982。
④ 魏征、孔颖达、颜师古，等撰：《隋书》卷37《李穆传》，北京，中华书局点校本，1973。

高祖之从母也，以故文帝与高祖相亲爱"①。此独孤皇后即文献独孤皇后，乃隋炀帝杨广之生母、李渊之姨母也，系"河南洛阳人，周大司马、河内公信之女也"②。关于杨氏、李氏的男系家族，退一万步说，即使像后来他们自造家谱所标榜的那样——分别为陇西李氏、弘农杨氏，但至少说明他们在北朝时业已胡化。无论是从血亲上，还是文化认同上，无论如何也摆脱不了其出身或认同胡姓的干系。为了揭穿此事，陈寅恪考证出李渊、李世民自称其先世出自西凉李暠之正支后裔纯系捏造，并"假定李唐为李初古拔之后裔"，而"初古拔或车辖拔乃当日通常胡名"③。实际上，早在唐、宋时期人们就都知道此事，故朱熹说："唐源流出于夷狄，故闺门失礼之事，不以为异"④。

就唐帝国的制度文明而言，李唐王朝的核心文物制度系承继其本民族——鲜卑族创立的北朝而来。对此，陈寅恪说："隋唐之制度虽极广博纷复，然究析其因素，不出三源：一曰（北）魏、（北）齐，二曰梁陈，三曰（西）魏、周。"⑤ 正因为如此，李唐王朝的一系列体制，如经济上的均田制、政治上的任官与选举之权归属中央、军事上的府兵制等，皆是以往汉族王朝所没有的制度。又因李唐王朝创业者君主身上流淌着胡人的血液，使得他们既有着农耕出身的汉族君主所不具备的尚武精神与进取性格，也有着汉族出身君主所不容的"收继婚"（如唐高宗李治娶其后母武曌）等胡人风习。

---

① 欧阳修、宋祁、范镇，等撰：《新唐书》卷1《高祖纪》，北京，中华书局点校本，1982。
② 魏征、孔颖达、颜师古，等撰：《隋书》卷36《后妃传》，北京，中华书局点校本，1973。
③ 陈寅恪：《唐代政治史述论稿》，188~189页，北京，生活·读书·新知三联书店，2001。
④ 黎靖德编，王星贤点校：《朱子语类》卷136《历代三》，3 245页，北京，中华书局，1988。
⑤ 陈寅恪：《隋唐制度渊源略论稿》，3页，北京，生活·读书·新知三联书店，2001。

元、清王朝皇室及该两王朝的开国集团分别出自蒙古族与满洲族，两王朝的发祥地分别在金王朝的岭北界壕边、明王朝的辽东边墙外。也就是说，取代没落的金、明帝国的元、清帝国是在原金、明王朝政治秩序的边缘发展起来的。联想此前的汉帝国发祥于秦帝国核心区域的边缘，继承了北朝的唐帝国开业君主先祖及核心集团成员先祖出自长城外的蒙古草原等史实，使得笔者不得不重新思考中国疆域形成的真实脉络与动力源泉问题。历史的事实是，汉、唐、元、清，特别是元、清这两个世界级帝国的创立均是在原有帝国秩序圈的边缘完成的。这两个新建立的帝国不但分别将其发祥地（大漠板块、辽东板块）带进了崭新的帝国秩序中，而且在征服了原有帝国疆域的同时，还开拓了新的疆土。凡此种种，莫不使笔者对以前所接受的——中原是中华文化的发祥地、汉民族比周边少数民族先进等史观产生怀疑。

于是，笔者将目光转向了与中原文明渊源不同、生产方式与生活方式更有别于中原的其他地域。最初的成果反映在笔者所著《构筑中国疆域的文明板块类型及其统合模式序说》① 一文中，兹将其基本观点简述如下。

笔者认为，从前 200 年左右冒顿单于统一大漠游牧区、前 100 年左右汉武帝统一农耕区到 1820 年"中国"疆域最终底定，② 是一个渐进的过程。这个最终底定的"中国"疆域，在没有被完全"统合"③ 之前，经常存在着几个从不同的历史渊源发展起来的"文明板块"，各色人等以此为根基建立了各种各样的王朝，或单于朝、汗朝、赞普朝、王国等。起初，它们或向着同

---

① 于逢春：《构筑中国疆域的文明板块类型及其统合模式序说》，载《中国边疆史地研究》，2006（3）。

② 于逢春将中国疆域之本部最终底定的时间确立在 1820 年。于逢春：《论中国疆域最终奠定的时空坐标》，载《中国边疆史地研究》，2006（1）。

③ 由于本书作者认为中国疆域的最终形成是各个文明板块相互拼接、彼此融合的结果，故本书称之为"统合"，而不用"统一"一词。"统合"与英文"unification"词义相近，有"联合、合一"之义。

样的目标前进，或沿着不同的路线发展，此历史发展的轨迹是多线式的，但最终都在"大一统"思想旗帜下，被清朝统合为一体。

此五种类型"文明板块"的提出，乃着眼于两千多年的历史时空，决非拘泥于一时一地之态势。故"五大文明板块"在各自发展过程中，或与其他板块相互重叠，或与其他板块彼此交叉，或游离于其他板块，或与其他板块一时不相契合，都是在所难免的。"五大文明板块"最终被统合为一体，是其相互撞击、彼此交流、渐次融合的结果，这个成果最终于 1820 年瓜熟蒂落。尽管如此，以往谈论中国疆域问题时，莫不以中原王朝或中原文明为轴心，其他"文明板块"被有意无意间置于从属或陪衬地位。更令人遗憾的是，诞生于其他"文明板块"上的诸政权即使入主中原，也常常被汉族文人视为破坏了中原"先进"的政治体制与"发达"的经济，阻碍了中原"优秀"的文化发展等。

基于上述的史实，笔者拟从宏观的视角，以长时段、大空间为着眼点，将"五大文明板块"作为研究对象，希望通过探索，推断出中国疆域形成的基本趋势与模式。具体方法是，以 1820 年的清朝疆域作为中国疆域最终奠定的坐标系的时空原点，用近代民族（国民）国家的系谱来回溯中国疆域形成的大体过程。着重剖析以下几个问题：（1）自匈奴、前汉各自统一游牧区与农耕区到 1820 年清朝统一"中国"，其趋向性或模式是何种样式；（2）1820 年以前的中原王朝与其同期存世的单于朝、汗朝或赞普朝之间是何关系；（3）1820 年最终底定的"中国"与在此之前的历代中原王朝、单于朝、汗朝或赞普朝，乃至于地方政权之间又是何关系等。另外，着重考察支撑着汉、唐、元、清帝国的基础——"五大文明板块"分别是何时、如何形成的、其基本特质是什么等问题。

四、中国疆域统合黏合剂：大一统、华夷同源、天下观、汉字

1. "五大文明板块"的黏合剂——"大一统"思想、"华夷同源"谱系

关于"大一统"思想、"华夷同源"谱系在统合"五大文明板块"中的作用问题，笔者曾在数年前便撰文予以阐释，兹将主要内容概述如下。①

首先，就"大一统"思想而言，该思想肇始于战国时代的孟轲，中经董仲舒、司马迁的诠释，再经李世民的实践，特别是司马光的理论升华，最终定型于蔑里乞·脱脱、爱新觉罗·胤禛等。司马光曾对大一统之内核有过辨析：

"天生烝民，其势不能自治，必相与戴君以治之。苟能禁暴除害以保全其生，赏善罚恶使不至于乱，斯可谓之君矣。是以三代之前，海内诸侯，何啻万国，有民人、社稷者，通谓之君。合万国而君之，立法度，班号令，而天下莫敢违者，乃谓之王。王德既衰，强大之国能帅诸侯以尊天子者，则谓之霸。故自古天下无道，诸侯力争，或旷世无王者，固亦多矣。秦焚书坑儒，汉兴，学者始推五德生、胜，以秦为闰位，在木火之间，霸而不王，于是正闰之论兴矣。及汉室颠覆，三国鼎跱。晋氏失驭，五胡云扰。宋、魏以降，南北分治，各有国史，互相排黜，南谓北为索虏，北谓南为岛夷。朱氏代唐，四方幅裂，朱邪入汴，比之穷、新，运历年纪，皆弃而不数，此皆私己之偏辞，非大公之通论也"。"臣愚诚不足以识前代之正闰，窃以为苟不能使九州合为一统，皆有天子之名，而无其实者也。虽华夷仁暴，大小强弱，或时不同，要皆与古之列国无异，岂得独尊奖一国谓之正统，而

---

① 于逢春：《华夷变态与大一统思想框架的构筑——以〈史记〉有关记述为中心》，载《中国边疆史地研究》，2007（2）。

其余皆为僭伪哉！若以自上相授受者为正邪，则陈氏何所授？拓跋氏何所受？若以居中夏者为正邪，则刘、石、慕容、苻、姚、赫连所得之土，皆五帝、三王之旧都也。若有以道德者为正邪，则蕞尔之国，必有令主，三代之季，岂无僻王！是以正闰之论，自古及今，未有能通其义，确然使人不可移夺者也。臣今所述，止欲叙国家之兴衰，著生民之休戚，使观者自择其善恶得失，以为劝戒，非若《春秋》立褒贬之法，拔乱世反诸正也。正闰之际，非所敢知，但据其功业之实而言之。周、秦、汉、晋、隋、唐，皆尝混壹九州，传祚于后，子孙虽微弱播迁，犹承祖宗之业，有绍复之望，四方与之争衡者，皆其故臣也，故全用天子之制以临之。其余地丑德齐，莫能相壹，名号不异，本非君臣者，皆以列国之制处之，彼此钧敌，无所抑扬，庶几不诬事实，近于至公。然天下离析之际，不可无岁、时、月、日以识事之先后。据汉传于魏而晋受之，晋传于宋以至于陈而隋取之，唐传于梁以至于周而大宋承之，故不得不取魏、宋、齐、梁、陈、后梁、后唐、后晋、后汉、后周年号，以纪诸国之事，非尊此而卑彼，有正闰之辨也。昭烈之汉，虽云中山靖王之后，而族属疏远，不能纪其世数名位，亦犹宋高祖称楚元王后，南唐烈祖称吴王恪后，是非难辨，故不敢以光武及晋元帝为比，使得绍汉氏之遗统也"①。

司马温公从理论层面上诠释了"大一统"思想的核心内涵，实际上也是在为崛起于其他"文明板块"上的各政权入主中原正名。"大一统"思想实质上是一种意识形态，通过历代有识者的努力，他们把难懂的、学术性的，而且常常是朦胧混乱的哲学转变为明白易懂的语言，最终简化为标语口号。所以，虽然在1820

① 司马光撰：《资治通鉴》卷69《魏纪一》，"黄初二年三月"条，"臣光曰"，《四部丛刊》初编本，影印宋刻本，上海，商务印书馆，民国十八年。

年以前，"中国"一直处于非统合状态，但各"板块"统治者的指导思想却是一种将国家统合作为终极追求的"大一统"领土观。耐人寻味的是，在两千多年中，无论是出身于中原的汉族统治者，还是入主中原、出身于边鄙地带的少数民族统治者，均以孔子为导师；在统治国家的意识形态方面，各个"文明板块"都没有出现什么新的理论。在这漫漫的历史长河中，没有哪个领袖企图去寻求以新的统治逻辑，并以此为基础，实施有异于其他领袖的地方自治或独立体制。① 他们心中的国家疆域模式始终是统一的帝国，尽管在绝大多数时间里，这个"统一的帝国"是想象的或理念之物。随着"大一统"思想渐次成为"五大文明板块"上各种政权的共通意识形态，各个板块上的人们也随之逐步累积了实践"大一统"思想的物质基础。这就意味着，在两千多年的时间里，每一个新帝国的创建和形成，总是有可以利用的、现成的意识形态资源和政治体制资源。中国各个时期强大的世界级帝国，如汉、唐、元、清等，都具有统治一个幅员辽阔的帝国的能力。这个能力并不仅仅来源于军事，更多的时候来源于国家的意识形态，即人们普遍接受的"大一统"理论。如果没有这个理论的话，国家只能依靠军事手段延长自己的统治寿命。而经常靠军事手段施政的话，往往会出现许多用武力难以解决的问题，从而造成国家的快速瓦解。就汉、唐、元、清四朝而言，即使在全盛时期，其常规军队也经常不足百万。相对于这些帝国所统辖的一千数百万平方公里的陆疆与广阔的海疆、相对于当时极端落后的交通条件与以人力畜力为动力的交通工具，就基本的防御与进攻而言，这点军队都是微不足道的。尽管如此，汉、唐、元、清四朝都能根据当时各地的社会特点，随时改变策略和人员配备，始终以微量的军力维护帝国的稳定与发展。这也是它们高举"大一

① 王国斌著，李伯重、连玲玲译：《转变的中国：历史变迁与欧洲经验的局限》，137 页，南京，江苏人民出版社，1998。

统"思想的旗帜,有效运用"华夷同源"谱系理论的结果。关于"华夷同源"谱系构筑问题,将在正文中专门考究,此不赘述。

那么,"大一统"思想、"华夷同源"谱系在中国疆域奠定过程中究竟起到了什么样的作用呢? 这也是本书拟着重探讨的议题。

2."天下"与近代意义上的国家——"中国"之间的重合

关于古代中国的"天下观"一词的核心含义,笔者曾专门撰文予以论述。兹择其要者,概述之。① 在古代中国,与今天意义上的"国家"一词相对比较接近的汉语词汇当为"天下"。至少从战国中期以降,该词语就已经在比较确定意义上被使用了。此后直到清朝中后期,大都是作为从空间意义上概括性定义古代中国政治社会或地理认知范围的词语而出现的。

日本学者渡边信一郎通过探究战国后期至西汉时期所编纂的儒家典籍及其时人对这些典籍的诠释,认为这个时期"天下观"的特点是"扩张的天下"。同时,渡边氏认为作为比较成熟且确指政治共同体空间的"天下"一词,出现在战国中期,到了前汉末期趋于定型。天下的领域也从方三千里,进而到方五千里,最终达到方万里。② 以下顺着渡边氏的研究思路,借助于他的研究成果,兹将三种变动性的天下观分述如下。

(1)方三千里的天下观

就"天下观"的范围而言,最早是"方千里"天下观。比较早提出这个天下观者,为战国中期的孟子。当时他提出了"海内之地,方千里者九"③ 的观点。以后逐步由"方千里"上升到

① 于逢春:《疆域视域中"国""中国""天下""中原王朝""中央政权"之影像》,载《云南师范大学学报》(哲社版),2010 (1)。
② 渡边信一郎:《中国古代の王権と天下秩序——日中比较史の视点から》,40~60页,东京,校仓书房,2003。
③ 赵岐:《孟子注疏》卷1下《梁惠王上》,阮元校刻:《十三经注疏》,北京,中华书局,1980。

"方三千里"。比较完整地阐述"方三千里"天下观概念的典籍，当属《礼记》。其《王制篇》对四海领域是这样描述的："自西河至于流沙，千里而遥。西不尽流沙，南不尽衡山，东不尽东海，北不尽恒山，凡四海之内，断长补短，方三千里。"据此，北起恒山，南抵衡山，东起东海，西迄流沙的四海之内，被取长补短为方三千里的领域。

　　无独有偶，成书于战国末期的《吕氏春秋》也有着与《礼记·王制篇》大体相同的天下观："凡冠带之国，舟车之所通，不用象译狄鞮，方三千里。"① 可见，为秦国统一中原立言的《吕氏春秋》业已将具有共同语言的文化圈、道路相通的交通圈锁定为方三千里之内，这方三千里的领域，便是其构想的天下。与此同时，九州之民须被纳入同一个政治共同体之中，接受天子的直接统治，即《吕氏春秋·季冬纪》所说的："凡在天下九州之民者，无不咸献其力，以供皇天上帝社稷寝庙山林名川之祀。"

　　（2）方五千里的天下观

　　该天下观主要体现在汉朝人对《尚书·禹贡》的注释上。孔颖达在注疏《礼记·王制篇》时，也提出了"中国方五千里"② 的见解。对这一个方五千里领域，西汉桓宽在《盐铁论》、东汉王充在《论衡》中均有类似的表述。前者云："古者，天子之立于天下之中，县内方不过千里，诸侯列国，不及不食之地。《禹贡》至于五千里，民各供其君，诸侯各保其国，是以百姓均调，而繇役不劳也。"③ 后者说："儒者论天下九州，以为东西南北，

① 吕不韦撰，高诱注：《吕氏春秋》卷17《审分·慎势》，诸子集成本，北京，中华书局，1959。
② 郑玄注，孔颖达疏：《礼记正义》卷12《王制篇》，《十三经注疏》本，北京，中华书局，1980。
③ 桓宽：《盐铁论》卷4《地广》，上海，上海人民出版社，1974。

尽地广长，九州之内五千里，竟三河土中。"①

（3）方万里的天下观

系统阐述方万里天下观的是《周礼》。其《夏官·职方氏》之"九服"说认为："方千里曰王畿，其外方五百里曰侯服，又其外方五百里曰甸服，又其外方五百里曰男服，又其外方五百里曰采服，又其外方五百里曰卫服，又其外方五百里曰蛮服，又其外方五百里曰夷服，又其外方五百里曰镇服，又其外方五百里曰藩服。"这里是说从侯服到藩服共有九服，每个方向一服为方五百里，每服四个方向合计则为方千里，小计为方九千里，如加上王畿方千里，则合计为方万里。

根据渡边信一郎的研究，上述方万里的天下观可称之为"九州＋蕃国（四海）＝方万里"②说。另外，还有"九州＋四海＝方万里"说。该说的代表者当推郑玄，他在注释《诗·殷武》时说："尧制五服，服各五百里，要服之内四千里曰九州，其外荒服曰四海。禹所弼五服之残数，亦每服者合五百里，故有万里之界焉。"③

在此，郑玄认为禹将尧制定的五服方五千里扩大了，从而构成了五服方万里的领域。具体办法是，尧时一服五百里，每服四个方向合计则为方千里，合计方五千里。禹则定每服为方千里，每服四个方向合计则为方两千里，合计方万里。在方万里领域中，王畿、甸服、侯服、绥服、要服的领域为九州，九州之外的领域为四海，天下由九州＋四海构成的。方万里的天下领域观，秦朝以前的文献没有出现过，根据现有史料，最早出现在汉初陆

---

① 王充：《论衡》卷24《难岁》，北京，中华书局，1979。
② 渡边信一郎：《中国古代の王権と天下秩序——日中比較史の視点から》，50页，东京，校仓书房，2003。
③ 郑玄笺，孔颖达疏：《毛诗正义》卷20之4《商颂·殷武》，阮元校刻：《十三经注疏》，260页，北京，中华书局，1980。

贾出使南越时与南越王赵佗的谈话中："中国之人以亿计，地方万里，居天下之膏腴，人众车舆，万物殷富，政由一家，自天地剖判未始有也。"①

当然，陆贾出使南越是为了使其宾服，故不乏夸大其词之处。嗣后，东汉王充在其著作中多次使用此词语："殷、周之地，极五千里，荒服、要服，勤能牧之。汉氏廓土，牧万里之外，要、荒之地，褒衣博带。"②

上述的各种类型的天下观形成于中原从诸侯分立走向统一国家产生的前夕，这些思想家们以良好的历史感悟力，触摸着时代的脉搏，随着中原社会的发展，构建新的国家模式的使命便摆在了人们面前，以天下观、四海论、畿服制等为核心的疆域学说应运而生。天下观的产生标志着由先秦诸侯分割、万国林立的态势向统一帝国疆域学说的过渡。

关于中原由万国林立逐步走向统一的态势，《战国策》概括得比较清晰："且古者，四海之内分为万国。城虽大，无过三百丈者；人虽众，无过三千家者。而以集兵三万距此，奚难哉？今取古之为万国者，分以为战国七，能具数十万之兵，旷日持久……"③即战国时代，七国之地为天下。

前汉以后，许多史学家在撰写历史时，即便如汉唐这样强大帝国的史学家，也大都将天下与郡县等同起来。如班固是这样描述从周朝到秦朝的领域的："秦遂并兼四海。以为周制微弱，终为诸侯所丧，故不立尺土之封，分天下为郡县，汤灭前圣之苗裔，靡有孑遗者矣。"④即秦朝兼并七国后，七国之地变成郡县。在此，天下与郡县相互重叠。

① 班固撰：《汉书》卷43《陆贾传》，北京，中华书局点校本，1962。
② 王充：《论衡》卷13《别通》，北京，中华书局，1979。
③ 《战国策》卷20《赵策三》，上海，上海古籍出版社，1978。
④ 班固撰：《汉书》卷28上《地理志上》，北京，中华书局点校本，1962。

关于唐朝玄宗时代的疆域，《旧唐书》是这样界定的："开元二十一年，分天下为十五道，每道置采访使，检察非法"①，即十五道的总和为天下。《资治通鉴》是这样表述的：天宝元年，"天下声教所被之州三百三十一，羁縻之州八百，置十节度、经略使以备边"②。也就是说，唐朝的天下领域为三百三十一个直属州与八百个羁縻州之总和，而且这个天下不是无限伸展的，故有边境。

应该说，古代中国的皇帝统治是通过版籍来实现的治理，即运用户籍制度，将臣民固定于不同的区域，通过郡县机构予以统治。而天下作为皇帝所能直接支配的领域，是被限定于郡县制所及的有限范围之内的。

但另一方面，与史学家的客观记述历史不同，经学家们基于儒家经典所提倡的德治观，认为古代中原王朝的皇帝还对周边夷狄负有德治之责。皇帝通过版籍来支配的天下是有限的，但通过德来支配的天下就有无限拓展的可能性。正因为如此，古代中原王朝的皇帝始终以上述两种传统支配方式的相互作用为基础。渡边信一郎认为，天下观之所以具有单一政治社会型面貌与复合型社会面貌这两个侧面，也正缘于此。天下型国家是以存在成为天子德治对象的夷狄（四海）为其成立条件的。③

渡边氏认为，天下＝中国说，与天下＝世界·世界帝国说之间，存在着难以逾越的鸿沟，列阵于鸿沟两侧的分别是国民（民族）国家论与帝国国家论这两大阵营。国民（民族）国家论是对诞生于近代欧洲的资本主义社会进行分析并概念化的产物；而帝

---

① 刘昫、赵莹、张昭远，等撰：《旧唐书》卷38《地理志一·序》，北京，中华书局点校本，1975。
② 司马光撰：《资治通鉴》卷215《唐纪》"天宝元年一月"条，《四部丛刊》初编本，影印宋刻本，上海，商务印书馆，民国十八年。
③ 渡边信一郎：《中国古代の王権と天下秩序——日中比較史の視点から》，65页，东京，校仓书房，2003。

国概念则缘于欧洲古典时代，是从其与资本主义经济间的关系出发，来论述近代欧洲殖民主义扩张的国家论的。对于前近代中国之天下，用源于欧洲的国民（民族）国家概念与帝国概念来诠释，首先需要直面的是适用与否的问题。不可否认，前近代中国之天下与天下理念，与国民（民族）国家概念及帝国概念之间，确实跟任何一个都很相似，但又都不太像。在中原生活或入主中原的人们，是把天下作为国家（被政治性编成的社会）来表达的，同时将其理想样态视为"天下大同"之世。① 换言之，在前近代中国人那里，天下是有两个不同的境界的，即现实的天下与想象的天下，前者是指王朝本身所能管辖的领域，后者是作为理想之物，是可以无限放大的。由此可见，清朝中后期以前的所有王朝，均不能等同于嘉庆二十五年奠定的中国＝天下。

以往，许多深受儒家经典影响的古代中国读书人常以所谓"中华之世界秩序"为一个以中国为中心的层级。在理论上，这个秩序至少应有两个方面是层级的：中国是核心（内）的、伟大的、文明的；而蛮夷是边缘（外）的、渺小的、野蛮的。但只要我们认真地梳理一下中国历史的发展脉络，就能够发现这个多面的中华中心之世界秩序，只是许多人在不同的时间、不同的场合，相互传承，长时段地建立起来的一个主观的"虚构"。

在前近代的东方，中原王朝（包括汉族与非汉族在中原建立的王朝）无疑经常扮演一个领导的角色，但不应该就此推断，这些中原王朝不承认其他文明国度或强大势力的存在。譬如，汉朝一方面赞美文明的西方民族——大秦②，另一方面承认敌国——匈奴的存在，并平等地视之为"北朝"，自诩为"南朝"。

---

① 渡边信一郎：《中国古代の王権と天下秩序——日中比較史の視点から》，10～19页，东京，校仓书房，2003。
② 有人将"大秦"一词，理解为大的中国之意。

后来，唐与突厥、北宋与辽、南宋与金、明与北元之间的关系大都如此。不仅如此，唐与南宋，均曾分别称臣于突厥汗朝和金朝，北宋皇帝与辽朝皇帝以兄弟相称。汉、唐王朝常将公主或皇家女子嫁给匈奴或突厥、吐蕃等君主。汉、唐、北宋、南宋、明等每年将大量物品送给匈奴、突厥与回纥、辽、金、北元（蒙古）等，实质上就是另一种形式的朝贡。可见，"外国"一词，并不始于19世纪，而是可以追溯到汉朝的，迨至宋朝，《外国传》已进入官修史书。

实际上，战国后期，人们就有了一定的国家观念，故孟子说诸侯之宝有三：土地、人民、政事。与此同时，这个时期，"天下"与"中国"之间有了区别，也就是说，春秋及战国早期的"中国"是不包括秦、楚、吴、越等边远之国的。所以，秦始皇统一中原后，内外相对的用法仍被延续下来，但这绝不意味着中原汉族王朝与其对手或邻邦之间没有疆界。

另外，如上所述，按照中原士大夫的构想，所谓的"中华之世界秩序"的层级是：中国是内的，蛮夷是外的。但在非汉族执掌皇权的朝代中，往往与之相反。元季明初学者叶子奇在《草木子》一书中是这样描述元朝之地域与族群态势的："元朝自混一以来，大抵皆内北国而外中国，内北人而外南人。"他认为理想的疆域构造、胡汉关系是"治天下之道，至公而已尔。公则胡越一家，私则肝胆楚越"。

就古代中国汉文化传统而言，譬如孔子在修《春秋》时，他既把内诸夏而外夷狄的思想渗入其中，使得这个思想在以后两千多年里影响了百数十代士大夫与儒家知识分子。另一方面，他又强调"王者无外"，无形中给后人增添了许多想象的空间。所以，讨论以汉族为主的古代文人所声称"天下"时，应尽可能厘清"虚幻"与真实之间的界限。同时，在前近代中国，文化的分界与政治的疆界之间，经常是不一致的。应该说，"天下"与"中国"之间的最终重合，已是 1820 年以后的事。

　　3. 各文明板块通用的汉字

　　语言文字既是人们确定身份的基本因素，也是一个族群在一个地域、一个国家内部乃至于世界上获得文化认同的工具。彭树智在研究帝国文明时说，"语言文字对帝国的文明交往来说，既是内容，又是手段。它是诸帝国文明的象征和通用符号，又是帝国进行物质文明与精神文明交往的传播工具和思维手段。每一个大的帝国都有自己的主导语言文字，并通过这种语言文字把帝国的独特文明，传遍特定的文明圈内。帝国强行推广自己的文明同化政策时，语言文字成为同化的首要标志"[①]。彭氏所论述的是各个世界帝国的一般情况。在中华世界的四个世界级帝国中，汉、唐帝国通用汉字无须赘述。即便是拥有自己语言文字的蒙古族与满洲族，他们都无一例外地使用双"国语"，而且越到帝国末期，汉字的使用量与通行面越广。汉字对于中国统一多民族国家的形成，对于中国如此广袤地域的底定，有着不可替代的价值。

五、在陆上专制皇权与海上社会力量之间

　　以往的人们在考察中国疆域形成问题时，经常将视点落在陆地上，今日看来，这明显是不全面的。譬如海疆在中国疆域形成过程中的地位经常或一直被忽视。有鉴于此，笔者在探索中国疆域形成的时间纬度与空间格局时，提出了"五大文明板块论"，并对"海上文明板块"在中国疆域奠定过程中的地位进行了阐述。

---

① 彭树智：《论帝国的历史、文明和文明交往——〈世界帝国兴衰丛书〉总序》，收入于卫青：《波斯帝国》，彭氏"总序"，1～22 页，西安，三秦出版社，2001。

之所以将"海上文明板块"与四个陆上"文明板块"并列，是因为从前近代直至近代，"海上板块"始终是影响中国疆域形成的决定性因素之一。从西汉以降到 18 世纪末期，以中国官府与海商，或以中国私人社会力量为核心，辅之以东亚其他国家或地区的力量，曾主导该"板块"近 2 000 年之久。这近 2 000 年的时间又可分为两个阶段：（1）从西汉到明初，中国官府与海商曾主导东亚海域与北印度洋约 1 500 年左右；（2）尽管早在 15 世纪 30 年代郑和宝船队就降帆收舵、15 世纪后期中国海船便绝迹于马六甲海峡以西，但日本学者松浦章仍毫不犹豫地将 16—19 世纪的黄海、东海、南海称为"清代的海洋圈"①。也就是说，明朝中期以后，中国商船虽然绝迹于印度洋，但在东亚海域仍然维持着主导地位，直至 18 世纪末 19 世纪初期。

关于"海上板块"在中国疆域奠定及其在中国社会乃至于国际社会进程中的影响问题，不但松浦章等日本学者长期关注，欧美学者也很早就开始探求。如 1986 年，美国科技史学家罗伯特·坦普尔出版了《中国：发明和发现的国度》一书，他在名为《西方受惠于中国》的序言中评价说："如果没有从中国引进船尾舵、指南针、多重桅杆等改进航海和导航的技术，欧洲绝不会有导致地理大发现的航行，哥伦布也不可能远航到美洲，欧洲人也就不可能建立那些殖民帝国。"②

2011 年 11 月，加拿大学者在该国西北育空特区白马市的一个瞭望台发现了一枚 17 世纪的中国铜钱。实际上，在此之前，北美西北海岸经常发现 18 世纪的中国铜钱。故该学者说，俄国

---

① 松浦章：《清代的海洋圈与移民》，收入《来自于周缘的历史》，东京，东京大学出版会，1994。

② Robert K. G. Temple. 1986. China, Land of Invention and Discovery, multimedia Publications（UK）Ltd. 转引自席龙飞：《中国造船史》，序论，6 页，武汉，湖北教育出版社，1999。

商人或许不是第一批抵达北美经商的人,据原住民口述,很久以前就有身穿多彩丝袍、头顶前部刮光、头后部盘辫子的人光顾此地,而这些人或许就是中国人。① 关于中国人发现美洲问题,早在 1761 年法国汉学家吉内斯(J. deGuignes)向法国文史学院提出的研究报告中,就论证并提出了中国人于 4 世纪(早于哥伦布1 000 年)就发现了美洲大陆的观点。② 关于中国海上贸易对南洋群岛的影响,印尼前总理阿里·沙斯特罗阿米佐约(Ali Sastroamidjojo)有过中肯的评价,他于 1955 年访问北京时,在两次谈话中诚恳地赞美了古代中国帆船贸易,认为这些海上交流为印尼人民作出了巨大的贡献。③ 可见,在前近代的东亚及西太平洋海上贸易方面,古代中国人曾经起着至关重要的作用。

　　本文的"海上板块"范围,如前所述,系指鄂霍次克海、日本海、黄海、东海、南海、爪哇海、苏拉威西海、班达海、阿拉弗拉海等海域。吴春明将分列于欧亚大陆东缘的黄海、东海、南海等称之为"环中国海"。吴氏认为由于"环中国海"海洋文化圈与传统大陆人文意义上的中国行政区划并非处于全部等同的空间,故"要把握这一海洋人文传统的本质,不能局限于传统的中国学术视野。传统学术太多地受制于中国行政界限,致使海洋文化圈的全局视野缺失"④。笔者部分认同吴春明这个说法,但总觉得空间上略微失之狭窄。笔者认为,如果将鄂霍次克海与日本海等海域加上后,这个"环中国海"才算完整。在这一点上笔者认为日本学者金关恕等的提法更符合历史事实,他们将鄂霍次克海、日本海、黄海、东海、南海、爪哇海、苏拉威西海等海域称

① 《中国新闻网》(http://www.chinanews.com/)2011-11-28。
② 转引自罗荣渠:《美洲史论》,131 页,北京,中国社会科学出版社,1997。
③ 《人民日报》,1955-05-27 及 06-08。
④ 吴春明:《环中国海沉船——古代帆船、船技与船货》"致读者",5 页,南昌,江西高校出版社,2003。

为"东亚的内海"①。需要进一步说明的是，本书的"海上板块"范围，与人类学概念上的"亚洲地中海文化圈"或"东亚的内海"约略相等，较之吴春明的"环中国海"略微宽泛些。当然，本书的"海上板块"范围的推定，不能与现代意义上的领土主权直接画等号。

"海上板块"虽然从新石器时代就对中国社会发展起着重要的作用，但作为一个"文明板块"开始强烈影响中国社会进程，当始自秦汉帝国时期。嗣后，历经隋唐，到了南宋、元代趋于鼎盛。明清二朝经常实施"禁海"政策，企图将海上贸易权垄断到官府手中。为此，中国的民间海上势力一边与官府抗争，一边防备西方殖民者（明中叶以后）的剿杀，并加倍提防中国官府与西方殖民者联合起来的追杀，在极其恶劣的环境下从事海上贸易。直到19世纪初期，中国民间海商仍在主导着东亚海域的商贸事务。依照德国学者弗兰克的说法，中国在19世纪初期以前不但是东亚海上贸易的中心，"而且在整个世界经济中即使不是中心，也占据支配地位"，"它吸引和吞噬了大约世界生产的白银货币的一半"，这些白银"促成了16世纪至18世纪明清两代的经济和人口的迅速扩张与增长"。② 这些迅速增长的人口携带着从海上传来，原产于美洲的玉米、红薯与马铃薯等高产、耐旱、耐寒作物种子向东北、北部、西北与西南等高寒、高纬度地带移民，使得这些地域与中原地带迅速均质化。

另外，清廷则凭借着从西方传来的火器开始征服西南等地抗命土司，许多地方被改土归流。具体情况请参见本书之第四章。

值得一提的是，郑成功于1662年收复台湾后，郑氏海上王

---

① 金关恕监修：《日本海——东亚的地中海》，富山，桂书房，2004；加藤雄三，等编：《东亚内海世界的交流史》，京都，人文书院，2008。
② 贡德·弗兰克著，刘北成译：《白银资本：重视经济全球化中的东方》中文版前言，北京，中央编译出版社，2008。

国以此作为基地攻击大陆沿岸，清朝因此被迫开始重视海疆。1683 年，康熙帝统一台湾，并接收了郑氏王国在台湾及黄海、东海、南海上的一切权益，使得中国的主权管辖范围进一步伸展到海中。后来发生的一系列事件，譬如列强通过海上攻击，逼迫清朝割地赔款、清朝内海及近海被列强主导、清朝丧失鄂霍次克海与日本海、1885 年台湾建省等，这一切都表明"海上板块"对中国的社会进程，特别是对中国疆域变更的影响越来越大。

　　另一方面，伴随着朱明王朝的登场，中国社会也发生了剧烈而影响深远的变化，政治体制开始进入绝对君主专制主义阶段。这种体制不但将所有权力均集中于皇帝及核心集团之手、通过文字狱来禁锢人们的思想、用限制迁徙的办法来加强人民对政府的依附，而且还通过国家经营盐业、政府垄断海外贸易等手段，将经济利益也尽收君主及核心集团囊中。于是，元朝发达的官民共同经营海上事业，伴随着朱元璋严厉的"片板不得下海"① 政策的实施，瞬间灰飞烟灭，使得在 8—15 世纪业已形成的世界上最强大的海商集团——中国海商的贸易事业，渐渐地让位于欧洲殖民者。清朝继承了明朝的禁海政策。但海禁必出海盗，海商被迫变成海盗，这是不以人们意志为转移的客观规律。明清海禁时代的绝大部分海盗，都不是严格意义上的"海盗"，他们是海禁政策的必然产物，他们代替着紧扼自由贸易之喉的朝廷维持着另类的贸易秩序。正因为如此，海商们始终遭到明清官军的剿杀。另外，从明中后期开始，伴随着葡、西、荷等殖民者的到来，明清两朝又经常与殖民者们联手围攻中国海商。为此，王庚武提出了一个耐人寻味的命题——"没有帝国的商人"② 。对此，李金明评

① 张廷玉、万斯同、毛奇龄，等撰：《明史》卷 205《朱纨传》，5 403 页，北京，中华书局标点本，1974。
② 王庚武著，李原、钱江译：《没有帝国的商人：侨居海外的闽南人》，载《海交史研究》，1993（1）。

论说："在 16 至 17 世纪中叶，正当西欧殖民者东来，对我国沿海进行侵略和惊夺之时，明政府如此残酷地对付海寇商人，无异于消灭自己的海外贸易势力，反而为殖民者的海盗活动扫清了道路，同时也抑制了我国私人海外贸易的顺利发展。"① 庄国土认为，"当边外华侨聚居渐多，清廷认为可能为患边境时，就施以各种限制，瓦解边外华侨的聚居点，甚至不惜与外国统治阶级携手镇压"②。张维华认为，"有明一代，海禁甚严，其视贩海者，均属不良之人，素为律令所禁绝"③。所以中国人冒险海上，进行贸易或劫掠，都有一个帝国在后面追剿他们，而且常常与西方殖民者合作。这是因为对于明清式绝对君主专制政体而言，垄断经济利益、将人民最大限度地束缚于土地之上，是其实施所有政策的出发点。而官府垄断海上贸易市场、实现经济利益最大化的有效手段就是海禁政策；驯服百姓的有效办法就是紧闭国门、禁止海外移民。

尽管明清朝廷实施极其严厉的海禁政策与官府垄断海上贸易（经常以"朝贡"的方式实施）方略，但沿海居民以海为田，是挡不住的自然的经济需求。在明廷的严厉镇压下，东南沿海的海商从 16 世纪初期开始走向集团化，希冀通过组织化形式保护生存空间。海商走向集团化倾向的代表性事件，在明中、后期有"倭寇"王直集团称霸海上，在明末清初则有郑氏海上王国拥有水陆官兵 40 余万，大小战舰 5 000 余艘，敢向东南争半壁。

但毋庸置疑的是，尽管中国海上民间势力拼死经营，但也抵不住明清朝廷不懈的追杀，海上民间势力因此被逐渐销蚀。而中国官府与海上民间势力之间的内斗，则造成了两败俱伤的局面，

---

① 李金明：《明代海外贸易史》"导言"，5 页，北京，中国社会科学出版社，1990。
② 庄国土：《中国封建政府的华侨政策》，105 页，厦门，厦门大学出版社，1989。
③ 张维华：《明史欧洲四国传注释》，79 页，上海，上海古籍出版社，1982。

为西方殖民者最终叩开中国大门提供了机会。

那么，"海上板块"是如何形成的呢？其特质是什么？该板块在中国疆域构筑过程中究竟处于什么地位呢？

回答上述问题，既是本书的重要任务，更是本书的创新之处。

第一章 金瓯正圆时：中国疆域最终奠定的时空坐标

□ 18 世纪中叶的世界主要形势是，西亚、东南欧及北非主要由强大的奥斯曼帝国主导，东亚与中亚一部分主要由清帝国来主导，东北欧与北亚由俄罗斯帝国来主导，西欧与非洲、南亚、东南亚及美洲则由西班牙、英国、法国等西欧诸国来主导。在这一时期，清朝社会与经济得到了空前发展。

清帝国的繁盛——18 世纪的世界
（《ビジュアル世界史》，東京：株式会社東京法令出版，2000 年）

第一章 金瓯正圆时：中国疆域
最终奠定的时空坐标

一、引言

本文的"疆域"是指"领土主权"。领土主权往往与"民族国家（nation – state）"及"国家承认"相关联。就欧洲而言，近代意义上民族国家的最终成型，被认为来源于欧洲各国在1648年达成的、承认了各自所拥有的最终主权的《威斯特伐利亚公约》。

如果以上述的"领土主权"作为判定基准或参照物来探寻中国疆域最终奠定的时空坐标的话，那么，这个坐标既不能设定在汉唐，也不能设定在大元朱明，更遑论商周嬴秦。因为15世纪末以前世界的绝大多数地域、国家或种族集团均处于不同程度的彼此隔离的状态之中。15世纪末，伴随着哥伦布、达·伽马与麦哲伦的大航海，独立生活的世界各地域才被相互连接在一起，被深深嵌入了资本主义世界体系的齿轮之中。毫无疑问，渐渐地在这个日益紧密的齿轮中起主导作用的是正在形成的欧洲主权国家群。由于这个主权国家群的主导，欧洲向世界"扩大"。经过17世纪的努力，到18世纪末，欧洲已控制了外洋航线，编织起遍及全球的贸易网，并征服了非洲、南北美洲、澳洲与西伯利亚等广大地区。到了 19 世纪初期，已逐渐渗入并控制中东、印度与中国等古老的欧亚文明中心地带。

可见，欲研判中国疆域最终奠定的时空坐标，换言之，欲探讨中国的领土主权与近代形成的民族国家之衔接问题，只能从基本上与欧洲国家主导世界过程相始终的清帝国那里去探寻，才有可能得到答案。

关于中国的疆域形成与最终底定，以及中国历代王朝疆域与现代中国疆域的关系问题，从 20 世纪 50 年代初期至今，许多学者都在探讨。其中，白寿彝、孙祚民、谭其骧等先生的观点较有代表性。但受时代风气与认知水平的局限，诸位先贤的观点，应该说有值得商榷之处。

首先，孙祚民先生提出了两分法，即"一方面，从今天的角度说，应以中华人民共和国的国土范围为标准，凡处在今天中华人民共和国国土范围以内的所有民族（包括历史上的），都是我国民族大家庭的成员，他们的历史，都是中国历史的一部分。另一方面，在过去的历史阶段，则应当以当时各该王朝的疆域为历代国土的范围。因而，凡在当时还处在各该王朝的疆域之外的独立民族……就是外族和外国，只有等到这些独立民族国家由于某些原因而逐渐与汉族融合，或者统一于汉族王朝以后，他们才开始成为中国的民族成员之一，它们的历史，也就成为祖国历史的一部分"①。无疑，孙先生发表此观点时，可能没有厘清"民族国家"（nation - state）与前近代国家（部族或个别王朝国家）的区别。因为中原汉族王朝不但不能等同于近代意义上的"中国"，即使与"中国历代王朝"也决不能画等号。同时，孙先生没有分

① 孙祚民：《中国古代史中有关祖国疆域和少数民族问题》，载《文汇报》，1961 年11 月 4 日。

清"国族"（nation）与多民族国家中的某一个民族之区别。一般而言，是"国家"（state）创造出了将它自身也包纳在内的国族（nation），即国家往往先于国族并创造国族。就中国而言，"中华民族"乃中国近代意义上的国族，汉族只是这个国族的一个构成部分。犹如中国某一个省（市、自治区）不能等同于中国一样，汉族决不能等同于中华民族。

其次，白寿彝先生认为，"用中华人民共和国的国土范围来处理历史上的国土问题，是正确的办法"①。对此类观点，谭其骧先生辩驳说："要是那样的话，岂不等于承认沙俄通过《瑷珲条约》《北京条约》割让的乌苏里江以东、黑龙江以北的地方，本来就不是我们的地方吗？"②

第三，谭其骧先生的观点是把"18世纪50年代到19世纪40年代鸦片战争以前这个时期的中国版图作为我们历史时期的中国的范围。所谓历史时期的中国，就以此为范围"③。就宏观而言，谭先生的观点是有一定根据的，但细究起来，以下几点值得再研讨。其一，将18世纪50年代—19世纪40年代近百年间中国版图作为历史时期的中国范围，时间跨度过大，难以在这长时段流变的时态中确定一个基点。更重要的是，这期间中国的地理空间变动亦大，乾隆帝的"十全武功"大都发生在此时期。同时，西方殖民者对中国领土的渗透与侵略也发生在此时期。英国于1826年占领中国属邦不丹的阿萨姆、1835年强租中国属邦哲孟雄的大吉岭；沙俄于1822年颁布了《西西伯利亚吉尔吉斯人条例》，正式兼并了清朝属部——哈萨克中玉兹。其二，谭先生虽然提出了论点，但缺乏实证根据。

由此看来，唯有解答清帝国是否具备或何时具备近代意义上

① 白寿彝：《论历史上祖国国土问题的处理》，载《光明日报》，1951-05-05。
② 谭其骧：《历史上的中国和中国历代疆域》，载《中国边疆史地研究》，1991（1）。
③ 同上。

的民族国家要素，清帝国是否存在着近代意义上的国家疆域、边界与边境制度，清帝国的国家疆域、国家边界是否存在着有意识的自我认定、法理确定，清帝国的国家疆域、国家边界是否取得了国际法意义上的国家承认等问题，才能判定中国疆域最终奠定的时空坐标究竟应设定在何时与何处。本文正是缘此而行，希冀通过解明上述疑问，直追本研究主题。

二、清朝对其疆域最终形成的学理与法理确认

1. 清中前期对欧洲地理学知识的吸纳

西方近代地理学知识与绘图技术是随着耶稣会士的东来而传入中国的。从 1584 年起，利玛窦的"世界地图"先后有 12 种刻本传世。是图注明了大地为圆形，绘出了赤道北地半球与南地半球，标注了南北两极、五带；列出了五大洲、南极洲及欧洲 30 多个国家等。[1] 对明末清初的中国地理学产生最大影响的汉文西书当首推耶稣会士艾儒略的《职方外记》。该书卷首为"五大洲总图界度解"，正文分述五大洲概况。[2] 南怀仁编制的《坤舆全图》由东、西两半球图构成，表现了五大洲、四大洋的地理面貌。此图代表了 17 世纪欧洲半球投影制图学和天体学说的最新成果，并对中国产生了切实的影响。[3] 清初以降，受欧洲近代地理学成果浸润的中国地理学名家纷出，孙兰曾师从汤若望，其《柳庭舆地隅说》一书认为："吾中国土地在大地中止东南一隅，合华裔而统计之，才八十一分一耳。"[4] 其《山河大地图说》一书采用地心、赤道以及两极等术语，并绘有两幅半球图，列举两

① 洪业：《考利玛窦的〈世界地图〉》，载《禹贡》第五卷，1936（3/4）。
② 艾儒略著，谢方校释：《职方外记校释》，3～4 页，北京，中华书局，1996。
③ 李孝聪：《欧洲所藏部分中文古地图叙录》，8 页、9 页、11 页，北京，国际文化出版公司，1986。
④ 孙兰撰：《柳庭舆地隅说》，收入阮元编：《文选楼丛书》，嘉庆道光间阮亨刻本。

京及各省的纬度。①

关于欧洲地理学对清朝产生的影响，清人刘献廷认为："天文实用及地图经纬图，皆利氏西来后始出。"② 邹振环认为，到18世纪下半叶，西学作为一种新知识点，已被中国士大夫认可，并企图将其整合到传统的知识架构之中。③

2. 清中前期全国舆图的绘制

（1）康熙《皇舆全览图》与乾隆《内府舆图》的绘制

欧洲地理学知识虽然从16世纪后期传入中国，但真正得到最高层的认同，当始于康熙帝及其继承者。康熙《皇舆全览图》（以下简称"康熙图"）、雍正十排图、乾隆《内府舆图》（以下简称"乾隆图"）、《嘉庆重修大清一统志》所附《皇舆全图》（以下简称"嘉庆图"）等的编绘，以及清朝中前期的有限疆域观与边界意识的生成等，为康熙帝祖孙四代汲取欧洲近代地理学的灿烂之花，结出的盈硕之果。

"康熙图"是由康熙帝亲自主持，以传教士雷孝思（Regis, Jean – Baptiste）、白晋（Bouvet, Joachim）、杜德美（Jartoux, Pierre）、托马斯（Pere, Thomas）等为主力，中国学者何国宗、索柱、李英等参加，④ 各地官民参与的具有当时世界水平的一次规模宏大（先后测绘了全国641个点）且费时良久（1708—1718年）的疆域实测成果。此图采用梯形投影法，以经过北京的经线作为本初子午线，按1：140万—1：150万的比例绘制，⑤ 范围涉及南到海南岛、北达黑龙江、东及台湾、西至哈密以东，即西至

---

① 孙兰撰：《大地山河图说》，收入胡思敬编：《丛书集成续编》，上海，上海书店出版社，1994。
② 刘献廷撰：《广阳杂记》卷2，99页，北京，中华书局，1957。
③ 邹振环：《晚清西方地理学在中国》，46页，上海，上海古籍出版社，2000。
④ 秦国经：《18世纪西洋人测绘清朝舆图中的活动与贡献》，载《清史研究》，1997（1）。
⑤ 汪前进先生认为，康熙铜版《皇舆全览图》采用正弦曲线等面积为圆柱投影（即桑逊投影），参见《自然科学史研究》1991（2）。

西经 40 多度，北至北纬 55 度的广大地区。[1] 关于此图，李约瑟赞之曰：它"不仅是亚洲当时所有地图中最好的一种，而且比当时所有欧洲地图都更好、更精确"，"中国在制图学方面又再一次走在世界各国的前面"。[2]

但"康熙图"所展示的疆域，西仅止哈密。1760 年乾隆帝根据新疆等地区的实测资料，对"康熙图"加以补充修订，完成了"乾隆图"的绘制。该图将"南至琼海，北至俄罗斯北海，东至东海，西至地中海，西南至五印度南海，合为一图"[3]，较"康熙图"范围大一倍多，是一幅名副其实的亚洲地图。

（2）"嘉庆图"绘制及其与"康熙图""乾隆图"的区别

嘉庆朝虽没有大张旗鼓地分赴各地实测疆域，但"嘉庆图"却是在汲取了先前二图成果的基础上，参校乾隆后期至嘉庆朝及道光初年的舆地变更状况编绘而成的。此图有经纬网（以通过北京的经线为中经线），又有计里画方，以纬度 1 度分为二方，每方百里。"康熙图"所描述的疆域截止到 1718 年，此时中国尚未统一。"乾隆图"时间断至 1760 年，此时中国疆域亦未最终底定。虽然"乾隆图"是当时最完善的一幅亚洲大陆地图，当时中国疆域也被纳入图中，但当时中国与外国边界的许多地段尚未划定，从而使得该图无法将其画得明晰。换言之，"康熙图"也好，"乾隆图"也罢，均不能涵盖中国最终形成的疆域，亦无法准确地描述中国最终形成的领土主权。

相对于"康熙图""乾隆图"，"嘉庆图"则标出了盛清疆界：北到外兴安岭，西到帕米尔和后藏的阿里地区，东到库页岛，南到南海。就疆域研究而言，这一点至关重要，因为这是近

---

[1]　中国科学院自然史所地学史组：《中国古代地理学史》，324～327 页，北京，科学出版社，1984。

[2]　李约瑟：《中国科学技术史》第 5 卷，246 页，北京，科学出版社，1976。

[3]　邵懿辰：《增订四库简明目录标注》，278 页，上海，上海古籍出版社，2000。

代民族国家的标志性要素已在中国生成的写照。之所以如此，是因为当"康熙图""乾隆图"编绘之际，中国疆域尚在变动之中，上诸舆图只能反映清朝当时实际控制领域或尚未定型领域的状况。进入嘉庆朝，康、雍、乾三代持续130多年的开疆拓土事业已拉开了帷幕，清朝疆域最终确定。"嘉庆图"之登场，既是"康熙图""乾隆图"纂修思想的深化与成果的自然延长，更意味着中国疆域最终形成的空间最终奠定，而且这空间已非中国传统想象的"天下"，因为这空间的点、面、线已由清帝国的军人、官吏、民众与城池、村镇所填充。换言之，这最终奠定的空间已转变成与毗邻国家（或地区）有着清晰的线状界限的领土。所以，"嘉庆图"所标示的盛清疆域与疆界，当是中国疆域最终奠定的空间坐标。

中国传统的"天下"观，自康熙朝被彻底改变。"康熙图""乾隆图"与"嘉庆图"的绘制，既是对清帝"天朝尺土俱归版籍，疆址森然，即岛屿沙洲，亦必划界分疆，各有专属"①"国家抚有疆宇，谓之版图，版言乎其有民，图言乎其有地"② 之思想意识的诠释，亦是清帝国的疆域与边界已由上诸"舆图"所廓清，更是康、雍、乾、嘉诸帝等最高统治者对其所具备的清晰的疆域有限观、边界线状观、边民乃国民（臣民）意识所进行的一次有意识、有计划的学理与法理的确定。

3. 三修《大清一统志》

（1）康熙、乾隆《大清一统志》的纂修。由于不断开疆拓土与改土归流，加上掌握了西欧近代地理学与绘图技术，使得有清一代自康熙经雍正、乾隆，直至嘉庆的近150多年间，在先后三

---

① 《清高宗实录》卷1 435，"乾隆五十八年己卯"条，北京，中华书局影印本，2008。
② 赵尔巽、缪荃孙、柯劭忞，等撰：《清史稿》卷283《何国宗传》，北京，中华书局点校本，1976。

次大规模纂修《大清一统志》的同时，又能多次在全国实测疆域，绘制了"康熙图""乾隆图"、雍正十排图以及"嘉庆图"等。修志与绘图是相辅相成、互为表里的。

关于纂修"一统志"的目的，康熙帝讲得分明："朕缵绍丕基，抚兹方夏。恢我土宇，达于遐方。惟是疆域错纷，幅员辽阔。万里之远，念切堂阶。其间风气群分，民情类别，不有缀录，何以周知？……特命卿等为总裁官，其董率纂修官，恪勤乃事，务求采搜闳博，体例精详。厄塞山川，风土人物，指掌可治，画地成图。"① 即"一统志"的纂修目的在于周知政治统治所及之疆域，以资治理。

康熙《大清一统志》（以下简称"康熙志"）始修于康熙二十五年（1686 年），成于乾隆八年（1743 年）。但康熙、雍正迄乾隆初期，中国尚未统一，故"康熙志"难称完备。乾隆二十九年（1764 年），伴随着新疆的内属，乾隆《大清一统志》（以下简称"乾隆志"）开始纂修。虽然该志完成于乾隆四十九年（1784 年），但一些资料以 1764 年为断。其后，与疆域变动相关的缅甸之役（1769 年）、二次平定大小金川（1776 年）、越南之战（1789 年）、两次廓尔喀之役（1791 年、1792 年）相继发生，不唯"乾隆图"，即使"乾隆志"也无法表述或全面反映这些变化。② 另外，由于"乾隆志"追求速成，纰漏、错讹较多。③ 在此情形下，三修"大清一统志"的事业被提上了议事日程。

（2）《嘉庆重修大清一统志》纂修及其与康熙、乾隆《大清一统志》的区别。三修"大清一统志"始于嘉庆十六年（1811

---

① 《清圣祖实录》卷 126，"康熙二十五年五月庚寅"条，北京，中华书局影印本，2008。
② 《嘉庆道光两朝上谕档》（嘉庆十六年），38 页，桂林，广西师范大学出版社，2000。
③ 龚自珍：《龚自珍全集》第五辑，《上国史馆总裁、提调、总纂书》，王佩铮校本，上海，上海人民出版社，1974。

年），由穆彰阿等主持，历时 34 年，至道光二十二年（1842 年）完成。因这次重修始于嘉庆十六年（1811 年），所辑资料以嘉庆二十五年（1820 年）为断，故名《嘉庆重修大清一统志》（以下简称"嘉庆志"）。以下，笔者根据自己的探索并参酌张艳玲、① 赵荣、② 孙喆③等先行研究成果，对比"嘉庆志"与"康熙志""乾隆志"有关疆域、边疆和边界方面记述之区别。

其一，"嘉庆志"边疆统部增加、统部范围扩充及门类细微化。"嘉庆志"与"康熙志""乾隆志"的最大区别是明显增加了边疆地区的内容。在北疆，"嘉庆志"增加了省级单位——"乌里雅苏台统部"，设有将军、参赞，管辖唐努乌梁海、科布多和喀尔喀西部广大地区，并会办库伦以西事务。同时，"嘉庆志"中的"蒙古统部"，除继续收录"乾隆志"中"旧藩蒙古"25 个地区外，还将喀尔喀、阿拉善厄鲁特、青海厄鲁特、牧厂、察哈尔、西藏囊括其中，共计 31 个地区，篇幅随之激增。原"乾隆志"中的"新疆藩属"13 个地区，到"嘉庆志"时皆纳入"新疆统部"，又新增乌鲁木齐、古城、吐鲁番、巴里坤、玛尔噶朗、那木干 6 处辖区。

另外，各边疆统部的门类均有不同程度的增加。新疆统部增加了台站、营塘、卡伦、属境等 4 门；乌里雅苏台统部增加了晷度、山川、卡伦、台站等 4 门；蒙古统部增加了旗分、封爵、属部、驿站等 4 门；盛京统部增加了关邮、城堡等 2 门；兴京增设了行宫、山陵、城堡等 3 门；贵州统部增设"苗蛮"门，记述少数民族事宜。

① 张艳玲：《三部〈大清一统志〉比较研究》，见《清史论丛》，261～264 页，2005。
② 赵荣、杨正泰：《中国地理学史（清代）》，北京，商务印书馆，1998。
③ 孙喆：《康雍乾时期舆图绘制与疆域形成研究》，北京，中国人民大学出版社，2003。

其二，"嘉庆志"中的藩部内地化。"嘉庆志"共分22统部，新疆、乌里雅苏台、蒙古等统部已直接列于"贵州统部"，之后，与内地省份并列同称，藩部内地化态势明朗。

其三，"嘉庆志"增加划界与边疆统部辖境内容。以西藏为例，清朝于乾隆末年与喜马拉雅山诸国划定了边界。1792年清朝着手与廓尔喀划界："嗣后应以济咙、聂拉木以外为界，尔部落人等，不得尺寸擅越。"① 同时，划定了与作木朗、洛敏汤、哲孟雄等国的边界。因此类内容发生于"乾隆图"与"乾隆志"修成之后，故唯有"嘉庆志"才能予以描述。关于边疆统部辖境，"嘉庆志"远比"乾隆志"翔实与确切。如新疆统部"东至喀尔喀瀚海，及甘肃界；西至右哈萨克及葱岭界；南至拉藏界；北至俄罗斯及左右哈萨克界；东南至甘肃界；西南至葱岭拔达克山、痕都斯坦诸属界；东北至俄罗斯界；西北至右哈萨克界。广轮二万余里，北为旧准噶尔部，南为回部"。库伦办事大臣辖区"治所在土谢图汗部右翼左旗之北。其在土拉河以东、科鲁伦河以西者，为东库伦；在土拉河以西、鄂尔坤河以东者，为西库伦"②。科布多参赞大臣管辖范围：东至乌里雅苏台界，西至伊犁塔尔巴哈台巴里坤界，南至瀚海界，北至俄罗斯界。

关于边界卡伦，"乾隆志"多付阙如，"嘉庆志"记载颇详。仅以南疆为例，喀什噶尔参赞大臣所属卡伦有巴尔昌、伊兰乌瓦斯、伊斯里克、图舒克塔什、喀浪归、乌帕喇特、玉都巴什、伊勒古楚、铁列克、乌鲁克、特比斯、特尔格齐克、图木舒克等，叶尔羌办事大臣所属卡伦有塞里克、亮噶尔、库克雅尔、玉喇里克、奇灵、萨纳珠和什喇普等。

其四，增加了乾隆年间和嘉庆二十五年（1820年）以前的西

① 《清高宗圣训》卷222，《大清十朝圣训》本，北京，燕山出版社影印本，1998。
② 嘉庆帝敕撰：《嘉庆重修一统志》卷533《库伦·科布多》，上海，上海书店影印本，1984。

南土司承袭裁汰事项。在"康熙志"中,"贵州统部"领有贵阳、安顿等 12 府,"乾隆志"领有 13 府,而"嘉庆志"不止领有 13 府,还增添 4 个直隶厅。关于"四川统部","康熙志"领有府 11、州 8、厅 2 及卫 1,"嘉庆志"则领有府 12、直隶州 8、直隶厅 5、屯务厅 1,篇幅也由 25 卷增为 51 卷。

其五,"嘉庆志"增加"税课"门,补载盐课和关税。在边疆地区征税,既是边疆治理强化的体现,也是加速边疆内地一体化进程的有力之举。

其六,"康熙志"与"乾隆志"只有省、府、直隶厅、州图,未有全国总图。嘉庆朝时,中国的疆域最终划定,因而增加"嘉庆图",既彰显金瓯无缺的全貌,又标明与邻国之边界。

大清一统志始修于康熙年间,才 356 卷。继修于乾隆,增为 424 卷。"嘉庆志"是在继承与汲取"康熙志""乾隆志"的编撰思想和学术成果并有所改进的基础上编纂而成的,其质量明显高于前二者。公认该志是中国有史以来最完备、质量最好的一部地理总志。自问世迄今,尚无一部能够取代它的全国性同类书。所以张元济说:"居今日而治舆地之学,欲求一官本且后出而可信者,宜莫如此书。"[①] 因此,"嘉庆志"问世后,很快就取代了前两部《一统志》。

与"康熙志""乾隆志"相较,唯有"嘉庆志"所描述的疆域,即 1820 年的清朝领土,是中国数千年来内在发展、自我完善、最终形成的产物。换言之,此时的清朝领土与主权,金瓯无缺,空前绝后,既得到了自我的学理与法理确定,又得到了邻邦俄罗斯等国的承认、强势的欧洲列强的认同(后述)。所以,"嘉庆志"所辑资料中断之年(1820 年),当是中国疆域最终奠定的

---

① 嘉庆帝敕撰:《嘉庆重修一统志》"张元济跋",27 414 页,北京,中华书局,1986。

时间坐标。

4. 清朝中前期的疆域与边界观念

　　清朝中前期的疆域与边界观念的变化，从某种意义上说，是与清朝遭遇了中国三千年来从未遇到的强敌有相当大的关系。从16世纪下半叶开始，刚刚从钦察汗国控制下摆脱不久的俄罗斯帝国便急速东侵。至17世纪中叶，其势力已到达勒拿河上游、贝加尔湖、黑龙江流域。1652年俄军与驻守在黑龙江流域的清军第一次交火。到了1660年，中、俄已先后发生过5次规模较大的军事冲突，双方互有胜负。与此同时，沙俄为了详细调查中国情况，探寻通商途径，先后于1654年、1658年派遣使者来华，且都不行跪拜礼。当时清廷对沙俄最感焦虑的事项有三：即沙俄退出清廷发祥地黑龙江流域、追讨达呼尔部逃人根特木尔与来华俄使须行中国式觐见礼，但沙俄对此三项问题均不予理睬，清廷难遂其愿。

　　经过两次雅克萨战争与《尼布楚条约》的签订，中、俄双方军事角逐已逾30年，外交折冲亦相随而行，彼此对敌方的实力心知肚明，两立之势已成。清廷不得不接受祖先发祥之地被强敌割走大块的现实。经过旗鼓相当的征战、近代式的谈判，清廷君臣的疆域、边界与属民观随之一变。以下就相关资料进行讨论。

　　1683年10月28日，理藩院谴责"俄罗斯国罗刹等，无端犯我索伦边疆，扰害虞人，肆行抢掠，屡匿根特木尔等逃人"，劝其撤退。① 1685年4月20日，康熙帝向雅克萨俄军发出最后通牒："尔罗刹入侵我境，骚扰地方。"倘尔怜悯边民，"即当迅速撤回雅克萨之罗刹，以雅库等某地为界，于该处居住捕貂纳税，

---

① 《理藩院为要俄遣还逃人撤出侵地事致雅克萨额官咨文》，收入《清代中俄关系档案史料选编》第一编，49页，北京，中华书局，1981。

勿入我界滋事"①。

1688年5月,以索额图为首领的使团前往边界与沙俄议和。临行前康熙帝嘱咐说:"罗刹侵我边境,交战于黑龙、松花、呼马尔诸江,据我属所居尼布潮、雅克萨地方,收纳我逃人根特木尔……朕以为尼布潮、雅克萨、黑龙江上下,及通此江之一河一溪,皆我所属之地,不可少弃之于鄂罗斯。我之逃人根特木尔等三佐领,及续逃一二人,悉应向彼索还。如鄂罗斯遵谕而行,即归彼逃人,及我大兵所俘获招抚者。与之画定疆界,准其通使贸易。"②

不唯康熙帝如此,其继任者雍、乾、嘉诸帝对疆域与边界的定位,与其父其祖如出一辙。雍正六年(1728年),鉴于安南国要求划界,雍正帝敕谕曰:"朕前令守土各官,清立疆界。原属行之于内地,未令清查及于安南也。"③乾隆帝给英国国王的敕谕,更是道出清廷君臣的疆域观与边界意识:"天朝疆界严明,从不许外藩人等稍有越境搀杂……天朝尺土俱归版籍,疆址森然,即岛屿沙洲,亦必划界分疆,各有专属。"④嘉庆帝时,中、朝两国商民曾在黄海的广鹿岛上私自贸易,并起纠纷。对此,嘉庆帝谕曰:著朝鲜国王"于商民等违禁私贩之事,认真查拏,以清边界"⑤。

从上述史料可见,清廷君臣经过长时间与俄人交涉,对疆域、边界、边民的界定与认识,是非常清晰的。清朝统治者虽然

---

① 《康熙帝为再次敦促俄人即速撤出雅克萨致俄沙皇敕书》,收入《清代中俄关系档案史料选编》第一编,51~52页,北京,中华书局,1981。
② 《清圣祖实录》卷135,"康熙二十七年五月癸酉"条,北京,中华书局影印本,2008。
③ 《清世宗实录》卷65,"雍正六年正月己卯"条,北京,中华书局影印本,2008。
④ 《清高宗实录》卷1 435,"乾隆五十八年己卯"条,北京,中华书局影印本,2008。
⑤ 《清仁宗实录》卷187,"嘉庆十二年十一月壬寅"条,北京,中华书局影印本,2008。

也具有汉族统治者所共有的"天下"观，但清廷君臣心里十分清楚哪些是自己的疆域与边界，即分得清哪些是其政治管辖所及的疆域，何处是其政治、军事力量所及边缘区域，哪些是其"声教"波及之区或"声教"不及之区。故康熙帝云："至外藩朝贡，虽属盛事，恐传至后世，未必不因此反生事端。总之中国安宁，则外衅不作，故当以培养元气为根本要务耳。"①

三、外国对清朝疆域最终形成的法律承认

1. 中俄两国关于东段边界的近代条约《尼布楚条约》的签订

清朝在黑龙江流域的统治，始于天命元年（1616 年）清太祖对萨哈连部的征服，② 确立于崇德二年（1637 年）索伦部的归服。③ 也就是说，在沙俄势力到达黑龙江流域之前，清朝已是这里的主人了。沙俄对黑龙江流域的侵略始于 1643 年。整个顺治朝，由于清朝忙于鼎定中原，无暇顾及东北，致使俄军得以纵横于黑龙江流域。逮及康熙朝初期，郑氏集团活跃，三藩乱起，清廷疲于奔命，俄国愈发得志，双方关系成为僵局。三藩之乱甫平，康熙帝决心解决东北问题。经过康熙二十一至二十四年（1682—1685 年）、康熙二十五年（1686 年）的两次雅克萨战争，沙俄终于同意通过和平的方式解决两国边界争端。康熙二十八年（1689 年），经过双方反复折冲与努力，中俄《尼布楚条约》正式签订。该条约的拉丁文本共计 6 项条款，其主旨在于解决近代国家的两个基本问题，即边界的划定与逃人的处置。

2. 中俄两国关于中段边界的近代条约《恰克图条约》的签订

---

① 《清圣祖实录》卷160，"康熙三十二年十月丁酉"条，北京，中华书局影印本，2008。
② 《清太祖实录》卷5，"天命元年七月丁亥"条，北京，中华书局影印本，2008。
③ 《清太宗实录》卷35，"崇德二年八月辛丑"条，北京，中华书局影印本，2008。

沙俄势力前锋于 1643 年到达贝加尔湖，侵入了早在 1636 年以前业已归附清朝的蒙古喀尔喀部的传统牧地。① 《尼布楚条约》签订后，沙俄利用外蒙古地区划界问题的暂时搁置，不断向南扩张。② 清朝再三要求沙俄答应开启边界谈判，以解决纠纷。1726 年 11 月沙俄代表萨瓦到达北京，经过谈判，双方于次年 8 月签订了《布连斯奇界约》。其主要内容为："北自恰克图河流之俄国卡伦房屋，南迄鄂尔怀图山顶之中国卡伦鄂博，此卡伦房屋及鄂博适中平分，设立鄂博，作为两国通商地方。""恰克图、鄂尔怀图山之间，应即作为两国疆界。按划定疆界，由沙毕纳依岭起至额尔古纳河为止，其间在迤北一带者，归俄国，在迤南一带者，归中国。"③ 1727 年 10 月、1727 年 11 月，中俄两国分别签订了《阿巴哈依图界约》《色楞鄂界约》，详细确定了中俄两国之间 4 000 俄里的边界线，划定了界址。

在以上三个界约的基础上，1728 年 6 月，中俄双方经过三年时间、58 次会谈，终于签订了中俄《恰克图条约》。该条约解决了中俄外蒙古地区边界问题。

关于《尼布楚条约》与《恰克图条约》的历史意义，英国学者斯当东早在 18 世纪末就著书说："中国的广大边界已在俄国地图上得到承认。"④

3. 欧美列强来华及其对中国领土的承认——以葡萄牙租借澳门为例

1513 年葡萄牙商人出现于广州海岸，开始与清朝有了直接关系。⑤ 1551 年"蕃舶托言舟触风涛愿借濠镜地暴诸水渍贡物，海

---

① 张穆：《蒙古游牧记》卷 7、卷 9，131 页，193 页，太原，山西人民出版社，1991。
② 《清代中俄关系史料档案选编》第一编，301～302 页，北京，中华书局，1981。
③ 王铁崖编：《中外旧约章汇编》第 1 册，260 页，北京，三联书店，1957。
④ 斯当东著，叶笃义译：《英使谒见乾隆皇帝纪实》，363 页，上海，上海书店出版社，2005。
⑤ J. M. Braga, The Westen Pioneers and their Discovery of Macau, Macau: Imprensa Nacional, 1949. pp. 101～102.

道副使汪柏许之，初仅及舍商人牟奸利者，渐运瓴榱桷为屋，佛
郎机遂得混入，高栋飞比相望，久之遂专为所据，蕃人之入居澳
自汪柏始，佛郎机既据澳至万历二年建闸于莲花茎，设官守之而
蕃夷之来日益众"①。后来汪柏受贿于葡萄牙人之事败露，便诡称
贿金是澳门葡商向香山县衙缴纳的地租。嗣后，香山县衙遂令澳
门葡商"年输课税二万金。逮至清初，知该处难以收回，遂收税
课为地租，令输银五百两，按年缴纳"②。

对此，马士写道："从最初直到 1849 年总管哑吗嘞事件发生
为止，澳门的葡萄牙人一直向香山县完纳地租，这正是对于领土
主权的完全承认。"③ 对此，澳门主教吉马良斯（D. Alexandre Pe-
drosa Guimarles）在 1776 年也做过同样的表述："（清朝）皇帝拥
有全权而我们则无能为力，他们是澳门的直接主人，收取地租，
而我们只有使用权。"④

1783 年，葡萄牙王室曾想改变澳门的地位，提出让与论：
"我们在中华帝国并未进行征服（conquista），只是葡萄牙的显赫
名誉使我们获得了中国帝王的尊重与友谊，并因而得以在该国的
港口落脚，最后得到让与（cesslo）重要的澳门港。"⑤ 1831 年葡
萄牙抛弃让与论，改用征服论来宣示其对澳门领土的合法占有：
澳门"并不是由于中国皇帝的恩赐或让与而取得的，而是（葡国

---

① 张汝霖、印光任撰：《澳门纪略》上卷《官守篇》"廿三"条，清光绪六年重印
本。郭棐：《广东通志·澳门》（明万历 30 年刊本）也有同样的记载。
② 黄培坤编著，靳智整理：《澳门界物争持考》，收入《近代史资料》总第 95 号，
北京，中国社会科学出版社，1998。
③ 马士著，张汇文译：《中华帝国对外关系史》第 1 卷，48 页，上海，上海书店出
版社，2000。
④ Antonio Vasconcelos de Saldanha, A M enoria Sobre o Estabelecirnento dos Portuguese-
sem M acau do Visconde de Santarém, M acau, Instituto Portugues do Oriente,
1995. p. 9.
⑤ InstrusÇlo Para o Bispo de Pequirn e Outros Documentos Para a história de M acau, Insti-
tuto Cultural de M acau, 1988. pp. 41, 46.

王室）征服的权利获得的"①。但这一观点立即遭到瑞典驻澳门总领事龙思泰（Anders Ljungstedt）的质疑。他通过 1802 年与 1803 年英国两次希望出兵澳门，帮助葡人抵抗法国人的入侵，但葡澳政府因未得到中国政府许可而不得不拒绝英人这一事实，得出了尽管葡人居澳门 300 余年，但葡人从未获得澳门的领土主权的结论。②

葡萄牙真正急于改变澳门地位并将其纳入议事日程是在鸦片战争之后。1843 年葡政府令葡澳总督边多（A. A. da Silveira Pinto）向清政府提出有关豁免澳门租银等九项要求。③ 在遭到清政府拒绝的情况下，葡国女王于 1845 年擅自宣布澳门为自由港、1849 年抗缴澳门地租。④ 但凡此种种，均无助于改变澳门属于中国领土这一法律事实。于是，葡萄牙转而求助于议约。经过多次波折，直到 1887 年终于和清朝签订了《中葡和好通商条约》。⑤ 但就澳门地位而言，葡人所得不过是"未经中国首肯不得将澳门让与他国"，葡人只是"永居管理澳门"，但绝不是领土割让。而中国对澳门的领土主权反而得到了进一步的确认。

从上述的中俄《尼布楚条约》《恰克图条约》与"葡萄牙租借澳门"的事例中，我们可以看到，在中国北部，清朝是通过近代性质的条约来确定自己的疆域与边界的；在中国南方，清朝是

① 马士著，区宗华译：《东印度公司对华贸易编年史》第 4 卷、第 5 卷，280 页，广州，中山大学出版社，1991。

② Anders Ljungstedt, An Historical Sketch of the Portuguese Settlements in China and of the Roman Catholic and Mission in China&Description of the City of Canton, （Viking Hong Kong Publications, 1992）.

③ Chapa do Senado de M acau ao Comissario Im perial, de29de Julho de1843, in A. v. de Saldanha（ed.）, Coleccao de fontes documentais para a historia das relacoes entre Portugal e a China（M acau, 1997）, vol. Ⅲ, pp. 63 ~ 65.

④ 《两广总督徐广缙奏折》（道光二十九年闰四月初七日），"中研院"近代史研究所编：《澳门专档》，22 ~ 23 页。

⑤ 《筹办夷务始末》（同治朝）第 8 卷，10 页、11 页，"中研院"近代史研究所编：《澳门专档》第 3 卷，75 页。

通过收取地租的方式来肯定自己的领土主权。清朝前中期对疆域与边界的认识，并非后人所说的那样，即不具备近代意义上的疆域和边界观。事实是，早在 17 世纪清朝就具有了明确的疆域与边界意识，且通过与外国折冲，达到了获得外部承认的目的。

四、列强对清朝领土主权最终形成的法律认同

1. 葡萄牙加入清朝的朝贡贸易体系

初来中国沿海的葡萄牙人亦商亦盗、攻城略地，但不久便遭到了毁灭性的打击。[①] 嗣后，重返广州外洋的葡人便冒充马六甲进贡者，加入了朝贡贸易行列。[②] 葡萄牙"初来也，虑群盗剽掠累己，为我驱逐，故群盗畏惮不敢肆。强盗林剪，横行海上，官府不能治，彼则为我除之，二十年海寇，一旦而尽"[③]。由于葡人愿意受明朝官府驱使以平定沿岸海盗，深得明廷嘉许，从而得以久居澳门。

迨至清朝，清地方官府更是让葡萄牙人组织专门舰队从事追捕海盗事宜。[④] 所以，汤开建认为："中国政府对早期东来葡萄牙人的抵制和打击，更使他们清醒地认识到，只有讨好中国政府，获得中国政府的信任，才有可能打开远东的贸易市场。""因此，对中国政府的恭顺与贿赂，就基本成为他们的主要策略，而帮助中国政府驱逐沿海地区的海盗也就成为他们讨好中国政府的重要手段。这一点东西方文献均有证明。"[⑤] 对此，纳瓦雷特

① 《明世宗实录》，"嘉靖二年三月壬寅"条；《明史》卷 200 《张嵿传》；《明史》卷 205 《朱纨传》；平托著，方豪译：《中西交通史》下册，672～673 页，台北，中国文化大学出版部，1983。
② 陈吾德：《谢山楼存稿》卷 1 《条陈东粤疏》，四库存目丛书本，济南，齐鲁书社，1997；郑舜功：《日本一鉴》卷 6，民国 28 年影印本。
③ 林希元：《林次崖先生文集》卷 5 《与翁见愚别驾书》，清乾隆刻本。
④ 文德泉：《17 世纪的澳门》，转引自汤开建：《佛郎机助明剿灭海盗考》，载《文化杂志》（澳门），1999（2）。
⑤ 汤开建：《佛郎机助明剿灭海盗考》，载《文化杂志》（澳门），1999（2）。

（D. F. Navarrete）说："中国人统治时期（指明朝），澳门人俯首称臣；现在鞑靼人当政，他们又成为鞑靼人的臣民。"① 1635 年葡萄牙史学家博卡罗说："葡王陛下在这个（澳门）城市，除了日本航海商税外别无其他收入，因为澳门是在中国皇帝的领土之内，他拿去了其他一切收入。"②

从 1552 年至 1753 年，葡萄牙先后 6 次派专使前来中国，以期打通贸易路径。但"在中国人看来，使臣前来是为了朝贺和进贡的，他的责任就是接受命令而不是要求谈判订约。这位专使依照亚洲习惯，屈膝接受了皇帝的赏赐"③。可见，葡萄牙是借助于加入明清两朝特别是清朝的朝贡体系，澳门葡人是作为中国皇帝的臣民，在认同中国领土主权的前提下，才得以居于中国境内进行国际贸易的。不啻外人如是观，中国人也是如斯考量的，故1698 年的一道皇帝上谕称："澳门属中国管辖，凡行止善良的客民，均视同子民。"④

2. 荷兰加入清朝的朝贡贸易体系

荷兰人于 17 世纪初来到中国。起初几十年中，根据邦特库船长的亲身体验，其主要成就是"尽可能掠夺中国男女儿童"予以贩卖，劫掠中国商船，杀人越货，绑架成人服苦役。⑤ 但荷兰人寇者经常遭到中国水师的追剿，其海盗生涯并非像在非洲、东南亚那般顺利。⑥ 于是，1655 年派哥页（Peter de Goyer）等为使

① 文德泉：《17 世纪的澳门》，转引自汤开建：《佛郎机助明剿灭海盗考》，载《文化杂志》（澳门），1999（2）。
② 文德泉：《17 世纪的澳门》，转引自汤开建：《佛郎机助明剿灭海盗考》，载《文化杂志》（澳门），1999（2）。
③ 马士著，张汇文译：《中华帝国对外关系史》第 1 卷，46 页，上海，上海书店出版社，2006。
④ 马士著，张汇文译：《中华帝国对外关系史》第 1 卷，50 页，上海，上海书店出版社，2006。
⑤ 威·伊·邦特库著，姚楠译：《东印度航海记》，60 页，北京，中华书局，1982。
⑥ 王之春著，赵春晨点校：《清朝柔远记》，14～15 页，北京，中华书局，1989。

节前往北京朝贡。"这两位使节事事都顺从中国人的要求。他们带来贵重的礼物，并且听凭这些礼物被人称为贡物，自己也竟这样称呼它；他们也拜领了优厚的恩赐；他们俯伏在皇帝面前；他们在皇帝的圣讳、诏书和宝座之前恭行三跪九叩首的礼节；他们情愿以一个亚洲藩属向宗主国来朝贡的使臣地位自居。""他们希望用这种行为在中国取得贸易特权，像他们在日本以同样手段所取得的一样；但他们所得的只不过是被准许每八年遣'使'一次，每次随带商船四艘而已。"①

为了讨好清朝，荷兰于康熙二年（1663 年）派遣兵船 12 艘前往福州，协助清朝军队进攻台湾郑氏集团，厦门就是被这个联合武力所占领。② 两年后，荷兰期待着对一个宗主国这样忠诚效力所会得到的酬劳，派遣范胡伦（Pieter van Hoorn）为使臣前往北京。③ 但"进贡与赏赐，跪拜与叩首"，这一系列程序使得荷兰只换取到列名为大清朝贡国之一的奖赏。康熙二十二年（1683 年）清军进攻台湾，同时命令荷兰派遣舰队协助，荷兰本来遵命派兵，但他们来迟了。④ 尽管如此，荷兰毕竟与其他欧洲国家有别，故当荷兰"以曾助剿郑氏，请首通市"时，皇帝慨然"许之"。⑤ 在《大清通礼》之"宾礼"中，荷兰是唯一被提到的欧洲国家。

3. 英国加入清朝的朝贡贸易体系

有信史记载的中英之间的直接接触始于 1637 年，结果以英

---

① 马士著，张汇文译：《中华帝国对外关系史》第 1 卷，53 页，上海，上海书店出版社，2006。
② 马士著，张汇文译：《中华帝国对外关系史》第 1 卷，54 页，上海，上海书店出版社，2006。
③ 卫三畏：《中国总论》第 2 卷，438 页。转引自马士著，张汇文译：《中华帝国对外关系史》第 1 卷，54 页，上海，上海书店出版社，2006。
④ Wills, John E., 1968. Ch'ing Relations With the Dutch, 1662 ~ 1690. pp. 136 ~ 142.
⑤ 王之春著，赵春晨点校：《清朝柔远记》，36 页，北京，中华书局，1989。英人斯当东《英使谒见乾隆皇帝纪实》第 2 页也有类似的记载。

军立下保证不再违犯中国法律、永远不再返回中国海岸的字据而告终。① 嗣后，英人分别于 1664 年、1674 年、1681 年派船前往澳门、广州，但由于澳门葡人从中作梗，均无功而返。② 直至 1685 年中国开放浙、闽、粤各口岸后，英国人才通过东印度公司获得在广州开设商馆的权利。英国人在中国沿海游荡了半个世纪方得到一席贸易之地，且挫折多于顺畅。③ 究其原因，澳门葡人的嫉妒、防范，进而从中作梗固然脱不了干系。同时，清朝限关贸易且陋规积习过繁，也是重要因由。但英人名声不佳更是一个应该检讨的问题。④ 在此情形下，英王为了扭转不利印象，扩大贸易范围，派出了以马嘎尔尼（Earl of Macartney）为特使的代表团赴北京觐见乾隆帝。1793 年 8 月，该使到达天津，然后由清廷高官护送进京。"中国官员在载运使节团的船和车上插着旗子用中国字书写'英吉利特使进贡'字样"。英使为完成使命，假装糊涂，没有提出抗议。⑤ 乾隆帝在承德召见了马嘎尔尼使团，并对其提出的种种要求，在给英王的敕谕中予以回答。总其要者，大致如下：首先，关于英使臣要求清廷依英国之理念实施贸易问题，"皆系更张定制，不便准行"。至于英国"要在天朝京城，另立一行，收贮货物发卖"，"更断不可行"。因为"天朝疆界严明，从不许外藩人等稍有越境搀杂"。对于英国"欲求相近珠山地方小海岛一处，商人到彼，即在该处停歇，以便收存货物"之事，乾隆帝的回答可谓义正词严："天朝尺土俱归版籍。疆址森然。

① Lisbon Transcripts, Ⅰ. O. records, vol. iv, The Travel of Peter Mundy, pp. 250, 264, 288~289.
② 奥贝尔：《中国政府、法律及政策大纲》，137 页。转引自马士著，张汇文译：《中华帝国对外关系史》第 1 卷，57 页，上海，上海书店出版社，2006。
③ 赵尔巽、缪荃孙、柯劭忞，等撰：《清史稿》卷 154《邦交志二·英吉利》，北京，中华书局点校本，1976。
④ 王之春著，赵春晨点校：《清朝柔远记》，77 页，北京，中华书局，2000。
⑤ 斯当东著，叶笃义译：《英使谒见乾隆皇帝》，297~298 页，上海，上海书店出版社，2005。

即岛屿沙洲，亦必划界分疆，各有专属。"针对英国"由内河行走，货物或不上税，或少上税一节"，乾隆帝认为，"不能因尔国船只较多，征收稍有溢额，亦不便将尔国上税之例，独为减少，惟应照例公平抽收，与别国一体办理"。①

可见，英国虽然没有像葡萄牙、荷兰那样，情愿以清朝藩属之态被编入朝贡国之列，但始终未离脱清朝预设的朝贡贸易框架，至少在1840年以前，其商贸活动始终囿于清朝的朝贡体系窠臼之中。简言之，无论是葡、荷加入清朝的朝贡贸易体制也好，还是英国利用朝贡贸易体制也罢，其前提是西欧各国承认清朝的领土以及清朝在其领土上实施主权。

五、本章小结

经过康熙、雍正、乾隆、嘉庆祖孙四代的开拓，中国疆域达到了内在发展的极致。同时，中国按照自身发展的轨道滑行，国力达到了全盛。正如日本学者衫原薰所说，如果世界结束于1820年，一部此前300年全球经济史的主体就会是东亚的奇迹——人口迅速增长，生活水平有节制但稳步提高。② 在此条件下，清朝于北方遏制了沙俄的继续南下，且运用外交手段划定了边界；于南方，运用朝贡贸易体制把欧洲列强的权利锁定在规程所允许的范围内。正如滨下武志所言："荷兰和英国在利用亚洲区域内的贸易这一点，即以朝贡贸易体制的存在为前提这一点上，两国的做法与西班牙、葡萄牙的时代并不存在本质上的差别。"这就说明，"以朝贡贸易关系为基础的亚洲区域内贸易圈，即使到了近代，也规定着西方'进入'和'冲击'（亚洲——引者注）的内

---

① 《清圣祖实录》卷1435，"乾隆五十八年八月己卯"条，北京，中华书局影印本，2008。
② 彭慕兰著，史建云译：《大分流：欧洲、中国及现代世界经济的发展》，8页，南京，江苏人民出版社，2003。

容"。① 这使得前中期的清朝对其疆域的最终奠定，能够从容地从学理与法理上自我确认。另一方面，无论是沙俄，还是西欧列强，皆是清朝以前中国历代王朝从未经历过的强劲对手，在此情况下，外来的欧洲式的领土、主权与国际法的概念，即作为各国相互关系准则的对于领土、主权与国际法的界定，帮助清朝确立了中国领土管辖范围的明确界限，而清朝以前的中国传统王朝对于那些鞭长莫及的疆土，一直满足于模糊不清的分界线，始终处于想象之中。

始修于 1811 年的"嘉庆志"及"嘉庆图"，既承载着中国历史内在发展所能达到的空间极致，又延续着康熙帝祖孙四代超越了历代汉族帝王所固有的"天下观"之窠臼——对领土、边界、主权与边民有着清晰的界定与认知的理念。同时，还附丽着沙俄与西欧列强对清朝领土主权的国际承认。因此，本文将中国疆域最终奠定的空间坐标判定在"嘉庆志"及"嘉庆图"所确定的领域。

1820 年，既是"嘉庆志"及"嘉庆图"所描述的中国疆域范围的最终底定极点，也是东西方力量对比最终逆转的临界点，更是中国国势由强转弱的最后时刻。是年，英、俄已经在觊觎中国西北与西南的大门，是年以降，英、俄已缘门而入，渐趋登堂入室。中国从此金瓯残缺，无所规复。凡此种种，本文将中国疆域最终奠定的时间坐标判定在 1820 年。

综上所述，随着欧洲列强在全球的扩张和殖民体系的建立，"世界"面孔渐渐清楚地浮现出来，而清代统治者在接受西方近代地理学知识、吸纳欧洲式的领土主权与国际法观念和受到边疆地区的强势外来者挑战的影响下，对于国家疆域的认识和观念已大异于前代王朝。伴随着"嘉庆志"与"嘉庆图"的登场，标志着清帝国已具备了近代意义上的民族国家基本要素——领土、主

---

① 滨下武志著，朱荫贵、欧阳菲译：《近代中国的国际契机：朝贡贸易体系与近代亚洲经济圈》，29 页，北京，中国社会科学出版社，1999。

权与国民（臣民）意识，虽然这些要素有时还很微弱或时隐时现；清帝国已存在着近代意义上的疆域、边界与边境制度；清帝国对其疆域、边界已能有意识地自我认定、法理确定；清帝国的疆域、边界已取得了国际法意义上的国家承认。①

---

① 本章内容，大多援引于逄春：《论中国疆域最终奠定的时空坐标》，《中国边疆史地研究》，2006（1），一文，特此说明。

第二章 跃马亦高歌：『大漠游牧文明板块』论衡

□ 元上都是中国元朝的夏都，位于今内蒙古锡林郭勒盟正蓝旗旗东北之闪电河北岸。这座由诞生于『大漠板块』上的蒙古族创建的草原都城，既有游牧民族的显著要素，同时也汲取了中原农耕文明的因子，被认为是农耕文明与游牧文明奇妙结合的产物。

元上都遗址
（本书作者 1999 年夏摄于
内蒙古蓝旗境内的元上都遗址。）

第二章　跃马亦高歌："大漠游牧
　　　　　文明板块" 论衡

一、引言

笔者曾撰文认为，从前 200 年左右匈奴冒顿单于首次统一大漠游牧区、前 100 年左右汉武帝首次统一农耕区到 1820 年 "中国" 疆域最终底定，是一个渐进的过程。[①] 在 1820 年以前，即在 "中国" 疆域没有被完全统合前，就该疆域的内圈与外缘的人文地理态势——生产方式而言，先后出现过大漠游牧、泛中原农耕、辽东渔猎耕牧、雪域牧耕、海上五种 "文明板块"。[②] 各色人等经常以此诸板块为根基建立各种各样的王朝（国，kuək），或单于朝（ẓĭan γĭwa）、汗朝（兀鲁斯，ulus）、赞普朝（btsan-po）、王国等，在长时段的历史变迁中，它们或向着同样的目标前进，或沿着不同的路线发展，此历史发展的轨迹是多线式的，

与近代意义上的国家之间是有区别的。① 所以，我们在研究古代中国疆域时，应谨慎地使用"中国"一词，更不能用"中原王朝"一词随意替代"中国"一语，也不能将"历代中原王朝"置换成"历代中国"。换言之，我们不能想当然地理解"中国"的含义。中国与任何一个近代的民族国家一样，只有在其构建过程完成以后，它才最终具有了当前的意义和形态。如此一来，在中国疆域最终底定过程中，大漠板块究竟起到了什么样的作用便成为本文关注的焦点。

所谓"大漠板块"，是指从中国北面"农牧交错带"② 西段与中段一线到贝加尔湖北岸，从大兴安岭、经西伯利亚森林地带、蒙古高原、天山山脉以北，至锡尔河流域以西一线。由此再经哈萨克草原，连接着南俄草原。这片广袤的草原地带是古代游牧部族的天堂。

"大漠"之称，来源于汉朝人对北方广漠地带的模糊描述。《后汉书》有"匈奴转北徙数千里，漠南地空"③的记述。古代"漠"通"幕"，故又称蒙古大沙漠北部为幕北，南部为幕南，如《史记》有"以精兵待于幕北，与汉大将军接战一日"④ 的记载。清代人仍称内蒙古为漠南，外蒙古为漠北。

在"大漠板块"上，匈奴于前311年以强大姿态最早出现于

① 于逢春：《构筑中国疆域的文明板块类型及其统合模式序说》，载《中国边疆史地研究》，2006（3）。
② 田广金、郭素新：《北方考古论文集》，200 页，北京，科学出版社，2004。此书认为，在中国北方，由今天河套地区乌拉特后旗附近向西南方向延伸至陇东高原，再由此向西北方向沿着河西走廊北缘过敦煌；由乌拉特后旗附近东经过今呼和浩特市北，继续向略偏东北方向直至今辽宁开原市北，由此转而东南走向至今朝鲜清川江边，战国秦汉时代曾修筑过一段长城。在此长城之南，明代也修筑过一段长城。二者在张家口交汇，呈横"X"状分布，二者之间的狭长地带，就是著名的"农牧交错带"。
③ 范晔撰：《后汉书》卷80《乌桓传》，北京，中华书局点校本，1982。
④ 司马迁撰：《史记》卷100《匈奴传》，北京，中华书局点校本，1982。

古代中国信史。① 经过近百年的发展，最终一统整个大漠的中部与东部，据有南起阴山，北逾贝加尔湖，东尽辽左，西越葱岭的广大地域。匈奴—秦朝、匈奴—西汉、匈奴—东汉之间南北对峙，开启了古代中国长达千余年的南北朝格局。

匈奴之后，鲜卑、柔然、突厥、回纥、契丹、北元（蒙古）、瓦剌（卫拉特）等先后依靠大漠板块建立了若干个"北方汗庭"，形成了五胡十六国及北朝—东晋（304—420 年）、北朝—南朝（420—589 年）、柔然—北朝（402—555 年）、突厥—北朝（552—583 年）、东突厥—隋朝（583—618 年）、东突厥—唐朝（618—630 年）、西突厥—唐朝（618—657 年）、后突厥—唐朝（682—745 年）、回鹘—唐朝（744—840 年）、辽朝—五代（916—960 年）、辽朝—北宋（960—1125 年）、西辽—金朝（1132—1218 年）、北元（蒙古、瓦剌）—明朝（1368—1636 年）、准噶尔部—清朝（1635—1755 年）等南北朝或东西朝。7 世纪初，具有突厥与鲜卑双重血统且具有深厚汉文化素养的李氏唐朝创立者，承"北方汗庭"之余绪，第一次使"大漠板块"与"泛中原板块"实现了完全的统合。元朝则以大漠板块为基地，第一次统合了大漠、泛中原、辽东与雪域四大陆上的板块。

由此可见，大漠板块在中国疆域形成过程中，具有举足轻重的地位。尽管如此，以往中外学者谈论中国疆域问题时，往往以中原王朝或中原文明为轴心，其他"文明板块"被有意无意间置于从属或陪衬地位。国外学者往往站在单一民族国家的视角来看待此问题，出现"长城以北非中国论""中国乃汉族国家"等论调。国内学者，从顾颉刚等在民国时代撰就的大作到今日学者如刘宏煊等付梓的专著，其研究范式皆以中原王朝疆域为中心，在

① 司马迁撰：《史记》卷 80《乐毅传》，"正义"引《说苑》：燕昭王问于郭曰："寡人地狭民寡，齐人取燕蓟八城，匈奴驱驰楼烦之下"，北京，中华书局点校本，1982。

大漠板块上建政而未入主中原的各类汗朝往往被忽视，被排除在中国疆域之外。① 与顾、刘等先生一样，其他国内学者对中国疆域形成史的描述，大都未脱出中原王朝中心史观的窠臼。

在西方的"中国"历史编纂中，对内陆亚洲的忽略不是偶然的。从某种意义上说，这应归之于一些在此领域中最有影响力的历史学家们划分中国史的界线而产生的结果，其中影响最著者当首推拉铁摩尔。拉氏在《中国的内陆亚洲边疆》中，将中国分为两个世界，即中国人的世界与内亚游牧民的世界，其独特的分析以及强调长城的边界意义，不但影响着一代又一代的西方学者，也影响着中国从民国至今的学术界。他不是按时间序列来考察中原与蒙古草原之间的关系，而是从中原古代史和边疆地理特性中去探寻历史规律。结果，他更加关注从秦朝到东汉时期的中原帝国与草原单于国之间的相互影响，从而推导出一系列结论：（1）长城是用来划分中国历史的天然地理领域；（2）长城内外的边缘地带是兼有内陆亚洲草原粗放游牧特性与中国精致农耕特性的社会，游牧民大都在此积蓄力量，并经常前来征服中国；（3）中国与草原的历史虽然相互影响，但二者既不能分离，也不能吸纳或永远控制任何一方；（4）未能发展工业化是中国与内陆亚洲边疆消长起伏的历史关键。②

应该说，包括上述顾氏、拉氏等在内的中西方学者经常将大漠板块剔除中国疆域并非都是人们有意忽略，应该说，与长时期接受儒教价值观，以及兴起于近代的民族主义思潮的影响脱不了干系。以孙文、章炳麟等为代表的极具影响力的民族主义者，不但鼓吹"驱除鞑虏，恢复中华"，甚至主张放弃东北、蒙古、新疆与西藏，在旧的明朝边界内建立一个种族纯洁的"中国"，其

---

① 顾颉刚、史念海：《中国疆域沿革史》，北京，商务印书馆，1999；刘宏煊：《中国疆域史》，武汉，武汉出版社，1995。
② 拉铁摩尔著，唐晓峰译：《中国的亚洲内陆边疆》，353 页，南京，江苏人民出版社，2005。

影响至今犹在。

巴菲尔德《危厄边疆：游牧帝国与中国》一书为拉氏之后研究游牧社会与农耕社会之间互动关系最为宏观之作。巴氏认为由于蒙古草原游牧者缺乏对农耕地带的基本经验与知识，故多不轻易深入长城以南汉地建立直接统治。为了从农耕地带获得额外经济利益，只好以战争和战争威胁作为"自外控制"手段来达到目的。草原汗国从中原帝国获得物资，可强化大汗及属下贵族的威权。问题是，游牧经济的移动性与草原社会组织的散漫性，使得集权式的政治权威无法从游牧社会内部自发产生，但当强大的中央集权式中原王朝出现在长城以南时，草原游牧民为了实施"自外控制"策略，只好组建一个"帝国式的部落联盟体"——汗国与之抗衡。当然，他也不否定北方草原与东北森林草原的游牧国家，同中原王朝之间的互动模式是有很大差异的。①

王明珂《游牧者的抉择》一书，应该说是继拉氏、巴氏之后本研究领域中最具冲击力的集大成之作。该书自在分别探究汉代匈奴、西羌、鲜卑（与乌桓）的游牧经济与社会政治组织以及他们与汉帝国往来互动之历史后认为，各种狭义的"游牧"经济活动的确皆无法自给自足，因而游牧人群需以其他生业（如农业、采集、狩猎、贸易或掠夺等）来补充。以高原、高山河谷游牧为主的西羌，其农业、采集、狩猎与生计性掠夺，主要是在本地生态区内获得。此类游牧人群较倾向结成为一个个平等自主的小型游牧群体，只在必要时暂时组成较大的集团。以草原游牧为主的匈奴与以丘陵森林草原游牧为主的乌桓与鲜卑，其贸易与政治性掠夺，则是通过向外扩张获取。此类游牧人群所接触的多为定居城邦、国家或不同环境生态的游牧群体，涉外事务较复杂，因此

① Thomas J. Barfield, The Perilous Frontier: Nomadic Empires and China, Cambridge, Massachusetts: Basil Blackwell Inc., 1989。该书书名与专有名词汉译参考王明珂：《游牧者的抉择——面对汉帝国的北亚游牧部族》，9 页、235 页，桂林，广西师范大学出版社，2008。

他们需组成较大的政治共同体与之相颉颃。①

　　尽管上述拉氏、巴氏，特别是王氏的深湛研究成果与本文的研究对象有一定的区别，但对深化本文主题，却有着重要意义。本文拟在汲取这些先行研究成果的基础上，从宏观的视角，以长时段、大空间为研究对象，在推断中国疆域形成的基本趋势与模式的同时，探讨大漠板块的基本特征，及其在中国疆域形成过程中的地位。

二、"大漠板块"的范围与基本社会结构

1. "大漠板块"的地理范围与专业游牧业的产生

　　欧亚大陆草原和森林地带，习惯上以乌拉尔山脉为界划分为东、西两大区域。其中东部区域从东向西排列还可细划为三个区域：（1）今日中国的内蒙古、蒙古国的中东部与俄罗斯的布里亚特共和国、伊尔库茨克州；（2）今日中国的新疆北部、蒙古国的西部、哈萨克斯坦的东部，以及俄罗斯的图瓦共和国、克拉斯诺亚尔斯边疆区南部、阿尔泰边疆区；（3）中央哈萨克、俄罗斯的西西伯利亚地区等。根据目前的考古发现来看，自然环境的趋同使这三个地区的社会经济形态以及在此基础上形成的文化具有许多相似性。乌恩岳斯图认为，上述的第一个区域是匈奴和鲜卑及其先民的活动地域，第二个区域是塞种人及其先民的活动地域，第三个区域是萨尔马特人、塞种人、丁零人及其先民的活动地域。根据目前的考古成果，第一个区域内部各地区之间的关系最为密切，这种关系自青铜时代开始就表现在诸多方面，到了早期铁器时代表现得尤为明显。②

　　关于游牧经济何时形成的问题，国内外学者存在着较大的分

---

①　王明珂：《游牧者的抉择——面对汉帝国的北亚游牧部族》，桂林，广西师范大学出版社，2008。

②　乌恩岳斯图：《北方草原考古学文化比较研究》，1~2页，北京，科学出版社，2008。

歧，根据上述乌恩岳斯图初步归纳，可细分为以下几种：

（1）骑马术的出现是从畜牧经济向半游牧—游牧经济转化的标志，这一转化过程大致是在西周晚期至春秋早期最终完成的；①

（2）中国北方民族的社会与经济大约在西周晚期至春秋早期以降发生了重大改变，经济形态从农牧混合型转化为游牧经济，从畜牧转变为游牧；②

（3）对于居于北方以混合经济为生存手段的人们而言，在长期的征战中，他们学会了利用马力，习于畜养。同时，在长期征战中，他们学会放弃定居、农业与养猪，而完全依赖游牧业。到了春秋晚期，早期游牧人集团便出现在了鄂尔多斯草原；③

（4）前1000年前后，欧亚草原各地区出现了向游牧业的过渡部族，这标志着早期游牧人集团的诞生。④

下面考察一下欧亚草原东部区域中的第一个区域游牧经济具体形成的时间与模式。如前所述，在该地区的南缘，有一个著名的"农牧交错带"，在此地带及其以北地域，至少在4 000多年前，作为游牧文明象征的马，业已家畜化。⑤但在欧亚草原地带卷起狂飙，两千多年来给旧大陆带来一波又一波巨大冲击的成熟游牧文明的出现，却是前9—前8世纪之事。此后，无论是欧亚草原地带的东部，还是中部，抑或是西部，均相继出现装备了青铜马具与武器的游牧部族，次第登上了历史舞台。在历史上最初

① 田广金、郭素新：《北方文化与草原文明》，见《内蒙古文物考古文集》第二集，北京，中国大百科全书出版社，1997。
② 乌恩岳斯图：《北方草原考古学文化比较研究》，1～2页，北京，科学出版社，2008。
③ 王明珂：《鄂尔多斯及其邻近地区专化游牧业的起源》，见《历史语言研究所集刊》第64本第2分册，418页。
④ М. Г. Мошкова. Предисдовие//Степная полоса Азиатской части СССР в скифосарматскойвремяМосква, 1992.
⑤ Telegin, D. Y. Dereiuka: A Settlement and Cemetery of Copper Age Horse Keepers on the Middle Dnieper (British Archaeology Reports. International Series 287), Oxford, England, 1986.

留下盛名的骑马游牧部族，在草原地带的中部为塞人，在东部则是迟后几个世纪出现的匈奴人。从某种意义上说，塞人与匈奴人的光辉业绩之所以能名传千古，是因为东西方双峰并峙的两大历史学家分别予以记录之故。这便是希罗多德与司马迁及其不朽的巨著——《历史》与《史记》。有意思的是，二人虽分处东西方，时代不同，语言不通，但彼此所描述的对象却有着惊人的相似之处。

希罗多德是这样描述斯基泰人（塞人）的：①

他们并不修筑固定的城市或要塞；

他们的家宅随人迁移。他们的家就在车上；

他们是精于骑射之术；

他们不以农耕为生，而是以畜牧为主的；

斯基泰人认为在公开的战斗中他们是不可能独力击退大流士的军队的……于是决定不对敌人进行公开的战争……（但他们）听到（波斯人撤退）消息之后，立刻火速地集合了自己的兵力……追击波斯人去了。

司马迁是这样描述匈奴人的：②

毋城郭常处；

逐水草迁徙；

士力能弯弓，尽为甲骑；

毋……耕田之业；

随畜牧而转移；

利则进，不利则退，不羞遁走。

如将以上两个部族的共通之处予以整理的话，大致有以下几个特点：

---

① 希罗多德著，王以铸译：《历史》卷4，北京，商务印书馆，2005。
② 司马迁撰：《史记》卷110《匈奴传》，北京，中华书局点校本，1982。

（1）他们均为不事农耕的纯粹游牧部族；

（2）随游牧移动、没有定居的城市与聚落；

（3）弓矢优良、全员为骑马战士；

（4）战术富有机动性，且符合现实，不利时迅速撤退。

这些共同的特征，皆与定居的农耕地带的文明形态、社会模式、道德规范不同。塞人与匈奴人的这些相似性绝非偶然，因为共有的欧亚草原地带自然环境为这些游牧部族的形成和发展创造了近似的条件。

游牧民的移动性与生存条件密切相关。根据20世纪初的现地调查资料，在精耕农业区的江南，不到一亩地就能基本上养活一个五口之家，而在水草丰茂的陈巴尔虎右旗游牧区，一个五口之家需要200只羊、8匹马、50头牛才能维持基本生活，其必需的放牧面积至少为22 860亩左右（1亩＝0.0667公顷），① 且这个牧场还是游动的。在该游牧地带，正常年景至少需要移动8~10次，多者达25次，草场欠佳的年份移动甚至高达30~40次之多。至于每次移动距离，因受旗地制度的限制，蒙古游牧民的移动空间也大为缩小，即便如此，近者一次也需走42~53公里，远者则达265公里左右。② 生活在这样不确定的自然环境中，人畜唯有不间断地转场，才能获取生存资源，因此也增强了游牧民突破其他社会"边界"的能力，形成了与定居社会不同的价值观、判断尺度及思维方式。恰恰如此，"利则进，不利则退，不羞遁走""困败则瓦解云散"等在游牧世界看来乃天经地义之事，在讲究"战场道德"的农耕世界里，则变成了耻辱；又如，"壮

---

① 后藤十三雄著，布林译：《蒙古游牧社会》，24~28页，呼和浩特，内蒙古自治区蒙古族经济研究会，1992。根据甘肃农业大学编：《草原调查与规划》（113页，北京，农业出版社，1985）：一只带羔母羊为一个羊单位，一匹成年马与牛相当于5个羊单位。

② 迈斯基著，汉昭译：《蒙古畜牧调查报告书》，见蒙古经济史研究会编辑刊印：《蒙古族经济发展史研究》第2集，215~216页。

者食肥美，老者食其余。贵壮健，贱老弱"，对于随时都处于转移与危险之中的游牧民而言，是保持群体生存与种族繁衍的唯一选择，这与"郭巨埋子""卧冰求鲤""老莱娱亲"式的中原敬老风俗形成了强烈对照。如此等等，恕不一一列举。

2. "大漠板块"的基本社会结构

到了1世纪末鲜卑人代替匈奴人对大漠地区进行统治时，匈奴人已在该地区活跃了400多年。关于匈奴人的族属与语言，至今仍是一个争论不休的问题，就现有文献资料与考古发掘而言，对匈奴人的人类学特征尚不能做出最后的结论，也不能确定匈奴人与后来活跃于大漠的民族之间的必然联系。但匈奴人留下的许多制度和习俗却在兴起于大漠板块、族源不同的鲜卑、柔然、突厥、蒙古等民族中世代流传。譬如游牧帝国的部族大会、汗位选举制、一些习惯法、左右翼与十进制的军事行政划分、游牧帝国分封制、商业保护制等，一直延续到明清时代，即使到了今天，内蒙古地区也仍使用左、中、右翼旗的名称。有如我们每每读到希罗多德等希腊史学家所描述的斯基泰人与看到希腊—斯基泰式花瓶上的斯基泰人时，除了人种与语言之外，就文化形态与一般生产方式及生活方式而言，我们眼前总会不由自主地浮现出中国史学家所描写与画家们所描绘的匈奴人、鲜卑人、突厥人和蒙古人。这或许是由大漠板块特有的自然条件与生产、生活方式决定的，或许是由于他们在地理位置上的实际接触而使之产生了相同或相似的风习。

3. "大漠板块"的形成

匈奴民族的摇篮在"农牧交错带"及其以北的阴山一带。①这一由东北向西南走向的狭长地带，正是一条由半湿润向半干旱和干旱地带过渡的区域。从商周时代起，就有以畜牧为业，半农

① 班固：《汉书》卷28《地理志》（北京，中华书局点校本，1962）载，五原郡稒阳县有"头曼城"，便是匈奴第一个单于——头曼单于的驻牧中心。

半牧的人们生活在这里。大约在晚周至春秋早期，该地带开始出现驯马与"坐骑"。而将"坐骑"应用到战事上，则标志着"骑士"的登场。求诸文献，则"游牧骑士"出现于古代中国，似应在前 8 世纪以前。据《左传》记载，桓公六年（前 706 年），"北戎伐齐"。此"北戎"即《史记·匈奴传》所记"山戎越燕而伐齐"之山戎。过了 40 多年后的前 664 年，齐国经过齐桓公的经营，已成为中原霸主，于是"越千里之险，北伐山戎，为燕辟地"①。关于齐桓公北伐山戎的路线，《管子·大匡》说是"北伐令支，下凫之山，斩孤竹，遇山戎"。令支，在今冀东迁安一带；凫之山，即今渤海西北岸的碣石山；孤竹在今辽宁省朝阳市。②则齐桓公最后遭遇的山戎，当在今朝阳以北或左右之地，即今内蒙古东南部赤峰一带。齐桓公征伐山戎为燕国辟地，自然有燕国为后盾，给养无忧。而当年山戎越燕而伐齐，行军路线应该与齐桓公差不多，但并没有得到燕国的支持。可想而知，这千里跃进，穿越整个燕国，深入齐国，没有后方，似只有游牧铁骑才能做得到，而步兵是无能为力的。这常常让人想起 2 300 多年后的 1636 年，多尔衮引领八旗铁骑突破长城，在今通州河西，越过明朝首都北京而南下涿州，尔后"西抵山西，南抵济南，克城二十，降其二"之事。③ 时间虽然过去了 2 000 多年，但空间并未转换，历史剧目似在重演。另一个事例是齐桓公（前 685—前 643 年）曾"救晋侯，擒狄王，败胡貉，破屠何，而骑冠始服"④。这充分说明，齐桓公时代骑兵早已是游牧民族的常备武装。与此文献相印证，考古学者在发掘相当于晚周至春秋早期的

---

① 《春秋谷梁传》"庄公三十年"，阮元校刻：《十三经注疏》本，北京，中华书局，1980。
② 杜佑：《通典》卷 178《州郡》八，"古冀州"条："营州柳城郡，古孤竹国也"。唐营州柳城郡在今朝阳市。
③ 赵尔巽、缪荃孙、柯劭忞，等：《清史稿》卷 216《代善传》，北京，中华书局点校本，1976。
④ 《管子》第 20《小匡》，四部丛刊本，上海，上海书店出版社，1989。

宁城南山根遗址时，发现了锚头状有倒刺的马衔。[①] 马衔的登场，标志着驯马业、骑马术已出现在草原地带。骑射的问世，无疑给北方草原部族安上了腾飞的翅膀。到了战国时期，这些来如闪电，去似狂风的草原游牧部族向北、向西走向了更广阔的草原；向南开始与秦、赵、燕三国抗衡于中原北部。

前3世纪初，蒙古草原与河西走廊形成三大游牧集团东、西分列的局面：东胡居东，国力最强；月氏偏处西部，势力次之；匈奴居中，最为孱弱。冒顿单于即位后，首先出兵东胡，臣服之。尔后西向用兵，击走月氏。与此同时，南并楼烦，北服浑庾、屈射、丁令、鬲昆、薪犁等部。并趁秦末中原大乱，夺回被秦占领的河套及阴山一带。进而于前200年大败刘邦32万大军于白登，并由此形成西汉与匈奴的和亲关系。嗣后近70年间，汉朝不敢与匈奴争锋于长城内外。于是乎，冒顿单于凭借快捷的骑马兵团，建立了强大的游牧帝国，第一次统合了长城以北、西伯利亚以南，东起辽河、西至葱岭以西的大漠板块。由单于庭直辖中部，左贤王等管辖东部，右贤王等管辖西部。[②] 就时间而言，大漠板块的初次统一，早于汉武帝对泛中原板块的最终统一。[③]

三、"大漠板块"的基本特质

关于大漠板块的游牧社会形态，先师亦邻真先生早在20世纪60年代初就予以开拓性研究。姚大力曾以13世纪前后的蒙古社会为例，予以剖析。同时，弗拉基米尔佐夫对13—18世纪的

---

① 田广金、郭素新：《北方考古论文集》，北京，科学出版社，2004。
② 司马迁：《史记》卷110《匈奴传》，北京，中华书局点校本，1982。
③ 秦始皇统一了中原，但后来被纳入农耕板块的朝鲜四郡、河西四郡、西南夷地区、西羌地区、南越九郡、西域南路等地，皆系汉武帝开拓而来。

蒙古社会制度、萧启庆对元代的宿卫制度等予以翔实的研究。[①]此外，孛尔只斤·吉尔格勒从变迁的视角，关注游牧文明。值得一提的是吴团英等从多个侧面，比较全面地探讨草原文化的特征。[②] 本文拟以这些先行研究成果为基础，通过剖析 13 世纪初蒙古汗国建立前后的基本制度，即草原氏族形态、氏族贵族制、汗位选举制、怯薛制、万户千户百户制、以黄金家族为首的分封制、商业保护制、约孙及《大札撒》制等，来考察大漠板块的生产、军政与生活方式的基本构型，以及国家的特质。

1. 10 世纪以降蒙古族的氏族形态

大约 10 世纪前后，原蒙古各部逐渐从大兴安岭山地迁徙到岭西的蒙古草原部分地区，这些游猎者逐步变成游牧人，饲养马、牛、羊和少量的骆驼，辅之以狩猎，天然牧场三河（斡难、土拉、克鲁伦）流域成为蒙古人纵横驰骋的天地。11—13 世纪蒙古游牧民主要从事畜牧和狩猎，但其生活基础是畜牧业。

原蒙古各部走出大兴安岭山地森林时，其氏族制度业已经过了漫长的进化路程。此时（10—12 世纪）的蒙古氏族社会和原始氏族社会的生产方式与社会状态已然区分明显。当时许多蒙古氏族虽然在同一地域游牧，但也有一些氏族分散居住，并与异氏族一起游牧。例如，巴牙兀惕氏族的人是分散居住的，该氏族中的一部分人是和铁木真一起游牧的，另一部分人则与泰亦赤兀惕部一同游牧与生活。[③] 囊括了不同氏族的札剌亦儿人或是分散游牧，

---

① 亦邻真：《成吉思汗与蒙古民族共同体的形成》，见《亦邻真蒙古学文集》，呼和浩特，内蒙古人民出版社，2001；姚大力：《塞北游牧社会走向文明的历程》，见《北方民族史十论》，桂林，广西师范大学出版社，2007；Б. Я. 符拉基米尔佐夫著，刘荣焌译：《蒙古社会制度史》，北京，中国社会科学出版社，1980；萧启庆：《元代的宿卫制度》，收入氏著：《内北国而外中国》，北京，中华书局，2007。
② 孛尔只斤·吉尔格勒：《游牧文明史论》，呼和浩特，内蒙古人民出版社，2002；吴团英主编：《草原文化研究丛书》，呼和浩特，内蒙古教育出版社，2007。
③ 拉斯特：《史集》第 2 卷第 2 分册，10 页、87 页，北京，商务印书馆，1996。

或是居住在一些其他氏族及家族之间。① 当然，这种氏族离散是各种各样原因作用的结果，一些氏族自发地分化了出去，一些氏族则按照自己的愿望分支出来，但战争应该是氏族离散的主要原因之一。对此，拉斯特写道："当成吉思汗完全征服泰亦赤兀惕部落时，兀鲁惕和忙忽惕部落由于［自己的］无力和处于绝望的境地，便被［他］镇压住了，他们大部分被屠杀，余下的全部被交与者台那颜为奴，虽然他们是他的同族人，可是根据他［成吉思汗］的命令，还是做了他的奴隶。"② 同样的事例，在《蒙古秘史》与《史集》中是非常多的。符拉基米尔佐夫认为，古代（10—12 世纪）"蒙古氏族——斡孛黑，是以男系亲属原则和族外婚为基础的，带有从前母权制若干残余，经营个体经济，但共同使用牧地，在承认长子的一定权利的同时赋予幼子某些特权，并以复仇制和特殊的祭仪来维系着的相当典型的父权制的血缘亲族集团"③。但确切地说，斡孛黑发展到 10—12 世纪时，业已蜕变成仅仅具有氏族血缘外壳的社会组织。故斡孛黑虽然是早期蒙古社会组织的主体与基础，但决不意味着血族成员在该组织中一定占有人数上的优势。草原社会恶劣的生存环境与经常不期而至的灾难，促使人们寻求彼此间的互助与互救，在这种情况下，带有脉脉温情面纱、具有氏族血缘外壳的斡孛黑正好充当该角色。姚大力认为，在古代蒙古比族——斡孛黑组织中，"出于其他斡孛黑的种种依附人口也许占到该社会组织中人口的半数，甚至更多。但是无论如何，出于同骨的斡孛黑成员，绝不止于组成斡孛黑中显贵的核心家族的那些人数，而是要比他们多得多，它既包括产生本氏族显贵人物的那个核心家族的成员，也包括与这个核

---

① 拉斯特：《史集》第 1 卷第 1 分册，92～93 页、102 页，北京，商务印书馆，1996。

② 拉斯特：《史集》第 1 卷第 1 分册，185 页，北京，商务印书馆，1996。

③ Б. Я. 符拉基米尔佐夫著，刘荣焌译：《蒙古社会制度史》，94 页，北京，中国社会科学出版社，1980。

心家族保持普遍而湮远的血缘认同，同时却'没有列入草原贵族行列的各蒙古氏族的'一般成员"。所以，"只有前一种成分而没有后一种成分的斡孛黑是不存在的"。① 对于上面符拉基米尔佐夫根据《元朝秘史》的记载为我们描述的古代蒙古氏族社会的形态，姚大力认为，"实际只因为他毫无察觉地误从了《秘史》对斡孛黑历史的改塑而已"②。应该说，古代蒙古人氏族社会组织的一切特征，没有任何特殊和独创的东西，使他们有异于过去或现在生活在草原氏族制度下的其他各族人民。③ 古代蒙古社会的氏族关系与社会样态及生产方式，不仅仅是蒙古汗国勃兴的基础，也是大漠板块上其他民族进入阶级社会的缩影。

2. 10 世纪以降蒙古的氏族贵族制

成吉思汗家族的兴衰是草原社会氏族贵族制兴起、衰落、再兴起，屡仆屡起的缩影。成吉思汗之父也速该因能力超群，故欲摆脱原氏族或部落的羁绊，与本氏族—部落的其他支系分离，组成一个单独的氏族。在他的周围聚集了许多来源不同、氏族各异的百姓，既有孛斡勒④、奴仆与伴当（那可儿，nökör），也有若干近亲氏族，更不乏一些远近氏族中愿意听从他的命令的人。同时，为了增加外援，与另一些有势力的氏族贵族首领结成安达（义兄弟），自然也是壮大自己的惯常手段。譬如也速该与客列亦惕部的王罕结成义兄弟联盟，彼此联手做事，便是一个典型案例。这些新兴的草原氏族贵族们，一俟其周围各色人等集合完毕，外援业已结成并牢靠，其势力达到了足以支撑其进行小规模

---

① 姚大力：《塞北游牧社会走向文明的历程》，载《北方民族史十论》，167～168页，桂林，广西师范大学出版社，2007。

② 姚大力：《塞北游牧社会走向文明的历程》，载《北方民族史十论》，168页，桂林，广西师范大学出版社，2007。

③ Б·Я·符拉基米尔佐夫著，刘荣焌译：《蒙古社会制度史》，94页，北京，中国社会科学出版社，1980。

④ 孛斡勒（unagan bool），从属于氏族贵族个人的族外奴婢，但他们保有自己的财产，享有一定的个人自由。

战争的程度时，便会毫无顾忌地掠夺邻人的财产与人口，对外诉诸武力，这也是这些新兴草原贵族集团的经常营生。以也速该为例，他的妻子就是他伙同其兄弟们抢来的；他曾与塔塔尔人交战好几次，只是没有战胜对手。另外，该类氏族贵族集团均大规模经营畜牧业，以养活依附于他们数量众多的人口。不幸的是，1171 年前后也速该外出为儿子求婚回来，途径塔塔尔部驻地时，恰逢该部落的人正在宴饮，于是他按照草原人的习惯，与之共餐。但塔塔尔部中有人认识他，也牢记此前战争的怨仇，于是将毒药掺进饮食之中，也速该回家后便一命呜呼。也速该死后，其氏族立即发生了在他生前一直上演的剧目，就是聚拢在他周围的人立即作鸟兽散。先是原来在一起过活的泰亦赤兀惕部人因其在也速该氏族贵族集团中实力较强，于是，该部人不但自己与也速该遗孀诃额仑夫人分开放牧，而且还将相当多的一部分非本氏族的人们带走，重新组织氏族集团。该部人不仅没有清身出户，而且连他们为也速该放牧的牲畜也悉数席卷而去。不久，也速该的属部与盟友中的最后一批人也选择了离开，抛弃了诃额仑夫人及其几个幼子。由于缺少牲畜与牧场，诃额仑一家只得放弃游牧经营，转而依靠猎取土拨鼠等小型啮齿类动物与捕鱼为生。也速该组织的氏族贵族集团现在变成了若干个群体，其中以泰亦赤兀惕部人为首的一群最大，但这一群人也并不是统一的，它分成许多分支，每一个分支均以单独的屯营进行游牧，且各有自己的首领。也就是说，泰亦赤兀惕部的各个亲属分支仅仅是"联盟"的关系，绝非一体。

但被人抛弃的也速该家族经过种种磨难之后，因其有一个雄才大略与不屈不挠的儿子铁木真而重新崛起。伴随着铁木真的武力征服，其声望日隆，于是，孛尔只斤的若干同族人，一些被侵害过的人，另一些想建功立业的人们，纷纷聚拢过来。此时此刻，以铁木真为中心又形成了一个氏族贵族集团。如果铁木真后来没有建立一个庞大的汗国，仅仅是一个部落首领，那么，他便会重复着其祖先经常上演的草原英雄们你下台来我登场的悲喜剧。

这就是古代蒙古社会草原贵族制中数不清的贵族氏族的一个分支的典型历史。从成吉思汗祖先之一的海都，中间不知道经历过了几轮兴衰，到其父也速该，其兴也快，衰也速，再到成吉思汗本人，其中的消长轮回的过程，便是草原氏族贵族制衍化、形成与发展的特征。这种制度是建立在个体游牧经济基础之上，通过不断地和经济地位脆弱的集体进行博弈而成长起来的。为了适应社会的变化，不被形势淘汰，许多氏族贵族家庭或氏族—部落都出现了能力卓越的人物。这些人物并不具备以氏族长老、以氏族血缘上的当然继承人的资格出现，而是依仗其智慧、能干、组织才能，即依靠实力来获取权力。这种贵族家庭的有能力首领一般被称为那颜（官人）。也自称或他称为把阿秃儿（ba'atutbk，勇士），薛禅（secen，贤者），蔑儿干（mergen，善射者），毕力哥（bilge，智者），孛可（bökö，大力士）等。由这些氏族贵族构成的氏族部落，早已失去血缘组织的性格，只是各个中小游牧集团仍借助于血缘外壳来包装自己而已。拉斯特在记述泰亦赤兀惕部的情况时说："现在没有必要只把察剌合的直系后裔称为泰亦赤兀惕人，他们既然是该部的首领和君主，那么在他们的族人和隶属于他们的人中，凡与他们联合在一起的，都被称为泰亦赤兀惕。这正如现在的各种部落，凡与蒙古人相混合，模仿他们的天性，并与他们联合在一起者，尽管并非蒙古人，但还是全被称为蒙古人。"①

3. 汗位选举制

进入古代社会后，蒙古人中彼此血缘相近或具有共同历史记忆的诸氏族构成了部落（irgen，亦儿坚）或部落分支（分族）。

---

① 拉斯特：《史集》第 1 卷第 2 分册，31 页，北京，商务印书馆，1983。

部落的规模大小是经常变化的，而且组织松散。拉斯特认为，部落的组成或团结大都是为了进攻敌对部落，或抵御其他部落的进攻。[①] 部落一旦结成，部落议事会——忽里勒台（xuriltai）也随之诞生，故部落聚合与否体现在能否召开忽里勒台（大会）。参加忽里勒台的人既有氏族首领、氏族显贵，也有势力雄厚的属部成员等。当然，各氏族也有同样的忽里勒台，被称为忽邻勒台或忽里勒台。部落议事会主要功能之一是选举首领，以应付战争与大规模围猎等需要一个统领的场合，这个被选举出来的人通常被称为汗（罕，ga'an 或 xa'an）。起初，这些汗一俟使命完成便会自动卸任，虽然偶尔在平时还可能继续留任，但权力非常微弱，一切受制于选举他的氏族或显贵集团。正因为如此，在古代蒙古部落里偶尔同时拥有两个汗或两个以上的汗，[②] 盖因各类型的汗彼此有着不同的功用，故得以两立或三立。同时，一些氏族首领，或氏族分支联合体的首领，有时也使用汗的称号。由此可见，11—12 世纪的蒙古各部落的汗们都是一些不稳定集团的朝不保夕的头领，符拉基米尔佐夫说"他们只有一点不固定的往往还被人夺去的权力"[③]。即使到了铁木真建国前夕，汗的权力仍很微弱。据《蒙古秘史》记载，铁木真对阿勒坛、忽察儿、撒察别乞等众人说："我劝汝等为罕而不能，因汝等推我为罕，而姑为焉。若或汝等为罕，我将：临众敌为先锋而驰也，倘得天助而虏彼敌人，则将其貌美女子，良胯之马来与之焉！倘猎狡兽，命为前驱也，我将峰上之兽，一并挤其前腿而与之焉！我将崖中之兽，一并挤其后腿而与之焉！我将旷野之兽，一并挤其腹腔而与之

---

① 拉斯特：《史集》第 1 卷第 2 分册，42 页，北京，商务印书馆，1983。
② 拉斯特：《史集》第 1 卷第 2 分册，25 页，北京，商务印书馆，1983。
③ Б·Я·符拉基米尔佐夫著，刘荣焌译：《蒙古社会制度史》，129 页，北京，中国社会科学出版社，1980。

焉!"① 巴托尔德通过分析这段勇士们的誓言后认为，蒙古罕们只是在部落和各氏族有共同利益的两大重要事业上，即在战争和围猎时，才有权利和义务。② 符拉基米尔佐夫还引述了成吉思汗的"我们出发围猎，杀死许多山鹿；我们出去战争，杀死许多敌人"③ 的话，以佐证"只在'厮杀时'，在'平日''坏了[罕的]事'时，才提到罕的命令"④。与之相反，武士也会对主君提出要求。例如，巴邻阿氏族出身的豁儿赤来到铁木真处，对他说："你若做了国的主人呵，怎生叫我快活？……与了我个万户，再国土里美好的子女，由我检挑三十个为妻；又不检说甚言语，都要听我。"⑤ 反过来在罕的一方，对部属也有权利和义务，铁木真在回答上述阿勒坛等的誓言时，也发誓道："我将百姓的许多马群、畜群、帐幕、女子、孩子都取来与你们，在草原狩猎时我为你们整治通道，构筑围场，并把山兽赶到你们方面去。"⑥这方面的例子非常多，拉斯特就记载了不少类似事情。某次，铁木真率领自己的部落围猎时，恰好遇见了与泰亦赤兀惕部落结盟的朱里牙惕氏族（或部落）的猎人也在行猎，铁木真给了这些猎人不少便利。随后，这个氏族（或部落）的大部分人经过认真讨论与权衡利弊之后，决心投靠铁木真。其理由很明确："泰亦赤兀惕部的别克无缘无故打搅我们，使我们担惊受怕。这位君主帖木真，把自己的衣服脱下来给人穿；下了自己的马给人骑。他是有国家、让军队吃得饱，把兀鲁思管得好的人。"于是，他们甘心

---

① 道润梯步：《新译简注〈蒙古秘史〉》，159 页，呼和浩特，内蒙古人民出版社，1978。
② 巴托尔德：《成吉思汗帝国的形成》，见《俄罗斯考古学会东方部札记》第 10 卷，110 页，1896。转引自符拉基米尔佐夫著，刘荣焌译：《蒙古社会制度史》，北京，中国社会科学出版社，1980。
③ 拉斯特：《史集》第 1 卷第 2 分册，261 页，北京，商务印书馆，1996。
④ Б·Я·符拉基米尔佐夫著，刘荣焌译：《蒙古社会制度史》，130 页，北京，中国社会科学出版社，1980。
⑤ 《蒙古秘史》卷 6，四部丛刊本，上海，商务印书馆，1936。
⑥ 拉斯特：《史集》第 1 卷第 2 分册，130 页，北京，商务印书馆，1996。

做铁木真的属下，情愿为铁木真效力。①

　　拥有如此"权利"和"义务"的首领，与农业文明中的君主、皇帝的映像相比较，应该说相差悬殊。当然，这些汗的权力，与后来成吉思汗及其继承者的"大汗""皇帝"的权力，还是有一定区别的。即使这些"大汗"也是脱胎于古代游牧社会的选汗机制，受制于既具有汗位继承权，又拥有汗位选举权的氏族贵族及汗室权贵们的意志，但任何一个汗都不具有农业文明中的专制君主、皇帝那样的对臣民的无限制的生杀予夺大权。

　　实际上，这种军事民主制传统，这但汗室家族中兄弟、从兄弟与子侄等都有继承汗位的资格，这种汗位继承人不具有唯一性而呈现宽泛性，且须选举产生，必须有能力保护属民或臣民的特质，在大漠板块上已经连续传承了两千多年。

　　以下拟以匈奴、乌桓与鲜卑、突厥、契丹为例，进一步剖析之。

　　（1）匈奴单于的即位制度。林幹先生根据《史记》《汉书》《后汉书》的《匈奴传》编制了《匈奴单于世系表》，参酌此表，并根据《史》《汉》等相关记载，我们可以清晰地看到匈奴单于即位制度的概况。②

　　首先，匈奴没有实行较严格的储君制度，大凡头曼单于氏族的男系成员均有机会成为单于。以往，人们囿于《后汉书·南匈奴传》中"左贤王即是单于储副"的记载，误以为匈奴有储君制度。虽说左贤王在匈奴单于廷的诸王中地位最高，且常以长子担任该职，但从统计数字来看，从冒顿单于即位到公元48年匈奴南北分裂，250多年间，先后共有31位单于，其中以左贤王身份即位者仅有9位，足证左贤王不是真正意义上的单于储副。

　　其次，关于单于的即位程序，马长寿认为经过了从公选到世

---

① 拉斯特：《史集》第1卷第2分册，90页，北京，商务印书馆，1996。
② 林幹：《匈奴史》，呼和浩特，内蒙古人民出版社，2007。

选再到世袭的发展过程。① 应该说，单于从公选到世选，是有史料作为支撑的，但世袭却没有相关证据。对此，武沐认为匈奴单于继承制度是极其复杂的，它既有父死子继、兄终弟及，又有两者的混合制。② 陶玉坤认为，匈奴单于继承制度，在王族内继承的前提下，并没有明确的嫡长子继承制，所以，单于的兄弟、子侄都可以继承单于位。而在实际操作中主要有两种途径，一为前任单于指定的继承人，或者国中贵人选立的继承人。二为自立为单于。同时单于位的继承又与政局的变化有着重要的关系。③ 关于单于选举的例子是很多的，如东汉建武二十四年（48 年）春，南匈奴"八部大人共议立比为呼韩邪单于，以其大父尝依汉得安，故欲袭其号"④。但从《汉书·匈奴传》中（1）且鞮侯单于死后，因左贤王未按时到达单于廷，诸贵人更立左大将为单于；（2）狐鹿孤单于死，颛渠阏氏与贵人盟誓，更立左谷蠡王为单于等记载来看，单于的即位，即使有先单于遗嘱，也还是需要氏族贵族及部族长们首肯的。

其三，单于位的继承者均需成年的智优体强的男子，且经过贵族集团的民主选举以保障此制的贯彻，以利于带兵出征，治理国家，应付恶劣的自然与社会环境。

（2）乌桓与鲜卑的首领即位制度。据王沈《魏书》记载，鲜卑与乌桓（丸）皆东胡之后裔，言语习俗相同。乌桓的初期部族首领的产生，"常推募勇健能理决斗讼相侵犯者为大人。邑落各有小帅，不世继也"⑤。首领不但推举产生，而且不世袭。到了西汉末年，仍是如此。当时"辽西乌丸大人丘力居，众五千余落，

① 马长寿：《北狄与匈奴》，55～56 页，北京，三联书店，1962。
② 武沐：《匈奴史研究》，87～111 页，北京，民族出版社，2005。
③ 陶玉坤：《北方游牧民族历史文化研究》，呼和浩特，内蒙古人民出版社，2007。
④ 范晔：《后汉书》卷89《南匈奴传》，北京，中华书局点校本，1982。
⑤ 陈寿撰：《三国志》卷30《乌丸传》裴注引王沈《魏书》，北京，中华书局点校本，1982。

上谷乌丸大人难楼,众九千余落,各称王,而辽东属国乌丸大人苏仆延,众千余落,自称峭王,右北平乌丸大人乌延,众八百余落,自称汗鲁王"。他们之称王号,皆因其"有计策勇健",均非朝廷封赐。① 到了东汉初年,此种情况犹未改变。史载,"广阳阎柔,少没乌丸、鲜卑中,为其种所归信。柔乃因鲜卑众,杀乌丸校尉邢举代之,(袁)绍因宠慰以安北边。后袁尚败奔蹋顿,凭其势,复图冀州。会太祖平河北,柔帅鲜卑、乌丸归附,遂因以柔为校尉,犹持汉使节,治广宁如旧"②。从辽西乌丸大人丘力居死,"子楼班年小,从子蹋顿有武略,代立,总摄三王部,众皆从其教令"③ 的记载来看,乌桓大人的选任应是健壮勇敢、智慧超群的成年男子。

在这点上,鲜卑与乌桓同,均由部族与氏族有势力者推选首领。王沈记录了一个有趣的故事,说明其事:鲜卑人"投鹿侯从匈奴军三年,其妻在家,有子。投鹿侯归,怪欲杀之。妻言:'尝昼行闻雷震,仰天视而电入其口,因吞之,遂妊身,十月而产,此子必有奇异,且长之'。投鹿侯固不信。妻乃语家,令收养焉,号檀石槐,长大勇健,智略绝众。年十四五,异部大人卜贲邑钞取其外家牛羊,檀石槐策骑追击,所向无前,悉还得所亡。由是部落畏服,施法禁,平曲直,莫敢犯者,遂推以为大人"④。无独有偶,西部鲜卑人也有类似事迹。史载,"乞伏国仁,陇西鲜卑人也。在昔有如弗斯、出连、叱卢三部,自漠北南出大阴山,遇一巨虫于路,状若神龟,大如陵阜,乃杀马而祭之,祝曰:'若善神也,便开路;恶神也,遂塞不通。'俄而不见,乃有一小儿在焉。时又有乞伏部有老父无子者,请养为子,众咸许

---

① 陈寿撰:《三国志》卷30《乌丸传》,北京,中华书局点校本,1982。
② 陈寿撰:《三国志》卷30《乌丸传》,北京,中华书局点校本,1982。
③ 陈寿撰:《三国志》卷30《乌丸传》,北京,中华书局点校本,1982。
④ 陈寿撰:《三国志》卷30《乌丸传》裴注引王沈《魏书》,北京,中华书局点校本,1982。

之。老父欣然自以有所依凭，字之曰纥干。纥干者，夏言依倚也。年十岁，骁勇善骑射，弯弓五百斤。四部服其雄武，推为统主，号之曰乞伏可汗托铎莫何。托铎者，言非神非人之称也。"① 另从史乘"轲比能本小种鲜卑，以勇健，断法平端，不贪财物，众推以为大人"② 的记录来看，鲜卑所有部族首领的产生，均因勇健、智慧，且善于处理争端而被推举。

对此，许多史料可以佐证。如"檀石槐年四十五死，子和连代立。和连材力不及父，而贪淫，断法不平，众叛者半。灵帝末年数为寇钞，攻北地，北地庶人善弩射者射中和连，和连即死"。和连死时"其子骞曼小，兄子魁头代立。魁头既立后，骞曼长大，与魁头争国，众遂离散。魁头死，弟步度根代立"③。"步度根既立，众稍衰弱，中兄扶罗韩亦别拥众数万为大人"④。

按照王沈的说法，檀石槐以前，鲜卑大人的推举是不分部落与出身的，唯勇健，断法平端者是举，"自檀石槐死后，诸大人遂世相袭"，只在大人们的兄弟、从兄弟及子孙中遴选。⑤ 但推选之制始终起作用，而且被推选者均为成年勇壮者，即使到了魏晋南北朝时期仍如是。据《晋书》记载，乞伏"乾归，国仁弟也。雄武英杰，沈雅有度量。国仁之死也，其群臣咸以国仁子公府冲幼，宜立长君，乃推乾归为大都督、大将军、大单于、河南王，赦其境内，改元曰太初"。⑥

① 房玄龄、褚遂良、许敬宗，等撰：《晋书》卷125《乞伏国仁载纪》，北京，中华书局点校本，1974。
② 陈寿撰：《三国志》卷30《鲜卑传》，北京，中华书局点校本，1982。
③ 陈寿撰：《三国志》卷30《鲜卑传》裴注引王沈《魏书》，北京，中华书局点校本，1982。
④ 陈寿撰：《三国志》卷30《鲜卑传》，北京，中华书局点校本，1982。
⑤ 陈寿撰：《三国志》卷30《鲜卑传》裴注引王沈《魏书》，北京，中华书局点校本，1982。
⑥ 房玄龄、褚遂良、许敬宗，等撰：《晋书》卷125《乞伏国仁载纪》，北京，中华书局点校本，1974。

（3）突厥汗位继承制度

突厥与其之前兴起于大漠上的民族一样，依然是"穹庐毡帐，被发左衽，食肉饮酪，身衣裘褐，贱老贵壮"，"重兵死而耻病终"①，故遴选领袖人物时，首先是最勇健者。据说，突厥始祖讷都六有十妻，所生子皆以母族为姓，阿史那是其小妻之子也。讷都六死，十母子欲内欲择立一人，乃相率于大树下，共为约曰："向树跳跃，能最高者，即推立之。"② 阿史那虽然年幼但却跳得最高，故诸子遂奉以为主，号阿贤设。所谓向树跳跃，只是考校武功的另一种说法，一个时刻处于征战状态中的民族，需要一个身手矫健、腾挪如飞的首领。佗钵可汗卒后，其子庵罗即位，但其堂兄心中不服，每遣人骂辱之。庵罗不能制，因以国让摄图。国中相与议曰："四可汗之子，摄图最贤。"因迎立之，号伊利俱卢设莫何始波罗可汗。③ 实际上，此摄图得立并不是因为其"最贤"，而是由于"长而且雄，国人皆惮，莫敢拒者"也。在此情况下，成年男子自然优于幼稚者。于是，兄终弟及常常是突厥首领的即位方式。乙息记可汗临死时，"舍其子摄图，立其弟俟斤，是为木杆可汗"。为什么要立俟斤呢？这是因为俟斤"状貌奇异，面广尺余，其色赤甚，眼若琉璃，刚暴，勇而多知，务于征伐"，"西破嚈哒，东走契丹，北并契骨，威服塞外诸国。其地，东自辽海以西，至西海，万里；南自沙漠以北，至北海，五六千里；皆属焉。抗衡中国，后与魏伐齐，至并州"。④类似兄终弟及事例还有很多，如木杆可汗"在位二十年，卒，复舍其子

---

①　魏征、孔颖达、颜师古，等撰：《隋书》卷84《突厥传》，北京，中华书局点校本，1973。

②　令狐德棻、岑文本、崔仁师，等撰：《周书》卷50《突厥传》，北京，中华书局点校本，1971。

③　魏征、孔颖达、颜师古，等撰：《隋书》卷84《突厥传》，北京，中华书局点校本，1973。

④　李延寿撰：《北史》卷99《突厥传》，北京，中华书局点校本，1974。

大逻便而立其弟，是为佗钵可汗"。①

雄健有力只是做可汗的一个重要标准，长相过于丑陋者，是难以登上大汗宝座的。如处罗可汗卒时，"义成公主以其子奥射设丑弱，废不立之，遂立处罗之弟咄苾，是为颉利可汗"②。另外，性格懦弱，也不具备即位条件。伊利俱卢设莫何始波罗可汗是以势力得到可汗之位，但他也不能违背立身体刚健、性格刚毅者为可汗的传统，故他"以其子雍虞闾性懦，遗令立其弟叶护处罗侯"③。

突厥可汗之立，虽然在位可汗能够推选，但最终还需部族贵族及有势力者集体决定。上文提到的佗钵可汗临终前谓其子庵罗曰："吾闻亲莫过于父子。吾兄不亲其子，委地于我。我死，汝当避大逻便也。"及佗钵卒，国中将立大逻便，以其母贱，众不服。庵罗母贵，突厥素重之。摄图最后至，谓国中曰："若立庵罗者，我当率兄弟以事之；如立大逻便，我必守境，利刃长矛以相待矣。"由于摄图凶悍，无人敢挡，竟立庵罗为嗣。这是一例以实力抗衡集体决议的事件。在大逻便一方，因其不得立，心不服庵罗，每遣人骂辱之，庵罗不能制，因以国让摄图。但国家公器不能私相授受，于是，国中相与商议，迎立摄图为可汗。此"国中相与议"，实际上是个追议仪式。虽则如此，但也足以说明即使再凶悍、有力者，也必须经过部族会议推选才合法。却说这个大逻便因没有被立为可汗，于是质问沙钵略说："我与尔俱可汗子，各承父后。尔今极尊，我独无位，何也？"沙钵略无以为对，只好以大逻便为阿波可汗，还领所部。大逻便被处罗侯可汗

① 魏征、孔颖达、颜师古，等撰：《隋书》卷84《突厥传》，北京，中华书局点校本，1973。
② 刘昫、赵莹、张昭远，等撰：《旧唐书》卷194上《突厥传上》，北京，中华书局点校本，1975。
③ 魏征、孔颖达、颜师古，等撰：《隋书》卷84《突厥传》，北京，中华书局点校本，1973。

所执后,西突厥部族会议立鞅素特勤之子为可汗。[①]也就是说,西突厥可汗废立之权仍然操持于部族会议之手。《北史》保留下的一段突厥故事,颇能诠释此事。突厥可汗初立,近侍重臣等舆之以毡,随日转九回,每回臣下皆拜,拜讫乃扶令乘马,以帛绞其颈,使才不至绝,然后释而急问之曰:"你能做几年可汗?"其主既神情瞀乱,不能详定多少,臣下等随其所言,以验修短之数。[②] 这应该是突厥古老的遴选首领的一个程序,通过各种办法考校被选者的体力、毅力与随机应变能力。

(4)契丹汗位继承制度

辽太祖耶律阿保机自"元年春正月庚寅,命有司设坛于如迁王集会埚,燔柴告天,即皇帝位"后,便想仿照汉地皇位世袭、帝位终身之制,但遭到其诸位弟弟们的屡屡起兵反对。虽然辽太祖后来经过千辛万苦——镇压诸弟反叛,但以往遴选部族首领的风习,即所谓的"柴册仪"却被保留了下来,使我们得以管窥遗留下来的点滴仪式。所谓柴册仪,须择吉日而行。具体程序是:候选皇帝首先入再生室,感谢母亲养育之恩。再生仪毕,八部之叟前导后扈,左右扶翼皇帝册殿之东北隅。拜日毕,乘马,选外戚之老者御。皇帝疾驰,仆,御者、从者以毡覆之。皇帝诣高阜地,大臣、诸部帅列仪仗,遥望以拜。皇帝遣使敕曰:"先帝升遐,有伯叔父兄在,当选贤者。冲人不德,何以为谋?"群臣对曰:"臣等以先帝厚恩,陛下明德,咸愿尽心,敢有他图。"皇帝令曰:"必从汝等所愿,我将信明赏罚。尔有功,陟而任之;尔有罪,黜而弃之。若听朕命,则当谟之。"[③]契丹族核心是由八部构成,由各部长老导引扈从皇帝进入册殿之东北隅,是古老的部

---

① 魏征、孔颖达、颜师古,等撰:《隋书》卷84《突厥传》,北京,中华书局点校本,1973。
② 李延寿撰:《北史》卷99《突厥传》,北京,中华书局点校本,1974。
③ 脱脱、贺惟一、欧阳玄,等撰:《辽史》卷49《礼志一》,北京,中华书局点校本,1974。

族长老会议决定部族领袖的遗风的自然留存。"选外戚之老者御",这与草原民族看重首领候选人母系势力、须有外家势力作后盾的习俗有关。草原民族实行严格的族外婚,一个双方互为婚姻的氏族,是天然的联盟,故拥有强大外援的首领候选人是其胜出的一个要件。"皇帝疾驰,仆"及"御者、从者以毡覆之"与前述的突厥人"可汗初立,近侍重臣等舆之以毡"的考校候选首领武功习俗如出一辙。

耶律阿保机正式称帝、实行皇位终身制与世袭制后,部族长老会议决定首领人选的体制,仍在运行并起作用。述律太后素恶长子突欲而爱中子德光,欲立之,于是命德光与突欲俱乘马立帐前,谓诸酋长曰:"二子吾皆爱之,莫知所立,汝曹择可立者执其辔。"酋长知其意,争执德光辔谨跃曰:"愿事元帅太子。"太后曰:"众之所欲,吾安敢违。"遂立之为天皇王。① 即使与耶律阿保机共创辽朝、操持生杀予夺权杖的述律太后,为了确立自己中意的儿子为帝,也不得不借助于部族长老会议,从而说明军事民主制在辽朝社会中具有相当多的事例。

将在广阔无边的草原上游牧民及人口既少且分散的牧人,以游牧部落联盟的组织形式组合到一个国家之中,应该说是游牧社会的唯一抉择。由于游牧民本身没有土地所有制观念,故其争夺对象并非牧场的所有权,而是作为财产的牲畜和饲养这些牲畜的人们、农耕区域的生产及生活资料与生产这些东西的人们。支撑游牧帝国的财源,首先是大批量的牲畜,以及用这些牲畜交换来的商品;第二,征服或劫掠临近部落、国家,特别是温湿地带的农耕民,获得贡赋或税收或劳动力;第三,控制商路,获取远距离贸易的利益。为此,成为游牧集团与游牧帝国首领的要件便是擅长指挥作战、善于公平分配战利品、具有调解与仲裁纠纷的能

---

① 司马光撰:《资治通鉴》卷275《后唐纪》四,"天宝元年九月"条,《四部丛刊》初编本,影印宋刻本,上海,商务印书馆,民国十八年。

力。如果不能满足这些要求，由于他们是游牧民，率领自己的属
民投到其他有能力的首领麾下，既是非常简单的事，也是经常发
生的事。故从匈奴时起，游牧民族的君主便被要求能够"养民"。
这也是从匈奴到蒙古，草原民族在遴选部族酋长与大汗或皇帝
时，均有立长不立幼、立强不立弱的传统，并且具有军事民主制
性格的公选大汗或皇帝，是游牧民族经常在武力上优于立嫡不立
长、立嫡不立强，由前任皇帝独定候选皇帝的中原汉族王朝的原
因所在。

4. 怯薛制

怯薛是蒙古语 kesig 的对音，借自突厥语，意为轮番、番卫
等，是蒙古社会产生分化、进入阶级阶段的产物。系指在氏族社
会崩溃过程中产生的游离分子——伴当（那可儿，nökör）自愿投
充到非本斡孛黑（opoq，氏族）贵族帐下的战士。关于"伴当"
的性质及他们与主君之间的关系，迄今尚无定论。符拉基米尔佐
夫认为，在古代蒙古社会里，伴当不是主人，即那颜的属下人或
佣仆，而是有责任为他的首领尽义务——即为他的"正"主服务
的自由战士。[1] 譬如，孛斡儿出是阿鲁剌惕贵族氏族的一个富人
的儿子，当成吉思汗派人去邀他做伴当——那可儿时，他甚至没
有和父亲商量就立刻动身前往成吉思汗那里。[2] 护雅夫则强调主
君与伴当之间是一种主从关系，而这种主从关系脱胎于家产制
度。[3] 萧启庆认为伴当是以个人为单位，不以氏族为单位，大多
数来自于其他氏族，而投效于一个有前途氏族长或部族首领。他
们是主君个人的"梯己奴婢"（ömcü boghol），和一般隶属于某个
集团、某个氏族或部族的财产者不同。主君有给予伴当以保护及

---

[1] Б·Я·符拉基米尔佐夫著，刘荣焌译：《蒙古社会制度史》，141 页，北京，中国
社会科学出版社，1980。
[2] 拉斯特：《史集》第 1 卷第 1 分册，169～171 页，北京，商务印书馆，1996。
[3] 护雅夫：《Nökör 考序说》，《东方学》五（1952），56～68 页；《Nökör 考——チン
ギスーハン国家形成期における》、《史学杂志》、六一·八（1952）、1～27 页。

生活资料的义务，而伴当也有为主君担任卫士，操持家务，或统御军队的责任。① 故成吉思汗在"训言"中述说自己使用伴当之道："智勇兼备者，使之典兵；活泼跷捷者，使之牧马；愚钝之人则付之一鞭，使之看守牲畜。"② 若某一个主君势力强大，伴当众多时，他可能将其伴当组成一支特殊的军队。1203 年，成吉思汗正式建立怯薛，任命 80 人为宿卫，70 人做散班，战时则冲锋在前，平时则做护卫勇士。这些卫士及在帖木真家从事家务工作的人合称为怯薛。③ 1206 年，怯薛开始扩大，宿卫增加到 1 000人，散班增加到 8 000 人，另设豁儿臣（qorcin，箭筒士）1 000人，怯薛数量增加到 1 万人。④

怯薛成员被称为怯薛歹（kesigdei）系从千户、百户、十户及"白身人"的子弟中选拔能干、健康与漂亮者而来。萧启庆经过考察 1203 年及 1206 年的怯薛歹遴选标准与结果后认为：第一，怯薛歹的父兄多为行政军事单位的负责人。父兄对成吉思汗的忠诚既经过考验，子弟的忠心也较可卜。有这些可靠之人担任卫士，成吉思汗及继任大汗才能安心。第二，参加怯薛在当时蒙古社会是飞黄腾达的捷径。故选拔贵族子弟担任怯薛歹，实际上是将对贵族的恩荫惠及子孙。第三，此措施也是一种征取人质的办法。⑤ 但不可否认的是，这不仅是一种义务，而且有也很大的权利。成吉思汗称怯薛歹为其"贴身的万护卫"，并下旨说，"久后我子孙将这护卫的想着，如我遗念一般，好生抬举，休教怀怨，福神般看着"。⑥ 因此之故，怯薛歹和一般的军士不同，成吉思汗

---

① 萧启庆：《元代的宿卫制度》，收入《内北国而外中国》，222 页，北京，中华书局，2007。
② 拉斯特：《史集》第 1 卷第 2 分册，259 页，北京，商务印书馆，1996。
③ 《蒙古秘史》卷 7，四部丛刊本，上海，商务印书馆，1936。
④ 《蒙古秘史》卷 9，四部丛刊本，上海，商务印书馆，1936。
⑤ 萧启庆：《元代的宿卫制度》，收入氏著：《内北国而外中国》，222 页，北京，中华书局，2007。
⑥ 《蒙古秘史》卷 10，四部丛刊本，上海，商务印书馆，1936。

明确规定：普通怯薛歹的地位比千户高，即使怯薛歹的马夫也比百户为高。而且，成吉思汗认为在他身边担任怯薛是一种学习的方式。①

关于怯薛的功能，萧启庆认为主要有以下三种：其一，如上所述，担任大汗的护卫，同时也是整个蒙古军队的核心。由于怯薛歹都是从贵族家庭精选而来，无论是身体素质，还是智力，均属优中选优，故从质的方面看，无疑是一支虎狼之师。就量的方面而言，在仅有 95 个千户的蒙古汗国军队中，1 万之众的怯薛歹也是占有相当大的比重。其二，怯薛还掌管着汗室的家事工作。如上文所述，怯薛是由“伴当”制度演变而来。在伴当的功能中，家事是一项重要项目。其三，怯薛也是蒙古汗国最初的中央行政机构。在元世祖忽必烈将中央政府机构的功能进一步分化之前，怯薛的任务不仅仅在于保护汗室及处理家务，而且是具体而微的中央行政机构。②

5. 万户、千户、百户制

万户长、千户长、百户长等级制度是大漠游牧民族自匈奴以降就有的体制。据《史记·匈奴传》记载，匈奴有 24 位首领被称为“万骑”，分为左右翼。这些万骑实际上掌握的骑的数量差别很大，多者 1 万多骑，小者只有数千骑。在这些万户长之下，还分出若干千户长，千户长在细分若干百户长，百户长下再细分若干个十户长。③

宫胁淳子认为，在 1206 年忽里勒台大会上推选成吉思汗为蒙古部大汗的部落首领们是自己属民的领主。即使是成吉思汗本人，除了他自己所属的直辖属民之外，也不能直接统治其他领主

① 《蒙古秘史》卷 9，四部丛刊本，上海，商务印书馆，1936。
② 萧启庆：《元代的宿卫制度》，收入氏著：《内北国而外中国》，222 页，北京，中华书局，2007。
③ 山田信夫：《匈奴的“二十四”长》，见《北亚游牧民族史研究》，31～46 页，东京，东京大学出版会，1989。

的属民。如果问成吉思汗所推行的政治是什么，那就是任命那些推举他为大汗的游牧领主做万户长、千户长、百户长等。①

实际上，成吉思汗并没有将帝国内诸游牧部落或氏族全部分解，而是按算术方式将其打乱，重新编为万户、千户、百户。亦邻真先生通过分析成吉思汗95个千户那颜的名单，发现有些千户原本就是部落或氏族贵族，归附成吉思汗之后仍保留原有部落或氏族结构，成吉思汗只是在此基础上给予各集团首领以千户长、百户长的头衔而已，如斡亦剌惕部长忽都合·别乞等。另一种是成吉思汗的门户奴隶、伴当以及投奔成吉思汗的平民，他们在频繁的征战中自己"收集了百姓"，成吉思汗则以册封的形式承认了这个既成事实，使他们成为蒙古汗国的新贵，如者别、速别额台等。还有一些人是由于战功，在蒙古汗国建立后才册封授民的，如古出古儿等。②

千户那颜作为大汗的封臣，有向大汗缴纳贡赋（忽卜赤邻，qubčĭrin）、带着自己千户的战士跟随大汗或按照大汗命令出征的义务；有从战利品中按一定比例拿出一部分上缴给大汗的义务；也有参加忽里勒台、讨论军国大事的权利等。

每个千户既是社会共同体，为蒙古汗国的基层组织与细胞，也是按照氏族组织和古列延的模型复制的军事组织。所谓古列延，是指列队移动，结成环营驻屯，结成集团游牧的人群。环营，蒙古语称为古列延（küriyen, güriyen），是由许多阿寅勒集聚而成。所谓阿寅勒（ayil），系指由若干个帐幕与幌车组成的牧营。按照拉斯特的记载："古列延［一词］即圈子的意思。在古代，当某部落在某一场所停留下来时，便［排列成］类似圈子的阵形，而他们的长老居则住在［这个］圈子的中央，如同圆心一

① 宫胁淳子著，晓克译：《最后游牧帝国》，54页，呼和浩特，内蒙古人民出版社，2005。
② 亦邻真：《成吉思汗与蒙古民族共同体的形成》，见《亦邻真蒙古学文集》，呼和浩特，内蒙古人民出版社，2001。

样，这就叫古列延。在今天，当敌人的军队迫近时，他们［蒙古人］也列成同样的阵形，使敌军和陌生人不能突入［阵营］之内。"①随着蒙古汗国的形成，这种古列延的游牧方式与组织形式被有所损益地转换成千户制。

据《史集》记载，成吉思汗驾崩前，他的军队数量共有129个千户。其中，101个千户被他分配给末子脱雷所有，并将该诸千户分为左翼、中军、右翼三军。中军只有一个千户，系成吉思汗的怯薛（护卫）军。这支军队由成吉思汗养子察罕诺颜指挥，而察罕诺颜又是这支军队第一百户的百户长。②

左翼由62个千户构成，委托木华黎指挥。木华黎既是左翼万户长，又是自己出身的札剌亦儿氏族三个千户的千户长（其中，木华黎为首辖千户长，另外两个千户长由木华黎的弟弟带孙担任）。

右翼共有38个千户，由博尔术统领。博尔术既是右翼万户长，又是自己出身的阿鲁剌氏族千户的千户长。

可见，万户长本身既是一个千户那颜，又是统领下辖各个千户那颜的大汗的代理人。

千户、百户实际上也是战时可提供军队数量的单位。理论上，千户与百户分别能够提供一千个与一百个战士。譬如蒙古军队征战之前，一定要举行大聚会，会商军队编组事宜，分摊兵力数目，首先确定各千户应分摊多少个兵员。各个千户根据征发兵员数目，在其所属各百户中摊派。按照摊派数额提供了兵员的各千户自然拥有了相应的战利品分配的权力。对此，宫胁淳子形象地比喻说："对于千户、百户等的等级规定，将其看作类似股份的东西也未尝不可。"③

① 拉斯特：《史集》第1卷第2分册，86~87页，北京，商务印书馆，1996。
② 拉斯特：《史集》第1卷第1分册，362~384页，北京，商务印书馆，1996。
③ 宫胁淳子著，晓克译：《最后的游牧帝国》，56页，呼和浩特，内蒙古人民出版社，2005。

如此，一方面，千户、百户制并没有改变相当部分草原游牧民的原有部族组织，也没有从根本上影响各部显贵在本部族内核心家族的地位。即使新组建的千户、百户，虽然其百姓来自其他氏族与部落，但这种组织模式的构建却是建立在这样的假说上：他们都相信自己全部来自同一个祖先的男系传嗣。因此，各游牧集团——千户、百户都分别采用原始血缘外壳作为自身组织形式的传统，即使在汗国统一政权之下仍然延续不替，那种普遍湮远的血缘认同作为联系千户、百户成员的纽带，始终在起着重要作用。这样的军队用之于战场就会产生"番则利害相关，骨肉相保，心复合；汉则困于诛求，惮于征役，心复离"① 的效果。这是明代中原士人通过比较得出的北元军力优于明朝的四个要因之一。"利害相关"是指每场战役的胜败，都关系着各个千户的利益；"骨肉相保"是因为各个千户、百户的成员之间都有着或自以为有着血缘认同，即俗语所说的"打虎亲兄弟，上阵父子兵"。

6. 以黄金家族为中心的游牧帝国分封制

成吉思汗驾崩时，蒙古汗国的领土东起今中国东北地区，南与西夏相接，西迄花剌子模国。按照当时大漠游牧民的习俗，成吉思汗生前便将北起额尔齐斯河流域，南到阿尔泰山，西至锡尔河以北的广阔地域，即今天的哈萨克斯坦草原封给了长子术赤；从高昌畏兀儿西境至阿母河以北的广大草原地带，分封给次子察合台；将从叶密立（今额敏县）以北，包括今喀拉额尔齐斯河及阿尔泰山一部分的草原地带分封给三子窝阔台；末子拖雷与父亲成吉思汗住在一起，后来继承了其父保留的杭爱山脉到肯特山脉之间的领地、帐殿、财产及军队的大部分。② 与此同时，成吉思汗将额尔古纳河到阔连海子（呼伦湖）、海喇儿河一带封给次弟

---

① 岷峨山人著，薄音湖、王雄点校：《译语》，见《明代蒙古汉籍史料汇编》，第 1 辑，241 页，呼和浩特，内蒙古大学出版社，1993。

② 志费尼著，何高济译：《世界征服者传》，45～46 页，呼和浩特，内蒙古人民出版社，1980。

哈撒尔;① 将大兴安岭西侧到捕鱼儿海子(贝尔湖)之南侧到兀鲁灰河一带封给三弟合赤温;② 将呼伦贝尔到大兴安岭东侧的地方封给末弟铁木哥斡赤斤。③ 到第二代大汗窝阔台驾崩时,蒙古帝国的领土东起淮河以北故金朝的领土,西至南俄草原。到了忽必烈建立元朝时,察合台汗国吞并了窝阔台汗国,术赤的子孙建立了钦察汗国(金帐)、忽必烈之弟旭烈兀建立了伊儿汗国。这四大汗国虽然在蒙古帝国中都是巨大的大兀鲁思,④ 但却不仅仅只有这么几个,另外还有成吉思汗诸弟系统,即东道诸王的若干中等兀鲁思。各个兀鲁思对域内政事有裁决权,有独立管理军队、属民、贡税、牧地的权力,以及与邻近城市发生关系的权力。⑤ 但各兀鲁思仍是蒙古大汗的藩属地,各汗国汗位的承嗣仍由大汗委派任命。与此同时,天山南北及中亚的农业定居区域,则由蒙古汗国(后来的元朝)中央政府委任官员直接统治。但是按着蒙古人的古老习俗,这些西域绿洲农耕区和城郭是最富庶之地,也是黄金家族的公共财产,其收益由其家族共同分享。蒙古人采取的办法是,将这些地方的民户按一定的份额配分给各支宗王等,诸宗王在城郭农耕地区的属民所缴纳的赋税,由朝廷派官监收后送给各王。

如上所述,在大漠游牧民的习俗中,祖先遗产原则上要平均分配,即使蒙古帝国君主的汗位,也平等地存在于成吉思汗的男系子孙之中,任何人都有权继承。

宫胁淳子认为,作为部落或氏族联合的游牧帝国,在其扩大领土期间,取得战争指挥权的大汗的直属地也随之扩大,因为大

---

① 拉斯特:《史集》第1卷第2分册,67页,北京,商务印书馆,1996。
② 拉斯特:《史集》第1卷第2分册,70页,北京,商务印书馆,1996。
③ 拉斯特:《史集》第1卷第2分册,72页,北京,商务印书馆,1996。
④ 兀鲁思(ulus),汉译为"国",但蒙古语原意为国民、属民,而非领土概念。
⑤ 宫胁淳子著,晓克译:《最后的游牧帝国》,63页,呼和浩特,内蒙古人民出版社,2005。

汗掌握可以分配的战利品，其权力自然变大。然而一旦没有了征服对象，大汗个人的经营立即贫困化。再经过一代又一代子孙们的平均拆分，个人领地逐渐减少，由此开始了帝国统治阶层的内部争斗。兄弟之间围绕着继承遗产展开争斗，是游牧帝国经常发生的事情。自古以来，大游牧帝国经常在其有能力的大汗死后，帝国立即土崩瓦解，这是一个主要原因之一。[①]

7. 商业保护制

由于游牧民族没有城郭与村庄，始终伴随着季节游动，很难留下实物遗存。加之他们很晚才发明文字来记述自己的历史，故专业化的游牧文明究竟产生于何时，尚是一个谜团。根据苏联地质学家与气候学家的研究表明，大约在 2 000 年左右，中央亚细亚境内的自然条件发生了显著变化。新石器时代比较温湿和湿润的气候逐渐转变为干燥和强烈的大陆性气候。为了适应这一变化了的自然环境，蒙古诸部及一部分突厥部落的祖先逐步采取了一种特殊类型的生产方式——游牧业。[②] 一般认为欧亚草原地带以马、牛、羊为主要畜牧进行游牧，最早应在前 1 000 年前后出现。[③] 勒内·格鲁塞根据希罗多德在《历史》中的记录及相关研究，断定前 750—700 年，已经专业游牧化的民族——斯基泰人从中亚与西伯利亚西进，从辛梅里安人手中夺取了南俄罗斯草原。[④] 游牧经济的产生，使得人类社会的社会分工被进一步细化。经过几代学者的研究，我们终于可以确定，游牧经济是人类为适应特别的地理与气候环境而生成的一种有别于农业与原始采集狩猎业的另类而精致的社会经济形态。王明珂认为"在人类文明史上，

---

① 宫胁淳子著，晓克译：《最后的游牧帝国》，64 页，呼和浩特，内蒙古人民出版社，2005。
② Н·Н·契博克萨罗夫：《东亚各民族的经济文化类型》，收入《东亚各族丛书》，俄文版，莫斯科，1965。
③ 杨建华：《欧亚草原经济类型的发展阶段及其与中国长城地带的比较》，载《考古》，2004 (11)。
④ 勒内·格鲁塞著，蓝琪译：《游牧帝国》，29 页，北京，商务印书馆，1998。

它绝不是介于原始采集、狩猎经济与农业之间的一种生计手段；它出现在人类文明史上的时间远远晚于原始农业"①。游牧社会的发展离不开农业社会，这自然促进了大规模商品交换的产生。社会分工与商品交换是催生国家机器出现的主要动力。至于货币形态，马克思认为最先是在"游牧民族发展起来的，因为一切他们的所有物，都是在动产的形态上，都是在直接可以让渡的形态上，并且因为他们的生活方式，不断使他们与其他的共同体接触，因而引起生产物的交换。"② 自斯基泰人于前 1 000 年左右秉持一种新型的社会经济形态——专业化游牧经济登上历史舞台时起，欧亚草原上先后崛起的各民族便以大规模经营畜牧为主业，依靠与农耕区进行交易乃至于掠夺来获得生产与生活资料为辅助性生业，出现了诸如东汉元和元年（84 年）"北单于乃遣大渠伊莫訾王等驱牛马万余头，与汉贾客交易"③，曹魏黄初三年（222年），鲜卑首领"柯比能帅部落大人、小子、代郡乌丸修武卢等三千余骑，驱牛马七万余口交市"④，"突厥兴亡，唯以牛羊为准。今六畜疲羸，人皆菜色。又其牙内炊饭化而为血，徵祥如此，不出三年，必当覆灭"⑤，"回纥恃功，自乾元之后，屡遣使以马和市缯帛，仍岁来市，以马一匹易绢四十匹，动至数万马"⑥等局面。由于各个部落均饲养马、羊、骆驼、牛等，彼此之间的交换没有实际意义，在游牧社会内部无法消耗如此多的畜产品的情况下，其自身所必须而又无法生产的粮食、金属品、布匹、武器、奢侈品等，也无法交换而来，这促使游牧社会必须向外寻求

---

① 王明珂：《游牧者的抉择——面对汉帝国的北亚游牧部族》，63 页，桂林，广西师范大学出版社，2008。
② 马克思：《资本论》，第三卷，411 页，北京，人民出版社，1953。
③ 范晔撰：《后汉书》卷 89《南匈奴传》，北京，中华书局点校本，1982。
④ 陈寿撰：《三国志》卷 30《鲜卑传》，北京，中华书局点校本，1971。
⑤ 刘昫、赵莹、张昭远，等撰：《旧唐书》卷 62《郑元璹传》，北京，中华书局点校本，1975。
⑥ 刘昫、赵莹、张昭远，等撰：《旧唐书》卷 195《回纥传》，北京，中华书局点校本，1975。

市场。

每一轮在大漠板块上崛起的游牧帝国的经济基础之一就是控制欧亚大陆的贸易通道，保护这条陆路通道上的贸易据点，从远距离贸易中获得利益。与此同时，游牧帝国尽最大可能与周边国家，特别是农耕地带的部族或国家进行商业贸易。一旦贸易不畅，草原上势必累计大量牲畜与畜产品，既打乱了草原畜牧业的周期，又无法从农耕地带得到农副产品和生活用品，进而引起游牧社会的动荡与危机。这也是草原社会极其重视商贸的内在动力。成吉思汗曾颁布一条札撒规定："凡进入他的国土内的商人，应一律发给凭照，而值得可汗受纳的货物，应连同物主一起遣送给汗。"① 成吉思汗曾训示其后代说："就像我们的商人（urtag）带来织金衣服和好东西（tanghsug）并坚信能从这些布匹织物获得巴里失那样，军队的将官们应当很好地教会儿子们射箭、骑马，一对一地格斗，并让他们练习这些事。通过这样的训练，把他们练得勇敢无畏，使他们像坚毅的商人那样地掌握他们所知道的本领。"② 在这里，经商被抬高到与游牧民族的特有技能——骑马射箭相提并论的地步。窝阔台汗时代，蒙古汗国重商已经到了无以复加的地步：窝阔台大汗"慷慨善良的名声四处传播，所以各国商人都争相来到他的宫廷。合罕吩咐收下他们的全部货物，不管好坏，全部如数付酬。多数情况是，未看货物就给了报酬，而且他们商人们多出了重利十倍的高价，因而获利甚巨。所有的商人都看清了这一点，因而不打开货物，两三天不露面，直到合罕来买，这时他们才来随意地定出价格。合罕有旨，无论要价多少，都按十加一付款。（略）合罕说：'与官家交易，获利多才对商人有利'。"③由于蒙古汗国与元帝国不遗余力地招徕各国商人，

① 志费尼著，何高济译：《世界征服者传》，90~91页，呼和浩特，内蒙古人民出版社，1980。
② 拉斯特：《史集》第1卷第2分册，357页，北京，商务印书馆，1996。
③ 拉斯特：《史集》第1卷第1分册，94页，北京，商务印书馆，1996。

当时出现了斡脱制度。所谓斡脱(Awrtaq),就是在官家庇护下进行特许商业的特权商人。到了元朝,还专门成立了斡脱管理的机构,有专门的斡脱户。这些斡脱户主要来自于西域与欧洲,是蒙古贵族的商业代理人。他们从蒙古贵族那里获得一定的资金,然后携带皇室的圣旨与诸王的令旨,从事商贸活动,最终"把约一成的年利息以贡献的形式交纳给资本主。同时,由于他们从民间强取了最高年息十成的暴利,因而可以断定,九成的利息差额被他们中饱私囊了"①。巨大的商业利益,诱使西域乃至于欧洲商人不停地穿梭于东亚—中亚—西亚—欧洲之间,希冀从远程贸易中获利,这就沟通了东西方商道,促进了旧大陆的贸易发展,加强了各地的文化联系。

在农耕帝国稳定而强盛时期,为了开展贸易之目的,草原贵族经常不得不以称臣纳贡的代价达到出售牲畜与畜产品的目的。若农耕帝国恰巧处于疲弱状态,游牧民族通过自由贸易让渡牲畜与畜产品又无法实现时,那么,袭击农耕地带,掠夺人口与其他生产及生活资料,从被征服者那里收取租税与贡物,为本民族争取更多的生存资源,便成为常态。

由上可见,出售牲畜与畜产品的基本要求,交换农耕地带生产资料、生活用品与奢侈品的强烈愿望,是游牧帝国不断地开疆拓土的内在动力。外销与交换牲畜及畜产品的内驱力是游牧民族具有开放性的源泉。

8. 约孙与《大札撒》制

"约孙"(yusun)系蒙古语,原有风俗、习惯、规格、规则、标准等义,后引申为习惯法。汗国崛起前的草原社会,广泛存在着社会组织、婚姻家庭、财产继承、生产和分配、所有权、债

---

① 爱宕松男:《斡脱钱とその背景——十三世紀モンゴルにおける 銀の動向——》(上、下),载《东洋史研究》第 32 卷第 1、2 号,东洋史研究会,昭和 46 年 6 月。

权、刑事、调解及审判等方面的习惯法，蒙古语称之为约孙。

成吉思汗崛起后，依据古代蒙古约孙制定并颁布了法律，称之为"大札撒"。札撒，亦称雅萨，蒙古语"法度"之义。[①]《大札撒》中许多内容则是继承古代蒙古草原习惯法中业已约定俗成的内容。如"忽里勒台"（huraltai）制度。忽里勒台为蒙古语"聚会"之义，特指氏族或部落内部商讨、决定各种重大事情的会议。该制度是蒙古社会组织习惯法中的核心律条。在早期它不仅是蒙古社会的最高权力机构，也是最高的立法机构和审判机构。许多草原社会的习惯、风俗、规则等只有经它认可后，才能成为法律规范，具有普遍的约束力。蒙古帝国建立之后，历朝大汗（皇帝）之登基亦需"忽里勒台"推举。虽然随着汗（皇）权的日益增强，"忽里勒台"的职能随之缩减，性质随之发生重大变化，蜕变成少数贵族特权者的会议，但它对君主个人专制始终具有约束力。直至今日，蒙古国的人民"大呼拉尔"也是承继该制度而来的。

由于游牧经济的基础是草场和牲畜，故蒙古社会习惯法对保护草场与牲畜方面有着详细而严格的规定，如"其国禁：草生而劚地，遗火而爇草者，诛其家"[②]。另外，关于对草场的游牧轮放，从而使牧场得以间歇也有习惯法在起作用。这些习俗在《大札撒》中有着很好的继承："禁草生而攫地；禁遗火而燎荒。"蒙古汗国建立以后，从国家的角度，以法律的形式将这一传统加以确认，有效地防范草原被人为地破坏。

《大札撒》是以游牧生产为主、狩猎为辅的生产方式为基点的法律，具有汗权高于一切、神权色彩浓厚、军律严明、赏罚分明的显著特点。

---

① 宋濂、王祎、胡翰，等撰：《元史》卷2《太宗纪》中记载："大札撒，华言大法令也。"北京，中华书局点校本，1978。

② 彭大雅：《黑鞑事略》，见《内蒙古史志资料选编》，第3辑，39页。

就神权法内容而言，多桑曾提到："成吉思汗曾以鞑靼民族之若干迷信订入法律，以为无数毫无关系之事实，可以致灾，或致雷击，此其所畏者也。故禁溺于水中，或火烬之上，严禁跨火、跨碟，禁洗涤衣服，应服之至于破敝。"①

军法在《大札撒》中占首要地位。成吉思汗及其子孙之所以能横扫欧亚大陆建立世界帝国，是因为有着一支编制合理、军律严明且能不折不扣地执行的蒙古铁骑。《大札撒》规定："军队编组，采取十进制，分十户、百户、千户、万户。护卫军编组，分宿卫、箭筒士和散班，男子二十以上，皆有服兵役之义务。护卫军战士，从百户、千户及白身人（自由人）子弟中选取有技能强健者任之。大汗不出征，护卫军不能出动，私动护卫军者处死。十户长、百户长、千户长和万户长不能统率其部属作战者，连同妻子、儿女一并定罪，然后另选他人为长。"

将领和士兵，平时就要做好战备工作，一旦军令下达，便需不分昼夜地到达指定地点，接受战斗任务。将领出征必须带从马六七匹，士卒二三匹。士卒鞍马、武器及日用品自备，缺者罚之。出师不以贵贱，可带妻奴而行，使其掌管行李，设立毡帐，装卸鞍马，轻重车驮等事。出战前，统将必须检阅士卒及其武器装备，如准备不足，严厉惩罚百户长、十户长。

交战前，向敌方军民宣告，"如顺服，则汝等可获善待或安宁；如反抗，则其后果惟有长生天知道，非吾人所能预料"。士卒出征逃匿者斩，作战临阵先退者死。作战时，十人中如有一二人逃走，一小队之人皆处死。一队中，如有英勇者数人领先出击，其余如不跟进者处死。每作战单位，如有人被俘，如不能抢救回来，全单位皆处死。在战争中，若被敌击退，兵马退回原排阵之处，军士须返身力战，不返身力战者，处以死刑。战阵中，

① 多桑著，冯承钧译：《多桑蒙古史》上册，157页，上海，上海书店出版社，2001。

鸣金撤阵以前，擅自偃旗收兵者处死。战斗间隙，要放马于草地饱食之，禁止骑乘。士卒擅离所属部队者处死。破敌后，见弃物勿取，须待战毕共分之，擅取战利品者处死。

1202 年，在同塔塔儿人作战前夕，铁木真号令诸军："战胜敌人时，不可贪财。战胜了敌人，那些财物都是我们的，我们共同分配。如果被敌人打退，退到最初冲出去的原阵地，就要反攻；退到最初冲出去的原阵地而不反攻者，处斩。"[①] 据载，此役中，铁木真汗亲族乞颜部阿勒坛、忽察儿、答力台三贵族违犯这道军令，将抢来的财物据为己有。铁木真命令者别、忽必来二人尽夺了他们所得的财物和牲畜。这一军法条款，后被载入《大札撒》中。该军律彻底改变了以往各部首领各自为战，私抢财物，随意进退的局面。从此以后，大汗统一指挥作战，战利品统一分配，论功行赏。如此，一支纪律严明、进退有序的军队随之诞生。

当然，《大札撒》既有刑罚严峻的一面，也有中原法律和伊斯兰法律所不具有的宽容的一面。对此，成吉思汗分兵于诸子之时，曾当着诸将的面嘱咐诸子曰："若诸将有过，切勿独断罚之。盖汝曹年幼，而诸将皆功臣也。必罚之，必先我意，我若不在时，应共商之，然后执行法令。必须其罪状显明，犯者自承，并不能不承认处罚之当，而使其罚不出于愤怒或其他感情也。"[②] 这是草原游牧民族习惯法与成文法律的一大特点。

9. 族外婚

与草原其他民族一样，蒙古人自进入古代社会以降，实行严格的族外婚制，同一氏族与部落之间严禁通婚。为此，古代蒙古

① 余大钧译注：《蒙古秘史》第 153 节，209 页，石家庄，河北人民出版社，2001。《蒙古秘史》明代本译作："若战胜时，不许贪财，既定之后均分。若军马退动原排阵处，再要翻回力战：若至原排阵处不翻回者，斩。"
② 多桑著，冯承钧译：《多桑蒙古史》，205 页，北京，中华书局，2004。

人对自己的家族谱系非常熟悉："所有这些部落全部都有着清晰的系谱，因为蒙古人有保存祖先的系谱、教导出生的每一个孩子知道系谱的习惯。这样他们将有关系谱的话语做成氏族的财产，因此他们之间没有人不知道自己的部落和起源。除蒙古人外，任何别的部落都没有这个习惯，也许只有阿拉伯人也在记忆中保留着自身的起源。"①蒙古人对男系家族成员上至七代，下至三代都有专门的称谓。一方面，同一"斡孛黑"②成员间彼此有义务在生产与生活方面提供协助，保护亲族的生命与财产的安全。另一方面，通过族外婚而结成亲家的姻亲关系在蒙古社会中也具有重要的地位。联姻的部落之间同样有着相互帮助与扶危济贫的道义。蒙古汗国建立后，族外婚制更成为汗国扩大并延续其政治影响力，控御其他外族及外国的武器。

与一些汉族建立的中原王朝被迫纳女上贡，以敷衍敌国不为己害或羁縻周边强国不同，崛起于大漠板块的蒙古帝国与元帝国则借助于族外婚的传统，以积极主动的姿态联姻外族、外国，作为增强汗（帝）国势力、瓦解政敌的手段。大元皇室公主下嫁高丽王家是一个比较典型的事例。

自元太宗三年（1231 年）以降，蒙古汗国曾对高丽先后发动过七次征讨，1259 年高丽最终请求臣服，得到了蒙古汗廷的允准。元宪宗九年（1259 年）四月，高丽高宗长子倎替其父亲入觐蒙古汗廷，奉命赴四川朝见蒙哥大汗。但中途接到蒙哥大汗去世的消息，于是，世子王倎在汴梁迎谒忽必烈，这使忽必烈非常高兴，大加褒奖，决定对高丽采取怀柔政策，不彻底灭亡其国。③同年六月，高丽派朴天植向蒙古汗国报告高宗去世的消息。忽必

---

① 拉斯特：《史集》第 1 卷第 2 分册，11 页，北京，商务印书馆，1996。
② 斡孛黑（obog - obox），系指出身于同一男性祖先的人们。伴随着蒙古汗国建立后千户、百户制的实施，斡孛黑内部普遍而湮远的血缘认同观念也随之衰微。于是，"斡孛黑"从明确表示原始氏族的概念名称转义为"姓氏"。
③ 池内宏：《元寇の新研究》，27 页，东京，东洋文库，1931。

烈于是立倎为高丽新王，以束里大为高丽达鲁花赤，领兵护送倎归国即位，是为高丽元宗。元世祖至元六年（1269 年）高丽权臣林衍迫使元宗退位，元宗依仗蒙古汗廷得以复位。翌年，元宗入朝蒙古汗廷，并替世子王谌请婚："夫小邦请婚大朝，是为永好之缘，然恐僭越，久不陈请，今既悉从所欲而世子适会来觐，伏望许降公主于世子克成合卺之礼，则小邦万世永倚，供职惟谨。"忽必烈下旨曰："达旦法通媒合族，真实交亲，敢不许之。然今因他事来请，似乎欲速。待其还国抚存百姓，特遣使来请，然后许之。朕之亲息，皆已适人，议于兄弟，会当许之。"①

忽必烈当然洞悉高丽元宗希冀藉联姻皇室以牵制国内跋扈之武臣、巩固王位的动机，故承诺让其先回去安抚百姓，再另派使臣来商议此事，到那时会答应的。元宗果然不负元世祖忽必烈的期望，回国后不但铲除了林衍的势力，完成"出海就陆"——还都开京的任务，而且协助元廷军队剿灭"三别抄"之乱。至此，元宗开始得到元皇室的信任，再次请求公主下嫁的愿望得售，世子王谌被允许入朝为"秃鲁花"（质子）。元至元十一年（1274年），高丽世子谌与元朝齐国长公主忽都鲁·揭里迷失完婚，不久回国即位，是为高丽忠烈王。齐国长公主与穿着蒙古服饰的忠烈王同辇入开京时，父老相庆曰："不图百年锋镝之余，复见太平之期。"② 齐国长公主忽都鲁·揭里迷失下嫁高丽忠烈王，拉开了近百年元皇室公主与高丽王室族外婚及政治联姻的序幕，从此以后，高丽自忠烈王至恭愍王为止，高丽 7 位国王中有 5 人与元皇室公主联姻，其中忠穆王和忠定王在位时还未成年，因此这两位年幼的国王未娶元皇室公主。

元皇室与高丽王室联姻对高丽的政治、经济、社会生活等诸

① 《高丽史》卷 26《元宗世家》，"十一年二月甲戌"条，东京，国书刊行会，明治四十一年（1908 年）版。
② 《高丽史》卷 28《忠烈王世家》，"元宗十五年十一月丁丑"条，东京，国书刊行会，明治四十一年（1908 年）版。

多方面影响至深。

　　首先，元皇室公主参与高丽朝会、宴飨、巡幸、狩猎、接见使臣，并在官吏任免、重大决策方面行使很大的或者是绝对的权力。公主参与政事，尤其在牵涉元廷利益的大事上，往往得到元廷的认可，甚至鼓励。[①] 公主下嫁高丽后，无论国王是否已经纳有嫔妃，均册为正宫，建立宫、府，置官署，赐汤沐邑。忠烈王与齐国长公主忽都鲁揭里迷失结婚回到高丽之后，公主的“宫曰敬成，殿曰元成，府曰膺善，置官属，以安东京山府为汤沐邑”[②]。忠烈王在与齐国大长公主结婚以前已经有妻室，忠烈王即位后封其王妃王氏为贞信府主。但公主到高丽之后，忠烈王不能再宠幸贞信府主王氏。后来，有人给达鲁花赤石抹天衢写匿名信告贞信府主因失宠而诅咒公主。石抹天衢将此事告知忠烈王和齐国大长公主，于是，齐国大长公主将贞信府主囚禁，石抹天衢将与此事有关的齐安公淑和金方庆等抓起来，召集宰相等人，让公主亲自过问此事。后来，宰相柳璥冒死进谏，力请公主明察秋毫，贞信府主等人才得以活命。可见，下嫁到高丽的皇室公主，掌握着高丽国内生杀予夺大权。虽然公主下嫁到高丽使高丽国王在元帝国内的地位有所提高，但在高丽宫廷中公主的地位比高丽国王的地位高得多。元朝至元十三年（1276 年）八月己巳，高丽忠烈王得到元皇帝的许可，服黄袍即位，尔后宴请从元廷来的册封诏使。诏使因忠烈王为驸马，故请其朝南坐，诏使东向，达鲁花赤西向。忠烈王敬酒时，诏使拜受饮讫，又拜。达鲁花赤立饮不拜，诏使曰：“王天子之驸马也，老子何敢如是，吾等还奏，

---

① 萧启庆：《元丽关系中的王室婚姻与强权政治》，见《元代史新探》，244 页，台北，新文丰出版公司，1983。
② 《高丽史》卷 89《齐国大长公主传》，东京，国书刊行会，明治四十一年（1908 年）版。

汝得无罪耶?"答曰:"公主不在,且此先王时礼耳。"[1] 可见,元朝驻守高丽的最高军政长官达鲁花赤的地位与高丽国王是平起平坐的,抑或高于国王。在此之前的元朝至元八年(1271 年),世祖忽必烈派黑的为使臣调查高丽元宗被废事件。同年十一月癸亥,高丽国王宴请黑的等天子使臣,他让使臣坐上座,黑的等让曰:"今王太子已许尚帝女,我等帝之臣也,王乃帝驸马大王之父也,何敢抗礼? 王西向,我等北面,王南面,我等东面。"国王辞曰:"天子之使,岂可下坐?"最后彼此妥协,东西相对而饮。[2] 从这段史料中,可推知驸马国王的地位是不高的。

其次,下嫁公主掌握高丽国王废立之权。元成宗大德二年(1298 年)正月,元廷诏谕高丽世子源继承高丽王位,是为忠宣王。即位不久,蓟国大长公主因与其感情不和,遂向元廷皇太后高密之。七月十八日元成宗下诏命已经退位的忠烈王复位,命忠宣王与公主入侍元廷。

高丽忠惠王于元文宗至顺元年(1330 年)即位,因强奸乃父忠肃王后妃庆华公主,而被元廷剥夺王位。[3] 事实上,在北亚游牧民族及高丽宫掖中,子奸庶母是常例,中原王朝和亲公主也往往历配数汗。忠惠王只因强奸不屑其为人的元皇室公主而丢了王位。

其三,元皇室公主下嫁高丽王室之后,公主所生王子得优先嗣位的原则是不容置疑的,其他得以嗣立都另有原因。[4]

其四,元朝公主下嫁到高丽之后,蒙古的风俗对高丽王室产

---

① 《高丽史》卷 28《忠烈王世家》,"元宗十五年八月己巳"条,东京,国书刊行会,明治四十一年(1908 年)版。
② 《高丽史》卷 26《元宗世家》,"元宗十年十一月癸亥"条,东京,国书刊行会,明治四十一年(1908 年)版。
③ 《高丽史》卷 89《庆华公主传》,22~23 页,东京,国书刊行会,明治四十一年(1908 年)版。
④ 萧启庆:《元丽关系中的王室婚姻与强权政治》,见《元代史新探》,243 页,台北,新文丰出版公司,1983。

生了相当大的影响。自忠烈王时期开始高丽王室逐渐蒙古化：高丽王与元皇室世通血缘；自忠宣王至恭愍王各王都给自己取一个蒙古名字；自忠烈王起高丽王室的服饰发式便改宗蒙古式；高丽王室行蒙古礼、奏蒙古乐，并嗜好狩猎等游牧生活。[①]

由此可见，元朝皇室与外族联姻自然是族外婚制使然，但通过联姻外族、外国以增强自身的政治、军事力量也是主要目的。与汉族建立的中原王朝每每处于弱势地位时才实施"和亲"政策，不得不纳女与强邻且经常得不到和平不同，元皇室则往往利用优势的地位，用婚姻为手段，收外族首领、外国国王为股肱，进而将其变为臣属。

10. "大漠板块"的武功

游牧民因移动性而衍生的快速机动性与瞬间集聚性，形成了游牧世界对定居农耕世界的军事优势。就快速机动性而言，桓宽说"匈奴贪狼，因时而动，乘可而发，飙举电至"[②]；对于柔然，《北史》则称之为"匈奴之裔，根本莫寻，逃形集丑，自小为大，风驰鸟赴，倏来忽往"[③]；至于自匈奴以来的北方游牧民族特点，《北史》作者概括说，"皆以畜牧为业，侵抄为资，倏来忽往，云飞鸟集"[④]；隋人李睿曾总结戎狄难以防范的缘由，是因其"倏来忽往，云屯雾散，强则骋其犯塞，弱又不可尽除故也"[⑤]；就蒙古取胜之道，郝经说是得益于"聚如丘山，散如风雨，迅如雷电，捷如鹰鹘，鞭弭所属，指期约日，万里不忒"[⑥]。就瞬间集聚性来说，明人记述说，"番众之来常至数万，马复倍之，如云合电发，

①　萧启庆：《元丽关系中的王室婚姻与强权政治》，见《元代史新探》，249～252页，台北，新文丰出版公司，1983。

②　桓宽：《盐铁论》卷8《世务》，上海，上海人民出版社，1974。

③　李延寿撰：《北史》卷98《蠕蠕传》，北京，中华书局点校本，1974。

④　李延寿撰：《北史》卷99《突厥传》，北京，中华书局点校本，1974。

⑤　魏征、孔颖达、颜师古，等撰：《隋书》卷37《李穆传》，北京，中华书局点校本，1973。

⑥　宋濂、王袆、胡翰，等撰：《元史》卷157《郝经传》，北京，中华书局点校本，1978。

飙腾波流。驰突所至，日月为之夺明，丘陵为之摇震"①。

自前 750 至前 700 年间，中亚及南俄草原出现了斯基泰（Scyths，skythai）人游牧铁骑，直至乾隆皇帝于 1755 年击败准噶尔部，在长达 20 多个世纪中，诞生于大漠板块上的马上弓箭手们对定居地带的农夫们一直拥有绝对的军事优势。对古代和中世纪而言，马上弓箭手们投射的飞箭是一种不直接交锋的武器，全副武装的可轮流换乘的马队既有开路护体的价值，又有着步兵不可比拟的速度。这一兵种，在面对冷兵器时代的定居民时，其战斗力与摧毁敌人士气的威慑力被发挥得淋漓尽致。迨至近代，面对由农夫们组成、手持长矛大刀的太平天国军，特别是在遭遇了游荡在黄淮平原上的捻军时，僧格林沁马队曾为游牧铁骑的荣誉做过回光返照的一击。但当 1860 年僧格林沁的马上弓箭手们在京东八里桥面对着近代欧洲的火炮填充手、火枪射手们的时候，那西洋大炮的隆隆声便毫无悬念地终结了一个长达 20 多个世纪的世界历史时期。②

四、"大漠板块"在中国疆域形成过程中的作用

1. 匈奴—前汉：南北朝对峙与相互承认

（1）北朝与南朝的构筑

自殷周时代农牧交错带的半农半牧、狩猎兼采集人群南下争夺农牧资源，特别是自春秋以降，伴随着游牧经济形态的形成，山戎等部族开始南下牧马，中原诸侯国上层贵族之间的同仇敌忾意识被强化。如前 706 年 "北戎伐齐" 时，"郑大子忽帅师救

---

① 岷峨山人著，薄音湖、王雄点校：《译语》，收入《明代蒙古汉籍史料汇编》第 1 辑，241 页，呼和浩特，内蒙古大学出版社，1993。

② 薛福成书科尔沁忠亲王大沽之败语："自枪炮既行，骑兵难以必胜，或反足为累"。引自薛福成撰：《书科尔沁忠亲王大沽之败》，上海，商务印书馆，民国四年（1915 年）版。

齐"，"诸侯之大夫戍齐"，① 由此自然衍生华夏一体感。于是，"尊王攘夷"便成为中原诸侯国相互支援，向北扩大防卫圈的金字招牌，"内诸夏而外夷狄"上升为意识形态，进而凝结在保护与垄断中原农业资源的万里长城上。

另一方面，伴随着齐桓公联合中原诸侯北伐令支、斩孤竹、擒狄王、败胡貉、破屠何、北逐山戎，以及燕、晋、秦等国的攘夷行动，游牧部族渐渐丧失了农牧交错带，越发北移到半干旱与干旱的草原地区。进入战国时代，秦、赵、燕等开始强力向北推进资源线，并将长城建立在农牧交错带以北，使得该地带原有的半耕半农人群失去生存空间，进而使得该地带以北各类人群彻底游牧化。如前 3 世纪初，燕国北伐东胡后，已将长城建在今赤峰、敖汉一线，并继续向略偏东北方向，直至今辽宁开原市北，由此转而东南走向至今朝鲜清川江边。赵武灵王更是"变俗胡服，习骑射，北破林胡、楼烦。筑长城，自代并阴山下，至高阙为塞"②。此高阙塞近来被发现，位于乌拉特后旗呼和温都尔镇那仁乌博尔嘎查狼山南麓的达巴图沟口西侧；"代"在今河北蔚县西南。今日之东北、内蒙古地方适合农耕的地域均被燕、赵两国纳入囊中。战国中后期该地出现的河南王、白羊王、楼烦王等游牧部落联盟及其"王"的出现，应该便是应对该趋势的产物。特别是伴随着战国末期以降华夏帝国的形成，游牧地带各类人群为避免在同一生态地区恶性竞争，组织更大的集团向南争夺生存资源，便被提上了议事日程。对此，巴菲尔德认为，匈奴国家是因应秦汉帝国的出现而形成的，因此它也与东汉帝国在同一时代相继衰亡。这是因为游牧国家的存在需要一个稳定的中原帝国供其剥削之故。③ 虽然我们不能完全认同巴菲尔德先生的观点，但自

① 《左传》桓公六年夏，《十三经注疏》本，北京，中华书局，1980。
② 司马迁撰：《史记》卷110《匈奴传》，北京，中华书局点校本，1982。
③ Barfield, Thomas J, The Perilous Frontier: Nomadic Empires and China, Cambridge, Massachusetts: Basil Blackwell Inc., 1989. p. 131.

匈奴立国以降，大漠板块上的许多部族仿效匈奴，经常将"诸引弓之民，并为一家"，对内通过万户、千户体制，划分领地，以免内斗；对外同农耕民族、森林百姓与混合经济民族周旋，通过贸易、控制商路、纳贡，必要时诉诸战争等手段，获取外部资源。

匈奴政权实行军政合一体制。单于乃匈奴的军政首长，单于以下设左、右贤王，左右谷蠡王，左右骨都侯，左右大将，左右大都尉，左右大当户等官职，辅佐单于处理国事。匈奴将其国分为三个部分，一是建于漠北鄂尔浑河上游山区的单于庭，直辖匈奴中部，由单于直接统治；二是左贤王庭，管辖匈奴东部地区，由单于接班人左贤王统治（左贤王庭可能在克鲁伦高地）；三是右贤王庭，管辖匈奴西部，由右贤王统治（右贤王庭在杭爱山区，今乌里雅苏台附近）。就军事层面而言，自单于以下，所有官佐都是大小骑长、军事首领，都有统领军队、亲临战阵的义务；就军事首领来说，有万骑长、千骑长、百骑长、什骑长等军阶。在古代中国历史上占有举足轻重地位、前后相继近两千年的北朝由此肇始。

如果从前21世纪夏朝算起，到前91年汉武帝的征讨事业尘埃落定，经过两千多年的漫长岁月，由秦始皇初步构筑，汉武帝再拓展的泛中原板块始告奠定。随之而来，真正意义上的"南朝"也呱呱坠地。

从匈奴—秦朝、匈奴—前汉到北元—明朝、准噶尔—清朝，直至1755年乾隆帝灭亡准噶尔部最终统一中国，在近两千年历史中，古代中国或南北朝对立，或东西朝并峙，由游牧民族建立的草原汗国、中原帝国，经常主导着历史的进程。

（2）前91年的"中国"疆域态势

前91年，随着汉武帝"轮台罪己诏"的颁布，其开疆拓土的事业宣告终结。汉武帝所开拓之疆土，大都为战国秦汉长城以南的农业区域。在长城以北,汉武帝虽然与匈奴相互攻防、搏杀30余年,但双方仍在长城一线拉锯,难分胜负。此时,古代中国的其他文明板块尚未崛起。于是,大漠板块与泛中原板块,便在其他文明板块缺席的情况下,构筑了中国历史上第一个真正意义上的"南北朝"时代。有趣味的是,与后来的"南北朝"双方彼此作村妇骂,互相攻讦不同,这个"南朝"与"北朝"的双方是相互认同、彼此承认的。①

另外,附带地说一下,前51年南匈奴单于呼韩邪到达长安觐见汉宣帝,表示归附汉朝。许多研究者认为这是匈奴被纳入汉朝疆域的标志。但从法理的视角来看,这种说法是值得商榷的。栗原朋信氏在研究汉朝的国家构造时,将臣属者从大的方面分为内臣、外臣与客臣三个类别。所谓内臣是指汉朝本部的高级官僚与诸侯等。外臣指位于汉朝本部的边缘上,在某种意义上处于自治状态,但无法摆脱汉朝控制的政权。它们一方面不完全受汉廷皇帝之"德"所波及;另一方面,虽然受"礼"的浸透,但"法"却无法完全施之于彼,即皇帝的控制力无法完全强加于它,如南越国、闽越国、卫氏朝鲜等是也。客臣是指皇帝之"德"基本无法波及,仅仅是"礼"在特定的侧面可以浸透的地域,其代表者为南匈奴,② 也就是说,南匈奴单于从来都没有成为汉朝的官员或真正意义上的臣子,如南匈奴呼韩邪单于兵败无依来到长安后,汉宣帝就以何方式接待问题,征询大臣们的看法,最后,采纳萧望之的意见,"以客礼待之,令单于位在诸侯王上,赞谒称臣而不名"③。基于此诸史实,本文不认同汉朝统一匈奴之说。

---

① 班固撰:《汉书》卷94上《匈奴传》,北京,中华书局点校本,1962。此书载,前162年,汉文帝遗书匈奴单于曰:"先帝制,长城以北引弓之国受令单于,长城以内冠带之室朕亦制之";前89年,单于遣使遗汉皇帝书曰:"南有大汉,北有强胡。"

② John K. Fairbank ed. Chinese World Order, Harvard University Press, 1968.

③ 班固撰:《汉书》卷94下《匈奴传下》,北京,中华书局点校本,1962。

（3）匈汉和亲

汉高祖七年（前2年），刘邦亲率30万大军讨伐匈奴，却被冒顿单于围困了七天七夜而无法脱身，最后倚仗陈平通过贿赂冒顿的阏氏而保全性命。虎口余生的刘邦从此丧胆，只好采纳娄敬的和亲计策。但和亲政策除了把理论上的皇家女儿嫁给匈奴单于外，还有三项更重要条款，即：（1）送上公主的同时，还需奉上千金，奉送一定数量的絮、缯、酒、米、食物；（2）汉朝开放关市，准许汉匈两族人民自由贸易；（3）匈汉结为兄弟，相约以长城为界，北面归属单于，南面由汉帝统辖。

查诸现存史料，从前199年到前133年，汉朝先后至少5次将宗人女①嫁给匈奴单于。

汉高祖八年（前199年），"取家人子名为长公主，妻单于，使刘敬往结和亲约"②。

汉惠帝三年（前192年），"以宗室女为公主，嫁匈奴单于"③。

汉文帝前元六年（前174年），"老上稽粥单于初立，孝文皇帝复遣宗室女公主为单于阏氏，使宦者燕人中行说傅公主"④。

汉景帝前元元年（前156年），汉景帝"遣御史大夫青翟至代下与匈奴和亲"⑤。

汉景帝前元五年（前152年），"遣公主嫁匈奴单于"⑥。

可见，"和亲"政策是一种比较典型的贡赋性质——纳妃进贡的政治协约。何以言之，战败而被迫奉送公主给单于做姬妾，是不折不扣的纳妃，被迫奉送大量的金、财物是标准的进贡。公

① 班固撰：《汉书》卷94下《匈奴传下》，北京，中华书局点校本，1962。师古注："宗人女，亦诸侯王之女。"
② 司马迁撰：《史记》卷99《刘敬传》，北京，中华书局点校本，1982。
③ 班固撰：《汉书》卷2《惠帝纪》，北京，中华书局点校本，1962。
④ 司马迁撰：《史记》卷110《匈奴传》，北京，中华书局点校本，1982。
⑤ 班固撰：《汉书》卷5《景帝纪》，北京，中华书局点校本，1962。
⑥ 班固撰：《汉书》卷5《景帝纪》，北京，中华书局点校本，1962。

主不管真假，既然以公主之名、之礼奉上，与中原传统文化，特别是儒家伦理颇多抵牾，故对汉朝皇室来说，是一件极伤体面之事；被迫进贡，意味着汉朝将自己降为臣属地位，是有辱刘氏国格的行为。但这是前汉与匈奴之间政治、经济、军事博弈的产物和结果，也是实力悬殊的匈、汉双方都乐于接受的较现实的形式。对汉朝而言，希冀通过和亲政策来约束匈奴，至少使其数年不进行大规模的军事攻击，可以暂时维持边境的安宁。和亲政策设置的本意，按照设计者娄敬的说法："陛下诚能以适长公主妻单于，厚奉遗之，彼知汉女送厚，蛮夷必慕以为阏氏，生子必为太子，代单于。何者？贪汉重币。陛下以岁时汉所余彼所鲜数问遗，使辩士风谕以礼节。冒顿在固为子婿；死，外孙为单于。岂闻有外孙敢与大父亢礼哉，可毋战以渐臣也。"① 娄敬之说，是按普通人思维来推度的：女婿、外孙不应该无端地用武力来侵扰岳父、外祖父统治的西汉的。但作为精明的政治家，娄敬本人恐怕都不相信这种推断。况且汉朝嫁入匈奴的公主绝大部分都是假公主，彼此双方皆心知肚明，何来岳父、外祖父？就匈奴方面而言，不需要付出战争代价，汉廷就把"公主"送来做姬妾，还奉送大量的财物，既能美女、财物双收，又能让汉朝朝贡，扩大自己的政治影响，自然是求之不得的事。在前近代社会，处于弱势境界的美女本身就是财物的一部分，特别是被作为贡品的美女尤其如此。故汉朝送来的是真公主，还是假公主，匈奴自然知之甚详，但每每笑纳。何以如此？因为对单于来说，汉朝真假公主皆为一件物品，没有品质高低之分，只有价格贵贱之别。唯其如此，当匈奴单于算计着和亲所得低于心理预期时，从来都不稀罕以汉室的公主为妾侍的，故经常拒绝和亲。因为"侵略所获，岁矩万计，而和亲赂遗不过千金"②。

---

①　班固撰：《汉书》卷 43《娄敬传》，北京，中华书局点校本，1962。
②　班固撰：《汉书》卷 94 下《匈奴传》，北京，中华书局点校本，1962。

2. "天可汗"的诞生：第一次南北朝的终结者

629 年唐太宗灭亡东突厥，纳大漠南北于唐朝版图，于是"西北诸蕃，咸请上尊号为天可汗"①。到了 683 年唐高宗驾崩，李唐已奄有东起日本海，西北迄咸海西岸，西至四川盆地西缘，北逾贝加尔湖北岸，南达中南半岛中东部的广大陆上疆域。唐太宗父子在中国历史上第一次统合了泛中原板块与大漠板块，成为第一次南北朝的终结者。

以往论说中国历史时，往往"汉唐"并论，以昭示中原汉人王朝国力之盛。但严格说来，以汉武帝之雄才大略，倾举国之力，与匈奴攻防数十年，到最终也仅仅是个"南朝"之主。而唐太宗以唐初疲惫之师，数战即荡平强大的突厥。与唐太宗父子一身得兼中原农耕民的天子与北方游牧民的天可汗相比，汉武帝当赧然一笑。那么，为什么"天子"与"天可汗"的双重身份偏偏向唐太宗父子招手而不是汉武帝？这需要从李唐王朝建立者的出身、起家班底及所承继的文化着手，进而研判之。

李唐王朝若以女系母统言之，其创业与初期君主，如高祖之母独孤氏、太宗之母纥豆陵氏、高宗之母长孙氏，皆是鲜卑人，此人所共知，不待赘述。② 至于男系，虽然其姓氏好像是汉族的"李"氏，实则不然。陈寅恪氏考证出李唐自称其先世出自西凉李暠之正支后裔纯系捏造，并"假定李唐为李初古拔之后裔"，而"初古拔或车辂拔乃当日通常胡名"。③ 故朱熹说："唐源流出于夷狄，故闺门失礼之事，不以为异。"④

李唐王朝的核心文物制度系承继其同宗同族——鲜卑人创立

---

① 刘昫、赵莹、张昭远，等撰：《旧唐书》卷 3《太宗纪下》，北京，中华书局点校本，1975。
② 欧阳修、宋祁、范镇，等撰：《新唐书》卷 1《高祖纪》、同书卷 2《太宗纪》上，北京，中华书局点校本，1982。
③ 陈寅恪：《唐代政治史述论稿》，188～189 页，北京，三联书店，2001。
④ 黎靖德编，王星贤点校：《朱子语类》卷 136《历代三》，3 245 页，北京，中华书局，1988。

的北朝而来。对此，陈寅恪氏说："隋唐之制度虽极广博纷复，然究析其因素，不出三源：一曰（北）魏、（北）齐，二曰梁陈，三曰（西）魏、周。"① 正因为如此，李唐王朝的一系列体制，如经济上的均田制，政治上的任官与选举之权归属中央，军事上的府兵制等，皆是以往汉族王朝所没有的。李唐王朝创业者与初期君主身上流淌的胡人血液，使他们有着农耕出身的汉人君主所不具备的尚武精神与进取性格。同时，接受了良好的文化教育又使他们有着草莽游牧民所欠乏的心机。可以说，李渊祖孙三代以胡人汉化之身入主中原，提供了半汉化的胡人入继大统的完美例子——在完全保留着大漠板块凌驾于泛中原板块军事优势的同时，又从汉人那里获得了优于处在原生状态的北方游牧部落的组织能力。李唐的军事优势在于承继其民族固有的以铁骑制胜。"自贞观至麟德四十年间，马七十万六千，置八坊岐、豳、泾、宁间，地广千里"② 。天宝后，"诸军战马动以万计。王侯、将相、外戚牛驼羊马之牧布诸道，百倍于县官，皆以封邑号名为印自别；将校亦备私马。"③ 所以，"议谓秦、汉以来，唐马最盛，天子又锐志武事，遂弱西北蕃"④ 。这种双重优势，也是后来基本统一中国的元世祖忽必烈与最终统一中国的乾隆帝的制胜法宝。

3. 天骄出世：陆疆板块初次统合及开拓海疆

（1）中国陆疆板块首次统合

1206 年成吉思汗建立蒙古汗国时，古代中国正处于"战国时代"。从东往西排列，依次为金、南宋、蒙古、西夏、吐蕃、大理、西辽，可谓诸国纷争，江山破碎，一片混乱。嗣后，成吉思

① 陈寅恪：《隋唐制度渊源略论稿》，3 页，北京，三联书店，2001。
② 欧阳修、宋祁、范镇，等撰：《新唐书》卷 50《兵志》，北京，中华书局点校本，1982。
③ 欧阳修、宋祁、范镇，等撰：《新唐书》卷 50《兵志》，北京，中华书局点校本，1982。
④ 欧阳修、宋祁、范镇，等撰：《新唐书》卷 50《兵志》，北京，中华书局点校本，1982。

汗及其子孙开始了征服事业。1218—1223 年，成吉思汗亲率大军西征，灭亡了西辽，以及花剌子模国等。嗣后，乘胜于 1227 年消灭西夏。成吉思汗驾崩后，其子孙秉其遗志，先后于 1234 年击破金朝、1247 年降服吐蕃、1253 年击灭大理、1276 年灭掉南宋。

元朝是中国历史上第一次统合陆疆的王朝，同时也是历史上第一次将全国陆疆——大漠、泛中原、辽东、雪域四个板块统归于中央政府管辖的政权。所谓"唐所谓羁縻之州，往往在是，今皆赋役之，比于内地"[①]。元朝对地方直接管辖机制，体现在其独有的行省制度上。与行省制度相配套，独具元朝特色的站赤制度被彻底地实施。元朝在其所统辖的所有地方，每隔 60～70 里设一个驿站，以便通达政情。古代中国陆疆不但政治上归于一统，地理与交通上也连为一体。

（2）1294 年的中国疆域态势

1294 年忽必烈驾崩时，元朝本部版图东起鄂霍次克海、日本海，西北至额尔齐斯河、西南至喷赤河中流，北起贝加尔湖以北，南至南海诸岛。与唐朝相比，在东部，元朝将朝鲜半岛与济州岛纳入其行省体系，远比唐朝来得彻底；在西北部，二者所得大体相当；在西南部，整个青藏高原与云南及其缅北、印度东北部均被纳入元朝版图，而唐朝在此一无所获；在南部，元朝最终接受了宋朝的遗产，将唐朝深入中南半岛中部沿海的领土放弃；在北部，元朝远较唐朝深入西伯利亚冰原腹地。纵观元朝本部版图，未被纳入最终奠定的古代中国版图（以 1820 年为准）的领土，唯有包括台湾岛及其若干岛屿在内的部分"海上板块"而已。

---

① 宋濂、王祎、胡翰，等撰：《元史》卷 11《地理志》，北京，中华书局点校本，1978。

五、蒙古帝国之余绪：清朝与沙皇俄国

1. 继承了元朝法统与蒙古汗国天命的清朝

后金天命元年（1616 年），努尔哈赤统一女真诸部，建立了后金王朝。在此之前的 1612 年，努尔哈赤与成吉思汗次弟拙赤合撒尔后裔所属的部落——科尔沁部首领联姻，结成同盟关系。

另一方面，成吉思汗直系后裔察哈尔部首领林丹汗希冀再次统一蒙古草原。为了清除来自于后金北方、西北方的威胁，斩断明朝右臂，皇太极开始了征抚漠南蒙古各部的工作。一方面，招诱巴林等部归附，另一方面，准备武力消灭林丹汗。清天聪六年（1632 年）四月，皇太极率军西征林丹汗，给予其致命打击，逼其丢弃本土远遁，察哈尔部土崩瓦解。到了天聪八年，流离失所的林丹汗病死于青海大草滩，余部纷纷回归，投顺于后金汗。天聪九年二月，多尔衮等奉谕再次兵临蒙古草原，于四月降服林丹汗之子额哲及其母苏泰太后，特别是获得了元朝历代传国玉玺——"制诰之宝"①。林丹汗之妻囊囊太后、窦土门福晋，以及其他贝勒、寨桑等闻讯，纷纷率所部来归，漠南蒙古各部悉隶后金汗帐下。

与此同时，后金于天聪九年二月，编审内外喀喇沁蒙古壮丁，其中喀喇沁左翼旗、喀喇沁右翼旗、土默特三旗壮丁，仍隶于满洲八旗之内，另外编审壮丁 7 830 人，加上归附蒙古漠南各部，正式编立蒙古八旗，各旗均设固山额真一员、梅勒章京、甲喇章京各二员。② 漠南蒙古各部的统一及蒙古八旗的编成，既为后金扩大了兵源，又消除了来自北方、西北方的威胁，对后金最

---

① 赵尔巽、缪荃孙、柯劭忞，等撰：《清史稿》卷 218《多尔衮传》，北京，中华书局点校本，1976。

② 中国第一历史档案馆、中国社会科学院历史研究所译注：《满文老档·太祖皇帝》卷 54、卷 66，北京，中华书局，1990。

终定鼎中原，起到了不可替代的作用。

值得特书一笔的是，元朝历代传国玉玺——制诰之宝的获得，被皇太极理解成蒙古草原帝国的天命、中原王朝的正统，均毫无例外地降落到了后金汗身上。后金举国朝野亦如是观，故当林丹汗之子额哲向皇太极奉上制诰之宝时，"群臣因表上尊号"①。于是，皇太极决定禁止使用"女真""诸申"这一族称，改称"满洲"。清崇德元年（1636 年）四月，后金在召开大会（库列儿台），满洲人、漠南蒙古人与辽东汉人的代表们根据古代中国天命原理，共同推举皇太极为三个民族的共同皇帝，定新国号为"大清"。很明显，皇太极之所以废旧族称与国号，是想切断其族系、国家同完颜氏金朝与金代女真人之间的历史联系。当时已成为漠南蒙古大汗的皇太极，将自己比附为被蒙古灭亡的完颜氏金朝的后裔，肯定是不合适的；同时，业已成为汉人天子的皇太极，如仍自诩为完颜氏金朝事业的继承者，势必会将宋金对立的历史记忆延伸到自己身上，这对即将取代明朝入主中原的大清政权而言，是有百害而无一利的。

鉴于额哲主动献上大元制诰之宝，皇太极将次女许配给他，并授予其亲王爵位。而皇太极为了合法地统治蒙古人，身体力行地与孛尔只斤家族联姻，其五位皇后均为蒙古人，其中三人出身于科尔沁部，二人是林丹汗的未亡人。而迎娶林丹汗的未亡人，完全是在表明他在行使兄死续娶其嫂，或父死继娶其后母的草原收继婚传统，是成吉思汗事业的当然继承者。据杜家骥统计，整个清朝，爱新觉罗家族与孛尔只斤家族联姻达 586 次。其中，清皇室下嫁给蒙古的公主及格格多达 430 名；清帝及宗室王公子弟

---

① 赵尔巽、缪荃孙、柯劭忞，等撰：《清史稿》卷 218《多尔衮传》，北京，中华书局点校本，1976。

娶蒙古王公之女 156 名。① 从联姻的范围来看，蒙古方面上自亲王、郡王，下至台吉、塔布囊各个阶层都有很多人与清皇室通婚。清廷方面上自皇帝本人，下自宗室大臣娶蒙古贵族女子者也非常普遍，如皇太极的兄弟子侄娶蒙古女子的共有七人。联姻已渗透到整个满蒙贵族阶层。从联姻的地域来看，总括了漠南、漠北、漠西三大部几十个旗。如此大规模地、多层次地持续近 300 年的双向联姻，使清廷与蒙古贵族从上层到下层都建立了普遍的血缘亲属关系。

随着满蒙联姻的有序开展，双方在血统上和心理上的日益接近，“满蒙一体”已经从政治口号变成现实，与满洲人共同维系清朝江山，不但是蒙古人的愿望，而且化作了行动，从而使蒙古铁骑成为清朝对全国实施统一战争的忠诚的生力军。努尔哈赤起兵初期，曾受西面的蒙古、南面的明朝、东面的朝鲜三面夹击。自清廷用武力与联姻手段将漠南蒙古收服、并将其绑在满洲人的战车上后，蒙古铁骑开始显示出威力。天聪五年（1631 年），皇太极致信朝鲜国王李倧，说过去对朝鲜作战“明与蒙古及尔国三路拒敌”，今“尔若助明侵我，我不必自劳兵力，但调遣蒙古十万人直趋尔国，尔惟有逃遁海岛而已”。② 在清廷对明廷的统一中国战争中，“攻城转战，蒙古部多有功”③。孝庄皇太后所属的科尔沁部更“以列朝外戚，荷国厚恩，列内札萨克二十四部首，有大征伐必以兵从”④ 而著称，是清廷统一战争中的一支虎狼之师。清廷不但继承了成吉思汗的法统，而且继承他的铁骑。

2. 继承了金帐汗国的俄罗斯

---

① 杜家骥：《清朝的满蒙联姻》，载《历史教学》，2001（6）。
② 《皇清开国方略》卷 14，上海，广百宋斋铅印本，清光绪十三年（1887 年）版。
③ 祁韵士：《皇朝藩部要略》卷 1、2，杭州，浙江书局，清光绪十年（1884 年）版。
④ 祁韵士：《皇朝藩部要略》卷 1、2，杭州，浙江书局，清光绪十年（1884 年）版。

西欧有句谚语：Scratch a Russian and you find a Tartar，直译是撕开一个俄罗斯人，里面其实藏着一个蒙古人。与此具有同样意思的话是德·迈斯特说的："抓伤了一个俄国人，就是伤害了一个鞑靼人。"[1] 实际上，正是在金帐汗国的统治下，俄罗斯才发展成为真正意义上的国家。但自 18 世纪末以来，俄罗斯的真实历史被卡拉姆金等爱国主义国民学派历史学家重新构建，并予以完全彻底地改编。以金帐汗国为首的游牧民族对俄罗斯的深刻影响，或被歪曲，或被淡化，或被掩盖。

据俄国编年史《往年纪事》记载，古罗斯的第一个国家是诺曼人的一支——瓦里亚格人留里克建立的。8—9 世纪，居住在今俄国境内的东斯拉夫人发展到部落联盟阶段，后因各部落内部矛盾激化，内讧不已，特邀请势力强大的瓦里亚格人军事首领做王公。于是，留里克于 862 年在诺夫哥罗德做了罗斯国第一任王公。882 年，其继任者占领基辅，并迁都于此，从此开始了基辅罗斯的统治。到 12 世纪时，基辅罗斯分裂成十多个公国。此乃俄罗斯的起源。

1223 年，蒙古军队进入钦察草原，打败罗斯军队。1237—1240 年，术赤次子拔都先后征服了钦察草原、克里木、高加索、保加尔、伏尔加河和奥卡河地区以及第聂伯河流域的罗斯各公国，并于 1242 年在该地域建立了"金帐汗国"（钦察汗国）。金帐汗国东起额尔齐斯河，西至第聂伯河，南起巴尔喀什湖、里海、黑海，北临近北极圈。金帐汗国并没有彻底灭亡罗斯诸公国，而是让其成为藩属，保留一定的自治权。罗斯国大公与小公国的公们必须得到金帐汗的恩准才能即位，并且处于大汗委派的八思哈的直接监督之下。同时，各公国每年按人口向金帐汗缴纳

---

[1] 转引自亨廷顿著，周琪、刘绯、张立平，等译：《文明的冲突与世界秩序的重建》，149 页，北京，新华出版社，1998。

什一税和商税，称作贡赋。为此，金帐汗于 1257 年在全国进行了第一次户籍调查，作为征税的根据。从此，代表大汗的官员——"达鲁花赤"被派驻在汗国各地，征收贡税，监督驻屯在各地的军队，俄罗斯也由此开始形成统一的政治经济地域。

1237 年蒙古军队进军莫斯科时，该地仅仅是一个不出名的小村庄，后因承办金帐汗国的征税事务而得以发展起来。1328 年，莫斯科公伊凡一世被金帐汗赐予了"大公"爵位。在俄罗斯各大公中，最善于巧妙利用术赤后裔们因争夺"黄金斡耳朵"（大帐汗）宗主权而产生内讧的是莫斯科大公。1399 年，莫斯科已成为拥有 17 个万户的大公国。①

当初在金帐汗国内，拔都的十三个兄弟及其后裔各有世袭封地，拥有军队，并按草原帝国黄金家族的财产分配惯例，分封了万户、千户等。这些万户乃至于个别千户既是行政单位，又是军事单位。随着各万户（诸侯）势力的增强，各诸侯（万户）几乎都演变成为独立王国，形成与大帐汗（拔都直系后裔）相抗衡的力量。到了 15 世纪时，金帐汗国已分裂成喀桑、诺该帐、克里木、西伯利亚等八个独立的小汗国，金帐汗国的正统汗位仍由大帐汗继承。

1502 年，那玛罕家族世代拥有的"黄金斡耳朵"汗位被昆楚克（脱脱迷失）家族的克里木汗国夺取。从此，与克里木汗国合二为一的"黄金斡耳朵"一直由昆楚克家族掌握，直到 1783 年被俄罗斯叶卡捷琳娜二世灭亡。

同时，失势的"大帐最后的汗"家族——那玛罕家族被重新分封了领地，安置在莫斯科东南的卡西莫夫地方，受到了莫斯科大公伊凡三世的保护。

---

① 宫胁淳子：《"鞑靼之桎梏"与俄罗斯：沙皇继承了对金帐汗国》，收入《成吉思汗》下卷，东京，学研社，1991。

到了伊凡三世之孙伊凡四世时，他利用喀山汗国内讧，占据了喀山城，并于 1556 年灭了伏尔加河下游的阿斯特拉汗国；另一方面，转移到了克里木的"黄金斡耳朵"于 1571 年攻陷莫斯科。从此开始，直至 17 世纪末彼得大帝时代，莫斯科大公始终给克里木汗缴纳贡赋。实际上，金帐汗国前后统治俄罗斯四百多年，绝非两个半世纪。

1575 年，伊凡四世将"大帐最后的汗"家族——那玛罕家族最后的大汗阿哈默德的曾孙西蒙·别克布拉托维奇迎接到莫斯科，让其坐上了沙皇的宝座，自己则执臣事。翌年，西蒙"主动"让位给伊凡四世。通过这个手续，莫斯科大公成了"黄金斡耳朵"的继承者之一，获得了统治术赤后裔们的权力。实际上，伊凡四世本身就具有蒙古血统，其外公马麦曾长时间掌握金帐汗国的实权，并登上了汗位，被称为"白汗"。故莫斯科的沙皇在拉丁语中也自称为"白皇帝"，这个称呼直接来自于金帐汗国的"白皇帝"与"白汗"（察干汗）。宫胁淳子认为，从这个角度说，俄罗斯帝国也是蒙古帝国的继承者之一。[①]

六、本章小结

匈奴之后，鲜卑、柔然、突厥、回纥、契丹等先后依靠大漠板块建立了若干个系列的"北方汗庭"。关于北方游牧社会及其在古代中国历史上的地位问题，拉铁摩尔与巴菲尔德均程度不同地提出了草原汗国与中原帝国之间既不能分离，也不能吸纳或永远控制任何一方的历史循环论观点。应该说，这种说法与历史事实是有出入的。因为草原汗国与中原帝国并非始终循环，也并非一直对立。譬如，具有突厥与鲜卑双重血统的李氏唐朝，承"北

---

① 宫胁淳子：《土尔扈特部的发展——17—18 世纪中央欧亚草原的游牧王权》，载《亚非语言文化研究》，1991（42）。

方汗庭"之余绪，第一次使大漠板块与泛中原板块实现了完全的统合。元朝则以大漠板块为基地，不但统合了"大漠"与"泛中原"两大板块，而且第一次将古代中国的陆上板块聚合在一个统一政权之下。中原与大漠之间有着自然的农牧交错带，但从来没有绝对的政治界限。经常突破这个界限者，大都是北方游牧民族及其所建帝国，如以匈奴人为首的五胡先后建立前赵、后赵、前秦、前燕、后秦、后燕、大夏、南燕、北燕、代等，鲜卑人建立的北朝、西魏与东魏、北周及北朝的当然继承者隋唐王朝、契丹人建立的辽朝、沙陀人先后建立的后唐、后晋与后汉，以及蒙古人建立的元朝等。恰恰因为游牧帝国屡屡入主中原，数种文化长时段互补、竞争与彼此征服，中国才有了今日之版图。

王明珂认为自战国至于明、清，中原帝国与其北方、东北方诸游牧部族之间沿着以长城为具体表征的资源线展开了历经两千余年争夺和维护生存资源的历史。[①] 虽然王氏并不否认个人突破种种边界的行动抉择，偶尔也出现在历史文献记载之中，并逐渐改变历史本相，但我们不得不承认王氏与拉氏、巴氏一样，虽然他们都承认草原游牧社会与中原农耕社会之间的互动关系，但却有意无意间将两种社会形态置于绝对不能两立的地位上，从而形成了另一种中原中心主义。就中国疆域形成脉络而言，五大板块有如支撑中国历史过程之车的数个车轮，缺一不可，没有高低之别，只有贡献大小之分。相对比而言，以蒙古高原为中心的草原地带，属于单一的游牧经济，它需要农耕区的粮食、茶叶、铁器及各类日用品等来支撑其生存。在这种状况下，游牧民向农耕区的定期性推进便成了其生存的需要。如果能够通过和平贸易得到生活与生产工具，则彼此相安无事。但这些草原之子，莫不属于

① 王明珂：《游牧者的抉择——面对汉帝国的北亚游牧部族》，238 页，桂林，广西师范大学出版社，2008。

头脑清醒、身强体壮与注重实际者，每当农耕区政权腐败无能，通过战争能得到更多利益时，草原上那快如飓风的铁骑每每会轻易地将其征服，他们或割据一方，或拥有中原，或统一整个古代中国陆疆，成为名副其实的中原或"中国"皇帝。毋庸置疑，这些征服者不但带来了固有的文化，而且还不同程度地活用或接受农耕文化，并使之相互融合。今人津津乐道但朱熹等宋明道学先生颇为不屑一顾的盛唐文化，就是这种融合的产物。与之相对应，汉族建立的王朝不但没有统合过其他板块，甚至连"泛中原板块"内部都从来没有真正统一过，如元朝征服云南之前，该地西南部就始终游离于或基本上游离于中原王朝直接统辖之外。

游牧社会的特质表现在为移动中生产与生活。由于只有以尽可能最小的人群单位来游牧，才能最有效地利用水草资源来躲避随时到来的天灾人祸，形成了他们追求个体自由的性格；但由于草原资源有限，又常常迫使若干个家庭或游牧集团结成氏族或部落，以便于相互救济，与敌对部落相抗衡。正因为如此，尽管在大漠板块上多次形成领域广阔的统一国家，但草原各游牧部族或民族共同体内的社会分层与制度化的等级结构，始终都没有脱离血缘外壳下的氏族部落。而部落首领们的职责则在于保障牧民在四季都能得到稳定的水草资源，并且获得对外贸易、劫掠等额外资源。一旦达不到这些要求，以自由游动为特征的游牧民们便会毫不犹豫地离开他们。故从匈奴单于朝时起，游牧民族的君主便被要求能够"养民"。这也是草原民族军事民主制、氏族部落（或千户、百户）酋长制长时期保留，并在遴选部族酋长与大汗或皇帝时起作用的原因所在，也是游牧民族经常在武力上优于立嫡不立长、立嫡不立强的中原汉族王朝的原因所在。

但也因此形成了祖先遗产原则上要平均分配，即使帝国君主的汗位，也平等地存在于整个汗室家族男系子孙之中，任何人都有权继承的传统。其直接的后果便是游牧帝国一旦没有了征服对象，经过一代又一代子孙们平均析分的个人领地逐渐减少，统治阶层的内部争斗随之而来。这既是游牧帝国经常在其有能力的大汗死后立即土崩瓦解，也是草原政权盛也骤起，衰也倏然的主要原因所在。

由于对外掠夺与对外贸易是草原政权获得补助性资源的最普遍和最有效的途径，从而刺激了草原社会军事体制的进步与发展。怯薛制以及自匈奴以降就盛行的万户长、千户长、百户长制应运而生。千户既是社会共同体，为草原汗国的基层组织与细胞，也是按照氏族组织和古列延的模型复制的军事组织。建立在部族组织外壳内的千户、百户制，使得那种普遍湮远的血缘认同始终在起着作用。这样的军队用之于战场就会产生利害相关，骨肉相保的效果。同时，草原社会的习惯法，特别是成吉思汗据此制定并颁布的法律——《大札撒》，为蒙古帝国建立一支编制合理、军律严明且能不折不扣地执行的游牧铁骑提供了制度保障。

与氏族部落制度相配套，草原社会实行严格的族外婚制，联姻的部落之间有着相互帮助与扶危济贫的道义。与汉族建立的中原王朝每每处于弱势地位时才实施"和亲"政策，不得不纳女与强邻且经常得不到真正的和平不同，蒙古汗国建立后，族外婚制成为汗国延续其政治影响力，控制、防御其他外族及外国的武器。

伴随着准噶尔汗国于 1755 年的灭亡，唱响了活跃于欧亚草原 20 多个世纪的强大游牧时代的最后挽歌，该汗国也成为绚丽多彩的古老英雄时代的最后一朵美丽花束，凋落于大航海时代。一方面，古老骑兵的机动性优势业已被火器性能所掩盖，马上弓箭手们已经不是在铁炮掩护下冲锋的步兵们的对手；手持火器的快捷的多桅帆船，以廉价的远洋运输替代了移动缓慢、价格昂贵的勒勒车,终结了游牧帝国赖以崛起与生存的内陆贸易;从美洲大陆引进的玉米、马铃薯等作物足以在高寒的草原地带生长,于是,肩荷耕具与手持作物种子的农夫进入草原深处,压缩着游牧民的生产与生活圈。迨至 19 世纪末期,长城内外的蒙古草原与中原农田已经融为一体,农人最终取得了对牧人的优势。另一方面,由于清帝国与俄罗斯帝国(在某种意义上说,两个帝国分别继承了成吉思汗后裔建立的元帝国与金帐汗国的遗产)将领土观念带入了这个地带,极大地限制了游牧民的自由迁徙。就清帝国而言,首先用"旗制"来分隔蒙古草原各个部族,其具体办法是破坏传统的蒙古各个部落结构,在一定的地域设置一个旗,各旗之间,禁止越界、交流,乃至于结婚,削弱其固有的移动力与集结力;其次,将全蒙古地方部落分为"外藩蒙古"和"内属蒙古"两部分,区别对待,以期分而治之。同时,朝廷向蒙古派驻将军、大臣、都统等军政官员以监督之。与此同时,丧失移动力的游牧民在其王公贵族与汉族商人合谋下,成为商业与高利贷的祭品。应该说,游牧帝国的终结是大航海时代的另一个成果。

以往,中国古代书写历史者大都是华夏或汉族文人,由于长期浸淫于儒教文化之中,自诩农耕地带才是文明之区,才具有优越的社会形态,从而经常有意地隐瞒或歪曲游牧民族的光辉历史,进而产生中原中心主义与大汉族主义伦理,通过所谓"正统""正闰"之辨,将北方游牧民族建立的政权,视之为僭伪。从而使得大漠板块在构筑中国历史疆域的过程中所起到的不可替代的独特作用被湮没。当然,汉族文人也不乏公正、睿智之士,其杰出的代表当首推司马迁与司马光。在"正闰"之辨风头正劲,对北方民族极度歧视的北宋时代,司马光是这样看待北方民族入主中原及其在中国历史上的地位的:

"窃以为苟不能使九州合为一统,皆有天子之名而无其实者也。虽华夏仁暴，大小强弱，或时不同，要皆与古之列国无异，岂得独尊奖一国谓之正统，而其余皆为僭伪哉！"①

也就是说，不能统一古代中国的王朝，无论其出身为何族群，均没有资格称"正闰"，位列"正统"。换言之，能够使天下一统，华夷一体者，如元朝等，无论其创立者出身于何族群，都堪为"正闰"，当属"正统"。②

---

① 司马光撰：《资治通鉴》卷69《魏纪一》，"黄初二年三月"条，"臣光曰"，《四部丛刊》初编本，影印宋刻本，上海，商务印书馆，民国十八年。
② 本章内容大多援引于逢春：《论"大漠游牧文明板块"在中国疆域最终底定过程中的地位》（《内蒙古师范大学学报》，2010〈3〉）一文，并加入了最近的些许思考成果，特此说明。

第三章 中原正逐鹿：『泛中原农耕文明板块』探析

□ 该图为西汉帝国鼎盛时期的直辖范围，也是中原农耕文明所能达到的极限。

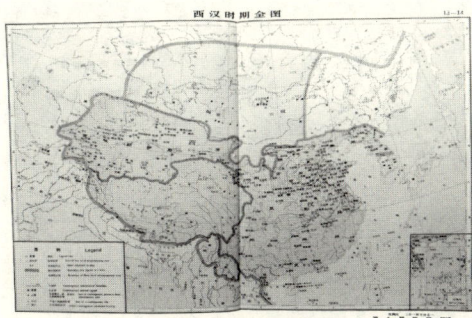

西汉时期全图
（谭其骧主编：《中国历史地图集》，北京：中国地图出版社 1982 年版。）

第三章 中原正逐鹿："泛中原农耕文明板块"探析

一、引言

1949 年以降，伴随着苏联唯物史观在中国大陆主导地位的确立，以往的旧史观逐渐退出主流历史舞台。整个 20 世纪 50—80 年代，史学工作者在描述中国历史的发展脉络时，几乎没有例外地采用社会形态五个阶段理论来概括。该史观重视人民群众在历史发展过程中的作用，强调各民族共同缔造中国的理念。即便如此，一些"旧史观"还或多或少地存在于人们的脑海之中，隐隐约约地显现在各种论著里，"中原中心论"是其中的重要内容之一。该论说的核心内涵是，中原地区是中国文明的发祥地，中原文明是先进的，其他地区是落后的。同时认为，随着中原的人们向四周迁徙，中原文明之光才辐射于四夷之地，中原周边之地是作为中原文明的辐射对象与接受者而存在的。该史观大致始于先秦，迄于新中国成立初期，在中国社会中始终处于主导地位，直至今日仍有相当的市场。

20 世纪三四十年代，以顾颉刚等为首的疑古学派开始清算两千多年来"层累地造成的"三皇五帝时代，颠覆并解构了经学家所构筑的三皇、五帝与夏、商、周三朝为一以贯之的正统王朝的神话体系。[1] 另一些史学家主张借助于已有的考古成果，跳出经学窠臼，从源头上梳理中国历史的脉络。其中，徐旭生、傅斯年、蒙文通的观点很有代表性。

徐旭生认为中国古代部族的分野，大致可分为华夏、东夷与苗蛮三大集团。华夏族地处黄河中游两岸的中原地区，东夷族地处山东、安徽境内及其东部沿海地区，苗蛮族地处长江中游两岸的两湖及江西地区。三大族不断接触，始而相斗，继而相安，血统与文化逐渐交互错杂，终于同化，形成华夏文化。[2]

傅斯年认为"自东汉末以来的中国史，常常分南北，或者是政治的分裂，或者由于北方为外族所统制"。但"在三代时及三代以前，政治的演进，由部落到帝国，是以河、济、淮流域为地盘的。在这片大地中，地理的形势只有东西之分，并无南北之限。历史凭借地理而生，这两千年的对峙，是东西而不是南北。现在以考察古地理为研究古史的一个道路，似足以证明三代及近于三代之前期，大体上有东西不同的两个系统。这两个系统，因对峙而生争斗，因争斗而起混合，因混合而有文化进展。夷与商属于东系，夏与周属于西系"[3]。此东与西两个地区以京广线为界，东区东至大海，南抵淮南，北至大兴安岭南端；西区北至蒙古高原南部，南至秦岭，西至洮湟流域。[4]

蒙文通运用区系类型学原理，彻底解构了传说中"三皇五帝"皆以祖孙相承的古史架构，对以往过分强调华夏以中原为中

---

[1] 顾颉刚：《禹贡注释》，《中国历史地理名著选读》第一辑，北京，科学出版社，1959。

[2] 徐旭生：《中国古史的传说时代》，37～127页，北京，文物出版社，增订版，1985。

[3] 傅斯年：《夷夏东西说》，收入《傅斯年全集》第3卷，181～182页，长沙，湖南教育出版社，2000。

[4] 傅斯年：《夷夏东西说》，收入《傅斯年全集》第3卷，227页、228页，长沙，湖南教育出版社，2000。

心向周边扩散的观点提出了挑战，认为炎帝、黄帝、泰帝（太昊伏羲氏）三族渊源不同，如以地域分布称此三系民族，可分别称之为"江汉民族""河洛民族""海岱民族"。其中，以泰族为最古老民族，"中国大陆，古代人迹始居之地，可考见者即在九河"（古黄河在今天津之下游流域及渤海湾沿岸），而"上世华族聚居偏在东北"，白山黑水之间实为汉族之故居，故泰族兼营耕牧渔猎，并出入于海上。炎族出自南方，其建国早于黄族，尚耕稼，但"缺乏政治组织"。黄族出于西北，为游牧民族，故"强武而优于政治组织"。所以，中国文化实为三族所共建，但有先后之别，主次之分，即"泰族者中国文明之泉源，炎、黄二族继起而增华之"[①] 也。

蒙、傅、徐氏等在当时考古学尚未广泛开展的情况下，依靠有限的文献初步构建了上古中原历史多源同流框架的理论基础，虽说他们只能以传说文献与有限信史探究上古史，一时间还拿不出更多的令人信服的地下发掘资料予以佐证，但其远见卓识，足以傲视同侪后学。

承继蒙、傅、徐三位先贤研究之余绪，苏秉琦于 1975 年借助于新中国考古学所积累的丰硕成果，构建了中国考古学文化区系类型学说。他将全国现今人口分布密集地区的考古学文化分为六大区系，但"并不是简单的地理划分，主要着眼于其间各有自己的文化渊源、特征和发展道路。这又集中体现于每一大区系中范围不大的历史发展中心区域"[②]。这些中心区域均是支撑战国时期各个较大国家的基点。由于上述各中心区域"与各区系内其他分支，即'类型'之间，又有着发展的不平衡性，同时各大区系间也还会存在着一些文化交汇的连接带"[③]，故各区系之间经过数

① 蒙文通：《古史甄微》，收入《蒙文通文集》第五卷，成都，巴蜀书社，1999。
② 苏秉琦：《中国文明起源新探》，28～31 页，32 页，沈阳，辽宁人民出版社，2009。
③ 苏秉琦：《中国文明起源新探》，32 页，沈阳，辽宁人民出版社，2009。

千年的接触、交流、战争，逐渐融合，形成多源多流的战国七雄和多源一体的华夏民族。

可以说，徐、傅、蒙、苏四位先贤在阐述中国古代文明起源时，远比其他同辈学者深思熟虑，这也是本文得以继续探索的基点。

关于中国疆域形成问题的研究，国内学者大都从夏商至明清等中原王朝的视角，描述中国疆域形成史。虽然将进入中原的周边民族政权纳入叙事体系，但对没有定鼎中原的单于朝、汗朝、赞普朝，以及各类王国等，或忽略不计，或视之为外国，或将其置于中原王朝的附属政权或地方政权。凡此种种，大都未脱出中原王朝中心史观的窠臼。国外学者往往站在单一民族国家的视角来看待此问题，出现"长城以北非中国论""中国乃汉族国家"等论调。

笔者曾撰文将中国疆域最终奠定的时间推定在嘉庆二十五年（1820年）、将空间拟定在《嘉庆重修一统志》所标定的范围。就该版图的内圈与外缘的人文地理态势，亦即生产方式而言，如从前3世纪初以降匈奴与前汉分别统一大漠游牧区与泛中原农耕区算起，到1820年"中国"疆域底定，乃是一个渐进的历程。[①]这个底定的"中国"疆域，在没有被完全统合前，经常存在着几个从不同的历史渊源发展起来的"文明板块"[②]，并以此为根基建立各种各样的王朝，或单于朝、汗朝、赞普朝等。[③] 这些板块大体上可粗分为五种类型，即：（1）大漠游牧文明板块；（2）泛中原农耕文明板块；（3）辽东渔猎耕牧文明板块；（4）雪域牧耕文

---

① 于逢春：《论中国疆域最终奠定的时空坐标》，载《中国边疆史地研究》，2006（1）。

② 该"板块"只是借用板块构造论（plate tectonics）的名词，表明各个不同地域的动感的、立体的形态。

③ 于逢春：《构筑中国疆域的文明板块类型及其整合模式序说》，载《中国边疆史地研究》，2006（3）。

明板块；（5）海上文明板块。①

其中，"泛中原农耕文明板块"（以下简称"泛中原板块"）
范围，系指北起秦汉长城一线，南到南海与中南半岛北部，西起
青藏高原东缘一线，东迄渤、黄、东海的广阔地带。这片辽阔地
域再加上夹在昆仑山与天山之间、通过河西走廊与黄土高原相衔
接的南疆绿洲。

本文试图以 1820 年的清朝疆域作为坐标系的时空原点，用
近代的民族国家的系谱来回溯"泛中原板块"的形成、特质及其
中国疆域形成过程的作用。探讨：该板块的形成过程；该板块的
基本特质；该板块在中国疆域形成过程中的作用等问题。

二、"泛中原板块"的形成

1. "大中原"的统一

"中原"一词，有狭义与广义之分，前者指今河南省，后者
指黄河中、下游地区。本文的"大中原"特指秦始皇所底定的秦
朝版图，"泛中原"则指汉武帝所缔造的前汉帝国版图。为了研
究与行文方便，本文有时会交替使用"大中原"与"泛中原"等
名词。

（1）新石器时代与夏商周时期的中原

迄今为止，中国境内大部分省区都发现了旧石器时代文化遗
址，所有省区均发现了新石器时代文化遗址。但各遗址间不但文
化类型相差很大，而且人种也相距甚远。即使同一个文化遗址
中，人种都相差甚远。据李济"近四十年来对中国人体特征类型
的研究表明，在身高、头形、鼻形乃至肤色等方面，差异是很大
的。举例说，从著名的安阳遗址出土的人骨资料来看，中国人就
远不是纯一人种的。从研究这一组人骨的头形指数计算出的标准

① "五大文明板块"的范围，请参见本书"导论"第 1 节"研究的缘起"的第 2 目
"中国疆域最终奠定的时空坐标与形成路径"，第 8 ~ 9 页脚注。

偏差数，远远超出正常范围，这肯定地说明这一组颅骨有着极不同的来源"①。也就是说，在交通闭塞、地域广阔、生态环境迥异的上古时代，不但人们是不会出于同一祖源，而且也不会处于同一社会共同体中。

对于中国古代传说时代的部族，徐旭生认为大致可分为华夏、东夷、苗蛮三大渊源不同的集团；② 蒙文通认为传说的炎帝、黄帝、泰帝（太昊伏羲氏）三族群渊源不同、文化迥异；③ 傅斯年则认为三代时及三代以前的政治演进，大体上有东夷、西夏不同的两个系统先对峙争斗，而后混合为华夏族群，④ 已见前述，此不赘言。

苏秉琦将新石器的考古文化分为六大区系，它们分别是：以燕山南北长城地带为中心的北方区；以山东为中心的东方区；以关中、晋南、豫西为中心的中原区；以环太湖为中心的东南区；以环洞庭湖与四川盆地为中心的西南区；以鄱阳湖—珠江三角洲为中轴的南方区。广义的中原地区是六大区系之一。苏秉琦认为新石器时代的中原影响全国各地，各地也影响中原，而非单项辐射。这同以往在中华大一统观念指导下形成的黄河中、下游流域是中华民族的摇篮，中国民族文化先从这里发展起来，然后向四周扩展，其他地区的文化比较落后，只是在中原地区影响下才得以发展的观点有所不同，从而对于在历史考古界根深蒂固的中原中心、汉族中心、王朝中心的传统观念提出了挑战。⑤ 实际上，整个新石器时代，特别是青铜器时代，今天的两湖、江、浙、皖、鲁等地都有着不亚于狭义的中原的文明，拥有七八千年以上

① 李济：《李济文集》第 1 卷，303 页，上海，上海人民出版社，2006。
② 黄石林：《徐旭生先生传略》，收入前揭徐旭生之《中国古史的传说时代》，5 页，北京，文物出版社，1985。
③ 蒙文通：《古史甄微》，收入《蒙文通文集》第五卷，成都，巴蜀书社，1999。
④ 傅斯年：《夷夏东西说》，收入《傅斯年全集》第 3 卷，229 页，长沙，湖南教育出版社，2000。
⑤ 苏秉琦：《中国文明起源新探》，39～40 页，沈阳，辽宁人民出版社，2009。

的农业文化，这些"四夷"区的社会经济发展水平绝不亚于中原区，在许多方面，如稻作、玉器、制陶术、蚕丝、漆器等远比中原地区先进。

古代"大中原"的国家形态，按照苏秉琦先生的说法，也经过了古国—方国—帝国的三部曲。"古国"阶段是中华民族各先远支系的形成时期，时间大致不迟于距今四五千年，六大区系内各文明中心大体都进入古国时代，即城邦、万国林立时代。古国时代以后是方国时代，古代中国发展到方国时代大约在距今4 000年前。夏、商、周都是方国之君。"帝国"阶段是指秦朝时期。①

"大中原"各地域经过新石器时代与青铜器时代的接触、交流、战争、融合，到前21世纪时形成了"万国"并存的局面。嗣后，再经过夏、商两朝10个世纪的互相兼并，彼此融合，到前11世纪西周崛起讨伐殷纣王时，"周武王孟津之上，尚有八百诸侯"②。接着又经过300余年的融合，到了春秋初年，"大中原"地带还剩50余国。

（2）春秋战国时代的中原

关于周平王于前770年东迁以降的中原状况，笔者曾撰文论述过，兹要概述如下。进入春秋时期伊始，从西周晚期业已发动的中原四周各族群内徙的步伐加快，尤其是北方与西北各族群，大量迁入中原，以至于到春秋时期，中原地区形成了各种族群交错杂处的局面，从而使得华夏族群感受到了威胁。在这种情势下，齐桓公借机而起，首倡"尊王攘夷"终成霸主。其后，晋、楚纷起效仿，相继成就霸业。到了春秋末期，继荆蛮之国——楚国之后，位处东南的蛮夷之国——吴、越与位于西方的夷狄之国——嬴秦，先后崛起，逐鹿中原，从而破除了以往唯有华夏国度才能争夺中原的独占权。到了战国的初期，百国兼并、优胜劣汰

---

① 苏秉琦：《中国文明起源新探》，110～138页，沈阳，辽宁人民出版社，2009。
② 班固撰：《汉书》卷99上《王莽传》，北京，中华书局点校本，1962。

的态势越发明显;迨至中后期,列国仅剩七雄,而其中蛮夷之国竟据其二,不但势力强大,而且领土之广更不亚于另外五国之和;进入晚期,六雄渐弱、秦国独大的趋势越发明显,大中原一统之曙光,最终由秦始皇开启。与此同时,华夷边界亦随之漂移、华夷关系跟着改变。

就整个春秋时期的"华""夷"称呼而言,齐、鲁、晋、郑等中原诸侯自称为"中国""诸华"或"华夏"。居住在中原地带的非华夏族群与位处中原外缘的秦、楚、吴、越乃至于燕等,则被称或自称为"夷狄"。此时期的"华夏"往往与"夷狄"相对应,以彰显其"高贵"与"卑贱""典雅"与"猥琐""仁义"与"贪婪"之别。

关于"华夏"与"夷狄"对称之例,《左传》就有多处记载,如闵年,"戎狄豺狼,不可厌也;诸夏亲昵,不可弃也"。至于秦、楚、吴、越等被称或自称为"夷狄"之例,更是所在皆是。如《左传》哀年,楚越两国,"介在蛮夷";《史记·秦本纪》说,"秦僻在雍州,不与中国诸侯之会盟,夷翟遇之"。

正因为如此,司马迁概括说:"秦、楚、吴、越,夷狄也,为强伯。"[①] 齐思和在此基础上发挥说:"秦、楚、燕三国,皆边疆民族,春秋时之夷狄。"[②] 但进入战国初期以降,伴随着秦、楚等夷狄诸国的强大,继楚王问鼎于周王之后,嬴秦也强势逐鹿于中原,从而使得秦、楚、燕得以跻身于"华夏"之列。最后,"秦遂以兵灭六王,并中国,外攘四夷"[③],成为华夏的代表。

战国时代的人们,因各民族大融合的趋势而淡化夷夏限域,"夷夏之防"的观念业已被抛弃。正是在此背景下,孟子揭起了

---

① 司马迁撰:《史记》卷27《天官书第五》"太史公曰",北京,中华书局点校本,1982。
② 齐思和:《战国制度考》,收入《中国史探研》,115 页,北京,中华书局,1981。
③ 司马迁撰:《史记》卷27《天官书第五》"太史公曰",北京,中华书局点校本,1982。

以往的"华夏"代表性人物的老底:"舜生于诸冯,迁于负夏,卒于鸣条,东夷之人也。文王生于岐周,卒于毕郢,西夷之人也。"他们之间"地之相去也,千有余里;世之相后也,千有余岁"。之所以"得志行乎中国",是因为他们"若合符节。先圣后圣,其揆一也"①。在此,真可谓英雄不问出身了。对此,顾颉刚等经过考证后说:"'诸夏''华夏'等名号多用于春秋时期。到战国时,由于民族融合,原先'诸夏'和'夷狄'的对立逐渐消失,因而'诸夏''华夏'等名号就很少再用。偶尔也作为地理名词用一下。"②

上述可见,就中原之华夏族群边界而言,随着秦、楚、吴、越、燕等进入中原,与齐、三晋同称为诸夏,不仅使华夏族群的核心地带——中原的外缘随之扩展,并且创造了华夷同居大中原的客观条件。③

(3)秦始皇统一"大中原"

前221年秦始皇首次统一"大中原"时的疆域是战国七雄辖区的组合:东到大海(今渤海、黄海、东海北部),东北至今朝鲜半岛西北部之清川江流域,东南至今浙江中部;西至秦国西境之狄道(今临洮)、临洮(今岷县);西南至四川南部;西北至河南地(今鄂尔多斯高原),南至今粤桂之北部、黔之南部、滇之东北部;北以秦、赵、燕三国的旧长城与匈奴、东胡为界。

嗣后,秦始皇继续向周边伸展势力。在东南,始皇帝二十五年(前222年),王翦"定荆江南地"的同时,"降越君,置会稽郡"④。在南方,始皇二十八年"使尉屠睢发卒五十万,为五军,

① 赵岐:《孟子注疏》卷八《离娄章句下》,阮元校刻:《十三经注疏》,2 725页,北京,中华书局,1980。
② 顾颉刚、王树民:《"夏"和"中国"——祖国古代的称号》,载《中国历史地理论丛》,1981(1)。
③ 以上内容大体参照于逢春之《华夷衍变与大一统思想框架的构筑——以〈史记〉有关记述为中心》(载《中国边疆史地研究》,2007(2),内容而来,特此说明。
④ 司马迁撰:《史记》卷6《秦始皇本纪》,北京,中华书局点校本,1982。

一军塞镡城之岭,一军守九疑之塞,一军处番禺之都,一军守南野之界,一军结余干之水。三年不解甲驰弩,使临禄无以转饷。又以卒凿渠而通粮道,以与越人战,杀西呕君译吁宋"①。经过五年的战争,秦军最终讨平了闽越、西瓯(骆越)、南越,于其故地设置了闽中、桂林、象、南海四郡,② 完成了对东起闽中,西至滇越(怒江以东),南迄儋耳(今海南省)、交趾,北达五岭的百越(粤)的统一。③ 在西南,秦将常頞接续着蜀郡守李冰此前在川滇交界之僰道(今四川宜宾)开辟的道路,继续穿山凿崖,由今四川宜宾伸展到今云南曲靖。所谓"秦时常頞略通五尺道,诸此国颇置吏焉"④,即指此。借助于这条被后世称之为"五尺道"的路,秦朝将邛、筰、冉、駹等川南、川西南与滇北部族地区,改置为郡县。⑤ 在北方,秦于始皇三十二年(前215年),派蒙恬率兵30万攻打匈奴,夺取了河南地(今鄂尔多斯),沿黄河两岸设九原郡,又置44个县,⑥ 拓疆北至今包头、临河,西至今兰州一带。

至此,秦朝的疆域大体上"东至海暨朝鲜,西至临洮、羌中,南至北向户⑦,北据河为塞,旁阴山至辽东"⑧。即秦朝所统一的大中原地区,东至今渤海、黄海、东海;东北至今朝鲜半岛清川江流域;南及南海与今越南中部;西至陇西、蜀郡及邛部一

---

① 《淮南子》卷18《人间训》。秦平百越的时间有多种说法,本文取余天炽:《秦统一百越战争始年诸说考订》(收入《百越民族史论丛》,南宁,广西人民出版社,1985)的秦始皇帝二十八年说。

② 关于该四郡的设立时间有数种说法,本文取余天炽之说:始皇帝二十九年设立闽中郡、三十三年设置桂林、象、南海三郡。参见前揭余天炽:《秦统一百越战争始年诸说考订》,收入《百越民族史论丛》,南宁,广西人民出版社,1985。

③ 余天炽:《秦统一百越战争始年诸说考订》,收入《百越民族史论丛》,南宁,广西人民出版社,1985。

④ 司马迁撰:《史记》卷116《西南夷传》,北京,中华书局点校本,1982。

⑤ 司马迁撰:《史记》卷117《司马相如列传》,北京,中华书局点校本,1982。

⑥ 司马迁撰:《史记》卷110《匈奴列传》,北京,中华书局点校本,1982。

⑦ 该北向户,一说为秦代以后岭南地区的别称,另一说为前汉日南郡,即今越南中部地区。

⑧ 司马迁撰:《史记》卷6《秦始皇本纪》,北京,中华书局点校本,1982。

线；西南至今滇池流域；北至秦汉长城一线。

嗣后，夷人与夏人被统合在同一个帝国之中，夷夏共同体——汉民族在秦汉帝国时期最终形成。看来，"大中原"地带的国家形态发展确实经历过了苏秉琦所说的古国—方国—帝国三部曲。但统一"大中原"的力量却没有在狭义的中原地带产生，而是由夏、商、周、秦这些"外来户"来逐步完成的。这些外来户中的先周、秦与西部有关，夏则有源于东南方的线索，商人则认东北为老家。"所以，把黄河中游以汾、渭、伊、洛流域为中心的地域，称作中华民族的摇篮并不确切，如果把它称作在中华民族形成过程中起到最重要的凝聚作用的一个熔炉，可能更符合历史的真实"①。

另外，"古国—方国—帝国"的"程序"，在中原地带也不是一次性完成的，而是多次重复、立体交叉。夏、商、周、秦各有独自的部族起源与开国史，并非前后相继，一脉相承的改朝换代。

2. "泛中原板块"的最终统一

秦末汉初，秦始皇统一的"大中原"有所收缩。经过汉初数朝的潜心经营，到了汉武帝即位时，国势强盛，加之刘彻不世出的文韬武略，使他得以承继秦始皇之伟业，在"大中原"的基础上，再度拓展疆域。兹概述如下：

（1）在东北方，汉武帝的统一事业始于汉元朔元年（前128年）。是年，"东夷秽君南间等口二十八万人降"②汉，武帝于该地设置了苍海郡。关于该郡的地望，《三国史记》云，"今新罗北界溟州，盖秽之古国"③。溟州即今韩国江原道江陵市，所谓"江

---

① 苏秉琦：《中国文明起源新探》，53~54页，沈阳，辽宁人民出版社，2009。
② 班固撰：《汉书》卷6《武帝纪》，169页，北京，中华书局点校本，1962。"秽"，通"濊"，秽君即濊君。
③ 金富轼：《三国史记》卷35《地理志》"溟州"条，引贾耽《古今郡国志》，汉城，大学奎章阁本第8册。

原道本穢貊之地"① 者,即指此。

与此同时,卫氏朝鲜传至卫满的孙子右渠时,"所诱汉亡人滋多",作为外臣"又未尝入见"②,故引起了汉武帝的不满。元封三年(前108年),汉武帝灭亡卫氏朝鲜,将该地及其他地方"分置乐浪、临屯、玄菟、真番四郡"③。

关于乐浪郡的位置,一般认为在以今平壤为中心、朝鲜半岛西北部邻近西朝鲜湾之地。至于其四至,日本学者驹井和爱认为大体上是从鸭绿江、大同江、汉江的源流到入海口的地域。④ 至于临屯郡的辖地,主要有四种不同看法,但多认为在今朝鲜半岛江原道一带。⑤ 玄菟郡的管辖范围,主要有两种不同看法,但大都认为其郡治最初在沃沮城。该城的确切位置主要有两说:一为今朝鲜咸镜南道之咸兴;另一说为咸镜北道之镜城。真番郡的位置也有南北两说,其中南说比较有力,如谭其骧等主张"该郡位于今朝鲜慈悲岭以南之黄海道大部分及南汉江以北之京畿道一部分"⑥。

(2)在东南方。经过秦末变乱,秦朝在今浙南、闽、台、粤、桂、越南北部及海南岛设置的郡县大都瓦解,当地百越与秦廷官吏、移民经过融合形成了三个较大的部族集团,即东瓯(今浙江中、南部一带)、闽越(今福建一带)、南越(今广东、广西、海南岛、越南北部一带)。

汉建元三年(前138年),闽越攻打东瓯,东瓯不敌而向汉廷求救。于是,武帝命中大夫庄助派遣会稽郡军队由海路驰援,

① 卢思慎,徐居亚等:《新增东国舆地胜览》卷44《江原道》条,汉城,明文堂,1959。
② 司马迁撰:《史记》卷115《朝鲜传》,北京,中华书局点校本,1982。
③ 范晔撰:《后汉书》卷85《东夷传》,北京,中华书局点校本,1982。
④ 驹井和爱:《乐浪》,38~43页,东京,中央公论社,昭和四十七年(1972年)。
⑤ 谭其骧主编:《〈中国历史地图集〉释文汇编·东北卷》,51页,北京,中央民族学院出版社,1988。
⑥ 前揭谭其骧主编之书,51页。

"未至，闽越引兵而去。东瓯请举国徙中国，乃悉举众来，处江淮之间"①。元鼎六年（前111年），从闽越分化出来的东越王余善自立为武帝，"入白沙、武林、梅岭，杀汉三校尉"。汉廷遣"横海将军韩说出句章，浮海从东方往；楼船将军杨仆出武林；中尉王温舒出梅岭；越侯为戈船、下濑将军，出若邪、白沙"，合击东越，翌年败之。②汉廷以"东越狭多阻，闽越悍，数反覆，诏军吏皆将其民徙处江淮间"③。嗣后，浙南八闽之地浸染中原文化。

（3）在西方。元鼎五年（前112年），羌人"与匈奴通，合兵十余万，共攻令居、安固，遂围枹罕。汉遣将军李息、郎中令徐自为将兵十万人击平之"④。令居、安固、枹罕分别在今甘肃永登、临洮南、临夏。翌年，汉武帝为了分割匈奴与羌人之间的联系，"始置护羌校尉，持节统领焉。羌乃去湟中，依西海、盐池左右。汉遂因山为寒，河西地空，稍徙人以实之"⑤。始元六年（前81年），汉昭帝又增设金城郡。⑥汉朝势力进入湟水流域、青藏高原东北部。

（4）在西北方。汉元狩二年（前121年），汉军"北却匈奴，西逐诸羌，乃度河、湟，筑令居塞，初开河西，列置四郡，通道玉门，隔绝羌胡，使南北不得交关。于是障塞亭燧出长城外数千里"。⑦所谓河西四郡，即处于河西走廊之中的酒泉、武威、张掖、敦煌四郡。其中，前二郡设于武帝元狩二年（前121年），

---

① 司马迁撰：《史记》卷114《东越传》，北京，中华书局点校本，1982。
② 司马迁撰：《史记》卷114《东越传》，北京，中华书局点校本，1982。
③ 司马迁撰：《史记》卷114《东越传》，北京，中华书局点校本，1982。
④ 范晔撰：《后汉书》卷87《西羌传》，北京，中华书局点校本，1982。
⑤ 范晔撰：《后汉书》卷87《西羌传》，北京，中华书局点校本，1982。
⑥ 吴卓信：《汉书·地理志补注》（道光二十八年泾县包氏刻本），收入《二十五史补编》，上海，开明书店，1936。
⑦ 范晔撰：《后汉书》卷87《西羌传》，北京，中华书局点校本，1982。

后二郡置于元鼎六年（前 111 年）。① 该四郡之设，不但隔断了羌人与匈奴的联系，而且成为嗣后开拓西域的前沿阵地，连接中原腹地与中亚的通道。

伴随着前汉对匈奴战争逐渐占了上风，汉武帝开始了拓展西域、断匈奴右臂的事业。元封三年（前 108 年），武帝派王恢率军击破楼兰，派赵破奴攻打车师。太初元年（前 104 年）、三年，武帝派贰师将军李广利两次西征大宛，迫使西域诸国遣子质汉。② 汉宣帝神爵二年（前 60 年），伴随着匈奴日逐王的降汉，前汉在西域终于站稳脚跟。于是设西域都护于乌垒城（在今新疆轮台东），直接统治西域。从此，西域南部（今东疆、南疆及以西之地）通过河西走廊被连接到"泛中原板块"之中，给塔里木盆地及葱岭的历史带来了决定性的转变。

（5）在西南方。前汉初期，今滇、黔及川南的土著民族被概称为西南夷。史载，"西南夷君长以什数，夜郎最大；其西靡莫之属以什数，滇最大；自滇以北君长以什数，邛都最大。此皆椎髻、耕田、有邑聚。其外西自同师以东，北至楪榆，名巂、昆明，皆编发，随畜迁徙，毋长处，毋君长，地方可数千里。自巂以东北，君长以什数，徙、筰都最大；自筰以东北，君长以什数，冉駹最大。其俗或土箸，或移徙，在蜀之西"。"此皆巴蜀西南外蛮夷也"③。其中，夜郎在今贵州附近，滇在今滇池地区，巂、昆明在今洱海地区，邛都在今西昌附近。徙、筰都在今雅安附近，冉駹在今成都以北。

汉武帝对于西南夷的经营，首先基于其地理位置便于汉军顺江而下征讨南越。建元六年（前 135 年），武帝拜非常熟悉西南夷情况的唐蒙"为郎中将，将千人，食重万余人，从巴蜀筰关

---

① 吴卓信：《汉书·地理志补注》（道光二十八年泾县包氏刻本），收入《二十五史补编》，上海，开明书店，1936。
② 班固撰：《汉书》卷 61《李广利传》，北京，中华书局点校本，1962。
③ 司马迁撰：《史记》卷 116《西南夷传》，北京，中华书局点校本，1982。

入，遂见夜郎侯多同。蒙厚赐，喻以威德，约为置吏，使其子为令。夜郎旁小邑皆贪汉缯帛，以为汉道险，终不能有也，乃且听蒙约"①。汉廷遂在夜郎地域设置犍为郡（治今贵州遵义西）。后因汉廷专注于匈奴事，西南夷之开拓事业暂罢。元鼎六年（前111 年），南越背汉，武帝令驰义侯从犍为郡发西南夷兵征讨，但今贵州境内的且兰国君却借机反叛，杀犍为郡太守。不久，汉廷令平定了南越之兵回师攻下且兰，以其地置牂柯郡（治今贵州黄平西）。"夜郎侯始倚南越，南越已灭，会还诛反者，夜郎遂入朝。上以为夜郎王"。"及汉诛且兰、邛君，并杀筰侯，冄駹皆震恐，请臣置吏。乃以邛都为越巂郡，筰都为沈犂郡，冄駹为汶山郡"。"元封二年，天子发巴蜀兵击灭劳浸、靡莫，以兵临滇。滇王始首善，以故弗诛。滇王离难西南夷，举国降，请置吏入朝。于是以为益州郡，赐滇王王印，复长其民"②。越巂、沈犂、汶山、益州四郡的郡治分别在今四川西昌东南、汉源东北、茂县北、云南晋宁东。

"西南夷君长以百数，独夜郎、滇受王印"③，但它们与哀牢国相比都只能算是小国。哀牢国以今滇西保山为中心，其疆域大致东至大理洱海地区以南，南至泰国、老挝、越南北部，西至缅甸东北部，北至西藏东南部。④ 东汉明帝永平十二年（69 年），哀牢国酋长柳貌向汉称臣。汉廷"置哀牢、博南二县，割益州郡西部都尉所领六县，合为永昌郡"。不久，又有白狼王唐菆等率属户 30 余万，人口 600 余万内附，"举种奉贡，称为臣仆"⑤。从而使得汉廷将势力伸展到兰苍水（今澜沧江）、周水（今怒江）

---

① 司马迁撰：《史记》卷 116《西南夷传》，北京，中华书局点校本，1982。
② 司马迁撰：《史记》卷 116《西南夷传》，北京，中华书局点校本，1982。
③ 司马迁撰：《史记》卷 116《西南夷传》，北京，中华书局点校本，1982。
④ 方国瑜：《哀牢考》，载《中国西南历史地理考释》上册，北京，中华书局，1987。
⑤ 范晔撰：《后汉书》卷 86《南蛮西南夷传》，北京，中华书局点校本，1982。

流域及其以西地区，并挺进萨尔温江流域。

（6）在南方。汉元鼎五年（前112年），南越公开反汉。汉武帝遣"楼船十万师往讨之"，以"卫尉路博德为伏波将军，出桂阳，下汇水；主爵都尉杨仆为楼船将军，出豫章，下横浦；故归义越侯二人为戈船、下厉将军，出零陵，或下离水，或柢苍梧；使驰义侯因巴蜀罪人，发夜郎兵，下牂柯江，咸会番禺"①。翌年平定之，并在其故地设立儋耳（治在今海南儋州西北）、珠崖（治今海南琼山南）、南海（治今广东广州）、苍梧（治今广西梧州）、郁林（治今广西桂平西）、合浦（治今广西浦北西南）、交趾（治今越南河内西北）、九真（治今越南清化西北）、日南（治今越南广治西北）九郡，汉朝势力突入中南半岛北部及中部沿海地域。

（7）在北方。元朔元年（前128年），汉武帝派卫青、李息领军出云中，北抵高阙（今内蒙古杭锦后旗东北），迂回至陇西，击楼烦、白羊王于河南地，"捕首虏数千，畜百余万"，攻取该地。② 翌年，汉廷在此地设朔方、五原二郡。元朔四年又分置西河郡。③ 此后，今阴山南北、鄂尔多斯与河套之地进入汉帝国版图。

综上所述，经过新石器时代后期、夏、商、周、秦朝数千年的筚路蓝缕经营，汉帝国势力在东亚的开拓，终于"达到了其移民所能生存的生态地理极限，以及帝国行政力量所能控制的政治地理极限"④。

---

① 司马迁撰：《史记》卷113《南越传》，北京，中华书局点校本，1982。汇水为今广东连水，横浦在今江西与广东间大庾岭上的关口，牂柯江为今贵州北盘江，番禺即今广东广州。
② 司马迁撰：《史记》卷111《卫将军骠骑列传》，北京，中华书局点校本，1982。
③ 吴卓信：《汉书·地理志补注》（道光二十八年泾县包氏刻本），收入《二十五史补编》，上海，开明书店，1936。
④ 王明珂：《华夏边缘：历史记忆与族群认同》，185～186页，北京，社会科学文献出版社，2006。

中原农耕区直到西周时期仍很狭小，史念海认为当时的北部农牧业分界线"是由陇山之下向北绕过当时的密，也就是现在甘肃灵台县，折向东南行，由今陕西泾阳县越过泾河，趋向东北，过相当于今陕西白水县北的彭衙之北，东至今陕西韩城市，越过黄河，循汾河西侧，至于霍太山南，又折向南行，过浍河上源，至于王屋山，更循太行山东北行，绕北燕国都城蓟之北，再东南至于渤海岸上"①。嗣后，经过夏、商、周三朝的持续开拓，到前91年汉武帝的征讨事业尘埃落定，"泛中原板块"登场，业已经过了2 000多年的漫长岁月。

3. 需要说明的几个问题

需要说明的是，虽然许多地域被本文划归到"泛中原板块"，但这只是从中国古代历史的长时段和总的趋势来界定的。譬如西南地区、辽东半岛、西域地区的文明，有时或经常与泛中原板块有所区别。对此，笔者将另行撰文考察。

三、大一统、天下观、华夷同源谱系及其在中国疆域奠定中的地位

1. "大一统"思想的形成

西周时期的周人虽然有"普天之下，莫非王土，率土之滨，莫非王臣"的意识，但还流于文学意象，尚没有成为一种思想。完备而自觉的大一统思想大致胚胎于"无义战"的春秋，产生于纷乱而统一曙光闪现的战国时期。其中，《孟子》的贡献在于提供了一幅天下应该"定于一"②"域民不以封疆之界"③，而且

---

① 史念海：《论两周时期农牧业地区的分界线——黄土高原历史地理研究农牧地区分界篇》，载《中国历史地理论丛》，1987（1）。
② 赵岐：《孟子注疏》卷1下《梁惠王上》，阮元校刻：《十三经注疏》，2 670页，北京，中华书局，1980。
③ 赵岐：《孟子注疏》卷3下《公孙丑下》，阮元校刻：《十三经注疏》，2 693页，北京，中华书局，1980。

“苟行王政，四海之内皆举首而望之，欲以为君”① 的理想蓝图；《尚书·禹贡》则将畿服制与贡赋相结合，作为大一统观念的体现而加以阐述。同时，首次在畿服制中引入了声教观念，并将其一统的根基设定在声教（文化）一致性上。②但大一统作为一种思想体系与意识形态则形成于汉朝。这是因为汉朝真正统一了“天下”（泛中原），并为这些思想的成型提供了现实观照。对此，笔者曾撰文分析过，兹概述如下。

《春秋公羊传》系汉代今文经学派的主要经典之一，在该书中公羊学家对“大一统”思想作出了非常明确的阐释。《春秋》开篇便是：“隐年，春，王正月。”《公羊传》解释曰：“元年者何？君之始年也。春者何？岁之始也。王者孰？谓文王也。曷为先言王而后言正月？王正月也。何言乎王正月？大一统也。”何休注释“大一统”曰：“统者，始也，总系之辞。夫王者始受命改制布政，施教于天下。自公侯至于庶人，自山川至于草木昆虫，莫不一一系于正月。故云政教之始。”③ 即所谓的“大一统”不但一统政权、人民，而且还一统疆域、经济。这个“大一统”思想，对后世产生过重大影响。关于夷夏观，《公羊传》有一段著名的阐述：“春秋内其国而外诸夏。内诸夏而外夷狄。王者欲一乎天下，曷为以外内之辞言之？言自近者始也。”那么，何为“自近者始”呢？何休注曰：“明当先正京师，乃正诸夏。诸夏正，乃正夷狄，以渐治之。”④ 也就是说，诸夏也好，夷狄也罢，均被纳入统治体系之中，以往的内外之别，而今演化成远近之

① 赵岐：《孟子注疏》卷6上《滕文公下》，阮元校刻：《十三经注疏》，2 712 页，北京，中华书局，1980。
② 刘逖：《论〈禹贡〉畿服制——中国最古的边疆学说试探》，载《中国边疆史地研究》，1991（1）。
③ 何休注，徐彦疏：《春秋公羊传注疏》卷1“隐年”，阮元校刻：《十三经注疏》，2 196 页，北京，中华书局，1980。
④ 何休注，徐彦疏：《春秋公羊传注疏》卷18“成公十五年”条，阮元校刻：《十三经注疏》，2 297 页，北京，中华书局，1980。

别、施政先后之分而已。

《春秋繁露》既是董仲舒淋漓尽致地发挥其夷夏观与大一统思想的载体，也是其创造"天人合一"学说的平台。其对"大一统"思想的阐释，也是始于对《春秋》的诠释："《春秋》曰：'王正月。'《传》曰：'王者孰谓？谓文王也。曷为先言王而后言正月？王正月也。'何以谓之王正月？曰：王者必受命而后王，王者必改正朔，易服色，制礼乐，一统于天下。所以明易姓，非继人，通以己受之于天也。王者受命而王，制此月以应变，故作科以奉天地，故谓之王正月也。"① 也就是说，王者改正朔，一统于天下，是受命于天的结果。所谓"《春秋》之序辞也，置'王'于'春''正'之间，非曰：'上奉天施而下正人，然后可以为王也'云尔"②！因为宇宙万物统一于天，天是万物之源，"人之曾祖父"③，所以受命于天的天子必须奉天道，统一于天，否则将失去权力之源。由于天子替天行道，故万民必须统一于王，此既是"以人随君，以君随天"④ 的"《春秋》之法"，亦为"大一统"也。所以董仲舒说："《春秋》大一统者，天地之常经，古今之同谊也。"⑤ 如此而来，公羊家的大一统思想便被董仲舒纳入到他的"天人合一"思想体系之中。那么，怎样才能成为真正的"大一统"之君呢？他认为真正的王者，要"爱及四夷"⑥。这是他跳出《春秋》中的种族、族群的华夷之辨，进而

① 董仲舒撰，赖炎元注译：《春秋繁露今注今译》卷7《三代改制质文》，174 页，台北，商务印书馆，1984。
② 董仲舒撰，赖炎元注译：《春秋繁露今注今译》卷2《竹林》，46 页，台北，商务印书馆，1984。
③ 董仲舒撰，赖炎元注译：《春秋繁露今注今译》卷11《为人者天》，282 页，台北，商务印书馆，1984。
④ 董仲舒撰，赖炎元注译：《春秋繁露今注今译》卷1《玉杯》，21 页，台北，商务印书馆，1984。
⑤ 班固撰：《汉书》卷56《董仲舒传》，北京，中华书局点校本，1962。
⑥ 董仲舒撰、赖炎元注译：《春秋繁露今注今译》卷8《仁义法》，225 页，台北，商务印书馆，1984。

为文化的华夷之辨，最终欲达到泯除华夷之辨的写照。所谓"春秋无通辞，从变而移。今晋变而为夷狄，楚变而为君子，故移其辞以从其事。夫庄王之舍郑，有可贵之美。晋人不知其善而欲击之。所救已解，如挑与之战，此无善之心，而轻救民之意也。是以贱之，而不使得与贤者为礼"①。也就是说，衡量"夷狄"与"华夏"之区别，已不在种族，而在于文化本身。②

2. "天下观"的衍变及其与郡县、中国之重合

"天下"作为一个比较成熟且确指政治共同体空间的词语，大致出现于战国中期，到了前汉末期，其范围最终趋于定型。所以，日本学者渡边信一郎认为从战国后期至西汉时期的"天下观"的特点是"扩张的天下"，天下的领域也随着中原范围的扩大及中原政权向四周辐射力量的增强，从起初的方三千里，逐步衍化到方五千里，最后达到方万里。③ 笔者曾借助于渡边氏的研究成果，撰文论述该理念的衍变及其在中国疆域形成过程中的作用，兹将大体内容摘要如下。

（1）方三千里的天下

比较完整地阐述"方千里"天下观概念的典籍，当属孔子弟子及其后学所记述的《礼记》。其《王制篇》曰："自恒山至于南河，千里而近；自南河至于江，千里而近。自江至于衡山，千里而遥；自东河至于东海，千里而遥。自东河至于西河，千里而近；自西河至于流沙，千里而遥。西不尽流沙，南不尽衡山，东不近东海，北不尽恒山，凡四海之内，断长补短，方三千里。"也就是说，北起恒山，南抵衡山，东起东海，西迄流沙，这个被

---

① 董仲舒撰，赖炎元注译：《春秋繁露今注今译》卷2《竹林》，46页，台北，商务印书馆，1984。

② 以上内容主要转述自前揭于逢春之《华夷衍变与大一统思想框架的构筑》，特此说明。

③ 渡边信一：《中国古代的王权与天下秩序——从日中比较史的视点着眼》，40～60页，东京，校仓书房，2003。

四海所包围的方三千里的领域，是当时人设想的天下，是时人心中的九州或"中国"。

至于为什么这方三千里之地成为"天下"，成书于战国末期的《吕氏春秋》做了非常好的诠释："凡冠带之国，舟车之所通，不用象译狄鞮，方三千里。古之王者，择天下之中而立国，择国之中而立宫，择宫之中而立庙。天下之地，方千里以为国，所以极治任也"①。可见，具有共通的语言、拥有相互联络的道路，便是为秦统一大中原立言的《吕氏春秋》所构想的天下。与此同时，这方三千里的领域，应被纳入同一个政治共同体之中，接受统治者的一元化领导，所谓"凡在天下九州之民者，无不咸献其力，以供皇天上帝社稷寝庙山林名川之祀"② 者也。

（2）方五千里的天下观

该天下观出现于《尚书·禹贡》及其汉儒对其注释上。《禹贡》云："五百里甸服：百里赋纳总，二百里纳铚，三百里纳秸服，四百里粟，五百里米。五百里侯服：百里采，二百里男邦，三百里诸侯。五百里绥服：三百里揆文教，二百里奋武卫。五百里要服：三百里夷，二百里蔡。五百里荒服：三百里蛮，二百里流。"对于该领域的内部格局，西汉人桓宽阐释说："《禹贡》至于五千里，民各供其君，诸侯各保其国，是以百姓均调，而繇役不劳也。"③

（3）方万里的天下观

方万里天下观出自《周礼》。其《夏官·职方氏》篇曰："方千里曰王畿，其外方五百里曰侯服，又其外方五百里曰甸服，

---

① 许维遹撰：《吕氏春秋集释》卷 17《审分·慎势》，460 页，北京，中华书局，2009。

② 许维遹撰：《吕氏春秋集释》卷 12《季冬·季冬纪》，262 页，北京，中华书局，2009。

③ 桓宽著、王利器校注：《盐铁论校注》卷 4《地广》，208 页，北京，中华书局，1992。

又其外方五百里曰男服，又其外方五百里曰采服，又其外方五百里曰卫服，又其外方五百里曰蛮服，又其外方五百里曰夷服，又其外方五百里曰镇服，又其外方五百里曰藩服。"

渡边信一郎认为《周礼》中的方万里是由九州加上蕃国（四海）构成的。[①]唐经学家孔颖达也认为当由九州与四海构成的。他在注疏《诗·殷武》之"天命多辟，设都于禹之绩"这句话时说："奄大九州四海之土。敷土既毕，广辅五服而成之，至于面各五千里，四面相距为万里。尧制五服，服各五百里，要服之内四千里曰九州，其外荒服曰四海。禹所弼五服之残数，亦每服者合五百里，故有万里之界焉。"[②]方万里的天下领域观，最早似出现于汉初陆贾出使南越，与南越王赵佗的谈话之中："中国之人以亿计，地方万里，居天下之膏腴，人众车舆，万物殷富，政由一家，自天地剖判未始有也。今王众不过数万，皆蛮夷，崎岖山海间，譬如汉一郡，王何乃比于汉！"[③]后来使用此词语较多的当属王充，如"汉氏廓土，牧万里之外，要、荒之地，褒衣博带"[④]等用例常见。

上述诸种天下观诞生于大中原已开始从诸侯分治、万国林立走向大一统的前夜，形成于"泛中原板块"呱呱坠地的前汉。令人瞩目的是，汉代以后，在士大夫与学者的著述中，这个"天下"渐渐地与郡县重叠或等同起来。如班固说："周爵五等，而土三等：公、侯百里，伯七十里，子、男五十里。不满为附庸，盖千八百"。又说："周室既衰，礼乐征伐自诸侯出，转相吞灭，数百年间，列耗尽。至春秋时，尚有数十，五伯迭兴，总其盟

---

① 渡边信一郎：《中国古代的王权与天下秩序——从日中比较史的视点着眼》，50页，东京，校仓书房，2003。
② 郑玄笺，孔颖达疏：《毛诗正义》卷20之4《商颂·殷武》，阮元校刻：《十三经注疏》，260页，北京，中华书局，1980。
③ 班固撰：《汉书》卷43《陆贾传》，北京，中华书局点校本，1962。
④ 黄晖撰：《论衡校释》卷13《别通》，596页，北京，中华书局，1982。

会。陵夷至于战国，天下分而为七，合纵连横，经数十年。秦遂并兼四海。以为周制微弱，终为诸侯所丧，故不立尺土之封，分天下为郡县，汤灭前圣之苗裔，靡有孑遗者矣。"① 即战国七雄之地为天下，秦朝则将七国之地变成郡县。在班固那里，天下与郡县业已相互重叠。汉朝以降，这种表述更普遍，如对唐朝疆域的构成，刘昫是这样描述的："开元二十一年，分天下为十五道，每道置采访使，检察非法"②，即十五道等于天下；司马光是这样表述的：天宝元年，"天下声教所被之州三百三十一，羁縻之州八百，置十节度、经略使以备边"③，即唐之天下面积为 331 个直属州与 800 个羁縻州面积之总和。古代中国的皇帝统治是通过版籍来实现的，即运用户籍制度，将臣民固定于不同的区域，通过郡县机构予以统治。而天下作为皇帝所能直接支配的领域，是被限定于郡县统辖所及的有限范围之内的。

与史学家的客观记述事实不同，前汉以降的经学家们基于儒家经典所提倡的德治观，认为古代中原王朝皇帝还对周边夷狄负有教化之责。皇帝通过版籍来支配的天下是有限的，但通过德来支配的天下就有无限拓展的可能性。因此之故，渡边信一郎认为，天下观之所以具有单一政治社会型面貌与复合型社会面貌这两个侧面，也正缘于此。天下型国家是以存在成为天子德治对象的夷狄（四海）为其成立条件的。④

上述带有意识形态性质的天下观虽非官方刻意创造出来的，但伴随着两千多年的经学传播，随着孔夫子被尊崇与神化，经学家的天下观也被作为神迹的一部分渗透到社会各个层面。对历代

---

① 班固撰：《汉书》卷 28 上《地理志上》，北京，中华书局点校本，1962。
② 刘昫、赵莹、张昭远，等撰：《旧唐书》卷 38《地理志一·序》，北京，中华书局点校本，1975。
③ 司马光撰：《资治通鉴》卷 215《唐纪三十一》，"天宝元年正月壬子"条，《四部丛刊》初编本，影印宋刻本，上海，商务印书馆，民国十八年。
④ 渡边信一郎：《中国古代的王权与天下秩序——从日中比较史的视点着眼》，65 页，东京，校仓书房，2003。

中原王朝最高统治者（无论出身汉族，还是少数民族）而言，大有为于天下，既是其成为天子的入场券，又是其作为天下之主的合法性根据。这种意识形态对于统一多民族国家疆域的形成与底定而言，是一个宏伟的思想体系，具有无与伦比的连续性，并不受政治上分裂的威胁。

3. “华夷同源”谱系框架的构建成功

大一统思想也好，天下观也罢，它们更多的是从哲学的层面来阐释中国疆域构造问题，唯有《史记》从血缘、谱系入手，从华夷同源视角，构筑了大一统的思想体系。笔者曾就此问题撰文阐述，兹概述如下。

司马迁在《史记》中特设五帝、夏、商、周、秦、汉“本纪”，并以此为纲，配之以“表”，将从黄帝到汉武帝的历史，一以贯之，凸现并预设了其以帝王为中心的共同的血缘族群谱系框架。实际上，夏禹以前的人物及事迹均来源于传说，五帝与夏、商、周、秦的祖先们不仅族群起源不同，起初活动范围亦相距甚远。以司马迁的谨慎与旷代之识，当然心知肚明。但他的目的不是戳穿这些，而是将一些茫昧难稽的材料用来作为缝缀、整合华夏族群的道具的。一般而言，传说与神话是连缀族群外衣的最好针线与布料，特别是像华夏这样巨大的族群，无疑有着多歧的族群来源与迥异的骨肉血脉，但在司马迁这里，起源与世系的传说及神话则成为单一的、一致的。这个族群外衣的缝制过程本身，在于证明五帝之间，以及五帝与夏、商、周、秦之间具有共同的历史根性，进而赋予这庞大的华夏群体以“共同血缘”的意识。共同血统的神话，对于族群认同是绝对不可缺少的，正如史密斯所言，“它是深埋于其成员内心深处的种族联系意识与情感之下的那一组意义复合体的关键因素"①。在中原地带这种有着长久的姓氏传统与宗族构造的社会里，在所有的崇拜对象之中，对祖先的崇拜最具有合法性与广泛性，因为人们普遍认为，正是祖先造就了自己，唯有自己能够保佑自己。

五帝与夏、商、周、秦是华夏族群初期形成的不同源头，唯其经过长时段的融合后，逐渐地具有了认同意识，反过来经过集体失忆，以及对过去历史的重构，才将传说中的黄帝移入了华夏族群意识与华夏社会意识的最核心部位。类似景象，在世界任何较大的族群，特别是民族形成过程中都曾出现过。所以，在法国社会学家哈布瓦赫的眼中，一个民族的记忆就是对过去的重构，现在的情势影响着人们对过去的历史具有选择性的感知。②

与《史记》中的"本纪"相对应的是"世家""列传"。关于何以设此两个体例，司马迁如是说："二十八宿环北辰，三十辐共一毂，运行无穷，辅拂股肱之臣配焉，忠信行道，以奉主上"③。也就是说，司马迁"作三十世家""立七十二列传"的本意，是将仅次于帝王的人物作为体现华夏历史发展的纬线予以记述的，蕴涵了王者独尊的大一统思想。

既然大一统是以"天下""四海"为指向，而不囿于"中国""华夏"，而司马迁在生存与文化价值上，又视华夷为平等，那么，他将本是戎狄之秦纳入"本纪"、让蛮夷之楚、吴、越进入"世家"，进而为"匈奴""南越""东越""朝鲜""西南夷"等树碑立传，并让他们在血缘上与黄帝及其后裔挂上钩也是情理中之事了。在这种情形下，无论是秦也好，还是楚、吴、越也

---

① Anthony D. Smith（史密斯）：The Ethnic Origins of Nations. Oxford：Basil Blackwell，1986，p. 24. 转引自姚大力、孙静：《"满洲"如何演变为民族》，载《社会科学》，2006（7）。
② 莫里斯·哈布瓦赫著，毕然等译：《论集体记忆》，58 页，上海，上海人民出版社，2002。
③ 司马迁撰：《史记》卷 130《太史公自序》，北京，中华书局点校本，1982。

罢，抑或匈奴、南越、东越、朝鲜、西南夷之类，司马迁通过一部以"本纪"为经，辅之以"表"，以"书""世家""列传"为纬的《史记》，将其整合成为一个时代相继、绵延不断的庞大的具有族群认同性质、血脉相连的共同体，也就顺理成章了。当然，赋予这庞大的共同体以"共同血缘"的意识是维系其存在的关键因素。很明显，这里所谓的共同血统并不是就其真实的性质而言的，而是一个族群对过去的重新建构。尽管族群的共同标志主要是文化的，但人类，特别是前近代社会却总是从生物血统的角度去认识它。所以，共同血统的神话，既是西汉中期以前的华夏族群边界向外拓展的根据，也是魏晋以降夷狄族群边界向内漂移的依据。就华夏族群外向拓展而言，王明珂先生认为是借助于两种变迁过程来达成的：其一，即"华夏心目中的异族概念向外漂移的过程；另一则是，华夏边缘人群假借华夏族源记忆成为华夏的过程"①。应该说，王明珂所论只是华夷衍变的一个方面，即"夷变华"，而未对"华变夷"方面予以充分关注。就长时段历史态势与华夏族群方面的记载而言，"夷变华"现象在西汉中前期及其以前较为突出，"华变夷"在魏晋以后则相对明显。

纵观《史记》的构造及其显现出来的思想，我们可以清楚地看到，司马迁是充分地利用了汉武帝以前数千年间积淀下来的有关社会变迁、族群演变及族群边缘移动等历史素材，并在此基础上纂修该鸿篇巨制的。②

嗣后，进入中原的北方民族莫不自称为五帝后裔，如魏晋南北朝时期的匈奴人赫连勃勃之夏与刘渊之汉、鲜卑人之前燕、南凉、北魏、西魏等政权，莫不以黄帝之裔自居，并以此作为入主中原的法理根据。

---

① 王明珂：《华夏边缘：历史记忆与族群认同》，163 页，北京，社会科学文献出版社，2006。

② 以上内容皆转录前揭于逄春之《华夷衍变与大一统思想框架的构筑》而来，特此说明。

四、"泛中原板块"在中国疆域形成过程中的作用

关于"泛中原板块"在中国疆域底定过程中的作用问题，笔者认为以下几个方面值得关注：在具体行动上，前汉统一了"泛中原板块"，构筑了南朝，为后来的南北朝最终统合打下了基础；唐朝首次糅合了"泛中原板块"与"大漠板块"的血统、文化与政治体制的优势，并将该二板块统合，建立了东朝，与建立在"雪域板块"上的西朝东、西对峙，为后来的元朝统一提供了平台。

1. 南朝与北朝的最初构筑

到了前 90 年代，伴随着汉武帝开疆拓土事业的完成，立国于中原，以汉族为统治集团的核心力量、以"泛中原板块"为统治范围的农耕王朝统治模式也随之确立。与此同时，在其北部的"大漠板块"上业已耸立着中国历史上第一个游牧汗国——匈奴。此时，古代中国的其他文明板块尚未崛起，于是，"大漠板块"与"泛中原板块"，便毫无悬念地构筑了古代中国历史上第一个真正意义上的"南北朝"时代。拜读前汉后元二年（前 162 年）、征和四年（前 89 年）汉匈双方互致国书的内容，饶有趣味。其中，汉文帝给匈奴单于的国书说："皇帝敬问匈奴大单于无恙。使当户且渠雕渠难、郎中韩辽遗朕马二匹，已至，敬受。先帝制，长城以北引弓之国受令单于，长城以内冠带之室朕亦制之，使万民耕织，射猎衣食，父子毋离，臣主相安，俱无暴虐"；匈奴单于给汉武帝的国书道："南有大汉，北有强胡。胡者，天之骄子也，不为小礼以自烦。"[①] 这种惺惺相惜、彼此承认、慨然大度的姿态，与后来的"南北朝"双方彼此作村妇骂，互相攻讦迥然有别，高下立判，实在令人感慨系之。前汉与匈奴首开南北朝之例，分别统一"泛中原板块"与"大漠板块"，为其他板块的

---

① 班固撰：《汉书》卷 94 上《匈奴传》，北京，中华书局点校本，1962。

崛起提供了范本，也为古代中国疆域底定立下了头功。

前汉之后，东汉、曹魏、西晋、北宋、明等先后在"泛中原板块"上建立数个南朝；匈奴之后，鲜卑、柔然、突厥、回纥、契丹等先后依靠"大漠板块"建立了若干个北朝。双方南北彼此相对，上演了战争与和平、攻防与融合的波澜壮阔的长幕历史剧。

2. 东朝与西朝的登场

到了 7 世纪末，李唐统合了"泛中原板块"与"大漠板块"，成为古代中国历史上第一个南北朝终结者。李唐王朝之所以能够完成此伟业，与其出身及承继的文化当有一定的关系。其创立者的出身若以母系言之，如高祖之母独孤氏、太宗之母纥豆陵氏、高宗之母长孙氏，皆是鲜卑人。① 至于男系，陈寅恪经过周密考证，证明李唐创立者自称其先世系西凉李暠后裔纯属捏造，并"假定李唐为李初古拔之后裔"，而"初古拔或车辖拔乃当日通常胡名"。② 实际上，在此之前，宋人朱熹早就考证说，"唐源流出于夷狄，故闺门失礼之事，不以为异"③。

前汉从高祖到武帝，与匈奴攻防历经近百年时间，但最终也只是个"南朝"之主。而唐太宗以唐初疲惫之师，数战便荡平了远比匈奴强大的突厥。于是"西北诸蕃，咸请上尊号为天可汗"④。之所以如此，是因为李唐王朝创业者与起家班底的身上流淌着胡人血液，精神上承继了北朝的核心文物制度。如此一来，他们既有着农耕出身的汉族君主所不具备的尚武精神与进取性格，也有着游牧出身的可汗所欠乏的心智与组织能力。

---

① 欧阳修、宋祁、范镇，等撰：《新唐书》卷 1《高祖纪》、同书卷 2《太宗纪上》，北京，中华书局点校本，1982。

② 陈寅恪：《唐代政治史述论稿》，188～189 页，三联书店，2001。

③ 黎靖德编，王星贤点校：《朱子语类》卷 136《历代三》，3 245 页，北京，中华书局，1988。

④ 刘昫、赵莹、张昭远，等撰：《旧唐书》卷 3《太宗纪下》，北京，中华书局点校本，1975。

当唐朝崛起之时，在"雪域板块"上诞生的吐蕃王朝正处于上升时期。由于双方均关注今滇西北、川西、秦西、整个甘肃与新疆及中亚、南亚部分地区，于是展开了争战。对此，笔者曾撰文描述过，兹概述如下。

唐蕃之间的大规模交手始于670年。是年，吐蕃大将论钦陵大败薛仁贵所率10余万唐军于大非川（今青海共和县西南），并趁机灭亡吐谷浑国。678年，吐蕃又大败唐将李敬玄所率大军于青海。① 嗣后，唐蕃双方又经过了长达百余年的反复搏杀，到了783年，已是彼此疲惫，双方皆有罢战之意。于是，双方商定在清水（今甘肃清水县西北）会盟，划分疆界，其盟文云："今国家所守界：泾州西至弹筝峡西口，陇州西至清水县，凤州西至同谷县，暨剑南西山大渡河东，为汉界。蕃国守镇在兰、渭、原、会，西至临洮，东至成州，抵剑南西界磨些诸蛮，大渡水西南，为蕃界。（中略）其黄河以北，从故新泉军，直北至大碛，直南至贺兰山骆驼岭为界，中间悉为闲田。"② 清水之盟后，吐蕃疆域趋于全盛，连唐朝的腹地——秦西、整个甘肃与宁夏的大部分，亦为吐蕃囊中之物。821年，唐朝鉴于吐蕃之东向兵锋频繁逼近长安，不得不与吐蕃再次会盟于长安王会寺。盟词曰："中夏见管，维唐是君；西裔一方，大蕃为主。（中略）塞山崇崇，河水汤汤，日吉辰良，奠其两疆，西为大蕃，东实巨唐。"③ 与《旧唐书》这段盟词相互参照、可彼此印证的还有至今仍耸立于拉萨大昭寺门前的"唐蕃会盟碑"，其碑文曰："今蕃、汉二国所守见管本界，（中略）蕃、汉并于将军谷交马。其绥戎栅以东，大唐祗

① 刘昫、赵莹、张昭远，等撰：《旧唐书》卷196上《吐蕃传上》，北京，中华书局点校本，1975。
② 刘昫、赵莹、张昭远，等撰：《旧唐书》卷196下《吐蕃传下》，北京，中华书局点校本，1975。
③ 刘昫、赵莹、张昭远，等撰：《旧唐书》卷196下《吐蕃传下》，北京，中华书局点校本，1975。

应；清水县以西，大蕃供应"①。到了此时，唐朝不得不承认吐蕃为西方之主的地位。二者实际上构筑了古代中国的"东朝"与"西朝"双峰并峙的态势，但就势力而言，西朝睥睨东朝。唐朝首开南北朝统一之先例，吐蕃首次统一雪域高原，二者为后来元朝统一东、西两朝打下了坚实的基础。②

五、本章小结

在秦汉及以前，"泛中原板块"曾利用其先发优势，对其他板块起到过主导作用。同时，各大板块最终被统合于"中国"的黏合剂——"大一统""天下观""华夷同源"谱系架构等思想或理论也发祥并最终奠定于斯。但不可否认的是，自三国时代以降，由于生活手段与生产方式的局限，从"泛中原板块"上孕育出来且由汉族为主体建立起来的中原王朝，往往善文治而乏武功，在底定中国疆域的最后几轮冲刺表演中，更多的时候只是一个看客，而不是表演者本身，中原地域则是经常提供表演舞台而已。

虽然"泛中原板块"最终未能担负起统合中国的历史使命，但其贡献的使得五大板块得以统合的意识形态，却为诞生于"大漠板块"与"辽东板块"上的元、清等统一中国提供了黏合剂。其中最重要的是诞生于战国时代，最后烂熟于汉代公羊学派、董仲舒、司马迁，中经司马光、李世民、脱脱、爱新觉罗·胤禛等再诠释或实践的"大一统"思想。司马温公曾对大一统之内核有过辨析：

臣愚诚不足以识前代之正闰，窃以为苟不能使九州合为一统，皆有天子之名，而无其实者也。虽华夷仁暴，大小强弱，或

---

① 姚薇元：《唐蕃会盟碑跋》，载《燕京学报》，1934（15）。
② 于逢春：《论"雪域牧耕文明板块"在中国疆域底定过程中的地位》，载《中国边疆史地研究》，2011（3）。

时不同，要皆与古之列国无异，岂得独尊奖一国谓之正统，而其余皆为僭伪哉！若以自上相授受者为正邪，则陈氏何所授？拓跋氏何所受？若以居中夏者为正邪，则刘、石、慕容、苻、姚、赫连所得之土，皆五帝、三王之旧都也。若有以道德者为正邪，则蕞尔之国，必有令主，三代之季，岂无僻王！是以正闰之论，自古及今，未有能通其义，确然使人不可移夺者也。①

温公先生从更高层次上诠释"大一统"的同时，实际上是在为其他文明板块入主中原正名。"大一统"思想作为一种意识形态，通过历代有识者的努力，他们把难懂的、学术性的、而且常常是朦胧混乱的哲学转变为明白易懂的语言，最终简化为标语口号。所以，虽然在1820年以前，"中国"一直处于非统合状态，但各板块统治者的指导思想却反映出一种将国家统合作为终极追求的"大一统"领土观。耐人寻味的是，在近两千年中，在统治的意识形态方面，各个板块都没有出现什么新东西。在这长长的时段中，没有新的领袖去寻求以新的统治逻辑为基础，建立有异于其他领袖所为的地方自治。他们心中的模式始终是统一的帝国，尽管在绝大部分时间里，这个"统一的帝国"是想象的或理念之物。各板块的人们很早就成功地创造了支持这种看法的基础结构。这意味着，在近两千年的时间里，要重新创建和重新形成帝国体制，总是有现成的意识形态资源和组织资源可以利用。中国各个时期的较强大的王朝，如唐、元、清等统治一个幅员辽阔的帝国的能力，确实依赖于国家在意识形态方面所具有的能够为人们普遍接受的论理。否则，如果国家只是力求用军事手段延长自己的统治寿命的话，就会在强制性资源和控制手段方面引起难以收拾的问题，从而造成国家的瓦解。因为唐、元、清即使在全盛期，相对于其1 300多万平方公里以上的陆疆而言，其不足百

① 司马光撰：《资治通鉴》卷69《魏纪一》，"魏黄初二年三月"条，"臣光曰"，《四部丛刊》初编本，影印宋刻本，上海，商务印书馆，民国十八年。

万的军队，面对前近代极端落后的交通条件与以人力畜力为动力的交通工具，显得那么微不足道。唐、元、清时期的国家有能力根据各地的社会特点，改变策略和人员配备，以促进统合和控制。①

"泛中原板块"对古代中国统一贡献的另一剂黏合剂则是司马迁所构建的"华夷同源"谱系。春秋时期，齐、鲁、晋等中原诸侯自称为"华夏"，位处中原外缘的秦、楚、吴、越等，则被称为"夷狄"。进入战国初期，伴随着秦、楚等夷狄诸国的强大与问鼎中原，它们也随之跻身于"华夏"之列。与此相呼应，"夷夏之防"的观念也被抛弃。不消说，"华夏族群"边界自然随之扩展，部分夷狄族群更被化成或自化成华夏族群。春秋战国时代的华夷边界大移动乃华夷衍变的第一波，第二波则随着汉武帝的开疆拓土，最终达成。因为此时的汉朝已是"中国一统，明天子在上，兼文武，席卷四海，内辑亿万之众"②的华夏帝国。帝国内部充斥着夷狄族群，帝国边缘环绕着夷狄部落或国家，帝国面临着一个如何对待这些夷狄族群、如何与这些夷狄部落或国家相处的问题。诞生在这种境况下的《史记》，并没有回避这个问题，而是借助于已有的历史素材，加之自己的远见卓识，将夷狄族群与华夏族群之间的关系，重新加以构建。这就是司马迁对夷狄、华夏族群的族源予以"源出于一，纵横叠加"的架构。

应该说，定型于汉代的"大一统"思想、"天下观"理念与"华夷同源"谱系，或许反映了华夏知识分子或官方单方面的意向，但族群认同与民族认同不同，族群可以被外人来辨别和认定，并且不必有自我意识。随着时间的推移，这些思想、理念或认同体系，不但为华夏族群所认同，而且为夷狄族群所认同，进而成为夷狄族群逐鹿中原、华夷界限移动的理论根据。

---

① 以上内容系参照前揭于逄春文《构筑中国疆域的文明板块类型及其统合模式序说》而来，特此说明。

② 司马迁撰:《史记》卷20《建元以来侯者年表》，北京，中华书局点校本，1982。

第四章 异域变旧疆：泛中原
视域下的西南边疆及土司

□ 丽江东巴文化研究所位于丽江玉泉公园内。该所内所藏东巴经书和东巴象形文字，大都写在『山棉皮』纸上。

丽江东巴文化研究所
（本书作者 2006 年夏摄于云南丽江。）

第四章　异域变旧疆：泛中原视域下的西南边疆及土司

一、引言

笔者曾撰文认为，嘉庆二十五年（1820 年）最终奠定的"中国"疆域，不是一蹴而就的，有一个漫长的渐进过程。在此以前，即在"中国"疆域没有被完全统合前，就该疆域的内圈与外缘的人文地理态势——生产方式而言，先后出现过"大漠游牧""泛中原农耕""辽东渔猎耕牧""雪域牧耕""海上"等五大文明板块①。直至 1820 年，"五大文明板块"最后被统合为一体。②

其中的"泛中原农耕文明板块"（以下简称"泛中原板块"）范围，大致是指从战国秦汉长城一线到南海与中南半岛北部，从巴颜喀拉山、横断山以东迄渤海、黄海、东海的广阔地带。另外，还包括夹在昆仑山与天山之间、通过河西走廊与世界屋脊东

---

① "五大文明板块"的范围，请参见本书"导论"第 1 节"研究的缘起"的第 2 目"中国疆域最终奠定的时空坐标与形成路径"，第 8—9 页脚注。
② 于逢春：《论中国疆域最终奠定的时空坐标》，载《中国边疆史地研究》，2006 (1)；于逢春：《构筑中国疆域的文明板块类型及其统合模式序说》，载《中国边疆史地研究》，2006 (3)。

麓下的黄土高原相衔接的南疆绿洲。该地带从很早时期起，便是农夫的家园。该板块是由汉武帝及其继任者于前120年—前60年最终奠定的。该"板块"的奠定，标志着汉帝国势力在东亚的开拓，终于达到了农耕"移民所能生存的生态地理极限，以及帝国行政力量所能控制的政治地理极限"①。该"板块"的界定，只是从中国古代历史的大的方面和总的趋势来观察的。其中的今云贵及其毗邻的缅、泰、老之北部地区、广西及其毗邻的越南中部北部地区、河湟之地、河西及新疆南疆、辽东半岛及其毗邻的朝鲜半岛中部地区，虽然本来就是或最终成为农耕区域，但却与大中原文明有所区别。

正因为如此，迨至嘉庆二十五年"中国"疆域最终奠定时，汉武帝开拓的"泛中原板块"外缘业已发生了重大变化。上述的河湟流域、河西走廊、闽粤琼桂之地，业已中原化。但东北方的朝鲜四郡经过前汉至元朝的1 500多年经营，却在明初被王氏高丽与李氏朝鲜先后占领大半，余下部分被明成祖朱棣直接赐给李氏朝鲜；正南方的交趾、九真、日南三郡，虽经过中原王朝1 000多年郡县化，却在五代时期自立。当然，明初曾有过短暂的再度郡县化过程，但终归游离；西南方的东汉永昌郡南部之伊洛瓦底江中游流域，在明朝时期或自立或归属缅甸。在近2 000年间，唯西域与西南夷之地，或归属中原王朝、草原汗朝或割据王朝，或经常自立，前者风雨飘摇一千七八百年，后者一千三四百年，但恰恰是这两个地方，稳稳地掌握在清廷之手。

就西南边疆而言，虽然从前汉开始设置郡县，但统治基础薄弱，土著势力顽强，政令难以渗透到基层。到了南北朝时期，濮人便已自立。隋唐以降，六诏、南诏、大理等势力，更是强大到足以立国，并经常与中原王朝相颉颃，屡败盛唐于滇池，遑论弱

① 王明珂：《华夏边缘：历史记忆与族群认同》，185~186页，北京，社会科学文献出版社，2006。

宋。元、明及清前期的土司虽然名义上归属中原王朝，但也呈现半自立或游离状态。中原王朝对西南偏远地区土司经常处于鞭长莫及之境地。

那么，以云南为中心的西南边疆经常自立，或土司得以长时间存在的制胜法宝是什么呢？具有西南特色的土司制度在自立与中原王朝一统之间处于什么地位呢？西南边疆如何最终成为"泛中原板块"的一部分呢？也就是说，元明清三朝为何费尽移山心力、付出巨大牺牲也要将西南边疆统合到中原或中央王朝旗下？该三朝的制胜法宝又是什么呢？

对西南地方历史衍变及土司问题，先行研究成果已经很多，尤中、方铁、蓝武、李幹等①从不同方面予以比较深入的研究，取得了令人瞩目的业绩。本文的主旨不在于探究西南历史中的某个专门问题，而是从中国疆域形成的视角着眼，考察西南地方何以成为中国疆域的一部分，是什么因素在起作用。上述论著以及以后还会提到的先行研究成果虽然与本文主旨有别，但这些实证性研究成果是建构本文研究框架的基石，本文就是在这些成果的基础上得以继续前行。

为此，本文将西南地方从郡县到自立、行省下的土司制度、行省下的移民垦殖政策、改土归流态势下的西南地区"中原化"等四个方面展开论述。

二、从郡县到自立

——两汉魏晋南北朝时期西南地区政治生态衍变之缘由

秦汉时期，今滇、黔、桂西和川西南地区的土著民族被概称为西南夷。存世的汉文文献对于西南地方有关国家的记载，《史

---

① 尤中：《中国西南边疆变迁史》，昆明，云南教育出版社，1987；方铁、方慧：《中国西南边疆开发史》，昆明，云南人民出版社，1997；蓝武：《元明时期广西土司制度研究》，博士学位论文，2005；李幹：《略述元代土司制度中的几个问题》，载《民族研究》，1984（4）。

记·西南夷列传》是最早且比较系统的："西南夷君长以什数，夜郎最大；其西靡莫之属以什数，滇最大；自滇以北君长以什数，邛都最大。此皆椎髻、耕田、有邑聚。其外西自同师以东，北至楪榆，名巂、昆明，皆编发，随畜迁徙，毋长处，毋君长，地方可数千里。"根据这条记载，当时西南地区以滇池区域为中心的国家为滇国，其东界很可能在今路南至泸西一线，南界可能在今新平、元江至个旧一线，北界大概到今昭通附近。① 夜郎国在今贵州西部，邛都在今川西南，昆明国在今洱海地区。

实际上，在司马迁所提到的几个大国之外，还有一个更大的具有初期国家形态的地域共同体——哀牢国，该国早在前300多年的战国时代便已立国。该国以今滇西保山为中心，"东西二千里，南北四千六百里"②，东汉永平十二年（69年）归附东汉后汉廷在此设立永昌郡。

中原王朝对西南地区的经营始于秦朝，所谓"邛、筰、冉駹者近蜀，道亦易通，秦时尝通为郡县，至汉兴而罢"③。班固也说：秦地"西南有牂牁、越巂、益州，皆宜属焉"④。而秦朝对川南滇北的开拓，首先是筑路，所谓"秦时常頞略通五尺道，诸此国颇置吏焉"⑤，即指此。此五尺道，北起今四川宜宾，南达今云南曲靖。

中原王朝再次大规模经营西南地区始于前汉建元六年（前135）。是年，武帝令番阳令唐蒙招降夜郎侯，置犍为郡（治今四川宜宾），并开通由僰道至牂牁江（指今黔西地区）的道路。⑥位于今川南的邛、筰等君长纷纷归顺，请求汉朝在其地设官置

① 张增祺：《滇国与滇文化》，11页，昆明，云南美术出版社，1997。
② 常璩撰：《华阳国志》第4《南中志》，嘉庆十九年木刻本。
③ 司马迁撰：《史记》卷117《司马相如传》，北京，中华书局点校本，1982。
④ 班固撰：《汉书》卷28下《地理志八下》，北京，中华书局点校本，1962。
⑤ 司马迁撰：《史记》卷116《西南夷传》，北京，中华书局点校本，1982。
⑥ 司马迁撰：《史记》卷116《西南夷传》、同书卷114《东越传》，北京，中华书局点校本，1982。

吏。元光五年（前 130 年），司马相如奉命"略定西夷"①，在邛、筰、徙、冉駹之地置一都尉、十余县。同时，修筑由成都至邛都的道路。但到了元朔三年（前 126 年），汉武帝拓展西南夷的兴趣转移，诏罢西夷，"独置南夷、夜郎两县一都尉，稍令犍为自葆就"②。

汉武帝再次经营西南夷，则在元鼎六年（前 111 年）。是年，汉军南下荡平西南夷，于其地设牂牁郡（治今贵州福泉）。同时，攻杀邛君、筰侯，冉駹等地方政权望风而降。武帝遂在今川西、川西南地区置越嶲郡（治今四川西昌东南）、沈黎郡（治今四川汉源东北）、汶山郡（治今四川茂县北——）等。元封二年（前 109 年），汉武帝征调巴、蜀二郡的军队灭亡了位于今滇东北的劳浸、靡莫等地方政权。接着兵临滇国，滇王见状投降，前汉朝廷于其地置益州郡（治今云南晋宁县晋城）。鉴于滇王真诚归附，汉武帝正式向其颁发了印章，仍然让他管理滇国的百姓。③

东汉在西汉的基础上，继续向西南夷西南部的哀牢国境内推进，并于永平十二年（69 年）设立永昌郡（治今云南漕涧）。④该郡有户 231 897，口 1 897 344。⑤ 娄自昌认为永昌郡东界在今楚雄州与大理白族自治州接壤一带，西部大约在今印度阿萨姆邦一带，北界大体上在今滇藏边界一带，南部大约到了萨尔温江入海

① 司马迁撰：《史记》卷 116《西南夷传》、卷 117《司马相如传》，北京，中华书局点校本，1982。
② 司马迁撰：《史记》卷 116《西南夷列传》、同书卷 112《公孙弘传》，北京，中华书局点校本，1982。
③ 司马迁撰：《史记》卷 116《西南夷列传》、同书卷 113《南越列传》，北京，中华书局点校本，1982；《后汉书》卷 86《南蛮西南夷列传》，北京，中华书局点校本，1982。
④ 范晔撰：《后汉书》卷 86《南蛮西南夷传》、同书卷 2《显宗孝明帝纪》，北京，中华书局点校本，1982。
⑤ 常璩：《华阳国志》第 4《南中志》，嘉庆十九年木刻本；范晔撰：《后汉书》卷 113《郡国志五》，北京，中华书局点校本，1982。

口，濒临安达曼海，总面积大约七八十万平方公里。① 今缅甸北部、老挝北部、泰国北部与云南西南部均被纳入汉郡县辖区。

尽管两汉在西南夷地区相继设置了郡县，但与中原地带还是有区别的。方铁等认为，该地郡县的设置是以中原王朝与土著势力联合为前提的。汉朝在该地设置的都尉、属国都尉、郡守和县令，是国家派来的正式官吏。同时，朝廷又根据降附诸族首领势力的强弱，分别任命其为王、侯、邑君、邑长，授予"复长其民"的权力，与郡县参差而治。②

据《史记·平准书》载："汉连兵三岁，诛羌，灭南越，番禺以西至蜀南者置初郡十七，且以其故俗治，毋赋税。"《索隐》曰："初郡，即西南夷初所置之郡。"即使立郡设县多年，对西南夷地方的郡县也是奉行少征赋税政策。如《后汉书》载："先是，西部都尉广汉郑纯，为政清洁，化行夷貊，君长感慕，皆献土珍，颂德美。天子嘉之，即以为永昌太守。纯与哀牢夷人约，邑豪岁输布贯头衣二领，盐一斛，以为常赋，夷俗安之。"③ 葛剑雄据此认为，汉武帝虽开西南夷并设郡县，但汉朝"对这些少数民族聚居的地区，并没有急于采取改变现状的措施，包括移民在内"④。由于因俗而治，土著居民无论是人口数量，还是政治势力及文化影响，均超越外来者，从而产生了《华阳国志·南中志》所描述的"今南人言论，虽学者亦半引'夷经'"的现象。

如此而来，一旦中原有变，这些地方便随之游离。如蜀汉章武三年刘备驾崩后，南中大姓和夷帅纷纷倒戈反蜀，越巂、益州、牂牁三郡相继脱离了蜀汉的统治。后来蜀汉虽然相继在上述数郡设立官署，任命了太守和郡吏，但或未赴任，或作为有限，

---

① 娄自昌：《古代哀牢国的疆域范围和民族构成再探》，载《文山师范高等专科学校学报》，2007（1）。
② 方铁、方慧：《中国西南边疆开发史》，60~62 页，昆明，云南人民出版社，1997。
③ 范晔撰：《后汉书》卷 86《南蛮西南夷传》，北京，中华书局点校本，1982。
④ 葛剑雄：《西汉人口地理》，199 页，北京，人民出版社，1986。

蜀汉对这三个郡控制的程度，仍较有限，①从而导致了"蜀汉先后任命一些大姓、夷帅为南中诸郡的官吏。若大姓、夷帅反叛，也从宽处理，甚至多方迁就，绝不轻易用兵"②的局面。

两晋对西南夷地区的统治方式仍承袭前朝的郡县加羁縻制。到了梁太清二年（548年）只好放弃宁州，州内爨氏大姓趁机割据此地。所谓"蛮夷众多，齐民甚少，诸爨、氏强族，恃远擅命，故数有土反之虞"③者，即指此。

两汉凭借汉族形成之初的蓬勃之气，远征西南夷，郡县其地。但就人口而言，该地远比中原稀少。以西汉时期为例，当时全国平均人口密度为14.63人/平方公里，最高的济阴郡为262人，西南夷地区中的犍为郡为3.90、越巂郡为4.51人、牂柯郡为0.84、益州郡为4.15人，而郁林郡仅为0.56人，为全国最低。④

当时的西南夷地区生活环境恶劣，尤其是当地瘴气极其严重。对此，各个时代都有记载。如兴古郡，"多鸠獠、濮，特有瘴气"⑤。永昌郡"东北八十里泸仓津，此津有鄣气，往以三月渡之，行者六十人皆悉闷乱。毒气中物则有声，中树木枝则折，中人则令奄然青烂也"⑥。泸水"特有瘴气，三月、四月经之必死"⑦。由于生产力水平低下，导致了当地瘴气极其严重，无法容

① 常璩撰，刘琳校注：《华阳国志》卷4《南中志》，353～357页，成都，巴蜀书社，1984；陈寿撰：《三国志》卷35《蜀书·诸葛亮传》裴注引《汉晋春秋》，北京，中华书局点校本，1982。
② 方铁、方慧：《中国西南边疆开发史》，94～95页，昆明，云南人民出版社，1997。
③ 萧子显撰：《南齐书》卷15《州郡志下》，北京，中华书局点校本，1972。
④ 葛剑雄：《西汉人口地理》，97～99页，北京，人民出版社，1986。
⑤ 常璩撰，刘琳校注：《华阳国志》卷4《南中志》，353～357页，成都，巴蜀书社，1984。
⑥ 李昉：《太平御览》卷791《四夷部》引《永昌郡传》，上海，上海古籍出版社，据文渊阁四库全书本影印，2008。
⑦ 范晔撰：《后汉书》卷86《南蛮西南夷传》李贤注，北京，中华书局点校本，1982。

纳大量移民，故朝廷只得分权于土著豪强，只得希冀借助于土著
势力共治地方事务。

三、在自治与自立之间

——隋唐五代两宋时期西南地区羁縻府州与南诏、大理政权
自立之内因

从现存史料来看，最早描述中原王朝实施羁縻政策者，当为
《后汉书》。该书《南蛮西南夷传》说："及秦惠王并巴中，以巴
氏为蛮夷君长，世尚秦女，其民爵比不更，有罪得以爵除。其君
长岁出赋二千一十六钱，三岁一出义赋千八百钱。其民户出嫁布
八丈二尺，鸡羽三十镞。汉兴，南郡太守靳强请一依秦时故事。"
两汉三国魏晋时期中原王朝虽然在西南夷地区广设郡县，但往往
土流结合，羁縻多于直辖。但羁縻政策成为一种完备的体制与行
政建制，当始于隋唐时代。

1. 西南地区的羁縻府州

隋朝初步统一中原后便开始经营西南夷地区，但成果并不显
著。[①] 唐朝则用羁縻州县体制来治理边疆地区。西南的羁縻府州
分属于四个道，其中的剑南道辖"诸羌州百六十八"[②]，另辖
"诸蛮州九十二，皆无城邑，椎髻皮服，惟来集于都督府，则衣
冠如华人焉"[③]；江南道辖"诸蛮州五十一"[④]，均隶黔州都督府；
岭南道辖"诸蛮州九十二"[⑤]。也就说，自今川、青、陇交界处
迤南，经云、黔、桂，迄今缅甸、老挝、泰国北部，再至越南中

---

① 尤中：《中国西南边疆变迁史》，34 页，昆明，云南教育出版社，1987。
② 欧阳修、宋祁、范镇，等撰：《新唐书》卷 43 下《地理志七下》，北京，中华书
　　局点校本，1982。
③ 欧阳修、宋祁、范镇，等撰：《新唐书》卷 43 下《地理志七下》，北京，中华书
　　局点校本，1982。
④ 欧阳修、宋祁、范镇，等撰：《新唐书》卷 43 下《地理志七下》，北京，中华书
　　局点校本，1982。
⑤ 欧阳修、宋祁、范镇，等撰：《新唐书》卷 43 下《地理志七下》，北京，中华书
　　局点校本，1982。

部，从今鄂西北、湘西、桂东一线迤西，至今西藏东部，羁縻府州毗连成片，总计403个，其在今中国境内的羁縻府州面积约占今大西南地区之大半。

之所以在如此广大地区设置羁縻府州，当时人认为"自岭以南二十余郡，大率土地下湿，皆多瘴疠，人尤夭折"①。在今云南之地，唐"天宝十三载，阁罗凤既臣吐蕃，剑南节度使杨国忠执国政，仍奏征天下兵俾。留后侍御史李宓，将十余万辈，饷者在外，涉毒瘴死者相属于路。天下骚然苦之"②。唐代人觉得塞外苦寒之地也胜于南方瘴疠之域："莫言塞北春风少，还胜炎荒入瘴岚。"③

2. 南诏国脱唐自立

天宝十四年（755年）后，原处于羁縻州境内的南诏政权脱唐自立，并于天宝六年（747年）兼并了爨区，765年在今昆明市建立拓东城。至此，唐朝在金沙江南岸的羁縻府州均落入南诏之手。天宝十五年（756年），南诏与吐蕃联兵攻下嶲州（治今西昌）并瓜分之。尤中认为南诏盛时控制领域，东到今贵州省盘县、普安一带，东北影响及于黔巫，东南抵达于今中越边界云南段，北到大渡河边，西部疆界相当于今印、缅交界的那加山区，西南境当在今缅甸境内伊洛瓦底江以东、澜沧江以西一带，南界当在今西双版纳南部境外的缅甸南掸邦，西北据有今丽江地区至迪庆藏族自治州一带与吐蕃为邻。④

3. 大理国

唐天复二年（902年）南诏国灭亡后，其故地上先后崛起过

---

① 魏征、孔颖达、颜师古，等撰：《隋书》卷31《地理志下》，北京，中华书局点校本，1982。
② 王钦若编纂，周勋初校订：《册府元龟》卷446《将帅部·生事门》，5 032～5 033页，南京，凤凰出版社，2006。
③ 陈去疾：《送人谪幽州》，收入《全唐诗》卷490，北京，中华书局点校本，1960。
④ 尤中：《中国西南边疆变迁史》，46～48页、51页，昆明，云南教育出版社，1987。

长和国、天兴国、义宁国等政权，937 年洱海地区白蛮段思灭亡义宁国，建立了大理国（937—1253 年）。该国独立于两宋，拥有一整套完善的治国体制和立国方略，具有独自的纪年方式和官制。其疆域基本上继承了南诏国，只是个别地方有所变更。"其地东至普安路之横山，西至缅地之江头城，凡三千九百里而远；南至临安路之鹿沧江，北至罗罗斯之大渡河，凡四千里而近"①。尤中认为江头城即今缅甸实阶区东北部之杰沙，鹿沧江即今越南莱州省境内之黑江。②

4. 两宋时期广南西路之羁縻州县

今广西在两宋时期属广南西路，该路辖正州二十五，"羁縻州四十四，县五，洞十一"③。范成大《桂海虞衡志·志蛮》说："羁縻州峒，隶邕州左右江者为多"。"自唐以来内附，分析其种落，大者为州，小者为县，又小者为峒。国朝开拓寝广，州县峒五十余所，推其雄长者为首领，籍其民为壮丁。"使其"奉正朔，修职贡"。而朝廷仅仅"禽兽畜之，务在羁縻，不深治也"④。之所以如此，是因为该地"山林翳密，多瘴毒，凡命官吏，优其秩奉。春、梅诸州，炎疠颇甚，许土人领任。景德中，令秋冬赴治，使职巡行，皆令避盛夏瘴雾之患"⑤。

四、土司制度

　　——蒙古—元朝时期西南地区社会态势生成之基础

　　忽必烈为了大迂回征讨南宋，通过藏彝走廊，数千里跃进，

---

① 宋濂、王祎、胡翰，等撰：《元史》卷 61《地理志四》，北京，中华书局点校本，1978。
② 尤中：《中国西南边疆变迁史》，87 页，昆明，云南教育出版社，1987。
③ 脱脱、贺惟一、欧阳玄，等撰：《宋史》卷 90《地理志六》，北京，中华书局点校本，1977。
④ 脱脱、贺惟一、欧阳玄，等撰：《宋史》卷 495《蛮夷传三》，北京，中华书局点校本，1977。
⑤ 脱脱、贺惟一、欧阳玄，等撰：《宋史》卷 90《地理志六》，北京，中华书局点校本，1977。

攻占大理。对藏彝走廊在统一中原事业中的重要性的认识，忽必烈实际上是在完成乃祖的一个政治遗嘱。曩者，木华黎曾引荐金朝名将郭宝玉拜见元太祖成吉思汗，太祖问取中原之策，郭对曰："中原势大，不可忽也，西南诸蕃，勇悍可用，宜先取之，籍以图金，必得志焉。"① 此"西南诸蕃"系指居住于藏彝走廊及毗邻地区的各族群。该走廊北起今青海东南与甘肃西南之毗连处，中经川西高原与藏东峡谷之中间地带，南至滇西、缅甸西北的广阔地带。其域内的高山巨川大都呈北—南走向，是古代羌藏、胡系民族南下的天然走廊。

对于元朝而言，数量很少的蒙古军队虽然征服了大西南地区，但既无法改变当时的生态环境，也无法改变当地的族群结构。而对西南地区实施直接统治的最大障碍还是瘴疠。故元代为官"故事，烟瘴之地，行部者多不亲至"②。元胡炳文曾为友人撰写墓志，叙述当年官军征讨岭南时的情景："左右两江洞邻交趾，负固为民害，其地水草毒恶。先是官军死者十八九。"③ 由于当地环境恶劣，官吏视为畏途，故朝廷只得规定："吏乎其地者，秩优而俸厚，盖所以哀其远而安其生也。"④ 元至元二十五年（1288年），湖广省上奏说："左、右江口溪洞蛮獠，置四总管府，统州、县、洞百六十，而所调官畏惮瘴疠，多不敢赴任，请以汉人为达鲁花赤，军官为民职，杂土人用之"，并"就拟夹谷三合等七十四人以闻"。元世祖只得"从之"⑤。这个举措破坏了元廷于至元二年立下的"以蒙古人充各路达鲁花赤，汉人充总管，回回

---

① 宋濂、王祎、胡翰，等撰：《元史》卷149《郭宝玉传》，北京，中华书局点校本，1978。
② 柯劭忞编撰：《新元史》卷188《臧梦解传》，北京，中国书店影印本，1988。
③ 胡炳文撰：《云峰集》卷5《墓志·故广西两江道宣慰使司都元帅府经历马君墓志铭》，四库全书本。
④ 虞集撰：《道园学古录》卷38《广西都元帅章公平瑶记》，万有文库本，上海，商务印书馆，1937。
⑤ 宋濂、王祎、胡翰，等撰：《元史》卷15《世祖本纪十二》，北京，中华书局点校本，1978。

人充同知，永为定制"① 的规矩。

实际上，对于在西南地区实施土司制度的原因，数百年前主持改土归流的鄂尔泰说得很透彻："臣思前明流土之分，原因烟瘴新疆，未习风土，故因地制宜，使之乡导弹压。"② 揭示出地理环境与人文条件对土司制度存在的庇护作用。

李幹认为元代的土司制度起源于羁縻政策，但既不同于羁縻体制，又有别于郡县制，主要特征有三：（1）将羁縻州内地化；（2）推广宋代土官设置办法，又不改变其行省属下的路、府、州、县土官的从俗而治的性质；（3）建立了一套土司官司名称。③

在土司体系中宣慰司地位最高，系介于行省与府州之间的行政机构，"掌军民之务，分道以总郡县，行省有政令则布于下，郡县有请则达于省。有边陲军旅之事，则兼都元帅府，其次则止为元帅府"。宣慰司之官职于类型又分以下几种：（1）宣慰使司，秩从二品；（2）宣慰使司都元帅府，秩从二品；（3）宣慰使兼管军万户府，每府宣慰使三员。宣慰司之下有：（1）宣抚司，秩正三品；（2）招讨司，秩正三品。此外，还有路总管府，其下有土府、土州、土县。上述各类司之下，还有诸蛮夷长官司。④

关于元代的土司数量，据李幹的统计，四川省所属宣抚司4、安抚司3、总管府1、长官31；云南省所属宣抚司4、军民总管府12、宣抚司3、路9、军民府16、土知府知州9及其他蛮夷长官；湖广省所属宣慰司2、宣抚司1、安抚司14、土府5、土州56、土县1、长官司364。⑤ 另据清人罗绕典统计，贵州之顺元宣

① 宋濂、王祎、胡翰，等撰：《元史》卷6《世祖本纪三》，北京，中华书局点校本，1978。
② 赵尔巽、缪荃孙、柯劭忞，等撰：《清史稿》卷519《土司传一》，北京，中华书局点校本，1976。
③ 李幹：《略述元代土司制度中的几个问题》，载《民族研究》，1984（4）。
④ 宋濂、王祎、胡翰，等撰：《元史》卷91《百官志七》，北京，中华书局点校本，1978。
⑤ 李幹：《略述元代土司制度中的几个问题》，载《民族研究》，1984（4）。

慰司有总管 1、安抚使 13、土府 6、土州 37、土县 12、长官司 272。还有乌撒乌蒙宣慰及播州沿边溪洞宣慰。①

与上述的各类司、总管府及土府、土州、土县等相对应的是各级土官，或独立掌管一方，或流官一起治理地方，是元廷在湖广、四川、云南等行省实施统治与管理的依靠力量。土官由嫡长子承袭，但需要朝廷认可并任命，并有一套比较完备的制度。其对朝廷的义务是定期朝觐、贡方物、缴纳租赋等，而且还有派兵从征、筑路修道、设立驿站和屯田的义务。

元朝之所以推行并能够实施土司制度，是因为：（1）朝廷有着强大军事力量与政治决断力；（2）元廷充分信任各少数民族；（3）通过组织严密、规模宏大的屯田，构筑了统御边疆的物质基础；（4）蒙古—元统治者极为重视商业，由于"兵民屯聚，商贾出入"，使得原本偏僻落后的西南地区"金钱盐币，贸易不绝"②，从而为守卫边疆提供了财力基础。

一般认为，明朝在很大程度上沿袭了元朝的土司制，故张廷玉等说："迨有明踵元故事，大为恢拓，分别司郡州县，额以赋役，听我驱调，而法始备矣"③；而"清初因明制，属平西、定南诸藩镇抚之"④。但明清两朝缺乏元朝开放的胸襟，压制民间商业的发展，导致两朝经营西南地区乏力，其控御土司之"道在于羁縻"⑤，虽然也实施改土归流之策，但其目的不在于彻底革除土司体制，致使后来许多土司或叛乱或自立，乃至于最终游离于外。

---

① 罗绕典辑：《黔南职方纪略》卷7《土司上》，影印清道光二十七年刻本，台北，成文出版社，1974。
② 苏辙撰：《栾城集》卷44《论渠阳蛮事箚子》，上海，上海古籍出版社，1987。
③ 张廷玉、万斯同、毛奇龄，等撰：《明史》卷310《土司传三》，北京，中华书局点校本，1974。
④ 赵尔巽、缪荃孙、柯劭忞，等撰：《清史稿》卷519《土司传一》，北京，中华书局点校本，1976。
⑤ 张廷玉、万斯同、毛奇龄，等撰：《明史》卷310《土司传三》，北京，中华书局点校本，1976。

五、改土归流

　　——明清时期西南地区之渐次"中原化"历程及动力

1. 明清两朝土司的一般状况

　　明朝有 7 个省设有土司，其中云南最多，"共设土司、土官 1 608 家"①。广西的数量，《古今图书集成·职方典》说 197 家。② 贵州有 132 家。③

　　明朝初期，为了北守南攻，建立后方基地，继元朝之大业，继续大力经营以云南为首的西南地区，以防备蒙古占领云南，掎击其后背。但自永乐末期以后，土司已明显跋扈难驭。为此，明廷就尝试对一些屡屡反叛的土司予以废除，以示惩戒。但"明统治者把改土归流作为一种权宜之计，作为对土司控制的一种手段，因而明朝的改土归流是很不彻底的，没能对土司制度有多大触动。"④

　　清朝定鼎燕京后，仍沿用明代的土司土官制度⑤，但土司糜烂人民的本性，特别是其对抗地方政府乃至于中央的倾向，并没有因改朝换代而有所改变。于是，雍正帝决心改土归流。

---

① 张晓松：《论元明清时期的西南少数民族土司土官制度与改土归流》，载《中国边疆史地研究》，2005（2）。另据乾隆《云南通志》卷 24《土司》载，明初云南有土司 320 家。

② 明清各类典籍记载的广西土司、土官数量有所不同，如正德《土官底簿》记载有 167 家，毛奇龄：《蛮司合志》卷 12 记载为 161 家。今人吴永章认为总数量为 193 人（氏：《中国土司制度的渊源与发展史》，164～165 页，成都，四川民族出版社，1988），龚荫认为最多时有 342 人（氏：《中国土司制度》，998 页，昆明，云南民族出版社，1992）、苏建灵认为近 400 人（氏：《明济时期壮族历史研究》，156 页，南宁，广西民族出版社，1993）、粟冠昌认为总数超过 200 人（氏：《广西土官制度研究》，61 页，南宁，广西民族出版社，2000）。

③ 谢东山纂修：（嘉靖）《贵州通志》卷 5《职官》，影印明嘉靖三十二年刻本，上海，上海古籍书店，1982。

④ 李世愉：《明朝土司制度述略》，载《中国边疆史地研究》，1994（1）。

⑤ 赵尔巽、缪荃孙、柯劭忞，等撰：《清史稿》卷 519《土司传一》，北京，中华书局点校本，1976。

2. 清朝改土归流的动力

清朝改土归流的主要动力大致有五:(1)扼守藏彝走廊,防止蒙藏势力与西南土司势力合流;(2)剪除割据势力;(3)保证滇铜供应;(4)增加赋税;(5)减轻内地人口压力。

首先,迨至明朝,藏彝走廊仍以其特殊的地理位置与人文背景,为明朝防备蒙古人南下、以免重蹈金、宋两朝覆辙的战略要地,始终为明朝统治者所高度重视。故明太祖甫定关中,便"建重镇于甘肃,以北拒蒙古,南捍诸番,俾不得相合"。然自16世纪后期蒙古俺答汗势力进入藏区以降,蒙古势力在藏区与藏彝走廊长时间占有举足轻重的地位。三藩之乱时,蒙藏联合建立的甘丹颇章政权摇摆于清廷与吴三桂之间,并趁机占领了巴塘、里塘、中甸等地,从南部威胁清廷的安全。[①] 同时,该政权为了成功割据一隅,"既祖准噶尔以残喀尔喀蒙古,复唆准噶尔以斗中国,又外搆策妄,内阅拉藏汗,遂招准兵寇藏之祸"[②]。故川陕总督年羹尧曾上奏说:"查陕西之甘州、凉州、庄浪、西宁、河州、四川之松潘、打箭炉、里塘、巴塘、云南之中甸等处,皆系西番人等,居住牧养之地。自明以来,失其抚治之道,或为喇嘛耕地,或为青海属人。交纳租税,惟知有蒙古,而不知有厅卫营伍官员"[③]。关于藏彝走廊中部地区的居民构成,《明史》说:"所属有四十八马站,大头土番、僰人子、白夷、麽些、作佉鹿、保罗、鞑靼、回纥诸种散居山谷间。北至大渡,南及金沙江,东抵

---

① 康熙五十八年正月十三日《四川总督年羹尧奏为再陈进兵西藏兵数等情折》:"再里塘、巴塘、结当(今中甸——引者注),原系云南丽江土府所管,吴逆叛时为已故亲王扎什巴图鲁所取。恐内地清查,遂布施与达赖喇嘛",收入中国第一历史档案馆编:《康熙朝汉文朱批奏折汇编》第8册,386页,2735条,北京,档案出版社,1984。

② 魏源撰,韩锡铎、孙文良点校:《圣武记》卷5《外藩》,202页,北京,中华书局,1984。

③ 年羹尧:《条奏青海善后事宜十三条》,《清实录》卷20"雍正二年五月戊辰"条。

乌蒙，西讫盐井，延袤千余里。"① 清人顾炎武也说："夫建南者，非汉所称西南夷而唐所称六诏之属者哉。至我明末，部落散处，君长不齐，约共九种，可得而言，曰：一僰人，二猓猡，三白夷，四西蕃，五麼些，六狢［犭鹿］、七觟鼪、八回子、九渔人是也。而猓猡最狰狞，迄时习为边患矣。"② 凡此种种，都是清廷的心腹之患，必欲除之而后快。

其二，至于西南土司尾大不掉问题，明清时代的人们普遍认为"夷性犷悍，嗜利好杀，争相竞尚，焚烧劫掠，习以为恒。去省窵远，莫能控制，附近边民，咸被其毒"。"虽受天朝爵号，实自王其地"③，俨然诸多独立王国。而贵州苗疆长时间"为顽苗蟠踞"④，"广袤二三千里"，"不隶版图，不奉约束"，"官民自黔之黔，自黔之楚，之粤，皆迂道远行，不得取直道由苗地过"⑤。

其三，关于土司占地过广，土官过多，极大地减少了朝廷税赋问题，鄂尔泰在其《改土归流疏》中说得很清楚："为剪除夷官，清查田土，以增赋税，以靖地方事。"

其四，关于滇铜对清朝社会发展的重要性，严中平、张增棋等⑥多有研究，此处将在汲取这些成果的基础上继续探讨。清朝仍采用银钱并用体制，但"钱贵银贱"⑦的局面始终没有改变过，迫使清廷必须增加铸造铜币量以平衡货币市场。有清一代每年需

① 张廷玉、万斯同、毛奇龄，等撰：《明史》卷311《四川土司传》，8 019 页，北京，中华书局点校本，1974。

② 顾炎武：《天下郡国利病书备录》，四部丛刊三编本，上海涵芬楼民国二十五年景印昆山图书馆藏稿本，第20册，53 页。另外，曹学佺撰：《蜀中广记》卷三十四《边防记》第四，"上川南道·宁番卫"项（文渊阁四库全书第591册，358 页，台北，台湾商务印书馆，1986）将本处之"觟鼪"，写作"青海"。

③ 张廷玉、万斯同、毛奇龄，等撰：《明史》卷311《四川土司传》，8 017 页，北京，中华书局点校本，1974。

④ 魏源撰，韩锡铎、孙文良点校：《圣武记》卷7《土司苗瑶回民·雍正西南夷改流记上》，285 页，北京，中华书局，1984。

⑤ 方显：《平苗纪略》，1 页，A 面，清同治武昌刻本。

⑥ 严中平：《清代云南铜政考》，上海，中华书局，1948；张增棋：《云南冶金史》，昆明，云南美术出版社，2000。

⑦ 云南大学历史系：《云南冶金史》，31 页，昆明，云南人民出版社，1980。

要铸币铜料 1 000 多万斤,自康熙五十年日本实施"锁国令"、禁止铜料出口以降,清廷只好依靠国内矿藏来解决该问题。当时中国勘探出来的铜矿很少,且大都品低难采,只有"滇产五金,而铜尤为盛",故"官局用铜",自康熙"四十四年兼采滇产"①。从雍正末年开始,云南官铜产量进入极盛期,故自乾隆二年(1737 年)起,户部之宝泉局、工部之宝源局所需铸钱铜料只得全部改为滇铜。从乾隆四年起,户部议定每年运送至京的铜料高达 6 331 440 斤。② 滇铜除了大量供应京局之外,还向外省和滇省铸币局提供,三者分别称:"京铜""采铜"和"局铜"。至于其数量,从乾隆初开始,"岁出六七百万或八九百万,最多乃至千二三百万"③。

其五,自明末以来,因耐瘠土且高产的红薯、玉米、土豆的引种而导致了中国人口发生了前所未有的激增、膨胀。据高王凌推算,康熙前期全国约有七八千万人,到了中期约有 1 亿左右。④何炳棣认为 1683 年左右的清朝人口当在总 1 亿与 1.5 亿之间,到了 1800 年已达到 3 亿,1850 年则增到 4.3 亿。⑤ 内地已经难以容下如此众多的"过剩"人口,加之康熙时期实施"摊丁入亩"政策后,束缚农民于土地上的锁链被割断,于是,"民轻去其乡,五方杂处"⑥。同时,"一切游手末作者相率而为化外之民,虽或逃丁以鬻贩邀厚利,而官莫得欤而役焉"⑦,致使向海外移民、向

---

① 阮元、王崧纂修:《云南通志稿》卷 73《食货志·矿厂一》,1 页,A 面,清道光十五年(1835 年)刻本。
② 严中平:《清代云南铜政考》,10~12 页,上海,中华书局,1957。
③ 赵尔巽、缪荃孙、柯劭忞,等撰:《清史稿》卷 124《食货志五》,北京,中华书局点校本,1976。
④ 高王凌:《清代初期中国人口的估算问题》,载《人口理论与实践》,1984(2)。
⑤ 何炳棣:《美洲作物的引进、传播及其对中国粮食生产的影响》(三),载《世界农业》,1979(6)。
⑥ 冯桂芬:《显志堂稿》卷 11《稽户口议》,"近代中国史料丛刊续编"第 79 辑,1 013 页,台北,文海出版社,1989。
⑦ 丘家穗:《丁役议》,贺长龄辑:《皇朝经世文编》卷 30《户政》五,《近代中国史料丛刊》第 74 辑,1088 页,台北,文海出版社,1966。

边疆讨生活形成了潮流。当时朝廷"封禁"辽东、蒙古与回疆，西南地区毫无悬念地成为移民青睐之地。

3. 土司对付中原王朝的法宝

（1）瘴疠与瘟疫

瘴气及瘟疫、高山大川、独特地域文化及经济形态是西南地方割据势力对抗中原（或中央）王朝的三件利器。就第一个而言，最有代表性的莫过于元末明初之元朝大理总管段信苴世给明朝将军傅有德下达的战书：①

"据西南称为不毛之地，易动难安，即日春气尚喧，烟瘴渐重，污秽郁蒸染成痢疫，据汝不假砺兵，杀汝不须血刃。四五月雨水淋淫，江河泛涨，道路阻绝，往返不通，则知汝等疲困尤极，粮绝气敝，十散亡八九，十患倒六七，形如鬼魅，色如黑漆，毛发脱落，骨瘠露出，死者相籍，生者相视，欲活不能，凄惨涕泣，殆及诸夷乘隙，四向蜂起，弩人发毒箭，弓人激劲矢，弱则邀截汝行，强则围击汝营，逆则知之，汝进退果狼狈矣。"

瘴气对于中原的官员、文人与普通百姓而言，确实是挥之不去的噩梦。即使到了明清时代，类似的记载还是不绝于史乘、各类文书与传闻。如云南在中原人眼中，"皆高山峻岭，深林密菁，象虎成群，瘴疠为疟，古谓不毛之地"②。明朝人丘溶形容当时的广西情形说："其地多瘴疠，中原之人惮入其地。未至，固已怯畏；一入其地，气候不齐，蒸湿特甚，往往不战而死。"③ 据《百粤风土记》载："永乐初，调湖广、贵州军征广西蛮，遂留戍其地。后贵州军以征麓川撤回，独留楚军万人，分戍桂林、柳州、平乐诸州邑。有万户及裨将统之，阅岁践更。然水土不习，多至

① 王世贞撰：《弇山堂别集》卷85，1 624～1 630页，北京，中华书局，1985。
② 刘崑撰：《南中杂说·四封》，丛书集成初编第3 142册，20页，上海，商务印书馆，1932。
③ 丘溶：《驭猺獞议》，汪森编：《粤西文载》卷56，影印文渊阁四库全书第1 466册，674页，台北，商务印书馆，1986。

病死。"①至于"思恩府旧治，地名桥利，委系险恶瘴疠，非人所居"②。清雍正年间，威远厅同知刘洪度被当地反叛土目谋害，雍正诏"搜剿党逆之威远、新平诸偞"，"冒瘴突入，禽斩千计，而我将士亦患瘴死二百余"。③ 与瘴气并发的瘟疫在西南地区史不绝书，令人谈之色变，如清咸同年间云贵高原流行鼠疫，仅云南、澂江等七府、厅就死亡人口150万之多。④

瘴气与瘟疫曾是中原王朝或偏安王朝进军西南夷地区的障碍，但经过元明两朝的长期经营，特别是明朝嘉靖以后，中原移民的大规模移居与垦殖，云贵与岭南地区已经"无不辟之土，无不垦之山"⑤，导致瘴气逐渐由坝区向山区、河谷区退缩。尤其是耐高寒、耐瘠土的玉米、红薯、白薯等美洲农作物被大量引种，极大地改变了生态环境，许多致瘴生物日益减少，瘴气随之减弱。

（2）高山大川

西南地方势力对抗中原王朝的第二件利器是有利地形。如洪武二十一年，云南曲靖府越州土知州阿资聚众起事，听说明廷欲派兵进剿后，毫不在乎地说："国家有万军之勇，而我地有万山之险！"类似情形比比皆是，莫不反映了西南地区割据政权或少数民族本身恃险无惧的心态。

实际上，在明朝以前，生长于平原及丘陵的中原王朝军队，其所擅长的长弓巨矛、步骑联合冲锋陷阵的冷兵器作战方式，在山岳地带，面对善于密林作战、惯于登高爬坡的山地运动战的土

① 汪森编，黄振中、吴中任，等校注：《粤西丛载》卷24《戍兵》引《百粤风土记》，1 050页，南宁，广西民族出版社，2007。
② 林富：《议上思田等处事宜疏》，汪森编：《粤西文载》卷7，台北，商务印书馆，影印文渊阁四库全书本，第1 465册，551页，1986。
③ 魏源撰：《圣武记》卷7《雍正西南夷改流记上》，道光二十六年刻本。
④ 李玉尚、曹树基：《咸同年间的鼠疫流行与云南人口的死亡》，载《清史研究》，2001（2）。
⑤ 翁永榴：《元阳赋》，转引自杨成彪主编：《楚雄彝族自治州旧方志全书·元谋卷》，220页，昆明，云南人民出版社，2005。

著居民，无论在武器上，还是在军事技术上都不占优势。其数量优势经常被对手的山地游击战所消解。

（3）经济的自立性与文化的独特性

西南地方势力对抗中原王朝的第三件利器是经济的自立性与文化的独特性。仍可以《大理战书》为例，段信苴世说：

> "我云南僻在遐荒，鸟杂犷悍，最难调化，历代所不有者，以其山川之所限，风气之所移，语言不通，嗜欲已异，得其民不可使故也。至汉武帝不思先王之道，穷兵于滇池，海内徒是虚耗，唐玄宗不忍边夷小忿，逞武于蒙氏，全军以之陷没，构多事之祸以贻后人，遂使川蜀交趾连年为中国患，此可以见兵威之不足恃也。共惟今朝，遵守三代之典章，革汉之故弊。绝无凌辱暴寡之心，惟有除残救民之政。故我段氏纳款，意在封王入贡，靖郊涓尘之劳，望天地涵育而已。"

段氏说得非常明确，云南从来就不属于中原（中央）王朝，如明廷想拥有云南的话，可以封段氏为王，段氏则纳款入贡而已。"弗如是，唯恐瘴毒日重，疫痢日兴，师老粮绝，万一失挫，奚翅为天下之叱笑，亦负段氏厥初之所望，又为西南诸侯之耻辱矣"。①

关于西南地区的文化独特性，王守仁也说："岭南之州，大抵多卑湿瘴疠，其风土杂夷，自昔与中原不类。"② 由于中原人对西南地区的瘴气心存畏惧，顺带着对其文化也存在着偏见，形成"蛮夸边境，地皆炎瘴，人皆顽梗，不可以中国之治治之"③ 的心

---

① 王世贞撰：《弇山堂别集》卷85，1 624～1 630 页，北京，中华书局，1985。

② 王守仁：《王阳明全集》卷29《送李柳州序》，520 页，上海，世界书局，1936。

③ 闵珪：《论抚讲岑应疏》，汪森：《粤西文载》卷5，台北，商务印书馆影印文渊阁《四库全书》本，1 465 册，507～508 页，1986。

理定势，这些都成为阻止中原王朝官民、军队深入西南的心理障碍。

在与中原王朝交往之前，西南地区与东南亚、南亚之间就存在着广泛的交换关系。至于使用货币的时间与材质，杨寿川认为早在战国时期海贝就在云南作为货币来流通。[①] 当然，这个推断主要来自于考古发掘，而文字记载则最早见于《新唐书》："以缯帛及贝交易。贝之大若指，十六枚为觅。"[②] 经过唐、两宋、元，直至明代，据《大明一统志》载：云南仍然"交易用贝"。原书小字注曰："贝俗呼作蚆[③]，以一为庄，四庄为手，四手为苗，五苗为索。虽租税亦用之"[④]。查诸其他史料，可知此句实抄自《大元混一方舆胜览》[⑤]。期间，明廷曾在云南推行过金属钱币，但"民间用蚆如故，钱竟不行，遂以铸成之钱运充贵州兵饷，停罢铸局，时万历八年也"[⑥]。迨至清初虽然实施"废贝行钱"之策，但直至清乾隆年间许多地方仍然流通贝币。这些海币的原材料多产自印度，而当时印度及东南亚许多国家仍然流通贝币。这也从一个侧面说明，云南从经济上被纳入"泛中原板块"已是清初之事。

4. 清朝得以改土归流的利器

清朝对付以土司为代表的西南地方势力也有数件利器。兹叙述如下。

---

① 杨寿川：《云南用贝作货币的起始时代》，载《思想战线》，1981（5）。

② 欧阳修、宋祁、范镇，等撰：《新唐书》卷222上《南诏传》，北京，中华书局点校本，1982。

③ 于逢春按：原文作"貱""貥""肥"皆为"蚆"之异体字，故此处应改为"蚆"。

④ 李贤修：《天下一统志》卷86《云南府风俗》，4页，B面，明天启五年（1625年）万寿堂刊本。

⑤ 刘应李原编，詹有谅改编，郭声波整理：《大元混一方舆胜览》卷中《云南等处行中书省·中庆路》，453页，成都，四川大学出版社，2003。

⑥ 倪蜕辑，李埏校点：《滇云历年传》卷12"雍正元年五月"条，倪蜕按语；570页，昆明，云南大学出版社，1992。

（1）红薯、马铃薯、玉米等引种西南，以及随之而来的移民

云贵高原由于夏季高温明显不足，以及岩溶地貌、[1] 高山气候、红色土壤的影响，限制了喜热作物的广泛种植。另外，因"地无三里平""尺寸皆山，欲求所谓平原旷埜者，积数十里而不得袤丈"[2]，故直到近现代，田地比例仍然很低。如 1952 年云南省的旱地占总耕地 61.4%，而水田仅占 38.6%，[3] 贵州比例更低。因此之故，元、明两朝虽然投入大量的人力与物力在云贵高原屯田，但刀耕火种式粗放型农业在云贵仍占据着主导地位，山地畜牧业乃至于采集、渔猎等生产生活方式还盛行于少数民族地区。

在西南地区的农作物种植史上，真正具有革命性的变革是来自于美洲的红薯、马铃薯、玉米从海上传到中国。这些作物在前近代有着中国原产或域外传来的水稻、谷物、麦类等作物所不具备的耐寒、耐瘠土且高产的特点，如红薯"瘠土砂砾之地，皆可以种。（中略）其种也不与五谷争地，凡瘠卤沙冈皆可以长。粪治之则加大，天雨根益奋满，即大旱不粪治，亦不失径寸围。泉人鬻之，斤不值一钱，二斤而可饱矣"[4]。对于这些作物传来后对中国社会之影响、对西南地区农业的发展，何炳棣与杨伟兵分别进行过富有成效的研究。[5]

何炳棣认为，近千年来中国粮食生产史上的第二次革命则来自于 16 世纪美洲四种农作物——红薯、玉米、土豆、落花生的

---

① 根据谢家雍《西南石漠化与生态重建》（贵阳，贵州民族出版社，2001）：云贵地区岩溶地貌面积达 222 835 平方公里，占两省土地总面积的 39.5%。

② 田雯撰：《黔书》，徐嘉炎之《序》，民国影印嘉庆十三年刻本，黔南丛书重排本。黄家服、段志洪主编：《中国地方志集成·贵州府县志辑》，465 页，成都，巴蜀书社，2006。

③ 《云南农业地理》编写组：《云南农业地理》附《耕地类型构成与变动状况》，106 页，昆明，云南人民出版社，1981。

④ 周亮工撰：《闽小记》卷 3《蕃薯》，125 页，上海，上海古籍出版社，1985。

⑤ 何炳棣：《美洲作物的引进、传播及其对中国粮食生产的影响》（一）（二）（三），分别载《世界农业》，1979（4）、1979（5）、1979（6）；杨伟兵：《元明清时期云贵高原的农业垦殖及其土地利用问题》，载《历史地理》，20 辑。

传入。这四种作物对沙地、瘠壤、不能灌溉的山区及丘陵，甚至北纬58度以南高寒地区的利用，作出很大的贡献。^①以2008年为例，该年度中国的玉米、薯类、马铃薯、花生播种面积分别为29 863.7、8 426.8、4 663.4、4 245.8千公顷，产量分别为16 591.4、2 980.2（折粮）、1 415.6（折粮）、1 428.6万吨，单产分别为5 556、3 537（折粮）、3 036（折粮）、3 365千克/公顷。^②也就是说，直到今天，中国在世界上仍是这四种作物耕种面积与产量最多或前几位的国家。

　　清代人口膨胀，造成移民向四周扩散，他们携带着高产、耐瘠土与高寒的美洲农作物，由近及远，先到两湖、四川，而后进入西南诸省。而后再由平原而山区，如在湖北，位于其西南部的建始县系土家族、苗族集聚之地，"迨改土以来，流人麇至，穷岩邃谷，尽行耕垦"。"建邑山多田少，居民倍增，稻谷不给，则于山上种包谷、洋芋或蕨、蒿之类。深林幽谷，开辟无遗。"^③在贵州思南府之婺川县，"产米不多"，因"有包榖杂粮等项，足敷民食，无须他处接济"^④；黎平府之"种杉之地，必豫种麦及包榖一二年以松土性，欲其易植也"^⑤；威宁州则"温饱鲜贫，人以苦荞为常食，包榖、燕麦佐之"^⑥；兴义府之"包榖、杂粮，则山头地脚无处无之"^⑦。

① 何炳棣：《美洲作物的引进、传播及其对中国粮食生产的影响》（二），载《世界农业》，1979（5）。
② 中国农业部编：《新中国农业60年统计资料》，20～23页，北京，中国农业出版社，2009。
③ 熊启咏纂修：《建始县志》卷4《物产》，影印清同治五年刻本，《中国地方志集成·湖北府县志辑》第56册，68页，南京、上海、成都，江苏古籍出版社、上海书店、巴蜀书社，2001。
④ 爱必达：《黔南识略》卷16《思南府》，黄家服、段志洪主编：《中国地方志集成·贵州府县志辑》第5册，447页，南京、上海、成都，巴蜀书社、江苏古籍出版社、上海书店，2006。
⑤ 同上，卷21《黎平府》，475页。
⑥ 同上，卷26《威宁州》，505页。
⑦ 同上，卷27《兴义府》，511页。

　　从而使得西南地区垦殖面积的急剧扩大。杨伟兵认为康熙二十四年（1685 年）云南耕地为 6 481 766 亩，贵州为 959 711 亩。[①] 到了康熙五十一年，康熙帝不无得意地说："前云南、贵州、广西、四川等省遭叛逆之变，地方残坏，田亩抛荒，不堪见闻。自平定以来，人民渐增，开垦无遗。或沙石堆积难于耕种者亦间有之，而山谷崎岖之地，已无弃土，尽皆耕种矣。由此观之，民之生齿实繁。"[②] 经过雍正朝的改土归流，乾隆朝的持续发展，"山多田少"的滇省"水陆可耕之地，俱经垦辟无余，惟山麓、河滨尚有旷土"，但已有"边民"垦种。[③] 到了嘉庆二十五年（1820 年），云南册载田地亩数达到"九万三千一百七十七顷三十三亩一分有奇。夷田地八百八十三段"，贵州为"二百七十万三千一百六十七亩五分有奇"[④]。

　　由于山上垦殖与森林烧荒，使得西南这片"自古所称瘴地……谓非人所居，今则物候久与中州无异，开辟既久，人烟日众，瘴疠自消"[⑤]。清人记述说："滇南瘴形，说之者千汇万状，不能悉记。诸生辈之远来者，皆生瘴乡，文彩风流，惠中秀外，问其地之所以为瘴者，亦从不见之。因思暑热之地，饮食过伤，或贪凉卧，辄发疟，失治即死。内地皆然，不独边荒，边荒遂以为瘴耳。大金江有瘴母，出则为祸，边远又有蚂蝗瘴、螃蟹瘴之名，名数甚多，不独如范《志》青草、黄梅、新禾、黄茅之四名也。乡居寒疾，五日不汗即死，岂独岭海之外能死人？故志

① 杨伟兵：《云贵高原环境与社会变迁（1664—1911）：以土地利用为中心》，复旦大学博士论文，2002。
② 《清圣祖实录》卷249，"康熙五十一年二月壬午"条，469 页，北京，中华书局，1986。
③ 《清高宗实录》卷764，"乾隆三十一年七月丁亥"条，393 页，北京，中华书局，1986。
④ 嘉庆帝敕撰：《嘉庆重修一统志》卷475《云南统部·田赋》，12 页，A 面、同书卷499《贵州统部·田赋》，上海，上海书店影印本，1984。
⑤ 贺宗章撰：《幻影谈》下卷《杂记》第七；方国瑜主编：《云南史料丛刊》12 卷，133 页，昆明，云南大学出版社，1999。

瘴之不足恐，以坚南游者之心志，俾共尽力于所事，庶造地方之福矣。"①

（2）舶来的西洋火器

①西洋火器的舶来及其在湖广、云贵改土归流中的作用

关于西洋火器在明、清战争，特别是在清代西南地区改土归流中的作用，王兆春、张文等曾进行过研究。② 此处，笔者将借助于这些成果，继续探讨舶来的西洋火器在中国疆域底定过程中的作用。

鄂尔泰的改土归流首先从川边的乌蒙、镇雄两土府开始。却说乌蒙土府的首领为禄氏，因不堪忍受清朝地方官的欺压，禄万福与镇雄土府首领陇庆侯等于雍正初期举兵反，"同盟兵进逼，大局岌岌"③。清世祖派遣各路人马平叛，清将哈元生以朝廷兵 3 千、土兵 1 千赶赴乌蒙，至得胜坡遭遇两土府兵 2 万，并与之对垒。哈趁夜设伏兵于两翼而严阵以待。黎明时分，两土府兵数路来攻，哈伺其逼近阵前，先以大炮轰击，接着山后两路伏兵杀出，两土府兵顿时大溃，连失 80 余营。哈当日抵达乌蒙土府城下，土府兵望见哈元生军旗即逃。④ 后人总结哈元生得胜的原因，认为"官军火器锐利，倮兵当之辄溃，元生以是胜"⑤。

张广泗于雍正六年（1728 年）八月奉云贵总督鄂尔泰之命征讨位于今广西宁明县东南的思陵州。其方法是，"扼其饷道，屯兵二三里外，量大炮所能及，渐渐进逼，贼窘急，斩土目颜光色兄弟以献尚闭寨不出，遂为官兵所毁"。而"前此广西游击常显

① 檀萃辑：《滇海虞衡志》卷 12《杂志》，4 页，胡思敬辑：《问影楼舆地丛书》第 9 册，光绪三十四年新昌胡氏京师排印本。
② 王兆春：《中国火器史》，北京，军事科学出版社，1991；张文：《火器应用与明清时期西南地区的改土归流》，载《民族研究》，2008（1）。
③ 徐珂编撰：《清稗类钞》之《战事类·哈元生平乌蒙》，上海，商务印书馆，民国六年初版本。
④ 魏源撰：《圣武记》卷 7《雍正西南夷改流记上》，道光二十六年刻本。
⑤ 徐珂编撰：《清稗类钞》之《战事类·哈元生平乌蒙》，上海，商务印书馆，民国六年初版本。

虎以兵三千剿抚两月，屡衄无功者也"①。

方显曾于雍正年间主持苗疆剿抚之事，当时苗人尽管也拥有一定数量的火器，但清军显然在火器上更具遥遥领先的优势。如某日清军首领文英领兵外出，苗人以大营兵出，乘虚来犯，方显见势，"急率诸文员督夫匠执刀棒随留营兵分地严守，令每人燃香两枝，香灰厚分许即弹去其灰。苗望之如火绳状，疑畏不敢进"②。可见，清军火器对苗疆土著居民的心理上有着极大的威慑力。

②火器在大小金川土司之战中的作用

大、小金川位于今四川省金川县、小金县境内，"地高峰插天，层叠迥复，中有大河，用皮船笮桥通往来。山深气寒，多雨雪"，"番民皆筑石碉以居"。③ 既有许多海拔 4 500 米以上的高山，又多有湍急峡谷，加上险要之处林立的坚固碉堡，特别是剽悍的土司军队，对擅长平原、丘陵作战的官军构成了极大的威胁。

根据入手史料，在乾隆十二年（1747 年）及以后的清军平定大、小金川之战中，大、小金川土司虽然也拥有一定数量的火器，但仍以冷兵器为主。其鸟铳、火炮等，无论是质量，还是数量，抑或操作技术，都无法与清廷相比。

原来清军为了平定大、小金川，不但配有重型炮，还特地制造了一些适宜山地作战的轻型短管炮。

关于重型炮，著名的有九节十成炮。该炮身重 790~798 斤不等，长 5.1~6.9 尺不等，系清廷为适宜山地作战而特造之物。用火药自 1.4 斤至 1.8 斤，铁子 2.8 斤。④ 至于特制轻型短管炮，

---

① 魏源撰：《圣武记》卷 7《雍正西南夷改流记上》，道光二十六年刻本。
② 方显撰：《平苗纪略》，同治癸酉武昌刻本，1 页。
③ 昭梿撰：《啸亭杂录》卷 4，北京，中华书局，1980。
④ 昆冈等修：《钦定大清会典图》卷 69《武备》，光绪二十五年八月石印本；王兆春：《中国火器史》，268 页，北京，军事科学出版社，1991。

主要有冲天炮和威远将军炮，二者在形制构造和发射方式上大体相似，是针对西南地区山高、沟深、碉堡坚固的地理特点而造的，主要用曲射方式轰击城墙和高大碉堡后面的敌军。据王兆春研究，威远将军炮"射程的远近，由装药量的多少和炮尺的高低而定。当装药量分别为 1 斤、1.2 斤、3 斤时，其射程分别为 200 步~250 步、300 步和 2 里~3 里。此炮用于曲射，通常以 45 度的射角射出弹丸，是仰攻高城和山寨、石碉的利器"[1]。

关于火炮威力，官军进攻大金川转经楼时，该"楼与勒乌围大碉相犄角。高砌八层，凭依为阻。我军首戴柴相栅，手推沙土囊，进薄碉边，层层垒砌。顷刻成木栅三重，俯击碉下。又穴地用炮，贼众之掘沟以抗者，轰击立毙"[2]。不久，官军围攻噶拉依，"富德遣舒亮等掘地道，抵噶咱普山坡间，施火药轰击"[3]。大、小金川军负隅顽抗，意志坚强。但到了乾隆四十一年正月，官"军用大炮昼夜环击，穿堡墙数重，殪贼无算，并断其木道，贼益惶窘"，"自围剿噶拉依，凡四十余日，金川阖境悉平"[4]。

官军在大、小金川之战中不但使用火枪，而且战术娴熟，如土司军"潜袭大营，我兵先伏山边沟内，让过贼番，即放鸟枪，断其去路"[5]，"我兵一拥而登，即将头人僧木赖阿纳木用枪击毙"[6] 等记载比比皆是。关于官军使用火弹的记载也有不少，如官军统帅"令各领队大臣带兵，直取阿尔古"，"和隆武等四路官兵，已由山腰攻得大卡，即奋力下压，抢入寨内，到处痛加歼戮，抛入火弹，烟焰蔽天"[7]。

① 前揭王兆春：《中国火器史》，271 页、272 页，北京，军事科学出版社，1991。
② 方略馆纂：《平定两金川方略》卷首，西藏社会科学院西藏学汉文文献编辑室 1991 年影印本，第 12 页右帙。以下所引《平定两金川方略》，如无特别说明，均系此版本，故不再标注。
③ 方略馆纂：《平定两金川方略》卷首，12 页左页。
④ 方略馆纂：《平定两金川方略》卷首，12 页左页~13 页。
⑤ 方略馆纂：《平定两金川方略》卷18，316 页左页。
⑥ 方略馆纂：《平定两金川方略》卷130，1 765 页右页。
⑦ 方略馆纂：《平定两金川方略》卷130，1 764 页左页~1 765 页右页。

③中原王朝利用京铜、采铜与局通之路加强了对西南的控制

前述的滇铜都需要外运，但盛产铜料之地在清初却是"万峰壁立，林木阴森，以为蚕丛鱼凫境界，于兹犹见"①之域。对于该地交通情况，清人余庆远的记录颇为贴切："一线幽麓，悉盘曲千蹬，上临悬厂，下逼危矶；山从人面，云向马头，未足以方其崎岖"，"引藤扪葛，险莫之胜；飞渡蓬莱，或可以形"②。

在只能靠人工劈山架桥，凭借人力运输的前近代，外运这些铜料可谓艰难无比、费尽移山心力。据清人吴其濬记载，每年生产的一千多万斤外运铜，京铜运京路线是先从各矿厂运至相关分店卸货，再由各分店续运到今四川泸州店卸货，在此装船顺长江航道到今江苏仪征附近，由此转运进入大运河，北上直入通州，在此上岸陆运到京城内户部与工部的司库；局铜则由各矿厂分运至省内相关铸钱局；采铜则由各矿厂分运至云南省局，再分运到各省，邻近各省则由各矿厂直接运达。③

以京铜运京为例，高宏等根据前人成果认为，"清代滇铜外运到泸州的主干线主要有寻甸路、东川路。其中，前者是大理—下关—楚雄—昆明—易隆—寻甸—威宁—镇雄—罗星渡—泸州；后者是大水沟厂—黄草坪—尖山塘—东川—昭通—豆沙关—盐井渡—叙府—泸州"④。陈海连等认为滇东北地区的铜厂多供京运，其中最远的禄劝县狮子尾铜厂到泸州的水陆路程合计达 3 245 里；最近的永善县金沙梅子沱厂仅到泸州的水程也要 830 里。滇西地区最远的回龙铜厂到泸州的水陆路程达 4 000 多里；其他稍近各

① 方桂：《环青楼记》，乾隆《东川府志》卷 20 下《艺文》，《中国地方志集成·云南府县志辑》第 10 册，163 页，南京、上海、成都，凤凰出版社、上海书店、巴蜀书社，2009。
② 余庆远：《维西见闻纪》，杨复吉编：《昭代丛书》"庚集埤编"，1 页，B 面，道光二十九年吴江沈氏世楷堂刻本。
③ 吴其濬：《滇南矿厂舆程图略》下卷之"运第七"篇，清道光二十四年刻本。
④ 高宏：《清代中前期云南铜矿的开发及对交通的影响》，载《边疆经济与文化》，2007（8）。

厂到泸州也要上千里。故"从各厂运到泸州限时一年",运到京城"往往要颠簸两三年之久"①。对于在滇省与滇川、滇桂之间修筑"滇铜之路",潘向明作为比较翔实的研究,认为清朝主要有以下几个方面的成就:(1)开凿疏通了寻甸与泸州间、东甸与泸州间的水路;(2)开凿疏浚了从东川府小江口至四川叙州(今宜宾)之间长达1 300余里的金沙江大部分江段;(3)开凿了自昆明起,经呈贡、宜良、路南、弥勒和邱北以至广南,再经剥隘而抵百色的滇桂通路;(4)开辟了自昆明经新兴(今玉溪)、嶍峨(今峨山)、元江、他郎(今墨江)、普洱、思茅以至十二版纳的军站和铺递线路;(5)整修了从昆明西向经楚雄、大理、保山至腾冲一线的古道。② 这些道路固然大多为外运滇铜而修,但它更是清廷控制边疆的军事生命线、行使主权的命脉,是内地移民拖家带口、荷锄携种进入深山僻地从事垦殖与经商的通道。与此同时,大量从事铜矿开采的人群得以云集其地,所需的粮油、菜蔬、炭、木材等需要外地供给。于是,数量极多的站、店林立道路两旁,对于当地经济开发、商业兴旺都起到了重要作用,从而使得这一半未开发的地区,到了清中叶时,成为了云南省人口密度最高的地区之一。③

5. 鄂尔泰在西南改土归流的局限性

关于鄂尔泰改土归流的目的,他在给雍正帝的奏折中开宗明义,阐述得非常清楚:"云贵大患无如苗、蛮。欲安民必制夷,欲制夷必改土归流。"为什么呢?他以乌蒙土司为例,说该土司"距云南省城亦仅六百余里,钱粮不过三百余两,取于下者百倍。

① 陈海连、高煊:《从〈滇南矿厂图略〉看清代云南铸币铜矿的运输问题》,载《内蒙古师范大学学报》(自然科学汉文版),2007(6)。
② 潘向明:《清代云南交通开发》,马汝衍主编:《清代边疆开发研究》,北京,中国社会科学出版社,1990。
③ 邹启宇主编:《中国人口》(云南分册),表7~2,252~256页,北京,中国财经出版社,1989。

一年四小派，三年一大派，小派计钱，大派计两。土司娶子妇，土民三载不敢婚。土民被杀，亲族尚出垫刀数十金，终身不见天日"。而东川土司已改流，但仍"为土目盘据，文武长寓省城，膏腴四百里无人敢垦。"① 也就是说，鄂尔泰与雍正帝改土归流的目的在于安民，改变土司欺压与盘剥少数民族与民人、霸占土地等生产资料现状，绝非开疆拓土。

所以，鄂尔泰在给雍正帝的奏折中，是这样界定改土归流的原则的："若不论有无过犯，一概勒令改流，毋论不足以服人，兼恐即无以善后。如果相安，在土原无异于在流；如不相安，在流亦无异于在土也。"② 鄂尔泰认为在整个西南土司中，唯云南土司地广势大，恃强而骄，"劫杀为生，纵则啸聚，擒则遁藏，本无能为，实不易治。而大小文武官弁，或瞻顾考成，或讹言宽大，弱者不能制，强者啖之，暗者不能抚，明者弃之。故每杀人劫寨，匿不报闻，或诱致二三人捏报了事，以致汉奸、土霸从中唆使，谓官军伎俩如此，莫可谁何？事变不过招安，事定依然安插，益肆猖狂，明相勾结，此顽梗之由来也"③。所以，应将改土归流的着眼点放到云南的骄狂土司身上。

但也因此产生了鄂尔泰在"改土归流疏"中所说的现象："滇边西南界以澜沧江，江外为车里、缅甸、老挝诸土司，其江内之滇沅、威远、元江、新平、普洱、茶山诸夷，巢穴深邃，出没鲁魁、哀牢间，无事近患腹心，有事远通外国，自元迄明，代为边害。论者谓江外宜土不宜流，江内宜流不宜土。此云南宜治

---

① 赵尔巽、缪荃孙、柯劭忞，等撰：《清史稿》卷288《鄂尔泰传》，北京，中华书局点校本，1976。
② 张书才主编：《雍正朝汉文朱批奏折汇编》第11册542条，雍正六年二月初十日，《云南总督鄂尔泰奏议覆何世璂所陈军田疆界及苗民管辖二事情形折》，648页，南京，江苏古籍出版社，1989。
③ 张书才主编：《雍正朝汉文朱批奏折汇编》第10册391条，雍正五年二月初十日，《云南总督鄂尔泰奏报料理镇沅一案善后事宜折》，516页，南京，江苏古籍出版社，1989。

之边夷也。"① 即江内土司嚣张，故加之以兵，改土归流；江外土司潜伏，故仍保留土司体制。但后来的历史证明，所谓的澜沧江外"宜土不宜流"且最终没有改流的土司，随着英国的到来及其中国自身的原因，大都游离于中国疆域之外。另外，位于今云南南部边境的一些土司，以及缅甸土司、老挝土司中的"两属"土司，因没有改流也不复为中国所有。

六、本章小结

贵州的高原与山地约占全省总面积的87%、丘陵占10%、盆地（坝子）、河谷台地和平原仅占3%；而云南的山地和高原约占全省总面积的94%，形成了"八山一水一分田"② 的局面，不但造成该地域在前近代社会时期的农业经济发展始终滞后，而且使居民分布极其分散。特别是多山环境造成了西南地区内外交通均不畅通，长时期处于封闭状态，为地方有力者长时段地占据一方，形成独立王国打下了基础；同时，热带、亚热带的植被及长时间得不到开发的环境，使该地域成为瘴气生成的渊薮。所以，东晋常璩评价当年汉武帝在此设置郡县事业之艰难与丰功时说："南域处邛、笮、五夷之表，不毛闽濮之乡，固九服之外也。而能开土列郡，爰建方州，逾博南，越兰沧，远抚西垂，汉武之迹，可谓大业。"③

以云南为中心的西南边疆地区真正而彻底地统合于中原（中央）王朝，始于元朝而完成于清朝之改土归流。中原（中央）王

---

① 赵尔巽、缪荃孙、柯劭忞，等撰，国史馆校注：《清史稿》卷519《土司传一》，1762页，台北，商务印书馆，1999；魏源撰：《圣武记》卷7《雍正西南夷改流记上》，清道光二十六年刻本。

② 根据云南省地方志编纂委员会编：《云南省志》卷1《地理志》（220页，昆明，云南人民出版社，1998）描述：截至1999年5月，云南省共有县级（含县级市、自治县、区、农林生产单位等）地方行政区划机构128个。其中，山地面积占全县（区）面积70%~89.9%者，仅有4个；山地面积占99%者，高达18个；其余各县（区）山区面积所占比例均在90%以上。

③ 常璩撰：《华阳国志》卷4《南中志》，清嘉庆十九年刻本。

朝所拥有的武器有三：（1）强大的中原（中央）王朝一统天下的决心、意志与武力；（2）明、清王朝超越冷兵器的火器之使用；（3）自明中后期从海上传来的美洲产耐瘠土、抗寒冷与超高产的玉米、红薯、马铃薯等农作物移植云、桂、黔三省，以及紧随其后的大批中原移民。前两者足以抵消中原（中央）王朝政府军队在地形上与数量上的劣势，后者则一方面烧山垦荒而破坏瘴气生成之根，另一方面，则为朝廷提供了充足的军事预备人员及"华化"当地的文化承载者。

就广西在明朝时期的居民构成而言，时人有"民四而瑶六"的说法。"民，汉人也；瑶，土人也"。"秦定百粤，汉开九郡，种人渐被声教，治自列于中国，唐于岭南沿边置羁縻州，宋于溪洞置左右江道，稍稍以中国法度整齐之，元明以来则有土司，视唐宋治理为益密，渐成腹里矣"①。就整个历史趋势而言，这个推断或许有一定道理的，但如果没有清雍正时期的大规模改土归流，则很难说。

回想汉武帝所开拓的"泛中原板块"，其北部的直接统治区域大体上维持在北纬42°左右，其正南部则一时间突破了北纬12°线。但西南地区自前汉到清初，或实施土流共治之郡县制，或自立于中原王朝之外，或处于羁縻状态，对中原（中央）王朝有着极强的离心力，这一点从云南经济流通领域长时段所使用的与中原不同的货币——海贝上就能够充分显现出来。从这个意义上说，云南作为"南丝绸之路"的主要通道，其经济体系直至清初仍属于南亚—东南亚经济圈，而非"泛中原"经济圈，所以有人主张改"南丝绸之路"为"贝币之路"。但有赖于手提马铃薯、玉米、红薯等农作物种子，肩扛锄头、镐头的移民之力，加之火

① 韦燕章：《清代广西大事记补遗二》，转引自李彦福等编《广西教育史料》，79页，南宁，广西人民出版社，1990。

器的应用，西南地区最终被纳入"泛中原板块"。与此同时，同样长时段漂泊的西域绿洲地带也被纳入"泛中原板块"。但这些理由不足以完全解释清楚靠近南海西岸的中南半岛中部及北部、朝鲜半岛中部及北部为什么分别于五代和元末明初就游离出"泛中原板块"。

溯及历史，我们可以发现元、明、清三代为经营西南地区所下的本钱，远远超过今中南半岛中部、北部与朝鲜半岛中部北部。这是因为西南地方对三朝而言，均有着不可或缺的政治价值与经济利益。元世祖忽必烈之着力经营西南地区，首先是因为该区域是他龙兴之地。为了稳定该处，他在此创设行省、创制了土司制；明朝为了实施其北守南攻之国策，希冀利用西南的铜、盐、木材、马匹、人力，以及"南丝绸之路"等资源建立后方基地。同时，为了避免重蹈南宋之覆辙，始终积极地防备北元重新占领西南掎击其后背；清朝则为了防止蒙藏势力与西南土司势力合流，保障滇铜供应与缓解内地人口压力，一刻也不敢放松对西南的经营。正因为如此，山高水急、瘴气弥漫，素称难治的西南地区最终成为"泛中原板块"的一部分。

"土司制"作为西南及其"藏彝走廊"上独有的现象，实际上是处于郡县体制的延长线上，是中国传统的封建①体制的另类形态。如果说朝鲜、越南、琉球等接受中原王朝册封且具有纳贡义务的属国可以理解为相对完整意义上的"封建"的话，那么，"土司"则可视之为半封建体制。伴随着清朝所构建的内地十八行省、辽东根据地、藩部、属国，即具有四重疆域构造的帝国基础的奠定；统合同一行省内的地方建制，即改变行省内的土司的半封建性格，应是顺理成章之事，"改土归流"势所必然。

---

① 本文的"封建"是汉语原初意义上的"封土建国""封爵建藩"之义，而非苏联式的人类发展五个阶段社会形态理论中的"封建社会"意义上的封建。

元朝构建的土司及其清朝构建的藩部及"辽东板块"东北部的噶珊制等，虽系半封建体制，但这种建构与 19 世纪 60 年代以降西方殖民者强迫中国接受的威斯特伐利亚体制所规定的疆域体系恰好不相冲突，从而使得积弱积贫的晚清中国大体上保住这些地域的相当部分。清朝，特别是雍正帝根据土司所具有的半封建制特点，大兴改土归流之策，在西方列强到来之前，初步走完了对一些势大而离心力强、且处于郡县边缘的土司的郡县化历程，但对于西南外缘土司却没有来得及（或未设想）实施任何举措。唯其如此，明朝设立、清朝继承的车里宣慰使司、缅甸军民慰使司、老挝宣慰使司、孟养宣慰使司、木邦宣慰使司、八百大甸宣慰使司等土司的绝大部分，由于没有对其实施改土归流之策，致使其大都游离于外。

第五章 男儿事长征：『辽东渔猎耕牧文明板块』讨究

□ 这口八宝琉璃井位于渤海国上京王城之内，在该王城最大的宫殿遗址——2号殿址东边。因此之故，有人说这个井里的水是供渤海国国王和后妃、王子们饮用的。这口古井，如果从渤海国灭亡时算起，也有一千一百多年的历史，这在全国也是为数不多的。

渤海国八宝琉璃井遗址
（本书作者 2008 年秋摄于
黑龙江省牡丹江市。）

第五章　男儿事长征："辽东渔猎耕牧文明板块"讨究

一、引言

在本书"导言"第一章中，笔者曾专门探讨中国疆域的最终奠定时间及范围问题，认为"中国"疆域自前 200 年左右匈奴冒顿单于首次统一大漠游牧区、前 100 年左右汉武帝首次统一农耕区到 1820 年最终底定，是一个渐进的过程。[①] 在该疆域没有被完全统合之前，就各地域的生产方式而言，先后出现过"大漠游牧""泛中原农耕""辽东渔猎耕牧""雪域牧耕""海上"五大文明板块。[②] 在此诸板块上，各色人等曾建立过各种各样的王朝，或单于朝、汗朝、赞普朝、王国等。"五大文明板块"并不是简单的地理划分，而是着眼于其彼此不同的文化渊源、特征和发展道路，以及相互影响、最终统合为一体的内在机理。

本章的"辽东渔猎耕牧文明板块"（以下简称"辽东板块"）范围，大致是指位于大兴安岭山系以东，日本海与鄂霍次克海以

[①] 于逢春：《论中国疆域最终奠定的时空坐标》，载《中国边疆史地研究》，2006（1）。

[②] "五大文明板块"的范围，请参见本书"导论"第 1 节"研究的缘起"的第 2 目"中国疆域最终奠定的时空坐标与形成路径"，第 8～9 页脚注。

西，战国秦汉长城东西走向之辽东长城、西北—东南走向之辽东故塞，[①] 及该故塞终点至日本海西岸之咸兴一线以北，勒拿河上中游流域及外兴安岭山脉以南的广阔地带。该地带在元末明初以前的古代中国历史上，[②] 其东南部与中部适于粗放农业辅之以渔猎，东北部是纯渔猎者的故乡，北部是游猎者的天地，西南部与西部易于放牧，呈现渔猎耕牧交汇的经济形态。

今日之东北地方在古代有多种称呼，如辽东、辽海、辽左、关东、东北、满洲等。其中"辽东"之称是春秋战国时代中原地带的人们最早用来描述今大东北地域的，直至清末仍沿用不辍。"关东"作为区域概念发端于明朝修筑山海关以后，而盛行于有清一代。用"东北"确指今天之东北地方，当始自民国时代，以至于今日，"关东"与"辽东"之名逐渐被淡化。在本研究中，之所以用"辽东"而舍弃"东北"之名，是基于对历史原貌的尊重。这是因为本文所界定的"辽东板块"，发轫于战国之全燕时代，初步成型于辽代，最终奠定于金代。而在当时，无论是"关东"，还是"东北"，作为一个包含着今天大东北全境的名词，尚未产生。故从地理、历史与文化诸方面来看，"辽东"之名仍是今天描述东北地域的诸名称中表意较为恰当的一个。

位于该板块以南的今大凌河、辽河中、下游流域，早在春秋时期，孤竹国就在此繁衍生息；辽东半岛与大同江中、下游流域，早在殷末周初，箕子就率领殷商遗民前来披荆斩棘，定居立国。该地域更是以"龙"为图腾的红山文化的发祥地。经过两汉魏晋四百多年的涵化（acculturation），这一地带已成为一个汉语

---

① 战国秦汉长城辽东段从今赤峰市区北，大致呈东西走向至清原县西北部。在此转而呈西北—东南走向，以障塞（称"辽东故塞"）形式经过今抚顺大伙房水库以东，穿越浑江、苏子河、太子河东南走，经宽甸县东部，穿过鸭绿江，到达朝鲜半岛清川江下游西岸之博川结束。

② 15世纪中叶中朝两国正式以鸭绿江、图们江为国界；17世纪30年代沙俄在勒拿河中游建立勒拿堡砦（后改名雅库茨克），开始踏上占领勒拿河流域及东西伯利亚之路。

方言区，并以农业为主要生计手段。基于此，笔者在构建中国疆域形成的"板块学说"时，便将该地域纳入"泛中原板块"中。

至迟在战国时代中期，以燕国辽东长城与辽东故塞为界限，辽东地域大体上分布着四大族系的人群：该长城以南的滦河下游左岸以东至清川江右岸为华夏系人群；辽东长城以北与辽东故塞以东之地，由西至东分布着位于大兴安岭山脉东麓及老哈河与西拉木伦河流域的东胡系人群；位于从东北中部之松嫩平原向南纵断吉林哈达岭山脉、龙岗山脉、狼林山脉，直至朝鲜半岛东北部迄南临海之地的濊貊系人群；位于长白山以北滨海之地的肃慎系人群。

在"辽东板块"上，东胡系人群先后建立起檀石槐部落联盟、柔然汗国、辽朝等政权；濊貊系人群先后建立起夫余、高句丽等国；肃慎系人群先后建立了渤海、金朝、清朝等。其中，高句丽、渤海及辽、金、清三朝与"辽东版块"的构建关系最为密切，特别是后者对中国疆域的底定更是起到了不可替代的作用。有鉴于此，本文拟以高句丽、辽朝、渤海、金朝、后金—清朝为事例，首先探讨"辽东板块"的地理环境及由此产生的生产方式问题。在此基础上，考察建构在"辽东板块"上特有的生产方式上的诸政权的特质。最后，厘清"辽东板块"在中国疆域底定过程中的作用问题。

二、"辽东板块"的地理环境及经济类型

1. "辽东板块"的地理态势与基本经济区域

"辽东板块"东部的咸镜山地、长白山地与锡霍特山脉，沿着日本海、鞑靼海峡大体上呈南北向纵列，锡霍特山脉北部与外兴安岭相连；呈东西走向的外兴安岭西端又与大兴安岭山脉北端相接，大兴安岭略呈东北—西南走向，南端至西辽河上游。这三面环山的地理态势，使得该板块形成了一个坐北面南的圈椅形的

地貌特征。其中,圈椅的后背为高达 2 300 多米的外兴安岭,锡霍特山脉与大兴安岭有如圈椅的左右扶手,中间地带之北部为山岳地带,南部则是东西狭长的阿穆尔平原与一望无垠的东北平原。亚根佳山、小兴安岭等好像圈椅座面上没有刨平的横棱,圈椅座面的尽头是辽东半岛丘陵地带。东北平原总面积多达 35 万平方公里,加上与之相连的阿穆尔平原,面积多达五六十万平方公里。这种地形地貌,可以概括为中部平原地区、东部山地地区、西部草原地区和北部山岳地带的四大地理区域。与此地理特征相联系,该板块也大体分布着农渔综合经济、农猎综合经济、游牧经济与渔猎经济四大经济类型。兹分别介绍如下。

(1)渔猎经济

"辽东板块"的北部系山高林密、沟深物饶的山地,大量野兽自由出没其间;东北部则平坦而富有江河湖泊,毗邻大海,各种鱼类极其丰富。加之人烟极其稀少,使得粗渔猎经济获得了广阔的发展空间。辽东地区东部距今约 6 000 年的新开流文化,是一个典型的渔猎混合经济类型的文化。[①] 实际上,数千年来,这一地区始终是渔猎活动的大本营。直到 20 世纪 50 年代,乌苏里江下游的赫哲族人,仍以捕鱼与狩猎为主要生产方式。

(2)农耕经济

在"辽东板块"的南部与中部,东北平原肥沃的黑土地带,为农业生产提供了得天独厚的优越条件。其南部的早期农耕经济,以距今 7 300 年的沈阳新乐下层文化水平最高。当时的人们业已定居,以谷物为主要食物来源,家畜饲养业也有了一定的发展,但渔猎业在当时应该仍是经济生活来源之一。[②]

大致存在于周初—秦末的西团山文化,分布在东起张广才岭,西至伊通河中游,南起辉发河、伊通河上游,北止拉林河的

---

① 黑龙江省文物队:《密山县新开流遗址》,载《考古学报》,1973(4)。
② 沈阳市文管办:《沈阳新乐遗址第二次发掘报告》,载《考古学报》,1985(2)。

广阔地带，当时的农业生产在整个经济领域中居于相当重要的地位。① 红山文化的居民已经以农业为主，以饲养业为辅，是属于典型的农牧经济类型。②

关于该地的农业生产，《后汉书·东夷传》载曰：夫余国"于东夷之域，最为平敞，土宜五谷"；"挹娄，古肃慎之国也。在夫余东北千余里，有五谷、麻布"③；"东沃沮，在高句丽盖马大山之东，土肥美，背山向海，宜五谷，善田种"④。这些文献记载，因考古发现而被印证。嗣后直到清代，"辽东板块"的西南部和南部一直是以农业经济为主，且发展水平也一直不亚于中原地区。

（3）游牧经济

大兴安岭东麓的科尔沁草原与西麓的呼伦贝尔草原，在古代尤以水草丰美著称于世，为游牧业的发展提供了良好的自然条件。

（4）农牧渔猎混合经济

距今约 6 000 年的昂昂溪文化主要分布在嫩江中、下游和松花江中游的松嫩平原一带，当时的居民具有以渔猎为主、家畜饲养业与农业并存的特点。

上述不同经济类型在"辽东板块"的大体布局，从新石器时代一直到清代，基本上被延续下来。

2. 辽东板块的气候变化与社会变迁

"辽东板块"由南至北，地跨北纬 40°左右至北纬 60°以上，分别属于暖温带、温带、亚寒带、寒带气候，从而产生了上述的

① 刘景文：《西团山文化经济形态初探》，载《黑龙江文物丛刊》，1983（1）。
② 吕遵谔：《内蒙古赤峰红山考古调查报告》，载《考古学报》，1958（3）；辽宁省文物考古研究所：《辽宁牛河梁红山文化"女神庙"与积石冢群发掘简报》，载《文物》，1986（8）。
③ 范晔撰：《后汉书东夷传》，北京，中华书局点校本，1982。
④ 范晔撰：《后汉书东夷传》，北京，中华书局点校本，1982。

四大经济类型。

从历史上看，辽东地区的气候在不同的历史时期有很大的差异。旧石器时代早期，辽东地区为暖温带的湿润气候，适宜早期人类的生息繁衍；到了中期，天气转凉，为温带半湿润半干旱气候；到了晚期，气温持续转冷，为寒带或亚寒带湿润气候。距今12 000年左右，气候又开始转暖，直到距今5 000年左右，依然比较暖和。

从约2 500年前至今，辽东之地依次为亚寒带、温带、暖温带气候。从先秦至清末，辽东地区的气候大体上有四个温暖期与寒冷期交替的变化：①先商至周初——周初至春秋；②战国至西汉中叶——西汉中叶至隋末；③唐初至唐末——五代至宋末；④元朝初期——元初至清末。而温暖期和寒冷期的交替变化，又与辽东地区民族的南北迁徙密切相关。从先商到清初，辽东地区的民族先后有6次大规模南下。它们分别是商族（夏代）、鲜卑族（4世纪）、契丹族（10世纪）、女真族（12世纪）、蒙古族（13世纪）、满洲族（17世纪中叶）。饶有趣味的是，每当该板块的各类政权入主中原之后，马上就大规模移民中原，他们的故乡逐渐荒芜，成为孕育下一个渔猎耕牧民族重新崛起的摇篮。

后来的燕国及秦汉王朝的统治机构设置北限，大都止步于战国秦汉长城辽东段与辽东故塞附近。很明显，当时的"泛中原板块"力量，尚无法彻底征服该线以北的适于射猎与粗放农耕的高寒地带。出现在前37年的高句丽国及建立于698年的渤海国，皆诞生于秦汉长城辽东段的农猎或农渔交错带上，尽管它们分别存世长达705年与228年之久，但均局促于辽东地区一隅，没有统合整个"辽东板块"。唐朝虽然也在东北设置羁縻府州，但其影响力仅波及东北的南部与中部，尚未强力而直接地投射到黑龙江流域。辽朝第一次将东北统合为一体，女真人及其建立的金朝则最终将其构筑成型。以下就诞生于该板块的各种政权特质予以简单剖析，以解析其经常崛起，纷纷走上主宰古代中国历史的大舞台，辽东也成为左右中国的战略之地的深层机理。

2. 辽东历史上诸政权的基本经济类型

（1）高句丽的基本经济类型

高句丽的初期疆域，无论是前 37 年建国于纥升骨城（今辽宁桓仁县城北部），还是 3 年迁都于国内城（今吉林集安市区），均在长白山脉与江南山脉等高山密林、鸭绿江与浑江等大川溪流之中。故"无良田，虽力佃作，不足以实口腹"，进而产生了"其俗节食"的传统。①

但这种温和湿润的自然环境，特别是人口稀少的社会条件，为高句丽开展渔猎经济提供了生生不息的动植物链条。关于渔猎在高句丽社会经济中的地位，无论是文献，还是考古发掘，都有非常充分的描述与证明。首先，高句丽从国王到庶民都非常重视渔猎生活与生产。关于渔捞事业，类似于太祖大王"七年夏四月，王如孤岸渊观鱼，钓得赤翅白鱼"②等记载，比比皆是。下层社会更要负担上流社会的粮谷与鱼肉的供应，所谓"国中大家不佃作，坐食者万余口，下户远担米粮鱼盐供给之"③者，即指此。这些记载被今日之考古发掘一一印证。1984 年集安高句丽墓葬发掘中，JYM3283 古墓出土了铁鱼钩 41 件，陶网坠 250 多件，其中完整的有 167 件。数量惊人，从中也可以看出渔捞事业在高句丽社会中的地位。④ 这种情形在高句丽壁画中也有反映，如三室墓藻井玄武图右侧绘有鹤鸟啄鱼形象，惟妙惟肖。⑤ 关于狩猎，相关记载更是俯首即拾，如太祖大王"十八年秋八月，东猎得白

---

① 陈寿撰：《三国志》卷 30《高句丽传》，843 页，北京，中华书局点校本，1982。
② 金富轼：《三国史记》卷 15《高句丽本纪第三·太祖王》，"七年"条，韩国首尔大学奎章阁藏本。
③ 陈寿撰：《三国志》卷 30《高句丽传》，843 页，北京，中华书局点校本，1982。
④ 这批文物藏于集安市博物馆。
⑤ 耿铁华：《高句丽壁画中的社会经济》，载《北方文物》，1986（3）。

鹿";"五十五年秋九月，王猎质山阳，获紫獐"①；另一位国王"位宫有力勇，便鞍马，善猎射"②。现已发现的集安高句丽古墓壁画可谓墓主人生前生活与信仰的真实再现。根据耿铁华的研究，绘有各种各样、丰富多彩的狩猎图的壁画墓占目前集安已发现壁画墓的 40% 左右，充分反映了狩猎在高句丽人生活中所拥有的不可替代地位。③

高句丽建国后不久，手工业从农业、渔猎业生产中分离出来，并与之鼎足而立。手工业者与其他城市居民一起，被称之为"城民"，而有别于从事农业、渔猎业的"谷民"。④ 社会分工的细致化，必然促进了生产品的精良化。其手工业最值得骄傲的是筑城业，还有自己的冶金和金属制造业，特别是金器制造和鎏金工艺，在同时代的北方诸国中是名列前茅的。耿铁华认为高句丽依据自然条件而发展生产，繁荣经济，"初步形成了农业、渔猎经济并重，手工业进步的社会经济结构"⑤。

（2）渤海的基本经济类型

"辽东板块"的北部系山高林密、沟深物饶的山地，大量野兽自由出没其间；东北部则平坦而富有江河湖泊，毗邻大海，各种鱼类极其丰富，为渔猎经济的发展预留了广阔的空间。辽东地区东部距今约 6 000 年的新开流文化，是一个典型的渔猎混合经济类型的文化。⑥ 实际上，数千年来，这一地区始终是渔猎活动的大本营。直到 20 世纪五六十年代，乌苏里江下游的赫哲族人仍以捕鱼与狩猎为主要生产方式。

据《新唐书·渤海传》载：渤海国"俗所贵者，曰太白山之

---

① 金富轼：《三国史记》卷 15《高句丽本纪第三·太祖王》，"十八年"条、"五十六年"条，韩国首尔大学奎章阁藏本。
② 陈寿撰：《三国志》卷 30《高句丽传》，845 页，北京，中华书局点校本，1982。
③ 耿铁华：《高句丽壁画中的社会经济》，载《北方文物》，1986（3）。
④ 在集安市发现的冉牟墓之墨书题记中有"城民谷民并馈前王恩育如此"之记载。
⑤ 耿铁华：《高句丽壁画中的社会经济》，载《北方文物》，1986（3）。
⑥ 黑龙江省文物队：《密山县新开流遗址》，载《考古学报》，1973（4）。

菟，南海之昆布，栅城之豉，扶余之鹿，鄚颉之豕，率宾之马，显州之布，沃州之绵，龙州之䌷，位城之铁，庐城之稻，湄沱湖之鲫。"在这些名牌产品中，与农业有关的则为豉、豕、马、稻等，凸显出渤海人具有比较发达的农业，史籍上有关"有车马，田耦以耕，车则步推，有粟、麦"①的记载，也印证了此事。实际上，渤海人在粟、麦之外，还种植麻、黍、稷，以及水稻、高粱、豆类等。根据考古发掘，辽东地区早在高句丽时代就已将铁器用于农业，就连相对落后的今三江平原一带也已进入了早期铁器时代。渤海遗址中发现了不少铁镰、铁铲、铁锸、铁锹等，在当时是相当先进的耕种与收割工具。②

上文提到的渤海名产中的菟、昆布、鹿、鲫等，则和渔捞、狩猎与采集山货、撷取海产品密切相关，与史籍中"人皆射猎为业，角弓长三尺，箭长尺有二寸。常以七八月造毒药，傅矢以射禽兽，中者立死"的记载相吻合。③上文提到的渤海名产中的布、绵、䌷、铁等，则与渤海的手工业发达程度相关。④渤海的锻工已掌握生铁铸造、锻造等一系列的工艺工序，其铁匠已有很细的专业划分。⑤渤海人在建筑方面，运用很高的技术兴建了规模宏大的五京、十五府、六十二州及上百个城池。渤海先民们早就掌握了大型船舶制造及其航海技术，具有海外贸易才能⑥。如靺鞨人早在7世纪前期便开辟了鄂霍次克海航线，乘海船至流鬼人所

① 欧阳修、宋祁、范镇，等撰：《新唐书》卷235《靺鞨传》，北京，中华书局点校本，1982。
② А·И·克鲁沙诺夫主编，成于众译：《苏联远东史——从远古到17世纪》，243页，哈尔滨，哈尔滨出版社，1993。
③ 魏征、孔颖达、颜师古，等撰：《隋书》卷81《靺鞨传》，1 821～1 822页，北京，中华书局点校本，1973。
④ 魏国忠：《渤海国史》，364～387页，北京，中国社会科学出版社，2006。
⑤ В·Д·列尼科夫著，王德厚译：《渤海人的黑色金属冶炼业和加工业》，《东北亚考古资料译文集》（渤海专号），145～146页，哈尔滨，北方文物杂志社，1998。
⑥ 藤原良房编：《续日本后纪》卷18，"嘉祥元年五月十二日"条，黑板胜美编辑：《国史大系》第3卷，东京，吉川弘文馆，2000。

在的今堪察加半岛一带进行"货易，陈国家之盛业"①。对此，《新唐书》的记载更为详细："流鬼去京师万五千里，直黑水靺鞨东北，少海之北，三面皆阻海，其北莫知所穷。人依屿散居，多沮泽，有鱼盐之利。地蚤寒，多霜雪，以木广六寸，长七尺系其上，以践冰，逐走兽。土多狗，以皮为裘。俗被发，粟似莠而小，无蔬蓏它谷。胜兵万人。南与莫曳靺鞨邻。东南航海十五日行，乃至。贞观十四年，其王遣子可也余莫貂皮更三译来朝，授骑都尉，遣之。"② 菊池俊彦根据《通典》《新唐书》《旧唐书》及考古资料，认为"流鬼"位于今堪察加半岛，"莫曳靺鞨"即北海道阿依努人。③ 渤海人至迟于 8 世纪末开通了多条横渡日本海的航线。其中，北线航路是一条是最常用的海上交通线。该航路从今波谢特湾西南、图们江出海口的哈桑区起航，东南向横穿日本海，抵达今本州岛中部之福井与石川二县海岸；另一条是筑紫航路，该路也是从哈桑起锚，然后傍日本海西岸南下，在朝鲜半岛东南部渡过朝鲜海峡，由对马岛到达今日本福冈县博多港后，穿过关门海峡，通过濑户内海停靠今大阪市南区三津寺町；第三条为南海府航路，该路由今日朝鲜咸镜南道咸兴市咸兴湾出航，傍朝鲜半岛东岸南行，在半岛东南部与筑紫航路重合，从而使得该海域"商贾之辈，漂宕海中，必扬火光，赖之得全者，不可胜数"④。另外，渤海与唐朝登州之间也进行直接的海上贸易。

（3）契丹人的基本经济类型

距今约 5 300 年的富河文化，主要分布在西拉木伦河以北的

---

① 杜佑：《通典》卷200《边防16·流鬼》，1 078 页，王文锦等点校本，北京，中华书局，1982。

② 欧阳修、宋祁、范镇撰：《新唐书》卷220《流鬼传》，6 209～6 210 页，北京，中华书局标点本，1975。

③ 菊池俊彦：《北东亚古代文化的研究》，238～241 页，札幌，北海道大学图书刊行会，1995。

④ 藤原良房编：《日本后纪》卷8，"延历十八年五月十三日"条，黑板胜美编辑：《国史大系》第3卷，东京，吉川弘文馆，2000。

大兴安岭南端，属于山地森林地区。通过对遗址的发掘，可以清楚地看到狩猎业在当时经济生活中占有重要的地位，捕鱼业也是当时经济生活的来源之一。同时，当时的居民业已定居。纵观如此丰富且门类齐全的各类出土文物，我们有理由推断富河文化应属于农牧与渔猎并举的综合性经济类型。[1]

但沧海桑田，到10世纪初契丹人建立辽朝时，以老哈河与西拉木伦河为中心的西辽河流域已经成为游牧—渔猎民族的天下。所谓"契丹旧俗，其富以马，其强以兵"；"马逐水草，人仰潼酪，挽强射生，以给日用，糗粮刍茭，道在是矣"[2]。《辽史》说得更清楚："大漠之间，多寒多风，畜牧畋渔以食，皮毛以衣，转徙随时，车马为家。"[3] 这里的"挽强射生""畋渔"即狩猎和渔猎。对于森林草原地带的游牧民族而言，渔猎业与畜牧业经常具有同样重要的地位，契丹人更是如此，故《辽史》有"朔漠以畜牧射猎为业，犹汉人之劭农，生生之资于是乎出。自辽有国，建立五京，置南北院，控制诸夏，而游畋之习，尚因其旧"的记载。[4] 这种情况在北宋出使辽朝的使臣笔下，也比比皆是。姜夔的《契丹风土歌》是这样描述此事的："契丹家住云沙中，耆车如水马若龙。春来草色一万里，芍药牡丹相间红。大胡牵车小胡舞，弹胡琵琶调胡女。一春浪荡不归家，自有穹庐障风雨。平沙软草天鹅肥，胡儿千骑晓打围。阜旗低昂围渐急，惊作关角凌空飞。海东健鹘健如许，韝上风生看一举。万里追奔未可知，划见纷纷落毛羽。平章俊味天下无，年年海上驱群胡。一鹅先得金百

① 中国科学院考古研究所内蒙古工作队：《内蒙古巴林左旗富河沟门遗址发掘简报》，载《考古》，1964（1）。
② 脱脱、贺惟一、欧阳玄，等：《辽史》卷59《食货志上》，923页，北京，中华书局点校本，1974。
③ 脱脱、贺惟一、欧阳玄，等：《辽史》卷32《营卫志中》，373页，北京，中华书局点校本，1974。
④ 脱脱、贺惟一、欧阳玄，等：《辽史》卷68《游幸表》，1 037页，北京，中华书局点校本，1974。

两，天使走送贤王庐。天鹅之飞铁为翼，射生小儿空看得。腹中惊怪有新姜，元是江南经宿食"[①]。苏东坡的《房帐》诗也有类似的实录："房帐冬住沙陀中，索羊织苇称行宫。从官星散依冢草，毡庐窟室欺霜风。舂粱煮雪安得饱？击兔射鹿夸强雄。（中略）礼成即日卷房帐，钓鱼射鹅沧海东。秋山即罢复来此，往返岁岁如旋蓬。弯弓射猎本天性，拱手朝会愁心胸"[②]。辽朝建国后，辽廷曾从中原与渤海迁移了数十万农民到西辽河流域开荒种田，以补充游牧与渔猎之不足，使得许多草原变成田园，农业得到了一定的发展，但在长城以北，农业在辽朝社会经济结构中所占比重始终不大。韩茂莉据此认为："辽赖以存在的根本是草原，而不是农田，尽管拥有大片汉地和众多汉民，但这仅是统治中心的附属部分，汉地的农业经济始终无法完全取代草原游牧经济。"[③]

（4）女真人的基本经济类型

女真人完颜部崛起的"辽东板块"中部，早就有农耕经济。从距今7 300年的沈阳新乐下层文化遗址来看，当时的人们业已定居，以谷物为主要食物来源、家畜饲养业也有了一定的发展，但渔猎业在当时应该仍是经济生活来源之一[④]。大致存在于周初—秦末的西团山文化，分布在东起张广才岭，西至伊通河中游，南起辉发河、伊通河上游，北止拉林河的广阔地带，当时的农业生产在整个经济领域中居于相当重要地位。[⑤] 关于该地的农业生产，《后汉书·东夷传》载曰：夫余国"于东夷之域，最为平敞，

① 姜夔：《白石道人诗集》卷上《七言古诗·契丹歌》，清光绪十年娱园丛刻本。
② 苏辙：《栾城集》卷16，399页，曾枣庄等校点本，上海，上海古籍出版社，1987。
③ 韩茂莉：《草原与田园——辽金时期西辽河流域农牧业与环境》，87页，北京，生活·读书·新知三联书店，2006。
④ 沈阳市文管办：《沈阳新乐遗址第二次发掘报告》，载《考古学报》，1985（2）。
⑤ 刘景文：《西团山文化经济形态初探》，载《黑龙江文物丛刊》，1983（1）。

土宜五谷"①;"挹娄,古肃慎之国也。在夫余东北千余里,有五谷、麻布"②。

生女真完颜部起初生活在仆斡水(今牡丹江)一带,过着"无室庐,负山水坎地,梁木其上,覆以土,夏则出随水草以居,冬则入处其中,迁徙不常"的生活。大约10世纪初,"献祖乃徙居海古水,耕垦树艺,始筑室,有栋宇之制","自此遂定居于安出虎水之侧矣"③。该处"土多林木,田宜麻谷,以耕凿为业,不事蚕桑"④,定居于松花江中游流域肥沃的土地,使完颜部的社会经济得到了一定的发展。金初宋朝使节许亢宗出使金朝,在金上京看到了类似的情景:"至馆,馆唯茅舍数十余间,墙壁全密,堂室如帘幕,寝榻皆土床,铺厚毡褥及锦绣、貂鼠被,大枕头等";"次日,馆伴使副同行。马可六七里,一望平原旷野,间有居民数十百家,星罗棋布,分蹊错杂,不成伦次,更无城郭里巷,率皆背阴向阳,便于牧放,自在散居"⑤。《大金国志》卷39《初兴风土》也有类似记载:"其居多依山谷,联木为栅,或覆以板与桦皮如墙壁,亦以木为之。冬极寒,屋才高数尺,独开东南一扉。扉既掩,复以草绸缪之。穿土为床,煴火其下,而寝食起居其上"⑥。农业和手工业虽然有相应的发展,但渔猎业在生产中仍占据着重要地位。《大金国志》卷39《初兴风土》记载:"善骑射,喜耕种,好渔猎,每见野兽之踪蹑而求之,能得其潜伏之

---

① 范晔撰:《后汉书》卷85《东夷传》,2 811 页,北京,中华书局点校本,1982。
② 范晔撰:《后汉书》卷85《东夷传》,2 812 页,北京,中华书局点校本,1982。
③ 脱脱、贺惟一、欧阳玄,等:《金史》卷1《世纪》,3 页,北京,中华书局点校本,1975。
④ 徐梦莘撰:《三朝北盟会编》卷3《政宣上》帙三,清光绪三十四年许涵度校勘本。
⑤ 徐梦莘撰:《三朝北盟会编》卷20 引许亢宗《宣和乙巳奉使行程录》,清光绪三十四年许涵度校勘本。
⑥ 宇文懋昭:《大金国志》卷39《初兴风土》,崔文印校点本,551 页,北京,中华书局,1986。

所，又以桦皮为角，吹哟哟之声，呼麋鹿而射之"①。此"好渔猎"是说渔猎在其经济生活中仍占有主要地位。与此同时，畜牧业、手工业与采集业在女真人社会也占有一定的地位："土产名马、生金、大珠、人参及蜜蜡、细布、松实、白附子"②。关于名马，到了辽朝中后期以降，作为女真人进贡给辽廷的贡品及其与之交易的商品，越来越重要，数量也多得惊人③。长时期与北宋、辽朝之间的马匹贸易，不但对女真人经济崛起影响很大，而且大大地增强了女真人的军事实力与战斗的机动性，这也是女真人倏然兴起的关键所在。《契丹国志》也说生女真"居民自意相率赍以金、帛、布、黄蜡、天南星、人参、白附子、松子、蜜等物，入贡北番。或只于边上买卖，讫却归国"。④女真人的手工业品与采集物品，不但自己使用，而且也用来交易，促进了商业的发展。对此，《辽史》也有"女真以金、布、帛、蜜、蜡诸药材""等物，来易于辽者"的记载。⑤

　　上述可见，女真完颜部的经济形态是混合经济，农耕与渔猎是推动社会发展的两大支柱产业。就生女真部整体而言，巧妙利用自然环境，开展多层次经济是其特点。所谓多层次是指住在江河湖海旁边的部落则以捕鱼为生，靠近山区谷地的居民则以畜牧和采集为主业，处于深山老林的居民则以狩猎为生，生活在平原上的居民则依赖于农业。但这种单纯的地理条件是不多的，故大

---

① 宇文懋昭：《大金国志》卷 39《初兴风土》，崔文印校点本，551 页，北京，中华书局，1986。
② 徐梦莘撰：《三朝北盟会编》卷 3《政宣上》，帙 3，清光绪三十四年许涵度校勘本。
③ 脱脱、贺惟一、欧阳玄，等：《辽史》卷 15《圣宗纪六》，统和二十八年十月丙午朔："女真进良马万匹。"168 页，北京，中华书局点校本，1974。
④ 叶隆礼：《契丹国志》卷 22《州县载记》"四至邻国地理远近"条，承恩堂藏版乾隆癸丑本刻本。
⑤ 脱脱、贺惟一、欧阳玄，等：《辽史》卷 29《食货志》，北京，中华书局点校本，1974。

多数部落都因地制宜，或过着半游牧式的畜牧和半游猎式的狩猎生活，或过着定居农耕辅之以捕鱼、狩猎。无论是农耕也好，渔猎也罢，伴随着手工业的发展，特别是商品性农业，或商品性狩猎业，抑或手工业，都日益成为女真人社会的决定性经济因素，为女真人的崛起奠定了物质基础。

(5) 建州女真—满洲人的基本经济类型

满洲人在入主中原以前，就已经有比较发达的农耕文明。[①]他们集中居住在筑有城墙的城镇、设有防御工事的堡寨和村庄之中。[②] 并且"无墅不垦，至于山上，亦多开垦"，且"土地肥饶，禾谷甚茂，旱田诸种，无不有之"，以至于"屋居耕食，不专射猎"[③]。这为他们汲取与农耕文明密切相关的汉文化，提供了心理的与现实的保障。

伴随着农业的发展，女真人已能"炒铁，开金银矿"[④]，且能"养蚕以织绸缎，种棉以织布帛"[⑤]。与此同时，采集、渔猎业在女真人社会中仍然占有重要地位。与女真人武功相伴而生的行猎，法令严禁，进退有序，所获亦多。畜牧业亦较发达，"六畜惟马最盛，将胡之家千百为群，卒胡也不下十数匹"[⑥]。

对于明代建州女真人来说，其经济形态是农耕、渔猎、采集三业一体，缺一不可，农业虽然日益重要，但不占主导地位。这从当时的明朝人与朝鲜人的记载中，可以看得很清楚。如处于建

---

① 《清太祖实录》第1卷、第4卷、第5卷；《清太宗实录》第3卷、第7卷，北京，中华书局影印本，2008。
② 《清太祖实录》第1卷、第2卷、第3卷，北京，中华书局影印本，2008。
③ 严从简撰，徐思黎点校：《殊域周咨录》卷24《女真》，742页，北京，中华书局，1993；方孔炤：《全边略记》卷10《辽东略》，崇祯刻本。
④ 《满洲实录》卷3《王格张格来贡》，52页，据旧抄本1934年重印本。
⑤ 李燕光等：《重译满文老档》太祖朝，第一分册，37页，沈阳，辽宁大学历史系，1978。
⑥ 辽宁大学历史系编：《建州闻见录校释》，原著李民寏，《清初史料丛刊》第9种，43页，沈阳，辽宁大学历史系，1978。

州女真核心地区的婆猪江流域女真人，在明正统三年的状况是"虽好山猎，率皆鲜食，且有田业以资其生"①。过了半个世纪后，这种状况仍然延续着。邻近该地域的朝鲜官员证实说："野人以野兽为生，农业乃其余事"②。至于采集，时人记载说：建州女真"独擅人参、松子、海珠、貂皮之利，日益富强，威制群雄"③。

三、"辽东板块"的形成

"辽东板块"的形成也是一个渐进的过程，夫余国诞生于该板块内部，虽然还处于国家的初级阶段，但却为其他政权统合该区域打下了基础；高句丽崛起于该板块东南缘而向北拓展空间；渤海则在高句丽的基础上继续北进；辽朝则藉灭亡渤海之余威，第一次统合了该板块；金朝、清朝自觉不自觉地分别担负起再次统合、在沙俄到来之前巩固该板块的责任。

1. 卵生鸭绿：高句丽崛起于"辽东故塞"之外

西汉建昭二年（前37年），从今吉林中北部与黑龙江南部一带逃亡到汉朝玄菟郡高句丽县（今新宾、桓仁、清原县）境内的夫余人朱蒙，以其随行的夫余部人员为核心，联合其他部族人群，在纥升骨城（今桓仁县城北部）建立了一个部族自治政权。耐人寻味的是，此地恰好也是1 600年后的满洲人发祥之地。该政权初期依附于高句丽县，并接受其管理，但后来渐渐自立，变成割据政权。该政权鼎盛时期，其疆域之西南毗邻黄、渤海交汇处，东南穿越今朝鲜半岛之大同江流域，逾越龙兴江流域，抵达汉江北岸；东临日本海，西界辽河东岸；北部达到今俄罗斯海参崴、中国图们、临江、磐石、长春、松源，至松花江与嫩江汇合

---

① 《李朝世宗实录》卷77，"世宗十九年六月己巳"条。
② 《李朝世宗实录》卷77，"世宗十九年六月己巳"条。
③ 彭孙贻：《山中闻见录》卷2《建州》；潘喆等编：《清入关前史料选辑》第三辑，9页，北京，中国人民大学出版社，1991。

处一线以南之地。

高句丽疆域虽然僻处"辽东板块"东部偏南，但为后来的渤海国进一步扩大统治范围打下了基础。

2. 海东盛国：渤海进一步扩大"辽东板块"

唐万岁通天二年（697 年），靺鞨人大祚荣率领以粟末靺鞨人为主体的移民队伍从其移居地营州（今朝阳市）出逃，摆脱唐军追击者后，"东保桂娄之故地，据东牟山，筑城以居之"①。此东牟山在今吉林省敦化市附近，为靺鞨人故地。翌年，大祚荣在此建立靺鞨国。唐先天二年（713 年），改称渤海。② 全盛时，其疆域南界至泥河（今朝鲜龙兴江）一线及浿水（今朝鲜大同江）中游一带，与新罗为邻；北界到那河（今东流松花江及黑龙江中游段）一带，分别与南室韦及北黑水靺鞨诸部接壤；东至日本海，尽有今俄罗斯的南滨海地区；西北至今吉林省农安、梨树、昌图一带与契丹地相连；西南方面则达到辽河东岸。③

与高句丽领域相较，渤海国在今朝鲜半岛与辽东半岛的领域大幅度地北退，西北疆域大体上维持在辽河东岸，向北则推进到今黑龙江南岸，掩有松花江领域大部与整个乌苏里江领域，为辽朝统合整个"辽东板块"奠定了局部的基础。

3. 风起松漠：契丹人首次统合"辽东板块"

辽神册元年（916 年），契丹族首领耶律阿保机以临潢（今巴林左旗林东镇）为都城立国，国号契丹，后改称辽。在此之前，"辽东板块"始终处于分割状态，辽朝首次予以统合，其疆界的西北部起自今勒拿河中、上游之斯塔诺夫高原东北部与外兴

① 刘昫、赵莹、张昭远，等撰：《旧唐书》卷199下《渤海靺鞨传》，北京，中华书局点校本，1975。
② 欧阳修、宋祁、范镇，等撰：《新唐书》卷219《渤海传》，北京，中华书局点校本，1982。
③ 魏国忠：《渤海国史》，182页，北京，中国社会科学出版社，2006。

安岭西端以北的交界之处，由此傍着外兴安岭一直东行到鄂霍次克海，越海便是库页岛北端；东北部及东部疆界则沿着鞑靼海峡南下，傍日本海西岸南行，直达今咸兴湾西岸之高丽千里长城[①]东端的都连浦（今广浦）；南部疆界则沿着高丽千里长城横过朝鲜半岛中部，在保州（今朝鲜义州）到达鸭绿江左岸，在此南行过鸭绿江口，沿着黄海北岸西南行到达旅顺口外老铁山角。由此越过渤海在今山海关附近上岸，西北行至今宁城县，在此北上穿过老哈河、西拉木伦河上游，顺着大兴安岭北上，越过黑龙江，沿着今俄罗斯阿穆尔州与赤塔州交界处北上到外兴安岭西端以北。“辽东板块”的统合，为后来的金朝迅速崛起并瞬间灭辽勘宋、拓疆至淮河流域预留了经济基础、人力资源与效仿样板。

4. 龙飞金源：女真人再次巩固“辽东板块”

12 世纪初期，渔猎耕牧于松花江南岸支流——阿什河流域的女真完颜部首领阿骨打起兵抗辽。嗣后，仅用 10 多年时间便消灭了辽、北宋王朝，把领土远远地拓展到淮河流域。

金廷在辽东地区则设立上京路、咸平路、东京路和北京路以统辖该地。至于其四至，张博泉等认为其西北部、北部、东部与辽朝大致相同，东南与东北则有所不同[②]。在东南部，因金朝将保州一带赐给高丽，双方以鸭绿江下游入海地段为界。其余的疆界与辽朝相比没有太大变化，金、丽之间仍以高丽北部千里长城一线为界，以北归属金朝，以南归属高丽。在东北部，根据《金史·地理志序》：“金之壤地封疆，东极吉里迷、兀的改诸野人之

---

① 据郑麟趾：《高丽史》卷 94《柳韶传》（东京，国书刊行会明治 42，第 3 册，90 ~91 页）记载，高丽千里长城始自鸭绿江入海口，向东经由威远（今新义州东南 25 里）、安水（今价川）、孟州（今孝山）和朔州等 14 城，抵达州（今永兴地区），延伸到定州（今定平）海岸的都连浦（广浦），绵延 1 000 多里，横断今朝鲜半岛中部，城高 25 尺，宽 25 尺。

② 张博泉、苏金源、董玉英，等：《东北历代疆域史》，209 页，长春，吉林人民出版社，1981。

境"的记载，其疆界当在黑龙江下游、乌第河流域，东及库页岛一带。在北部，根据《金史·地理志序》："金之壤地（中略）北自蒲与路之北三千余里火鲁火疃谋克地为边"的记述，其北界当在外兴安岭以南博洛莫达河上游一带。[①] 在西北部，根据《三朝北盟会编》卷9《燕云奉使录》之记录，蒙古和阻卜诸部在辽朝濒临灭亡之际便投附金朝，使得贝加尔湖流域，以及色楞格河、土拉河和鄂尔浑河等大河流域，均成为金朝的辖地。

四、"辽东板块"的特质

与上述大经济类型相联系的是"辽东板块"上的濊貊、肃慎、东胡、华夏四大族系，以及由此诸人群创造出来的各种国家政权。

以下就诞生于该板块的各种政权特质予以简单剖析，以解析其经常崛起，纷纷走上主宰古代中国历史的大舞台，辽东也成为左右中国的战略之地的深层机理。

1. 高句丽人的五部与国人集团

前37年，夫余人朱蒙凭借数量有限的亡命部属，通过融合当地数量不多的濊貊族系人群，建立了自治政权，直至700多年后亡于唐朝。高句丽藉一小国之力，四面出击，进退有据，不但南下占领了汉魏的玄菟、辽东、乐浪、带方等四郡，北上击败了夫余国，而且屡败新罗、百济等王国，甚至与隋唐王朝相颉颃了70余年。那么，朱蒙集团及其后继者们取得如此偌大成果的内在动力与力量源泉究竟来自何处呢？

首先是五部及其以此为基础所组成的武士集团。《三国志·高句丽传》称"有涓奴部、绝奴部、顺奴部、灌奴部、桂娄部"。

---

① 张博泉、苏金源、董玉英，等：《东北历代疆域史》，212页，长春，吉林人民出版社，1981。

至于五部人员的地位，雍公叡注《翰苑》说："皆贵人之族"①。
如此说来，五部既不应是高句丽的全民性的组织，也不仅仅是单
纯的地缘组织。由于实施军事民主制，故五部的军事首长拥有很
大的权力，对高句丽王本身及王位继承，均有约束权与选举权，
这为后来高句丽王大都精明能干密切相关。南北朝以后，五部的
内部结构与外在形式也发生了变化，五部渐渐与国土相对应，成
为地域的、行政区划的概念。五部首长渐次成为一方的首领，即
耨萨，其所在的中心大城演变成五方的中枢之地，这对于最大限
度地调动区域内人力与物力资源，打下了坚实的基础。五部不但
与后来渤海、辽、金所实行的五京制有一定的关系，与渤海之首
领制、女真之猛安谋克制、满洲之八旗制均有关联。"贵人"又
称"国人"或"大家"，是高句丽所依赖的核心力量，是专门从
事军事征战的武士集团。雍公叡所说的"国中大家不佃作，坐食
者万余口"②的"大家"，就是指这些人。当然，这些国人不单
单是专业武士，而且拥有很高的政治地位，可以参与国事，闵中
王就是由"国人推戴以立之"③的。

　　这万余国人是高句丽国的核心武装力量，应该是作为各部或
国家军队的各级统领者，负责指挥军队行军打仗，而不是高句丽
军队的总数。其数量虽少，但屡屡战胜由农夫组成的中原王朝或
割据王朝兵团，习于农耕的新罗与百济军队更不是其对手。之所
以如此，是因为高句丽国初期的核心地域位于龙岗山与老岭山之
中，"无良田，虽力佃作，不足以实口腹"④，故不得不以渔猎经
济与生计性劫掠作为其生活与生存的重要补充形式。渔猎生活练

①　张楚金：《翰苑·蕃夷部·高丽》，雍公叡注：《辽海丛书》第 4 册，2 518 页，沈
　　阳，辽沈书社，1985。
②　张楚金：《翰苑·蕃夷部·高丽》，雍公叡注：《辽海丛书》第 4 册，2 518 页，沈
　　阳，辽沈书社，1985。
③　孙文范等：《三国史记》校勘本，187 页，长春，吉林文史出版社，2003。
④　陈寿撰：《三国志》卷 30《高句丽传》，843 页，北京，中华书局点校本，1982。

就了高句丽人翻山越岭，团队合作，身手矫健，擅长骑射的本领；作为生计补充的手段，其劫掠之风长时间地存在，从而使其具有舍生忘死，英勇斗狠的精神；[1] 加之"国人"生来便以武艺立命，以战斗为职业，最后形成了"国人有气力，习战斗"的传统。[2]

2. 渤海人的"五京制"与首领制

697 年，大祚荣聚合了四散亡命的靺鞨之众，以一旅逃亡之师于途中依托辽东森林地带立国。盛时，渤海形成了一支由 10 万人组成，勇猛顽强、体格健壮、装备精良的攻坚兵团，并依靠他们同盛唐在海上较量，在陆上屡败对手新罗，攻城略地，最终成为"地方五千里"[3] 的海东盛国。渤海的军事力量来自于武器的精良与军人的优秀。首先，渤海人的弓矢、战马、战舰等武器在当时就具有良好的声誉。其次，渤海国军队素质，其骑射技艺与体健可以搏虎等项，尤为对手所畏惧，为后人所称道。这些骑射技艺来自于其生活环境，特别是以渔猎、狩猎及采集为重要生计来源的生产方式。[4] 靺鞨人"常以七八月造毒药，傅矢以射禽兽"[5]。猎杀虎、熊类、野猪等大型凶猛动物，必须有高超的射箭技术。关于渤海人身体素质与精神面貌，有一句古代谚语说：渤海人"三人当一虎"[6]。渤海人喜爱舞蹈，即使这舞蹈还始终保持

① 据《三国史记》载：即使到了其第三代王大武神王统治时期，仇都、逸苟、焚求等三位部长还"夺人妻妾、牛马、财货，恣其所欲。有不与者，即鞭之"。金富轼：《三国史记》卷 14《高句丽本纪·大武神王》，185～186 页，孙文范等校勘，长春，吉林文史出版社，2003。
② 陈寿撰：《三国志》卷 30《高句丽传》，844 页，北京，中华书局点校本，1982.
③ 欧阳修、宋祁、范镇，等：《新唐书》卷 219《渤海传》，6 180 页，北京，中华书局点校本，1975。
④ э. B. 沙弗库诺夫等著，宋玉彬译：《渤海国及其俄罗斯远东部落》，119 页，长春，东北师范大学出版社，1997。
⑤ 魏征、孔颖达、颜师古，等撰：《隋书》卷 81《靺鞨传》，1 821～1 822 页，北京，中华书局点校本，1973。
⑥ 洪皓：《松漠纪闻》照旷阁本，七帙左。

着靺鞨人传统的"曲折多战斗之容",成为其体能训练的一部分。

渤海国的社会动员能力与国家基干力量分别来自于五京制与首领制。五京及府、州、县之设,主要为了统制非靺鞨人,该制既充分考虑到对内政治安定、经济发展的问题,又考量了对外攻守进退的战略因素,更希冀通过网状交通线,将其作为聚集与动员全国力量的手段。对于国家的基干力量——靺鞨人,则实施首领制。关于此制,日本史料记载说:"其百姓靺鞨多,士人少,皆以士人为村长。大村曰都督,次曰刺史。其下百姓皆曰首领"①金毓黼先生释"首领"谓"首领为庶民之长,亦庶官之通称也"。"百姓有别于庶民,金代猛安谋克之制,即以军制部勒百姓而为之长。渤海之首领制,即猛安谋克之制之所出也"②。这些百姓系渤海国的中坚力量,而由农民、手工业者和其他劳动者构成的"编户",以及部曲、奴婢等,则承担纳税和徭役的义务。

3. 女真人的"猛安谋克制"

引导金朝由弱到强、从胜利走向胜利的是其独具特色的国家体制。而金朝最有魅力、最能体现通古斯系民族特色的体制,莫过于集军事、行政、生产为一体的"猛安谋克制"。就军事而言,与猛安谋克制密切相关的是骑射与围猎习俗。

关于骑射,《三朝北盟会编》卷244 "用师"条:

"虏人用兵专尚骑……骑不以多寡,约五十骑为一队,相去百步,而行居常以两骑自随。战骑则闲牵之,待敌而后用。又有一贴军曰阿里喜,如遇正军病,即以贴军代行。至兵都官曰天下兵马大元帅,次曰左副元帅,右副元帅,左帅,左翊都统,又其

---

① 管原道真编:《类聚国史》卷193《殊俗部·渤海》,《国史大系》本,1 272 页,东京,《经济》杂志社大正五年刊印。《类聚国史》在传抄过程中,有的版本也有将"士人少"中的"士"误写作"土"的,这显然是违常识的误写。
② 金毓黼:《渤海国志三种》之《渤海国志长编》卷15《杂职·首领》,499 页,天津,天津古籍出版社,1992。

次曰随军万户，每一万户所辖十千户，一千户辖十谋客，一谋客辖两蒲辇。自万户至蒲辇，阶级虽设，寻常饮酒食略不闲别，与兄弟父子等，所以上下情通无阂塞之患，每有事未决者，会集而议之，自下而上各陈其策，如有可采者，不择人而用之。其临大敌也，必以步军当先，精骑两翼之或进或退，见可而前，弓矢亦不妄发，虏流有言曰：不能打一百余个回合。何以谓马军，盖骑先贵冲突而已，遇败亦不散去，则逐队徐徐而退，弓力止七斗，箭极长，刀剑亦不取其快，利甲止半身护膝微存，马甲亦甚轻。"①

关于围猎，《三朝北盟会编》卷244"田猎"条：

"虏人无他技，所喜者莫过田猎。……每猎则以随驾之军密布四围，名曰围场。待狐兔猪鹿散走于围中，虏主必射之，或以雕鹰击之。次及亲王、近臣出围者，许人捕之，饮食随处而进，或以亲王、近臣共食，遇夜，则或宿于州县，或宿于郊外无定。亮以子光英年十二获獐，取而告太庙，衰立尤甚有三事令臣下谏，曰饭僧曰作乐曰围场，其重田猎也如此。"②

关于女真人的军事力量，《金史》卷25《兵志》说：

"金兴，用兵如神，战胜功取，无敌当世，曾未十年遂定大业。原其成功之速，俗本鸷劲，人多沉雄，兄弟子姓才皆良将，部落保伍技皆锐兵。加之地狭产薄，无事苦耕可给衣食，有事苦战可致俘获，劳其筋骨以能寒暑，征发调遣事同一家。是故将勇而志一，兵精而力齐，一旦奋起，变弱为强，以寡制众，用是道也。及其得志中国，自顾其宗族国人尚少，乃割土地、崇位号以假汉人，使为之效力而守之。猛安谋克杂厕汉地，听与契丹、汉

① 徐梦莘撰：《三朝北盟会编》卷244《炎兴下》，帙144，"用师"条，清光绪三十四年许涵度校勘本。
② 徐梦莘撰：《三朝北盟会编》卷244《炎兴下》，帙144，"田猎"条，清光绪三十四年许涵度校勘本。

人昏因以相固结。迨夫国势浸盛，则归土地、削位号，罢辽东渤海、汉人之袭猛安谋克者，渐以兵柄归其内族。”[①]

关于女真人骑射之威力，《三朝北盟会编》卷36“靖康元年九月”的记载，特别具有典型性：

“和议已定，金人遣十七骑持文字报其国中，经由磁州。李侃以身为兵官，且承掩杀之旨，（中略）乃率禁军民兵二千往击之。与十七骑相遇，金人曰：不须用兵，今城下已讲和矣。我乃被太子郎君差往国中干事。侃不信，欲与之战。十七骑者分为三，以七骑居前，各分五骑为左右翼，而稍近后。前七骑驰进，官军少却，左右翼乘势掩之。且驰且射，官军奔乱，死者几半。”[②]

对此，《三朝北盟会编》作者徐梦莘在书中为事件确立的标题倒是一语中的：“河北路兵马钤辖李侃以兵二千与金人十七骑战败绩”，女真人铁骑以一当百之实力，跃然纸上。

4. 满洲人的文功与“八旗制”

奠定人寡兵少的满洲人入主中原、最终统一中国陆疆与海疆的是其八旗制度。该制度起源于女真族的牛录制，这是一种生产和军事合一的社会组织。女真人狩猎或征战，按家族村屯依据壮丁比例派人并自带武器参加。每十人为一牛录，其首领称牛录额真（佐领）。明万历二十九年（1601年），努尔哈赤对牛录制进行了改造，在此基础上建立了黄、红、白、蓝四旗。嗣后，狩猎或征战以旗色加以引领并区分不同人群。万历四十三年又增添了镶黄、镶红、镶白、镶蓝四旗，合计八旗。各旗的组织是：每300人设一牛录额真，五个牛录设一甲喇额真（参领），五个甲

① 脱脱、贺惟一、欧阳玄，等：《金史》卷44《兵志》，991页，北京，中华书局点校本，1975。

② 徐梦莘撰：《三朝北盟会编》卷36《靖康中》，帙11，“河北路兵马钤辖李侃以兵二千与金人十七骑战败绩”条，清光绪三十四年许涵度校勘本。

喇设一固山额真（都统）。每个固山一般有 25 个牛录，共计
7 500人左右。固山即汉语"旗"之义，旗主由努尔哈赤的子侄
担任。八旗的最高统帅称为"汗"，先是努尔哈赤，后是皇太极。
汗与各旗旗主都有精锐的巴牙喇（卫队）。清太宗时，又仿照满
洲八旗体制添设了蒙古八旗和汉军八旗。该制度的典型特征是兵
民合一、全民皆兵，以旗统人，合军事、行政和生产等多方面职
能于一体。正如清太宗皇太极所说："我国出则为兵，入则为民，
耕战二事，未尝偏废。"① 八旗设立之初，旗丁平时从事狩猎或农
耕生产，战时则披甲从征，并自备武器粮草。八旗按旗色定旗
籍，旗丁大体上三年编审一次，分正户、另户、另记档案及旗下
家人等。定鼎燕京后，旗丁成了职业军人，不再从事生产劳动，
并与绿营共同构成清朝统治全国的军事力量。

五、"辽东板块"诸政权及其在中国疆域底定过程中的作用

1. 高句丽王国

高句丽政权对"辽东板块"奠定所作的贡献，主要在于向南
遏制新罗、百济的北进，向北荡平夫余等政权，初步统合该板块
的东南部地区。

高句丽建政之初，仅据有浑江、鸭绿江中游一带。后汉初期
大致北至浑江上游一带，东至今狼林山脉，南至今清川江，西至
今辽宁新宾水陵镇汉代古城。②

魏晋南北朝时期，高句丽趁中原板荡之际，四面出击，迅速
拓展疆域。在南线，南下占领西晋之乐浪郡、带方郡地，并于
427 年迁都平壤。嗣后二百余年间，高句丽与新、百二国在朝鲜

---

① 《清太宗实录》卷7，"天聪四年五月壬辰"条，《清初史料丛刊》本。
② 李健才：《高句丽的都城和疆域》，收入《东北亚史地论集》，兰州，兰州大学出
版社，2010。

半岛上反复搏杀。全盛时期, 千宽宇认为其 "南方境界, 大致是今牙山湾经乌岭至迎日郡一线"①。在东线, 沃沮、濊等因 "国小, 迫于大国之间, 遂臣属句丽", 使高句丽势力抵达日本海西岸。在北线, 约在大武神王时期, 夫余南部领域被纳入高句丽王囊中。在西线, 高句丽一直在今辽河东岸一线。

2. 渤海王国

与高句丽相比, 渤海国疆域南部有所退缩, 但北部却大大地拓展, 总的领域面积, 后者远远多于前者。具体来说, 渤海国东南部疆域由汉江北岸回缩到泥河 (今朝鲜龙兴江) 至浿水 (今朝鲜大同江) 中游, 再至泊汋水 (今宽甸县境浦石河与鸭绿江汇合处西岸) 一线, 并以浿水两侧为基点, 东与新罗为界, 西与唐朝安东都护府平壤城辖境为界, 原高句丽所拥有的朝鲜半岛中东部与西朝鲜湾以西以北之地不复归渤海所有; 西南部疆域则失却高句丽所占有的今铁岭以南的辽东半岛; 西部与西北部, 二者大体上相当; 北部则越过高句丽疆域的北界, 即今俄罗斯海参崴至松花江与嫩江汇合处, 呈内弧形线之线南。向北远远地拓展到西起今嫩江口, 在此沿松花江东行, 在方正县境内转向东北行, 在同江市与黑龙江汇合。在此沿黑龙江东行, 经过哈巴罗夫斯克下水处继续向东横断锡霍特山脉, 直至北纬45°左右处的鞑靼海峡南部之日本海岸一线以南。

3. 辽朝

辽朝对辽东各政权与各民族的统合, 采取的是征服, 辅之以招抚之策。经过了二三十年的战争, 室韦、渤海、靺鞨 (女真) 等部先后被辽朝征服, 首次结束了辽东地区的割据状态。辽朝不但在 "辽东板块" 构建与东北边疆各民族统合的过程中起着其他

---

① 千宽宇著, 刘兴国译:《广开土王时期高句丽的领域》, 载《东北亚历史与考古信息》, 1986 (1)。

王朝所没有的作用，而且在中国历史上占有重要地位。辽朝实施二重性经济：汉族、渤海人及其他一些被征服的农耕民族主要以农业为主要生活手段，契丹，及与它有亲缘关系的草原民族则仍以游牧和渔猎为主要生产方式。与此相对应，在政治上则实施南北官制度。这为保持游牧民族战力、发挥农耕民族生产优势，提供了制度保障。并以此奏起了游牧民族入主中原、融合"大漠板块"与"泛中原板块"的前奏，为后来数大板块的统合打下了基础。嗣后，继承辽帝国衣钵的女真人，在征服中原、统治广大汉族过程中，毫不迟疑地汲取辽朝的行政经验和军事举措。

辽朝仿照渤海，在其核心统治区域内设有五京，其中东京、上京和中京三道的绝大部分在辽东地区。至此，贝加尔湖以东、鞑靼海峡与日本海以西，外兴安岭以南、咸兴湾—鸭绿江口一线及黄海、渤海以北的广阔地带，或直接，或间接地隶属于辽朝之下，故其疆域治理手段坚实而稳固，使得"辽东板块"呱呱坠地。

1125 年辽朝灭亡，辽宗室耶律大石率残部西行，1132 年前后在今新疆与中亚一带建立西辽。辽朝文化在此被直接延续了下来，这个王朝虽然是短命的，但却是依靠其政治及军事组织的效能征服了阿姆河、锡尔河流域及西域的广大领域，给后来的蒙古帝国增添了一块巨大而安定的遗产。

4. 金朝

辽朝虽然统合了"辽东板块"，但对境内林立的族群只是因俗而治，仍是一盘散沙。生女真完颜部首领阿骨打继承父兄之位后，通过抗辽建立金朝而领有整个"辽东板块"，从而催生了一个统一而强大的女真民族。从此通古斯系族群首次作为一个统一的人们共同体，作为一个强大的政治力量，出现在中国与世界历史舞台上。金朝后来虽然覆灭了，但女真民族却没有随之从人们视野中消失。300 年后，女真人的继承者满洲人复兴了其祖业，积聚了压倒性军事优势而一统天下。这不但是辽东历史上的划时代事件，对中国乃至于世界历史进程而言，也是影响巨大乃至于今日仍余波未了的事件。

由殷周时代的肃慎部，经过一千数百年的衍化而成为汉魏时代的挹娄部，再经勿吉、靺鞨诸部，其中的一部分人最终形成女真民族，这是辽东地域一系列部族经过长时段发展、经常蜕变、不断融合的结果。可以说，女真族的形成是一个逐渐凝固生女真诸部、渤海人与熟女真人相继自愿或被迫加入、通过武力征服非女真族群的铁骊与兀惹、黄头室韦与达卢古、胡里改、五国、蒲卢毛朵等部族并渐次将其融合其中的过程。女真族形成的直接果实便是其成为近三百万平方公里"辽东板块"的主人，后来虽历经元、明两朝统治而不衰。一俟其后裔衍化成满洲族并建立清朝，则其挟辽东铁骑饮马中原、驰骋青藏高原、扬鞭蒙古高原与西域、扬帆海疆之际，从此"辽东板块"便成为其底定中国陆海疆域的定海神针。

由此可见，金朝的建立对"辽东板块"的进一步巩固、对中国疆域的底定均有着不可替代的意义。金朝的余韵在金亡以后很长时间还以其精华滋养着还生活在辽东的女真人及通古斯系其他民族，而金帝国的辉煌历史则成了嵌入以后辽东女真人内心深处的潜能，成了满洲人复兴并光大祖业的内在动力。

5. 清朝最终统合中国陆疆与海疆

在"辽东板块"形成史上，经过高句丽、渤海、辽朝的长时间经营，为女真民族的最终形成奠定了基础。满洲族则承接了女真族这个民族共同体及其二三百万平方公里的领域，并以此为基础而掩有天下。因其出身地域且有长时段民族融合过程的历史记忆，使得清皇室及其满洲核心统治集团与生俱来就拥有了"不分华夷""天下一家"的理念。如清世祖福临强调，"我国家荷天休命底定中原，满汉官民、俱为一家"、圣祖康熙则实践其"满汉皆系朕之臣子，朕视同体，并不分别"的政治理念，① 从而形成了"东极三姓所属库页岛，西极新疆疏勒，至于葱岭，北极外兴安岭，南极广东琼州之崖山，莫不稽颡内向，诚系本朝，于皇铄哉，汉唐以来，未之有也"的空前统一之局面。② 清世宗对此有自己的见解：元"世祖君临万邦，圣祖重熙累洽，合蒙古、中国成一统之盛"③。周良宵盛赞此说，认为"元统一是清朝统一国家的直接基础"④。应该说，清朝最终底定古代中国疆域，于陆上则继承了元朝的遗产，在海上则远胜历朝历代，使得近世中国成为陆海兼备的大国。

六、本章小结

以往，国内外的人们由于受到中原中心论史观的影响，对于高句丽、渤海与金朝的崛起，往往认为这些高度文明根本没有本地的基础，它是该地历史上的一个特殊的、偶然的插曲，这些文明是偶然飘落到这片蛮荒之地的异域奇葩。经过中外考古学者的不懈努力，现在我们"有充分的把握说，这种观点是同实物资料不相符合的"⑤。综观五千年前的古代中国各地的发展状况，距今5 500年左右的红山文化，农牧经济达到了较高的水平，走在了全国的前列。即使是遥远的黑龙江中、下游流域，其新石器文化水平也不亚于中原地区。⑥

以往，由于受根深蒂固的中华大一统观念的影响，人们习惯

---

① 《清世祖实录》卷14，"顺治二年夏四月辛巳"条；《清世祖实录》卷40，"顺治五年八月壬子"条；《清圣祖实录》卷251，"康熙五十一年十月乙卯"条。
② 赵尔巽、缪荃孙、柯劭忞，等撰：《清史稿》卷54《地理志一》，1 891页，北京，中华书局点校本，1976。
③ 上海书店出版社编：《〈大义觉迷录〉谈》，207页，上海，上海书店出版社，1999。
④ 周良宵：《论忽必烈》，见《元史论集》，107页，北京，人民出版社，1984。
⑤ А. П. 奥克拉德尼科夫著，莫润先等译：《滨海遥远的过去》，190页，北京，商务印书馆，1982。
⑥ А. П. 奥克拉德尼科夫著，莫润先等译：《滨海遥远的过去》，135页，北京，商务印书馆，1982。

于把汉族史看成是正史,把本来具有不同文化渊源的关系,如夏、商、周、秦、汉,像串糖葫芦一样,一根根串下来,成为一脉相承的改朝换代。少数民族与境外接壤的周边地区的历史则被几笔带过。实际上,对于中原地区而言,夏、商、周三朝都是彻头彻尾的"外来户",先周起源于西北,夏则源自于东南,商人则视东北为故土。对此,苏秉琦可谓一语中的:"把黄河中游以汾、渭、伊、洛流域为中心的地域,称作中华民族的摇篮并不确切,如果把它称作在中华民族形成过程中起到最重要的凝聚作用的一个熔炉,可能更符合历史的真实。"①

"辽东板块"不但是东北居民迁移到美洲大陆的始发地与通道,并彻底地改变了该大洲的面貌,② 而且是联结"泛中原板块"与"大漠板块"的中间环节,是该地居民强势南下中原、英勇西进大漠的始发地。惟其如此,"辽东板块"在中国疆域底定过程中具有特殊的地位和不可替代的作用:中国统一多民族国家得以缔造的核心问题,几乎都集中地显现在这里,从商朝由此南下到"五胡乱华",从鲜卑人到北朝建立,从辽、金开拓中原到元、清分别统一中国全部陆疆与中国整个陆海疆,大凡开局与收关的"重头戏"③ 都是在这个舞台上登场的。

以渔猎为底色的生长于"辽东板块"上的族群天生没有狭隘的地域观念与文化局限,如高句丽、渤海、金朝与清朝统治阶层的汉文化修养绝不亚于汉族王朝统治阶级,同时渔猎族群能同赖以生存的自然界保持协调一致。这些都是以渔猎为底色辅之以耕牧的辽东民族优于中原农耕、草原游牧民族的地方。满族自诞生之日起就善于汲取其他民族文化,能巧妙吸纳其他民族成员壮大自己,天然拥有一往无前的开拓精神,在处理民族关系方面尤为成功。延续几千年、用来分隔农耕与游牧、渔猎耕牧民族的万里

① 苏秉琦:《中国文明起源新探》,53~54 页,沈阳,辽宁人民出版社,2009。
② 唐德刚:《从挹娄、阿留、阿伊努之史迹看一个中日亚美民族文化圈之兴亡》,台北:《传记文学》,71 卷 5 期。
③ 苏秉琦:《中国文明起源新探》,42 页,沈阳,辽宁人民出版社,2009。

长城，被康熙帝、雍正帝、乾隆帝用承德避暑山庄这个人类历史上最不可思议的建筑群奇迹般地瓦解掉其存在的现实基础。

之所以如此，是因为"辽东板块"所具有的渔猎耕牧特质使得它与生俱来兼有游牧与农耕文明之优势：其强悍与擅长骑射乃渔猎民族之所长，此乃优于农耕民族、不亚于游牧民族之处；其天生具有吸收其他民族文化与文明之本领，乃其不亚于农耕民族而优于游牧民族之处。金太祖阿骨打仅凭2 500多名铁骑起兵抗辽、灭宋，并一举获得成功，十数年间掩有整个"辽东板块"，"大漠板块"大部与"泛中原板块"的核心部分，其后任皇帝不仅个个擅长武功，且均精通文墨；清太祖努尔哈赤藉祖先留下的十三副遗甲起兵，其子孙藉不满20万八旗铁骑不但缔造了具有1 300万平方公里的陆疆本部，而且领有了北起鄂霍次克海，中经日本海、渤海、黄海、东海，直至南海的辽阔海域，另有众多的属国或属部的强大帝国。饶有趣味的是，努尔哈赤的继任者大都弓马娴熟，几乎个个具有汉族皇帝所不具备的汉文化水准。金朝也好，清朝也罢，其得天下莫不依托着在"辽东板块"上铸造出来的铁骑，以及涵养着这些铁骑的猛安谋克制或八旗制。

但金朝与清朝的立国基础绝不是野蛮的原始社会，而是高度发达自有来源的文明社会。"辽东板块"南部的最初国家共同体是箕子朝鲜、孤竹国，后经燕国、秦、前汉的开拓，此地域成为辽西、辽东、玄菟、乐浪、临屯、真番等六郡辖地，衍变成"泛中原板块"的一部分。但随着立足于"泛中原板块"上的秦汉帝国的解体，周边族群纷纷建立国家。其中，"大漠板块"与"辽东板块"上各族群建立的国家，对中国统一多民族国家的最终形成所起作用最大。前汉晚期，高句丽崛起于"辽东板块"上，并向北征讨夫余国，开拓领地；渤海国紧踵其后在"辽东板块"上立国，继续向北拓展；辽朝则以渤海国领域为基础，第一次统合了"辽东板块"；迨至 12 世纪初，女真人将其再度铸造成型。高句丽也好，渤海国也罢，抑或是金朝，它们既是清朝得以建立的社会基础与精神源泉，也是清朝最终一统中国的一次次预演。金朝灭亡 350 年后，即 1583 年，女真人后裔努尔哈赤起兵于高句丽发祥地，历经其数代子孙的努力，始以辽东一隅之势，继举全国之力，最终于 1820 年将"五大板块"彻底统合，缔造出了一个空前绝后的帝国。①

---

① 本章内容多源自于逢春：《"辽东渔猎耕牧文明板块"在中国疆域底定过程中的地位》（《社会科学辑刊》2011〈4〉）一文，并有些许增删，特此说明。

第六章 回首望长安：『雪域牧耕文明板块』论考

□ 拉布楞寺是藏传佛教格鲁派六大寺院之一，位于甘肃省甘南藏族自治州夏河县城西郊，凤岭山脚下。该寺保持着全国最好的藏传佛教教学体系。

拉布楞寺广场
（本书作者 2005 年夏摄于
甘肃甘南夏河县。）

第六章 回首望长安："雪域牧耕文明板块"论考

一、引言

在本书"导言"第一节中，笔者将中国疆域最终奠定的时空坐标推定在 1820 年，并进而推断该时点底定的疆域，就其自然地理态势及其由此衍生的生产方式而言，实际上是由"大漠游牧""泛中原农耕""辽东渔猎耕牧""雪域牧耕"与"海上"五大文明板块①，经过长时段的相互撞击与攻防，彼此融合与和解，最后融为一体构筑而成。②

"雪域牧耕文明板块"（以下简称"雪域板块"）的范围，概指四周环绕着喀喇昆仑山、昆仑山、阿尔金山、祁连山、川西高原、横断山、喜马拉雅山等高山的青藏高原及毗邻地带，大部分地方的平均海拔都在 4 000 米以上。"雪域"之称，来源古代中国

---

① "五大文明板块"的范围，请参见本书"导论"第 1 节"研究的缘起"的第 2 目"中国疆域最终奠定的时空坐标与形成路径"，第 8～9 页脚注。

② 于逢春：《论中国疆域最终奠定的时空坐标》，载《中国边疆史地研究》，2006（1）；于逢春：《构筑中国疆域的文明板块类型及其统合模式序说》，载《中国边疆史地研究》，2006（3）。

人乃至古代印度人及中亚南部人对该地域的形象描述，如唐朝僧人玄奘便称今喜马拉雅、兴都库什山等青藏高原诸山为大雪山或雪山。① 今天的中国人亦因青藏高原诸山终年积雪不化，概称青藏高原为“雪域高原”或“雪域”。该地域的高山地带适宜游牧、河谷地带有利农耕的生产方式。其范围除覆盖今西藏、青海全境外，还囊括今甘南、川西高原、滇西北地区，历史上还经常包括今喜马拉雅山南麓诸国与拉达克等克什米尔部分地区。这种独特的地貌，以及由此衍生的生产生活方式、语言文化，使雪域高原自然地形成了卫藏、安多、康巴三个各具特色的区域。以雅鲁藏布江中、上游为中心的拉萨、日喀则、林芝、山南等地为卫藏，农业比较发达，系雪域高原的政治、宗教与文化中心；念青唐古拉山一线以北的藏北、青海大部、甘南、川西北的阿坝、松潘等地为安多，此处乃莽莽苍苍的高山草原，系游牧地带；西藏的昌都、滇西北的香格里拉、川西的木里与甘孜、青东南的玉树等地为康巴。该地处于横断山脉和川西高原之间，澜沧江、怒江、金沙江、雅砻江等大致平行地由北向南纵贯全境，其河谷地带在历史上成为氐羌系民族南来、越濮系民族北往、汉族西上、藏族东下的民族走廊，使得该地呈现出族群复杂、文化斑驳的景象。

  不同的地理环境与生产方式，在卫藏、安多、康巴衍生了差异较大的政治生态。就该区域政权形态而言，最早在农区及半农半牧区的卫藏出现了王（赞普）权。644年前后松赞干布统一今西藏，其孙芒松芒赞统一了今青海。嗣后，松赞干布及子孙通过一系列政治、经济、文化政策，特别是文字的创制与传播，促进了地域共同体的形成，雪域板块得以成功地构筑。但自877年该王朝灭亡后，雪域高原上的人们一直未能建立起统一政权，该地

---

① 玄奘撰：《大唐西域记》卷1、卷2等。本文为了行文方便，沿用此诸形象的称呼，有时会交替使用“雪域板块”“雪域高原”与“青藏高原”等词。

域始终处于分裂割据状态。

在吐蕃王朝瓦解后的相当长的历史时期，一方面，高海拔所带来的严寒气候、无霜期的短暂与河谷平原的缺少，使得农业仍难以在该区域广泛地展开；另一方面，畜牧业虽然在雪域高原占有相当比重，但雪域游牧社会与以草原游牧为主业的大漠板块有着巨大的差异，始终没有建立起统一而强大的游牧帝国。在定居的农业社会与游牧世界均无法统合雪域高原的状态下，佛教借机再度强势兴起，直至今天仍起着举足轻重的作用。那么，"雪域板块"是如何形成的呢？其基本特征是什么？该板块在中国疆域底定过程中究竟处于什么地位呢？虽然目前尚无学者从上述视角探索此问题，但尕藏才旦①等对青藏高原游牧生活的探究、霍巍②对西藏考古的研究、石硕③对西藏考古及西藏文明东向发展的考察，特别是王明珂④对雪域高原东北部游牧社会形态的探究，美国学者卡拉斯科⑤对近代以前西藏土地制度的关注等成果，对本文的写作却有着重要的参考价值。

本文拟在汲取这些先行研究成果的基础上，以长时段、大空间为切入点，将雪域高原的自然地理与社会形态作为研究对象，考察"雪域板块"的成因与主要特质，进而探究其在中国疆域形

---

① 尕藏才旦、格桑本编：《青藏高原游牧文化》，兰州，甘肃人民出版社，2000。
② 霍巍：《从新出考古材料论"吐蕃"的源流》，载《四川文物》，1995（8）；霍巍：《西藏高原古代墓葬的初步研究》，载《文物》，1995（1）；霍巍：《西藏古代墓葬考古材料与藏族族源研究》，载《中国西南古代的交通与文化》，成都，四川大学出版社，1994；霍巍：《西藏曲贡村石室墓出土的带柄铜镜及其相关问题初探》，载《考古》，1994（7）。
③ 石硕：《西藏文明东向发展史》，成都，四川人民出版社，1994；石硕：《青藏高原的历史与文明》，北京，中国藏学出版社，2007；石硕：《西藏石器时代的考古发现对认识西藏远古文明的价值》，载《中国藏学》，1992（1）；石硕：《藏彝走廊：文明起源与民族源流》，成都，四川人民出版社，2009。
④ 王明珂：《游牧者的抉择——面对汉帝国的北亚游牧部族》，桂林，广西师范大学出版社，2008。
⑤ 皮德罗·卡拉斯科著，陈永国译：《西藏的土地与政体》，拉萨，西藏社会科学院编印，1985。

成过程中的地位。

二、"雪域板块"的形成

1. "雪域板块"的族群构成

7世纪初,以西藏南部雅隆河谷为中心的悉补野部日益强大起来,在先后兼并了羊同(象雄)、苏毗、白兰等青藏高原部落之后,迁都逻些(今拉萨),逐步建立起一个雄踞于中亚、南亚与东亚之间的强大王(赞普)朝。汉文史籍将该王朝称为吐蕃。

关于吐蕃的源流,有许多学者予以研究。然在考古成果问世以前,人们多从史料入手,总是有这样或那样的不足。其中,早期研究成果中较有说服力者,乃姚薇元之考据也。姚氏认为:"今之藏族即古之羌人,部落繁多。约当东晋时,其中一部名'发'羌者统一部建立大国,诸羌因皆号发族,而对异族则称'大发'(Teu Bod)"①。法国藏学家石泰安经过对藏文文献考证后,印证了姚氏的论点。② 费孝通认为,"即使不把羌人作为藏族的主要来源,羌人在藏族形成过程中的作用也是无可怀疑的"③。西藏考古发掘也证明西藏的种族与文化的主体,主要是由氏羌系统的部族融合而成,④ 且藏族与西北、东北与华北居民的种族,同属于一个类型。⑤ 西藏考古事业兴起后,霍巍结合20世纪50年代后期至90年代中期的考古材料,进一步探索,取得了可喜的成果。⑥ 笔者将在霍氏等先行研究的基础上,结合20世纪90

---

① 姚薇元:《藏族考源》,载《边政公论》第3卷,1944(1)。
② 石泰安著,耿升译:《川甘青藏走廊古部族》,181页,成都,四川人民出版社,1992。
③ 费孝通主编:《中华民族多元一体格局》,28页,北京,中央民族大学出版社,1999。
④ 西藏自治区文管会等编:《昌都卡若》,北京,文物出版社,1985。
⑤ 李希光:《山顶洞人是藏族、汉族的共同祖先》,载《人民日报》,1989-04-18。
⑥ 霍巍:《从新出考古材料论"吐蕃"的源流》,载《四川文物》,1995(8)。

年代中期以后的考古材料，继续探讨，以期厘清推动"雪域板块"形成的主体力量究竟来源于何处。

从目前所掌握的考古材料来看，青藏高原人类活动的历史，至少可以上溯到距今约 5 万年的旧石器时代晚期。[①] 说明今青藏高原的大部分地区，早就有人类生存。

据藏文史料记载，大约在前 4 世纪，青藏高原已经出现了一些势力较大的藏族先民集团，如象雄部、雅隆部、苏毗部等。其中，雅隆部自称为"蕃"。据《新疆出土古藏文文书》"沙州"条载："鹘提悉补野以天神下凡而为人主"[②]；《唐蕃会盟碑》也载："圣神赞普鹘提悉补野自天地浑成，入主头间，为大蕃之首领。"[③] 可见，"鹘提悉补野"为"蕃"集团始祖，亦即吐蕃远古传说时代的第一代赞普——聂赤赞普。因该部自称为"蕃"，其所居之雅隆河谷被称为"蕃域索卡"。[④] 后来吐蕃王朝的赞普以其先人自称为"蕃"，亦以"大蕃"之故而自称。对此，汉文文献的记载可以予以印证。《通典》载曰：吐蕃始祖"自言天神所生，号鹘提悉补野，因以为姓"[⑤]；《新唐书》亦云："祖曰鹘提勃悉野。"[⑥]

霍巍据此认为，吐蕃民族并非一个从外部迁入西藏高原的民族群体，其主体成分是由起源于当地的土著先民集团构成。最初的"蕃"，就是指发源于藏南河谷地带的"雅隆悉补野蕃"，或者"鹘提悉补野蕃"[⑦]。对于藏族起源问题，石硕认为藏地流播的弥

① 索朗旺堆：《西藏考古新发现综述》，载《南方民族考古》，1991（4）。
② 转引自黄颢：《〈贤者喜宴〉摘译》，载《西藏民族学院学报》，1980（4）。
③ 王尧编：《吐蕃金石录》，43 页，北京，文物出版社，1982。
④ 格勒：《藏族文化的起源形成与周围民族的关系》，38 页，广州，中山大学出版社，1988。
⑤ 杜佑撰：《通典》卷 190《边防六·吐蕃》。
⑥ 欧阳修、宋祁、范镇，等撰：《新唐书》卷 21《吐蕃上》，北京，中华书局点校本，1982。
⑦ 霍巍：《从新出考古材料论"吐蕃"的源流》，载《四川文物》，1995（8）。

猴与罗刹女交配繁衍藏人的神话，不是真正意义上的神话，而是藏族的重要祖源传说，"罗刹女" 种系人群应为藏地土著，"弥猴" 种系人群则出自东部横断山区。二者结合的传说，实际上隐含着远古两地氏族之间的联姻这一内涵与藏文史料中关于藏地最初四大或六大氏族中曾存在藏地腹心地区同横断山区氏族相互联姻的史实记载一致，二者逻辑结构、族群背景与地望均完全对应①。近年来，在藏南河谷地带的考古调查与发掘，为霍氏的论点提供了重要的佐证。1984 年，考古工作者在藏南河谷发现了曲贡遗址，发掘出土了一万多件文化遗物与大量兽骨。② 1990 年，考古工作者又在雅鲁藏布江的中、下游流域的曲水、贡嘎、朗县、林芝、墨脱、林周、当雄、隆子等县相继发现了一批新石器时代的文化遗址，其出土遗物，与曲贡遗物有着相似的文化因素。③ 这些文化遗存，霍巍认为有几个令人注目的特点：（1）其分布区域，与藏文古籍记载的雅隆部落的活动区域大体上重合；（2）该文化遗址出土了一种夹砂红、褐陶的圆底罐，这种器物有着与周边的考古学文化不同的典型特征；（3）这种文化特征具有时代上的延续性，后来主要分布在这一区域内的吐蕃王朝时期的墓葬，基本上也保持了早期 "以石为棺"、流行圆底陶器等风格。④ 霍巍进而推测，这些考古遗存中必定包含有古代 "蕃" 族的文化因素。而这个 "蕃"，就是最早的 "吐蕃" 一词的来源。这个自称为 "蕃" 或 "悉补野蕃" 的原始先民集团活动于青藏高原的历史至迟可以上溯到新石器时代，他们不仅是青藏高原早期

① 　石硕：《一个隐含藏族起源真相的文本——对藏族始祖传说中 "弥猴" 与 "罗刹女" 含义的释读》，载《中国社会科学》，2000（4）。
② 　中国社会科学院考古研究所西藏队、西藏自治区文物管理委员会：《西藏拉萨市曲贡村新石器时代遗址第一次发掘简报》，载《考古》，1991（10）。
③ 　西藏自治区文物管理委员会：《西藏史前考古的新收获》，载《中国文物报》，1992 – 01 – 25。
④ 　霍巍：《西藏高原古代墓葬的初步研究》，载《文物》，1995（1）。

农耕文明的开拓者，也是后来建立吐蕃王朝的核心与主体族群之一。① 进入 20 世纪 80 年代以后，随着青藏高原旧石器时代遗物，特别是 DNA 技术的应用，为我们探寻藏族族源提供了物质证据与科学手段。

如中国科学院青藏高原综合科学考察队古脊椎动物组于 1983 年曾在青藏高原东部之四川省炉霍县虾拉沱附近的鲜水河东岸的宜木和亚巴两个地点分别发现含有古人类牙齿、旧石器材料及哺乳动物化石的地层层位。根据科学测定，这批古人类牙齿化石和人工石制品的年代为距今年 11 000 年左右。石硕依据现代人进入东亚的时间是在 35 000 年左右，认为"将已发现的西藏旧石器时代文化遗存的上限年代确定在距今 35 000 年至 30 000 年以前显然更为合理"②。也就是说，青藏高原的早期居民也是较早的东非移民后裔。那么，藏族初期祖先是经过那条道路移居青藏高原的呢？石硕认为 5 万年前现代人由非洲迁入东亚主要走了南、北两条线路，欧亚部落走的是北方路线。这支队伍在行进过程中又"分成了 3 支：一支沿兴都库什山脉进入印度；一支向东可能是通过'准噶尔裂谷'（今中国新疆）进入了中国，但人数较少；其中'大部分移民'即最主要的一支则是沿着大草原公路一直向北，绕道经过南西伯利亚而进入东亚"，并"可能是构成华北地区旧石器人群的主要来源"。而"西藏高原旧石器文化所呈现的一个明显特征是与华北旧石器文化之间存在若干共性"，这是因为"华北地区旧石器人群向周边地区尤其是向黄河上游青藏高原地区的迁徙与扩散，极可能是造成西藏高原旧石器面貌呈现及华

① 霍巍：《从新出考古材料论"吐蕃"的源流》，载《四川文物》，1995（8）。
② 石硕：《从人类起源的新观点看西藏的旧石器时代文化遗存》，载《中国藏学》，2008（1）。

北旧石器相似的特征与文化传统的重要原因"①。

　　上述青藏高原旧石器文明的创造者们只是初期居民，后来随着各地生产力的提高与交往范围的扩大，特别是经过新石器时代与青铜、铁器时代的磨砺，吐蕃民族也渐渐地形成。毫无疑问，该民族集团在其形成与发展的历史进程中，和居于今天中国西部的古代诸多民族之间，经历过长期交错杂处、相互交流、相互同化的过程。结合霍巍、石硕等先行研究成果，笔者认为这个民族融合过程至少有三个比较重要的阶段。

　　第一个阶段，大体上相当于青藏高原新石器时代的晚期。1978—1979 年，考古工作者在西藏昌都发现并发掘了卡若新石器时代遗址。该处遗址中既有大量带有本土文化因素的器物，如打制石器与细石器、磨制石器并存、流行小平底器、建造石居等，同时也出土了一些明显与黄河上游原始文化之间有明显亲缘关系的器物，如流行长条形的石斧与石锛、种植粟米、绘制彩陶等。所以，有人据此推测："西藏的原始居民中有两种因素：一种是土著民族，其定居在西藏的时代目前至少可以推到旧石器时代的后期，他们是一种游牧和狩猎的部族；另一种是从北方南下的氐羌系统的民族，他们可能是经营农业的。"② 另外，曲贡遗址曾出土了一个属于西方系统的带柄铜镜，此类镜在中亚、南亚以及新、川、滇都有过发现，连同西藏在内，恰好连成一个半月形的分布带。霍巍认为这一现象的产生可能与古代民族的直接迁徙、融合、交往有关。③ 吕红亮在霍氏研究的基础上进一步探索，认为"西藏的带柄镜可能并非自西藏北部的新疆直接输入，而很有

① 石硕：《从人类起源的新观点看西藏的旧石器时代文化遗存》，载《中国藏学》，2008（1）。
② 西藏自治区文管会、四川大学历史系编：《昌都卡若》，155～156 页，北京，文物出版社，1985。
③ 霍巍：《西藏曲贡村石室墓出土的带柄铜镜及其相关问题初探》，载《考古》，1994（7）。

可能自中亚南部或印度北部一带经西藏西部传入，其年代不会早于西汉"①。同时，石硕依据大量的考古学证据提出了两个重要论点：（1）新石器时代藏彝走廊的人群系统主要是从甘青地区南迁的原始人群；（2）甘青地区的原始居民约在 6 000 年前很可能由于气候急变即骤然转向寒冷干燥而开始由黄河上游南下向藏彝走廊迁徙的，他们是藏彝走廊新石器时代文明的主要开拓者和创造者，也是藏缅语族最早的祖先人群。② 上述三种推论，至少在目前还是能够站得住的。应该说，在这个阶段，本地的土著居民集团与来自黄河上游的氐羌系统的民族集团之间，是产生过交流并相互融合的。

第二个阶段，大体相当于青藏高原考古学上的青铜时代与早期铁器时代，约当中原地区的先秦两汉时期。霍巍曾将反映这一时期西藏古代墓葬的埋葬习俗与出土的器物，同中国西部古代民族同一时期出土文物的文化因素相互对比，并从八个方面论证二者之间的联系。③ 与此同时，一些考古工作者对我国西部考古中出土的一些人骨材料，如新疆哈密焉不拉克墓葬、青海李家山卡约文化墓葬等，进行过体质人类学研究鉴定，表明这些人骨的种系与西藏的部分原始居民之间有着十分密切的联系，很可能在种族类型学上具有同源或者近缘的关系。④ 近来有博士研究生温有锋从医学的视角，专门以"西藏藏族起源"为博士论文选题，通过获得西藏藏族 MtDNA 和 Y 染色体 DNA 多态性信息，从母系遗

① 吕红亮：《西藏带柄铜镜补论》，载《藏学学刊》，第 5 辑，2009。
② 石硕：《从新石器时代文化石看黄河上游地区人群向藏彝走廊的迁徙》，载《西南民族大学学报》（人文社科版），2008（10）。
③ 霍巍：《西藏古代墓葬考古材料与藏族族源研究》，载《中国西南古代的交通与文化》，成都，四川大学出版社，1994。
④ 张平、艾尔肯·米吉提、田早信，等：《新疆哈密焉不拉克古墓地》，载《考古学报》，1983（3）；张君：《青海李家山卡约文化墓地人种骨系研究》，载《考古学报》，1993（3）；韩康信、张君：《藏族体质人类学特征及其种族源》，载《文博》，1991（6）。

传和父系遗传角度探索藏族的起源问题。其结论是"藏族的体型与汉族很相似，与同属游牧民族的蒙古族和达斡尔族较相似，而与白色人种（芬兰、匈牙利）和黑色人种（尼日利亚）差异很大。从体型角度推测，藏族和汉族可能有共同的祖先"。同时"藏族与汉族和氐羌氏族的亲缘关系较近，而与印度人和孟加拉人的亲缘关系较远"[①]。

由此可见，这个时期，青藏高原在形成了本土的蕃、象雄（羊同）、苏毗等早期部落集团的同时，还与周边各民族集团持续不断地交流与融合。其中，由于地缘相近，它们同羌系统的民族集团关系更加密切。这一点，汉文史籍可以予以佐证。《旧唐书·吐蕃传》载："吐蕃，在长安之西八千里，本汉西羌之地也。"《新唐书·吐蕃传》云："吐蕃本西羌属，盖百有五十种，散处河、湟、江、岷间。"

第三个阶段为7世纪吐蕃兴起之后。王辅仁认为，吐蕃在先后征服和兼并了苏毗、羊同、白兰等古羌人部落后，在向西、向东与向北发展过程中，还同化了一部分北方草原的"胡"系民族（如吐谷浑部等），并最终将这些民族集团都纳入到吐蕃民族共同体之中。[②] 这一现象，与意大利藏学家杜齐对"藏民族"这一概念内涵所作的界定倒颇相契合："这样从东到西的种族集团的散布，很自然地引起对先来土著的吸收和同化"，这也是"藏族人口远非出于一源"的缘由所在。[③] 即使到了今天，虽然"这里语言和宗教是相同的，习俗也是一致的，但我们愈往西部和南部走，就愈发现人们在身体特征上有很大的差异，就是最粗浅的观察者也不会忽略掉。虽然几个世纪的混合和共同生活把许多来源

---

① 温有锋：《西藏藏族起源初探》，中国医科大学 2007 年博士论文，"摘要"。
② 王辅仁、索文清：《藏族史要》，4~6 页，成都，四川民族出版社，1980。
③ 杜齐著，李有义、邓锐龄译：《西藏中世纪史》，7 页，中国社会科学院民族研究所民族史室、民族学室 1980 年刊印。

不同的种族融合在一起，但这个差异还是明显的"。所以，"西藏的合成的人口，包括混合在一起的许多不同的集团语言上几乎说一种统一的普通话（koiné），是被从北方或极东地区移来的一批贵族所统治着的"[①]。

石硕根据藏民族的形成过程，也归纳为三个阶段，只是各个时段的时间与笔者略有不同，兹简述如下：

第一阶段，从悉补野部到松赞干布统一西藏高原诸部，系藏民族的内核逐渐酝酿和形成的时期。从 6 世纪到 7 世纪初，经过松赞干布父子两代的卓越经营和开拓，悉补野部先后征服了达布、工布、娘布、苏毗等邻近诸部，并控制了今天的整个卫藏地区。大约在 644 年，松赞干布兼并了西边强大的象雄部落，最终统一了吐蕃本土。吐蕃本土诸部在政治、军事上的这种统一，标志着它们已经被纳入同一熔炉之中，从而成为了后来构成藏民族的基本内核。

第二阶段，吐蕃王朝时期，系藏民族形成过程中最重要的阶段。吐蕃王朝期间通过向外扩张和征服而完成的对整个青藏高原地区众多部落和部族的统一，为藏民族在这一地域内的形成奠定了最直接的基础。毫无疑问，吐蕃王朝本身经历了从"蕃"到"大蕃"的发展过程，而这一发展过程完全是凭借其长期不间断的武力扩张和对周边尤其是对东部地区众多部落和部族的征服来实现的。这些处于"大蕃"疆域内的被征服部落和部族，主要有吐谷浑、党项、白兰以及分布于横断山脉区域（即川西高原和滇西北高原一带）的东女、邓致、岩昌、白狗、嘉良夷、哥邻等众多氐羌部落群体。

第三阶段，从吐蕃王朝灭亡以后到 13 世纪以前，系藏民族

---

① 杜齐著，李有义、邓锐龄译：《西藏中世纪史》，7~8 页，同上。

最终形成的时期。吐蕃王朝灭亡后，其东部域内众多的吐蕃移民部落和原驻守的大量吐蕃军队及随军奴隶大多无能力返回吐蕃本土，散落在今甘青及横断山脉区域一带，形成了吐蕃人与吐谷浑、党项诸羌部及汉人相互杂处的局面。后经五代、宋、金长达几个世纪的相互杂处、共同生活及血缘上的彼此混同，尤其是通过"后弘期"藏传佛教在整个青藏高原地区的广泛传播和渗透，不仅使该地区各部族居民逐渐在文化心理素质和语言上趋于了统一，而且最终使这一地区的文化与吐蕃本土的文化成为一个整体。①

上述可见，无论如何划分吐蕃民族形成的阶段，我们都可以明显地看出，吐蕃民族共同体主要应由三大部分构成，即核心成分为蕃，另一部分则主要来自于古代氐羌系统的先民集团，第三部分则应包括一部分来自北方草原的胡系民族成员。

2. 松赞干布与"雪域板块"的形成

到了6世纪前后，今天的藏族先民一部分经过数千年的衍化与发展、分化与迁徙，最后在今天的青藏高原融合成大小不一的数十个部落联盟，即所谓的"四十小邦"。

在这些"小邦"中，发展脉络相对清楚的当为后来建立吐蕃王朝的悉补野部落。根据传说，该部到第二十九代赞普达布聂西时，已经基本上统一了雅鲁藏布江南部地区，并力图越江北向。到了三十代赞普伦赞时，他发兵拉萨河流域，攻灭几个"小邦"，统一了雅鲁藏布江的中、下游地区。到了7世纪初，三十三代赞普松赞干布（630—650年在位）承继父祖之业，东征西讨，基本上统一了今西藏，建立了吐蕃王朝。嗣后，他主要从以下几个方面巩固该王朝：（1）在行政体制上设官定制。赞普之下设立相当

---

① 石硕：《西藏文明东向发展史》"第三章"之"第四节 藏民族的形成及其多元化构成"，成都，四川人民出版社，1994。

于正副宰相的大论一人、副大论一人，辅助赞普掌管军国大事；设内大论、副内大论各一人，掌管内政；设司法大臣一人，掌管纠察和司法。在行政区划与社会组织上实施军政合一、全民皆兵体制，使吐蕃具有了成熟国家的模样。（2）在文化上，通过创制文字，使得雪域高原上各色人等有了共同交流的基础，促进了部族一体化与地域共同体的形成。（3）实施军政合一、全民皆兵体制。松赞干布首先在雅鲁藏布江中、下游地区设立 4 个如（也译为"翼"），每如设将军 1 人、副将各 1 人，分领上、下部，统领 8 个千户所。另外，每个如还有 1 个小千户所，外加 1 个直属赞普的禁卫千户所，合计 10 个千户所，4 个如共计 40 个千户所。（4）在继续进行统一雪域高原事业的同时，开始了征服四方的历程。松赞干布先是北进青海湖，攻伐吐谷浑，继而攻击唐朝松州，双方互有胜负。（5）在军事上，制定了"以马为命"[①] 的政策。这样一来，一支借比较发达的牧业、农业、手工业与昌盛的商业之力，无坚不摧的甲胄骑士兵团得以形成，为上述的政治、经济与文化政策的实施，提供了保障。

伴随着这些政治、文化与军事措施的制定与落实，催生了"雪域板块"。由于该板块有着泛中原农耕、大漠游牧、辽东渔猎耕牧等板块所不具备的优势，故甫经面世即显出勃勃生机，便与强盛的唐朝角逐于西海、西域、关陇等地，并逐渐地占了上风。到赞普赤松德赞（755—796 年在位）时，吐蕃臻于全盛，成为"东接凉、松、茂、巂等州，南邻天竺，西陷龟兹、疏勒等四镇，北抵突厥，地方万余里，诸胡之盛，莫与之比"的强大王朝。[②]

3. 雪域板块的鼎盛与吐蕃王朝的崩溃

---

① 司马光撰：《资治通鉴》卷232，《唐纪》48，"贞元三年"条，《四部丛刊》初编本，影印宋刻本，上海，商务印书馆，民国十八年。
② 司马光撰：《资治通鉴》卷202，《唐纪》18，"永隆元年"条，《四部丛刊》初编本，影印宋刻本，上海，商务印书馆，民国十八年。

应该说吐蕃王朝的兴起，经历了一个长久的过程。就吐蕃文明发祥地及都城逻些城的自然条件而言，该地处于雅鲁藏布江河谷中、下游流域，气候比较温和，地势相对平坦，人口最为密集，交通亦属方便，故早有"西藏粮仓""西藏牧场"之称。这是一个相对宜耕宜牧地带，为处于青铜器与铁器时代的悉补野部的崛起，为吐蕃王朝的建立，提供了优良的物质基础与社会环境。

在统一吐蕃的经济体系中，起决定性作用的首先是农业与畜牧业。我们很难估量定居农业经济与游牧业经济究竟哪个对统一吐蕃社会更重要。当然，也有人认为西藏的畜牧业与"农耕得到了很好的结合"。其理由是使用牛耕与打谷，其畜粪成为肥料的来源；部分家畜用草谷科植物、豌豆的残梗、苜蓿等喂养，使得其易于抵御天灾，节省谷物。另一方面，虽然草原上的牧群主要依赖天然牧场，但有些地方会收割部分天然牧草以供冬季饲养之用。[1]

当然，统一吐蕃的社会进步也离不开手工业与商业。吐蕃军事手工业之发达，得益于对外征服战争的持久与广泛、内战的频发与各部落间习惯性的劫掠，故其精良工艺首先体现在其所铸造的兵器及骑兵装备上。仅以铠甲为例，《新唐书》认为"其铠胄精良，衣之周身，窍两目，劲弓利刃不能甚伤"[2]；《通典·吐蕃传》则赞其"人马俱披鐽子甲，周体皆遍，唯开两眼，非劲弓利刃所能伤也"。在冷兵器时代，这支快捷的装甲兵团，实在是一支令人夺气的力量。就对外交流与商业而言，早在新石器晚期，

---

[1] 皮德罗·卡拉斯科（Pedro Carrasco）著，陈永国译：《西藏的土地与政体》（Land and polity in Tibet, University of Washington Press, 华盛顿大学出版社, 1959），6页，西藏社会科学院编印，1985。

[2] 欧阳修、宋祁、范镇，等撰：《新唐书》卷21《吐蕃上》，北京，中华书局点校本，1982。

康藏地区便与中原地区有着广泛的人员交流与商业贸易关系。[1]
统一的吐蕃对外攻取河西走廊与西域，攻击南诏与甘陕地带，主
要是为了开拓、控制与保卫西域丝绸之路、滇缅丝绸之路与茶马
之路等国内、国际贸易通道。[2] 通过开辟商路来获取财富，进而
消弭各部落间无休止的内部相互劫掠，是吐蕃开疆拓土的内在
动力。

　　鼎盛时期吐蕃王朝的外向出路恰好与同样处于巅峰时期唐朝
的开疆区域相重叠，于是双方围绕着对今日之滇西北、川西、秦
西、整个甘肃与新疆及中亚、南亚部分地区的主导权展开争战。
唐蕃之间的大规模交手始于 670 年。到了 783 年，唐蕃双方因相
互攻防已长达百余年，彼此疲惫，皆有罢战之意。于是双方商定
在清水会盟，划分疆界。其盟文云："今国家所守界：泾州西至
弹筝峡西口，陇州西至清水县，凤州西至同谷县，暨剑南西山大
渡河东，为汉界。蕃国守镇在兰、渭、原、会，西至临洮，东至
成州，抵剑南西界磨些诸蛮，大渡水西南，为蕃界。（中略）其
黄河以北，从故新泉军，直北至大碛，直南至贺兰山骆驼岭为
界，中间悉为闲田。"[3] 清水之盟后，吐蕃疆域趋于全盛，连唐朝
的腹地——陕西西部、整个甘肃与宁夏的大部分，亦为吐蕃囊中
之物。

　　821 年，唐朝鉴于吐蕃之东向兵锋频繁逼近长安，不得不与
吐蕃再会盟于长安王会寺。盟词曰："中夏见管，维唐是君；西
裔一方，大蕃为主。（中略）塞山崇崇，河水汤汤，日吉辰良，

① 任乃强，泽旺夺吉：《康藏与中原地区早期交往试探》，《藏学研究论丛》（第 1 辑），拉萨，西藏人民出版社，1985。
② 张云：《唐代吐蕃史与西北民族史研究》，149～161 页，北京，中国藏学出版社，2004。
③ 刘昫、赵莹、张昭远，等撰：《旧唐书》卷 196 下《吐蕃传下》，北京，中华书局点校本，1975。

奠其两疆，西为大蕃，东实巨唐。"① 与《旧唐书》这段盟词相互参照、可彼此印证的还有至今仍耸立于拉萨大昭寺门前的"唐蕃会盟碑"。其碑文曰："今蕃、汉二国所守见管本界，（中略）蕃、汉并于将军谷交马。其绥戎栅以东，大唐袛应；清水县以西，大蕃供应。"② 到了此时，唐朝不得不承认吐蕃为西方之主的地位。二者实际上构筑了古代中国的"东朝"与"西朝"双峰并峙的态势，但就势力而言，西朝睥睨东朝。但一时间强盛的"雪域板块"也有着自身难以克服的劣势，使这种强势难以为继，这将在后面叙述。

三、"雪域板块"的特质

雪域板块内部大体上可分为以农业与半农半牧为主的卫藏、以游牧业为主的安多、以半农半牧为主的康巴三个文化单元，特殊的地貌造成了同一文明区域内的农业与游牧业生产方式的二元分离。不同的生产方式又衍生了不同的政治体制。

在卫藏地区，山口河谷是天然的交通线，加之藏族人口也多分布于此，故连接各个村镇的交通线自然也以山口河谷地区为主。这对藏传佛教的传播走向与分布态势也产生了重大影响。藏传佛教最先在拉萨河、年楚河与雅鲁藏布江（简称"一江两河"）流域传播，尔后再向其他地区流布。但却无法形成扇形或圆形传播渠道，只能以线形传播为主。③ 直至今日，藏传佛教著名寺庙还是多位于拉萨、日喀则、萨迦、乃东等沿河河谷地区，造成了该地域以政教合一制度为主的态势。在安多与康巴地区，前者由

① 刘昫、赵莹、张昭远，等撰：《旧唐书》卷196下《吐蕃传下》，北京，中华书局点校本，1975。
② 姚薇元：《唐蕃会盟碑跋》，载《燕京学报》，1934（15）。
③ 当然，这不是说青藏牧区的人们对藏传佛教的笃信亚于农区与半农半牧区，仅仅是以政治学为视角来探讨宗教与环境及其衍生的政治体制问题。

于地处偏远高寒地带，加之高山巨川阻隔，交通极其不便，且人口稀少乃至于无人居住，实在不足以设衙统治；后者由于处在青藏高原、云贵高原与川西台地交错带上，怒江等数条大河、横断山脉等数座大山将其切割成许多块不连贯的相当封闭且可以自立的地理单元，从而使众多地域处于独立或半独立状态，为土司制度的长期存在，留下了空间与条件。另一方面，即使在同一个地理单元中，每一个高山深谷又程度不同地构成了在谷底冲积的平原与缓坡上种植青稞、小麦与油菜等农作物及在山上游牧与狩猎的经济形态。故生活在河谷地带（Rong – yul）的藏人被称为Rong pa，意为居住在低地的农夫；游牧在高山草原地带的藏人自称aBrog pa，为居住在高山草原上的牧人之义，这样，使得一个山谷上下分别衍生出了以游牧与农耕为主体的人们共同体。

应该说，"雪域板块"内体制的分裂与该板块内若干个较小地理单元中各个山谷内生产方式的二元分离，在造成了自然与人文环境的二元区分的同时，又衍生了不同生产方式的人们共同体，此乃"雪域板块"的特质。这种特质，造成了代表任何体制或生产方式的势力都难以长期统合全域的态势，域内的平衡与秩序需要借助于外来力量来维持。因此，在大漠、泛中原及辽东诸板块上兴起的各种势力，正好充当了这个角色。

1. 雪域板块各种生产方式概说

如以现代区划标准将雪域的主干部分——西藏各地生产方式分成农业区、半农半牧区、牧业区、农牧林业区的话，各个地区所占比重如下：

农区县（市、区），土地面积 54 900 平方公里，主要有拉萨市的林周、达孜、城关区、曲水、堆龙德庆、尼木等县；日喀则的南木林、仁布、江孜、日喀则、白朗、萨迦、拉孜等县；山南的贡嘎、扎囊、琼结、乃东、桑日等县。上述农区，均位于"一江两河"流域，隶属于拉萨市、日喀则与山南地区，占全自治区的4.6%。其中宜农土地面积180 100公顷，占全自治区宜农土地面积的50.5%、宜牧面积占6.5%，宜林地、未利用土地、水域面积分别占0.9%、2.3%、2.8%。

半农半牧县，土地面积291 300平方公里，主要有拉萨市的墨竹工卡；昌都的昌都、江达、贡觉、类乌齐、丁青、洛隆、边坝、察雅、八宿等县；日喀则的康马、岗巴、定结、定日、聂拉木、谢通门、昂仁、吉隆等县；山南的郎卡子、洛扎、错美、错那、曲松、加查、隆子等县；阿里的普兰县。

牧区县，土地面积710 600平方公里，主要有拉萨市的当雄县；日喀则的仲巴县；那曲地区的那曲、比如、嘉黎、索县、安多、申扎、班戈、巴青、尼玛等县；阿里的扎达、日土、革吉、噶尔、改则、错勤等县。

农牧林区县，土地面积142 100平方公里，主要有昌都的芒康、左贡等县；日喀则的亚东县；林芝地区的林芝、米林、工布江达、朗县、波密、察隅、墨脱等县。①

在青藏高原，许多地区的年雨雪量高达400~800厘米，但西藏主要农区的雨季却开始于6月上旬，稍稍晚来10天以上便可造成旱灾，因此时正是小麦、青稞的分蘖与拔节期，需水量最大。实际上，这里不利于农业的最主要的环境因素还是"低温"。西藏的霜冻最严重的时期是每年的七八月份，此时正是小麦、青稞等高原作物成熟季节。所以，西藏90%以上的耕地有效积温不足，灌溉条件差，只能种植低温、耐旱但产量低的青稞、小麦、豌豆、油菜等作物。据19—20世纪40年代以前不同时期的记录，西藏最富饶的拉萨附近的平均产量为种子的6~10倍、西部的拉

①　《西藏资源环境与区域可持续发展》编写组编：《西藏资源环境与区域可持续发展论文集》，56~57页，拉萨，西藏人民出版社，2003。

达克为 7 ~ 10 倍、拉胡尔为 10 倍、东部的康区仅有 3 ~ 6 倍，但南部锡金的谷子产量为 40 ~ 150 倍，稻子为 20 ~ 50 倍。[①] 即使到了水利设施相对发达、种子与化肥技术非常先进的今天，西藏大多数耕地单产仍低于 400 斤/亩。[②] 而全国中、东部的大部分地方所种植的小麦、水稻及玉米等亩产七八百斤乃至于千斤及以上是轻而易举的事情。

在 7 世纪初中期至 9 世纪中期，虽然"一江两河"流域的灌溉农业造就了吐蕃的一时强盛，但阻碍西藏经济统一的地理条件却始终存在。这就是面积较小的可耕河谷被牧民居住的高山草原所隔离，造成农区或半农半牧区的经济与社会经常处于二元结构之中，河谷里的农夫们始终无法取得河谷上面的游牧民的那种优势地位。这也是以定居农业为基盘的吐蕃虽然一时间建立了统一王朝，但内乱始终不断的原因之一。为了解除这种结构性矛盾，统一王朝时期的赞普往往通过对外战争、扩大领土的方式，希冀在转移各种生产方式下的人们注意力的同时，掌握更多可以分配的战利品，以填补内部的不均衡，消弭内患。然而一旦没有了征服对象或对手过于强盛而停止了对外征服的步伐时，代表不同生产方式或体制的王朝统治阶层之间的争斗便会随之而起，吐蕃立即走上土崩瓦解之途。

上述牧区则包括那曲地区全部、阿里地区绝大部分与拉萨市当雄县，共 18 个县，占全自治区总土地面积的 59.3%；半农半牧区包括昌都地区北部、日喀则地区西北部与山南地区南部的 27 个县，占全自治区总土地面积的 24.3%，其中宜农地、宜牧地

---

① 皮德罗·卡拉斯科（Pedro Carrasco）著，陈永国译：《西藏的土地与政体》（Land and polity in Tibet, University of Washington Press, 华盛顿大学出版社，1959），5 页，拉萨，西藏社会科学院编印，1985。
② 《西藏资源环境与区域可持续发展》编写组编：《西藏资源环境与区域可持续发展论文集》，81 页，拉萨，西藏人民出版社，2003。

（含未利用土地）、宜林地分别占 54.46%、30.69%、0.06%。[①]
也就是说，牧区面积占有西藏总面积的绝大部分，远远地凌驾于
农区之上。就游牧经济而言，雪域板块上的游牧民与大漠板块上
的游牧民们均生活在不同的经济形态之中。其最本质的区别在于
大漠板块上的游牧民们是平行游牧，在广袤平原上远距离游走，
而雪域板块则是从山麓到山顶的垂直游牧，是从山坡底部到顶部
的循环运行。在前近代，雪域板块上某个部落如能控制一个生态
环境良好的山谷，在谷底冲积平原与缓坡上农耕与劫掠，在山上
游牧与狩猎，那么其最低生存所需则大致无缺。也就是说，游牧
及其主要辅助性生业——农业与采集、狩猎与劫掠（生计性劫
掠），使得一个河谷足以成为一个衣食无忧的物资供应基地，更
是一个值得整个部落浴血保护与倾力争夺的对象。在此，雪域高
原各部落的资源竞争对手，或者他们向外获取资源的对象，都是
环绕于周边的邻近部落。也正因为如此，雪域高原部落既是人们
保护已有资源的社会组织，也是人们抢夺资源的最重要的政治共
同体。这也是雪域高原部落联盟具有极强的生命力的原因所在。
而大漠板块上游牧民的劫掠对象往往是遥远的中原或中亚两河流
域、伊朗高原或东欧农业区，这也是匈奴（刘渊）、拓跋鲜卑、
慕容鲜卑、契丹与蒙古等经常入主中原而雪域高原却鲜有此事的
原因之一。这也说明雪域板块游牧社会具有很强的内向性，对内
无法统一雪域高原，对外无法决胜于域外。

　　2. 雪域板块的游牧部落社会

　　据统计，仅明朝管辖的今甘南、青东南、川西北连接地带的
藏区一隅，就有 645 个部落联盟。迨至 20 世纪 50 年代末，藏北
牧区有部落联盟 92 个，青海省的海西蒙古族藏族自治州有 20 个、

---

① 《西藏资源环境与区域可持续发展》编写组编：《西藏资源环境与区域可持续发展
论文集》，57 页，拉萨，西藏人民出版社，2003。

海南藏族自治州有 23 个。① 而且直至西藏民主改革前，这些游牧部落仍然发挥着重要作用。

清朝与民国时代，就各部落联盟的隶属关系而言，其类型大致可分为四种：（1）归属地方政府管辖，向所属政府缴纳捐税，为他们服差役，如西藏那曲宗；（2）归属寺院管辖，向寺院缴纳畜产品，为他们服差役等，如色拉寺的当雄谿卡；（3）归属中央政府管辖，服从中央政府调遣，象征性地在每年的一定时候"进贡""问安"，但一般不直接向中央政府缴纳租税，如甘西南、青东南、川西北的一些部落联盟；（4）虽然名为寺院的"神部"（拉德），但不向寺院缴纳租税，只需在宗教节日期间轮流给寺院供饭。同时，遇有战争时，须派出规定的兵丁数额。

在雪域高原游牧社会的日常生活中，最核心、最基本的人群是家庭。一个最基本的家庭，一般情况下是一对夫妻及他们的未婚子女，当然也有单亲带着孩子的家庭，或三代同堂的家庭。根据民国时期的调查资料，在青海东南部到川西北一带，存在着小到每 5~6 户，大到 80~100 户组成的"帐房圈"（帐圈），藏语称为"日科"或"措哇"。根据 20 世纪初曾长期在青海东南部与川西北地区居住的埃克瓦尔（Robert B. Ekvall）的观察，帐圈在青海东南部地区称不上是主要的社会组织，其结成缘由主要是基于地形或安全考虑。故个别地方甚至有一个家庭单独放牧，并没有加入帐圈的情形。② 但王明珂认为，该地域"牧团"（帐圈）变易大，或在个别地方甚至没有，并不是因为它们不重要。家庭以上的基本游牧群体结合（牧团或牧圈），在任何游牧人群中都

---

① 尕藏才旦、格桑本编：《青藏高原游牧文化》，68 页，兰州，甘肃人民出版社，2000。

② Robert B. Ekvall, Fields on the Hoof, p. 28。转引自王明珂：《游牧者的抉择——面对汉帝国的北亚游牧部族》，44~45 页，桂林，广西师范大学出版社，2008。作者按：Robert Brainerd Ekvall, 1898 年生于美国驻中国传教士家庭，年轻时生活在甘肃省狄道，1983 年卒于美国。

是重要的。①

在一年的游牧过程中，青海东南部的"帐圈"会随着地形及水草资源的变化而大小不一。每个帐圈通常都会推举最有能力或最富有者做头人。一般而言，帐圈有固定驻地及牧地，并得到邻近帐圈的承认。帐圈内部的家族多半有共同的祖先，当然也有外来者。帐圈中的各牧户有互助义务，但各户经济独立。② 当时居住在今青海海南的藏族称小部落为"措哇"或"德哇"，其下又分若干"日科"，由五六户到十几户有亲属关系的牧民组成。③

在青海东南部，在家庭与牧圈之外，王明珂认为还有更大的社会群体，这就是家族、氏族与部落。所谓"家族"（lineage），系指其组成人员的血缘关系较近的亲属群体，而且是血缘关系可以回溯的人群；"氏族"（clan）系指宣称有共同祖先但血缘系谱不太清楚的亲属群体，故同一家族的人们只以家族称号或始祖之名来彼此凝聚；"部落"通常指社会阶序化、权力集中化程度较低的政治组织。④ 在 20 世纪中叶青海南部果洛藏族地区，其"部落"大致分为三个层级。第一级部落大约有一二千户，此类独立大部落的头人称为"红保"。"红保"是最高行政、司法、军事首长，部落寺院活佛大多是红保的近亲。大部落之下有第二级部落，其头人称为"隆保"（辅佐之意）。这两级部落的社会属性系地缘性结合，其群体构成人员既可能属于不同家族，也可能来源于不同民族。第三级小部落中较大的称"措哇"，较小的称"德哇"，这是血缘性的家族或氏族部落；一般只有几户到十几户，

---

① 王明珂：《游牧者的抉择》，44～45 页，桂林，广西师范大学出版社，2008。
② 青海省编辑组：《青海省藏族蒙古族社会历史调查》，98～101 页，西宁，青海人民出版社，1985。
③ 青海省社会科学院藏学研究所编：《中国藏族部落》，126 页，北京，中国藏学出版社，1991。
④ 王明珂：《游牧者的抉择——面对汉帝国的北亚游牧部族》，44～45 页，桂林，广西师范大学出版社，2008。

最大的能达到百户。其头人称"措红",不能世袭,由红保或隆保指定。"措哇"之下便是帐圈(果洛藏族称"日科"),或有时最小的帐圈单位就是"措哇"或"德哇"。各部落均有固定的牧场范围,有的措哇、牧户已分得固定的草场;有的则没有固定草场,由"红保"在转场前召集头人分配草场。[①]

游牧部落联盟的组织层级大致是:联盟总头人(千百户或宗本)—部落头人(联席会议)—莫红(带兵官)、隆保(总管)、直属小头人—莫红(小带兵官)、错红(氏族头人)。

其中,部族头领一般都是经过部落推选产生的,因无官府的俸禄,故对朝廷只是象征性地"朝贡称臣",王朝的力量很难直接渗入其地。负责统兵打仗的莫红,通常都是推选勇敢善战的隆保担任,若某牧人善于行军打仗,也可以被推选为莫红,地位与隆保相当。[②]

结成部落联盟的主要目的有三:即:(1)保护本部落成员个人的生命与财产安全;(2)保护部落的草场、河流、森林等公共财产不被掠夺;(3)通过有组织有计划的劫掠、战争获得邻人的财富。

关于此点,兹以果洛地区部落联盟的一整套武装制度为例说明之。(1)征兵。果洛部落武装并非常备力量,无固定编制,故兵员按户征召,特等人家每户2~3人,中等人家每户1~2人,一般人家每户按实际情况征集。凡不能服兵役者,以马匹、枪支、牛羊等代替。(2)兵员装备。主要兵器起初是弓箭、刀,后来是步枪、刀。辅助器物有铠甲、头盔、护盔、腰悬弓袋、箭囊等。(3)兵员训练。果洛部落的兵员训练没有定制。(4)会议。

① 青海省编辑组:《青海省藏族蒙古族社会历史调查》,98~101页,西宁,青海人民出版社,1985。
② 尕藏才旦、格桑本编:《青藏高原游牧文化》,72~73页,兰州,甘肃人民出版社,2000。

每遇大事,召集部落大会商议解决。(5)战斗。部落军队出战时,挑选剽悍勇敢者执掌军旗,指挥军队。诸部落军队集合为大队时,每一部落各执不同颜色的旗帜以示区分;布置防线,派出哨兵,调兵遣将。(6)劫掠。在果洛地区,劫掠是一种风俗,有年劫、季劫、月劫之分。大规模劫掠则是整个部落大事,集合大队人马实施。(7)军法。对临阵脱逃或战斗中落伍者予以责打、关押等处罚。

因地域不同,各地游牧部落首领的统治权有很大的差别。在果洛藏区,未经部落首领的许可,牧民是不能随便离开部落的。同时,被赶出部落者经常是无法生存的。在这些部落,首领对游牧民的刑罚极其残酷。王明珂推测,部落首长有如此权威,可能与资源竞争(争草山)激烈因而部落间械斗多有关。[①] 在四川阿坝藏区,部落首领称"红布(保)",职位世袭。其下有老民辅佐。所属各寨设有寨首,称"错米",职位世袭。凡有关战争等大事,部落首领需招集老民与错米共同商议。在四川西北的若尔盖牧区,有关战争等重要事宜,每家均需派人参加会议,由所有家庭决定是否作战。故该处寨首(红布)的权力相当有限,只起到召集人的作用。部落首领与寨首既要公正,还要有能力,否则百姓将会离散,甚至发生被牧民驱逐或杀掉的事例。[②] 在四川德格之北的阿曲地区,牧民虽向土司(部落首领)缴"王爷年差",但他们认为这仅仅是办佛事的奉献品,而非官方赋税。临近阿曲的色达地区,没有土司,小部落各自为政。部落头人虽然很受尊重,但无摊派赋税、惩罚犯罪之权。"色达人根本不知何为赋税

① 王明珂:《游牧者的抉择——面对汉帝国的北亚游牧部族》,50 页,桂林,广西师范大学出版社,2008。
② 四川省编辑组:《四川省阿坝藏族社会历史调查》,48~51 页,北京,民族出版社,2009。

制度，每个牧民长期习惯于过一种纯真的自在生活。"① 这里既没有设过土司，也没有建立过县政府，"从未支过乌拉（差役），也从没有交过牧税，是一个闭塞的区域"②。

3. "雪域板块"的土司制度

清朝在雪域板块各地实施着不同的统治体制。前、后藏的一切"事物均隶驻藏大臣核办"③，在甘、川、滇藏区基本上实施土司制度，在青海藏区则依照管理蒙古的办法进行统治，以期达到"众建而分其势"④的目的。

土司制度可以追溯到唐朝在边疆地区设置的羁縻府州，但清代的藏区土司与前代大多没有承继关系，多系朝廷对藏区用兵或施政过程中根据需要先后建立的。在康巴地区，明正土司辖今四川之康定、九龙、泸定、丹巴、雅江东部、道孚等地；理塘土司辖今四川之理塘、稻城、乡城、雅江西部、新龙等地；巴塘土司辖今四川之巴塘、德荣、义敦，西藏之盐井，云南之维西、德钦、中甸等地；德格土司辖今四川之德格、邓柯、石渠、白玉，西藏之江达，青海之玉树部分地区。此外，还有巴底等 3 个宣慰司、革什赞（今丹巴）等 12 个安抚使、冷边（今泸定）等 12 个长官，以及众多土千户、土百户。在安多地方，清廷先后设瓦赤（今汶川）宣慰司、松磨（今马尔康）宣慰司、鄂什咱安抚使、绰斯甲宣抚使，另在松潘厅设土千户 13 个、土百户 50 多个，并将今青海果洛与甘南藏族自治州之南部的诸部落划归该厅管辖。另外，在建昌道（今四川木里县）设安抚使，在青海藏族地区设 1 个总千户、22 个土千户、114 个土百户，分别归属朝廷直辖的

① 南卡诺布著，索朗希译：《川康牧区行》，14 页，成都，四川民族出版社，1988。
② 青海省社会科学院藏学研究所编：《中国藏族部落》，498 页，北京，中国藏学出版社，1991。
③ 《理藩院则例》卷 61，海口，海南出版社，2000。
④ 张其勤：《清代藏事辑要》卷 2，拉萨，西藏人民出版社，1983。

道、厅、卫、所衙门辖治；在卫藏的 39 族地区设 16 个土百户。[①]

　　清代藏区土司系统的政权结构，中、小型者一般由一人为最高行政长官，总揽政务大权。下设若干土官，分管各项事务；大型者一般以土司为最高长官，下设若干个主管一方面事务的属官。但土司的权力却受制于贵族会议。一般情形下，凡遇大事则召开贵族会议讨论，最后由土司裁决。土司拥有世袭领地，辖区内所有土地及森林、矿藏等均归土司所有；土司领地上的百姓依附于土司，被分成若干个等级，最高者为贵族，最低者为家内奴隶；土司虽然没有常备兵，但遇有战事或需要时，可以从本土司中征召兵员。

　　土司实质上是国中之国，在其辖区内有一套中央及地方政府不干涉的政治制度与运行方式。到了晚清，由于朝廷的羸弱，许多土司势力急剧扩张，常常与中央政府公开对抗，造成尾大不掉之势，逼迫朝廷不得不实施改土归流之策。

四、"雪域板块"在中国疆域形成过程中的作用

1. 藏传佛教的兴盛与"政教合一"体制的成因

　　松赞干布时期，虽然修建了大、小昭庙，但苯教在吐蕃社会与政治生活中仍占据着不可替代的地位。应该说，佛教作为一种信仰开始传播并对吐蕃人产生较大影响，当始于赤德祖赞（704—755 年在位）时期。他首先清除阻碍佛教传播的大臣，尔后派人去天竺与唐朝学习佛法，同时修建寺庙。此后，佛教在吐蕃大行其道。775 年，为了让佛教在吐蕃生根，赤松德赞令七名贵族子弟剃度出家，史称这首批出家的吐蕃僧人为"七试人"。与此同时，还两次颁布弘扬佛法诏书，并将其刊刻于桑耶寺中的

---

① 马菁林：《清末川边藏区改土归流考》，56～59 页，成都，巴蜀书社，2004。

石碑上，佛教在吐蕃俨然取得了国教的地位。藏传佛教能在吐蕃开花结果，与历代赞普及后来的地方割据者的鼎力支持密不可分。藏传佛教依附于赞普及地方割据势力，赞普，特别是后来的地方割据势力又竭力扶植藏传佛教，形成政权支持神权，神权维护政权的局面，终于使雪域板块大部分地区形成了"政教合一"、僧侣与贵族联合执掌政权的特有体制。

自七世达赖以后，"政教合一"体制愈益强化，藏传佛教寺院掌握了西藏的政治、经济和司法权。以经济为例，民主改革前的藏区，寺院占有全藏土地总数的36.8%，占有牲畜41.5%；寺院在青海农业区占有全省土地的5%，在牧区占有牲畜总数的7%。另外，甘西南、滇西北与川西藏区的寺院，其占有土地与牲畜的比重也不亚于藏区，社会财产的多半被寺院占有。①

那么，为什么在同样盛行藏传佛教的"大漠板块"上世俗力量远大于宗教势力，唯在"雪域板块"上形成"政教合一"呢？由于自然环境的局限，定居农业社会与游牧社会的世俗力量均无法统一雪域板块。在这种背景下，藏传佛教的政治能量趁势生成。在藏传佛教的发展过程中，普遍存在着一种相同的倾向。即：其一，在宗喀巴实施佛教改革前的古老教派中，盛行教主世袭制，贵族们既是教会（寺院）的教主，也是世俗统治者；其二，15世纪初产生的新教派虽然采取转世继承体制来打破特定家族对特定寺庙的垄断，但到头来却是绝大部分教主都转世于贵族家庭。自蒙古汗国时代起，藏传佛教各教派经常借助于"大漠""泛中原"及"辽东"诸板块上兴起的政治势力来实现其对雪域高原的统治。特别是15世纪中期以降，各世达赖喇嘛先后与蒙古各部势力及清朝力量合作，确保西藏的统一和稳定。正是由于

① 杨晨：《藏传佛教寺院经济及其社会影响》，载《青海民族学院学报》（社会科学版），2007（2）。

蒙古各部势力，特别是清政府的直接掌控，使得西藏僧侣统治阶级的集团化和噶厦组织的官僚贵族化成为可能。所以，在藏传佛教寺院力量得到了加强的同时，官僚化的世俗贵族则采取了中国传统的古老组织形式。但在这个官僚体制中，作为世袭官员和头人们的世袭薪俸主要依靠封赐土地而非饷银的特征，则显露出完全官僚贵族化的藏传佛教教会（寺院）与噶厦政府运作，受到了西藏经济微弱和生态脆弱的限制。所以，雪域板块上的僧侣官僚贵族化是其内部发展与"大漠""泛中原"及"辽东"诸板块上兴起的政治势力双重作用的产物。上述诸板块的影响并不仅仅是作为一种借鉴或参照，而且是作为雪域板块政治统一的物质力量存在的。

2. 藏传佛教与其他诸"板块"上各种势力之间的关系

一般认为，藏传佛教僧人与蒙古—元朝汗（皇）室之间最早接触当始于 1239 年。是年，窝阔台汗之子阔端派部将多达那波进军吐蕃，多氏随即将吐蕃各教派情况予以报告并请示："在边陲藏地，僧伽基础以噶当派最大，顾惜情面而达龙噶举派的领袖最盛，排场豪华以止贡噶举的京俄哇最甚，教法以萨迦班智达为最精通，迎请何人请降旨明谕。"① 于是，阔端决定邀请萨迦派的萨迦班智达贡噶坚赞北上议事。

1247 年初，萨迦派的萨迦班智达与阔端会谈于凉州，议定吐蕃各僧俗首领向蒙古汗国降附纳贡，自愿接受蒙古汗国的统治，自愿成为蒙古汗国的臣民。

1260 年底，忽必烈汗封萨迦班智达侄子八思巴为国师，命他总管全国的佛教事务。1264 年派八思巴返回吐蕃。不久，命国师八思巴为掌管全国佛教事务和吐蕃地区的行政事务的总制院院

---

① 阿旺贡噶索南：《萨迦世系史》，125 页，拉萨，西藏人民出版社，1989。

事，在吐蕃实施了以帝师为中心的政教结合、僧俗并用的行政体制。

1374 年 7 月，明朝设西安行都指挥使司于河州（今临夏），总辖河州、朵甘、乌思藏三卫。嗣后，又升朵甘、乌思藏二卫为行都指挥使司。期间，帕竹政权保持着对青藏高原主要地区的控制权，萨迦派控制着后藏的一些地区（吉隆、拉孜等）。

1566 年，蒙古鄂尔多斯部库图格图彻辰洪台吉长途奔袭青藏高原。为了稳固统治，他与西藏佛教领袖达成了当地藏族部众归附蒙古，鄂尔多斯部信奉佛教的协议。

1578 年 5 月 15 日，蒙古土默特万户阿勒坦汗在青海湖南岸的仰华寺与格鲁派领袖索南嘉措会晤，并举行盛大的法会。会上，阿勒坦汗和索南嘉措互赠尊号，索南嘉措获赠"圣识一切互齐尔达喇达赖喇嘛"尊号，阿勒坦汗获赠"转千金法轮咱克喇互尔第彻辰汗"尊号。[①] 通过该仪式，蒙古大汗让全体藏族人和蒙古人皈依藏传佛教，承认索南嘉措在全藏及全蒙古的宗教领袖地位；格鲁派首领袖则将阿勒坦汗强加给全体蒙古人与全体藏人，承认阿勒坦汗在全蒙藏地区的"大汗"地位，从而使得阿勒坦的政治势力与索南嘉措的宗教势力相互渗透，相互结合，相得益彰。会晤期间，举行了隆重的皈依藏传佛教仪式，阿勒坦汗所属的蒙古右翼 3 万户受戒者多达 1 000 人，其中贵族青年 108 名。阿勒坦汗和索南嘉措还共同制定了一系列法规，通过法律形式将各级喇嘛的社会地位与蒙古社会各级封建主及官员的等级对应或等同起来，使喇嘛跻身于统治阶级之列。可以说，仰华寺之会是决定蒙藏两个民族后来三百年历史命运的会晤。

此次会晤后，察哈尔、喀尔喀等部，也先后皈依格鲁派。其

---

① 《蒙古源流》（蒙古文），76 页，呼和浩特，内蒙古人民出版社，1950。

后，四卫拉特的 32 个首领各遣一子出家为僧。

1638 年初，兴起于"辽东板块"上的清朝太宗皇帝派车辰等人出使西藏，与土伯特汗及大呼图克图联系。翌年 11 月，清太宗派遣察汗喇嘛等 9 人赴藏，旨在延请西藏高僧前往清朝弘扬佛法。①

1640 年前后，五世达赖喇嘛与四世班禅派遣色钦却结（伊拉固克三呼图克图）率团远赴盛京，请求清太宗扶持佛教。②

1642 年蒙古和硕特部首领固始汗和格鲁派联合攻占日喀则，消灭了第悉藏巴政权，建立起和硕特部和格鲁派联合统治的甘丹颇章政权。固始汗成为卫藏、安多与康巴地区的汗王的同时，动用卫藏赋税供养达赖、班禅，使格鲁派寺院获得巨大的经济实惠。

1643 年 10 月，固始汗致书清廷，请求皇上邀请五世达赖喇嘛至盛京"讽诵经文，以资福佑"，清廷当即表示采纳该建议。③可见，清廷尚未入关之前，便未雨绸缪，与远在万里之遥的"雪域板块"频频联络，为后来定鼎燕京，最终统合青藏高原打下了良好的基础。

1653 年初，清顺治帝赐给五世达赖喇嘛金册金印，册封其为"西天大善自在佛所领天下释教普通瓦赤喇怛喇达赖喇嘛"，正式确认了达赖喇嘛在雪域高原及蒙古地区的宗教领袖地位。与此同时，又赐给固始汗以汉、满、藏三体文字写成的金册金印，册封其为"遵行文义敏慧顾实汗"，承认其在青藏地区的汗王的地位。但伴随着固始汗（1654 年）的去世，任命甘丹颇章政权中地位次高的世俗行政官——第巴的权力也从蒙古汗王转移到达赖喇嘛的

---

① 《清太宗实录》第 51，"崇德五年二月辛酉"条；《元以来西藏地方与中央政府关系档案史料汇编》，214 页，北京，中国藏学出版社，1995。
② 《蒙古源流》第 8 卷，461 页，呼和浩特，内蒙古人民出版社，1987。
③ 《清世祖实录》卷 2，"崇德八年九月戊申"条。

手中，藏区的政教权力开始向达赖喇嘛集中。

1727 年清朝设立驻藏大臣，留驻藏清军两千人，归驻藏大臣指挥，直接监督西藏地方政权。

1777 年以降，清朝构筑的达赖喇嘛、驻藏大臣、摄政共同掌管藏区政务的体制建立起来。

上述可见，随着佛教在吐蕃的复兴，及其与本土苯教的融合，逐渐衍生出藏传佛教，接踵而来的就是教权越来越强，逐渐凌驾于王权之上，"政教合一"统治形态日益形成。但藏传佛教虽然渐次掌握了藏区的政治权力，却因其内部教派林立，各有地盘，任何一个教派都没有能力吞并其他教派。在这种情形下，无论是"政教合一"体制的形成与维持，还是僧侣们得以在青藏高原实施统治，始终离不开诞生于"大漠"与"泛中原"及"辽东"板块上兴起的各种政权与政治势力的支持。

五、本章小结

上述可见，"雪域板块"的地理环境，使得该地域的游牧社会具有很强的内向性格，部落联盟难以形成持续不断的统一而强盛的游牧帝国。同时，区域狭窄的宜农区域与恶劣的气候条件，导致雪域高原农业经济始终羸弱。虽然横空出世的英雄松赞干布借助于"一江两河"的农耕与牧业经济一时间统一了雪域高原大部分，但该板块始终缺少一个作为全王朝经济与政治生活中心的关键性生产区域。故定居农业与游牧经济这种二元社会结构，自统一吐蕃王朝瓦解后，再也没有能够找到使之合二为一的内部力量。嗣后，该地域的官僚集团的社会政治组织的发展范围始终极小，只局限于拉萨的割据政府、一些小国以及巴塘和不丹这种地窄而人口密集的地区。与此同时，许多原吐蕃王朝的封地部落和边远地区均相继建立了割据政权，诸如拉达克这样的小邦，也都在封地部落基础上形成国家。介于卫藏与康巴之间的波密王（噶朗第巴）国自吐蕃瓦解后便逐步割据今波密、墨脱一带，直至1928 年才被西藏地方政府以武力征服。凡此种种，表明吐蕃已彻底地分裂且难以恢复一统的局面。

"雪域板块"上的高山及大川阻隔，在限制人们对外交流的同时，也使得高原游牧社会很难形成大的部落联盟，统一游牧帝国之梦始终都没有实现过。于是，千余年间，各大、小游牧部落之间始终在循环上演着争夺优良山川草场的战争，似永无休止。漫长时代的不断仇杀与复仇，使得各部落间互相仇视、争斗，形成了每一次超部落的政治联盟都是短暂的习惯性模式。对此，王明珂得出了令人信服的论断："在西北及西部的青藏高原东缘，历史上本地游牧人群多处于分裂性结构之'部落'中，不断进行各部落间的争夺与雠报，难以产生大的游牧汗国。"①

由于定居农业与游牧社会的二元分割，不但彼此难以统合，即使农耕区与游牧区内部也是四分五裂。正因为如此，吐蕃统一王朝崩溃后，该地域任何一个政治势力的崛起，都离不开外来势力的扶持。同时，藏传佛教能够充分发展，也得益于这种羸弱的经济与割裂的政治局面。由于政治与经济、文化与族群、地缘与生活方式的紧密关联性，我们可以清晰地看到雪域板块历史的发展自松赞干布赞普以降，始终具有强大的东向性，无论是统一吐蕃时期迎娶文成与金城公主，占领陇右、陕西与河西走廊及安西四镇，在长安建立短期政权，还是蒙元时代阔端与藏传佛教领袖萨迦班智达的凉州会谈、八思巴及萨迦派领袖世代被封为大元帝师，抑或明朝时期设河州与朵甘及乌思藏三卫、1578 年阿勒坦汗与格鲁派领袖索南嘉措的仰华寺会晤、固始汗与格鲁派联合建立

---

① 王明珂：《游牧者的抉择——面对汉帝国的北亚游牧部族》，13 页，桂林，广西师范大学出版社，2008。

甘丹颇章政权，乃至于清代五世达赖喇嘛晋京、1727 年设立驻藏大臣、乾隆帝颁布《钦定藏内善后章程》等，莫不验证此倾向。

对此，石硕提出了一个耐人寻味且令人着迷的命题——西藏种族与文化东向发展说。其要点如下：

"在西藏历史中，有一个非常令人瞩目的事实：自 7 世纪以来，西藏的文明无论在地域空间上或是种族与文化上都强烈地呈现了一种东向发展的趋势。这种趋势曾在以下三个历史时期得到了最生动的体现：（一）在 7~9 世纪体现于西藏吐蕃王朝向其东部方向唐朝疆域发动的持续达二百余年之久的强有力的武力扩张，这种扩张使两地间无论在政治、经济和文化上都发生了广泛的联系和交融；（二）在 13~14 世纪，体现于以'帝师'为首的西藏教派势力向元朝京城（今北京）及元朝统治下的中原地区的大规模发展，这种发展为西藏宗教势力带来了巨大的政治、经济和宗教利益；（三）在 15~16 世纪着重体现于藏传佛教由西藏向东北部整个蒙古地域的大规模传播，并取代蒙古原有的萨满教而成为蒙古社会中占主体地位的宗教。这一结果不但使蒙藏两大民族在宗教上结为一体，进而也导致了二者在政治上的结合——固始汗入藏及以蒙古为依托的西藏甘丹颇章政府的建立。"①

对于石氏上述观点，笔者深表赞同。正是因为吐蕃—西藏这种既不南下进攻手到擒来的恒河平原及南亚—东南亚，也不西进获取唾手可得的印度河平原及中亚—南亚的态势，使得崛起于"大漠"与"泛中原"及"辽东"诸板块上的政治力量的影响力始终对其起着决定性作用。有鉴于此，美国学者卡拉斯科说："从西藏历史的开篇之时，西藏就以不同的方式蒙受中国人的

---

① 石硕：《西藏文明东向发展史》，成都，四川人民出版社，1994，"内容提要"。

影响。"①

　　在"雪域板块"上崛起的统一吐蕃王朝曾一时间入主中原，立马灞上，惜因时令等原因而最终丧失了君临天下之良机。但统一吐蕃将原本各自政治独立，生产方式与文化传承乃至于族群构成迥异的雪域高原统合为完整的社会共同体，则使"雪域板块"从此作为一支聚合的力量横空出世，与李唐王朝争霸天下。统一吐蕃瓦解后的藏传佛教通过宗教的力量将"雪域板块"的一体性延续下来，妙用文化力量参与并深刻地影响着元清两代的中国疆域构建历程。特别是"雪域板块"与"泛中原板块"，"大漠板块"与"辽东板块"的内在的不可分割的连带关系，使其自觉不自觉地参与到古代中国政治、经济与文化运行体制之中，最终成为构建中国疆域的五大文明板块之一。②

---

① 皮德罗·卡拉斯科（Pedro Carrasco）著，陈永国译：《西藏的土地与政体》，235页，拉萨，西藏社会科学院编印，1985。
② 本章内容大都来自于逢春：《论"雪域牧耕文明板块"在中国疆域底定过程中的地位》（《中国边疆史地研究》，2011〈3〉）一文，并有所增删与一定幅度的修订，特此说明。

第七章 帆船上的中国：『海上文明板块』构筑

□ 明永乐三年六月，明成祖令郑和率将士两万七千八百余人，出使今南海、印度洋，前后 7 次，长达 28 年。这只船队是当时世界上最庞大的远洋船队。

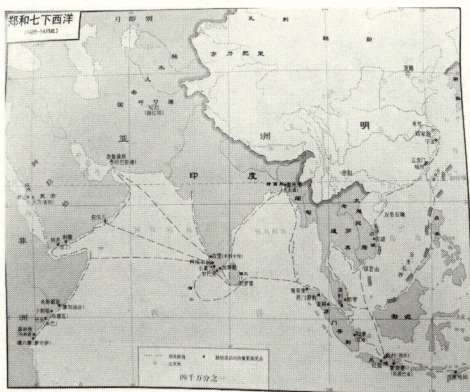

郑和下西洋图
（张芝联等主编：《世界历史地图集》，北京：中国地图出版社 2002 年版。）

第七章　帆船上的中国："海上文明板块"构筑

一、引言

1986 年，美国著名科技史学家罗伯特·坦普尔在为《西方受惠于中国》一书所作的序言中说："如果没有从中国引进船尾舵、指南针、多重桅杆等改进航海和导航的技术，欧洲绝不会有导致地理大发现的航行，哥伦布也不可能远航到美洲，欧洲人也就不可能建立那些殖民帝国。"[①] 在南洋群岛，印尼前总理阿里·沙斯特罗阿米佐约（Ali Sastroamidjojo）于 1955 年访问北京时，他在两次谈话中诚恳地赞美中国人民从前的帆船贸易为印尼人民作出了巨大的贡献。[②]

但以往的人们考察中国疆域形成问题时，经常将视点落在陆地上，今日看来，这明显是不充分的。有鉴于此，笔者在探索中国疆域形成的时间纬度与空间格局时，提出了中国疆域最终奠定

[①] Robert K. G. Temple. 1986. China, Land of Invention and Discovery, multimedia Publications (UK) Ltd. 转引自席龙飞：《中国造船史》"序论"，6 页，武汉，湖北教育出版社，1999。

[②] 《人民日报》，1955 - 05 - 27 及 06 - 08。

于 1820 年、① 由 "五大文明板块"② 经过长时段的撞击与融合而成的论说。本文的 "海上板块" 范围,从长时段的东亚历史来看,是由介于欧亚大陆东部弓形陆缘③与该大陆东部海中的弓形列岛链④,以及堪察加半岛与澳洲大陆北部之间的鄂霍次克海、日本海、黄海、东海、南海、爪哇海、苏拉威西海、班达海、阿拉弗拉海等若干个海域圈构成。吴春明将这个海域圈中的渤海、黄海、东海、南海等称之为 "环中国海",并认为该海域在葡萄牙人绕过好望角之前,以古代中国人为主体的海商、渔民、官府等创造了与地中海—大西洋海洋文明并峙的环中国海—东方海洋文明。⑤ 在这一点上笔者认为日本学者金关恕、加藤雄三的提法与本研究框架更加契合,他们将鄂霍次克海、日本海、黄海、东海、南海、爪哇海、苏拉威西海等海域称为 "东亚的内海"⑥。

另外,之所以将 "海上板块" 列为五大文明板块之一,并非因今日中国人重新审视海权而为之寻找历史根据,而是因为从西汉到明初,以中国官府与海商,或以中国的社会力量为核心,辅之以东亚其他国家或地区的力量,曾主导该 "板块" 达 1 500 年之久。尽管从 15 世纪后期起中国海船便绝迹于马六甲海峡以西,但日本学者松浦章仍毫不犹豫地将 17—19 世纪的黄海、东海、

① 于逢春:《论中国疆域最终奠定的时空坐标》,载《中国边疆史地研究》,2006 (1)。
② "五大文明板块" 分别指 (1) 大漠游牧;(2) 泛中原农耕;(3) 辽东渔猎耕牧; (4) 雪域牧耕;(5) 海上文明板块。"五大文明板块" 的范围,请参见本书 "导论" 第 1 节 "研究的缘起" 的第 2 目 "中国疆域最终奠定的时空坐标与形成路径",第 8 ~ 9 页脚注。
③ 从堪察加半岛沿欧亚大陆东缘直到马来半岛。
④ 从千岛群岛、日本列岛、琉球群岛、台湾岛、菲律宾诸岛、摩鹿加群诸岛,直到澳洲。
⑤ 吴春明:《环中国海沉船——古代帆船、船技与船货》"致读者",5 页,南昌,江西高校出版社,2003。
⑥ 金关恕监修:《日本海/东亚的地中海》,富山,桂书房,2004;加藤雄三、大西秀之、佐佐木史郎编:《东亚内海世界的交流史》,京都:人文书院,2008。

南海称为"清代的海洋圈"①。也就是说，即便早在 15 世纪 30 年代郑和宝船队就降帆收舵，但中国海商在东亚海域仍然维持着主导地位，直至 19 世纪初期。

如果着眼于宗教视角的话，泛中原、大漠、雪域、辽东与海上诸板块分别是以释儒道三教、萨满教—藏传佛教、萨满教、妈祖崇拜为信仰主体的领域。也就是说，海上与陆上诸板块之间，处于不同的信仰世界。如果从生产方式来看，与农耕、游牧业、内陆渔猎采集业不同，该地域是若干个由人（海商、渔民、官府人员）、货物、信息、交通线、渔场等所构成的移动的空间，是专门以贸易、交通、捕捞等为生业的人们的生活场所。

"海上板块"开始强烈影响中国社会进程，当始自秦汉帝国以降，中经隋唐，到了宋元时代趋于鼎盛。嗣后，直到 19 世纪初期，依照德国学者弗兰克的说法，中国不但是东亚海上贸易的中心，"而且在整个世界经济中即使不是中心，也占据支配地位"，"它吸引和吞噬了大约世界生产的白银货币的一半"，这些白银"促成了 16 世纪至 18 世纪明清两代的经济和人口的迅速扩张与增长"。②

那么，"海上板块"是如何形成的呢？其特质是什么？该板块在中国疆域构筑过程中究竟处于什么地位呢？

虽然目前尚无学者从上述视角探索此问题，但松浦章、滨下武志、施米特、金关恕、上田信、陈国栋、加藤雄三，弗兰克、李金明、孙光圻、章巽、吴春明、张炜、刘军，以及张彬村、林

---

① 松浦章：《清代的海洋圈与移民》，收入《来自于周缘的历史》，东京，东京大学出版会，1994。
② 贡德·弗兰克著，刘北成译：《白银资本：重视经济全球化中的东方》，"中文版前言"，北京，中央编译出版社，2008。

仁川、谢方、李东华①等对中国及东亚海上贸易、文化交流的考察等成果，对本文的写作却有着重要的启迪作用、参考价值与奠基意义。

　　本文的主旨并非撰就一篇专门、实证性的"环中国海"或东亚海域研究论文，而是拟借助于上述作者，以及其他学者的先行研究成果，特别是汲取这些实证性研究成果构筑一个理论框架，并以长时段、大空间为切入点，将东亚海域的自然地理与社会制度及信仰等作为研究对象，考察"海上板块"的成因与特质，探索其在中国疆域形成过程中的作用。

二、中国人大航海与"海上板块"的形成

　　"环中国海"位于典型的季风气候带，其衍生的沿岸流、季风流，特别是行程6千多公里的黑潮与千岛寒流贯穿南北，为以桨橹与风帆做船舶驱动力的古代海上航行，以及渔捞事业，提供了优越的自然条件。

---

①　松浦章：《中国的海商和海盗》，东京，山川出版社，1998；浜下武志等编：《东亚交易圈和日本工业化》，东京，藤原书店，2001；施米特：《国家主权与自由的海洋》，格劳修斯著，宇川译：《海洋自由论》"附录"部分，上海，三联书店等，2005；金关恕监修：《日本海/东亚的地中海》，富山，桂书房，2004；上田信著：《海和帝国：明清时代》，东京，讲谈社，2005；陈国栋：《东亚海域一千年：历史上的海洋中国与对外贸易》，济南，山东画报出版社，2006；加藤雄三、人西秀之、佐佐木史郎编：《东亚内海世界的交流史》，京都，人文书院，2008；贡德·弗兰克著，刘北成译：《白银资本：重视经济全球化中的东方》，北京，中央编译出版社，2008；李金明：《明代海外贸易史》，北京，中国社会科学出版社，1990；孙光圻：《中国古代航海史》，北京，海洋出版社，2005；章巽：《我国古代的海上交通》，北京，新知识出版社，1956；吴春明：《环中国海沉船——古代帆船、船技与船货》，南昌，江西高校出版社，2003；张炜、方堃主编：《中国海疆通史》，郑州，中州古籍出版社，2002；刘军：《明清时期海上商品贸易研究》（1368—1840），博士论文，2009年；张彬村：《十六至十八世纪华人在东亚水域的贸易优势》，见《中国海洋发展史》第3辑[《"中央研究院"三民主义研究所丛刊（24）》]，1988年刊行；林仁川：《明末清初海上私人贸易》，上海，华东师范大学出版社，1987；谢方：《16至17世纪的中国海盗与海上丝路略论》，载《中国文化》，1991（1）；李东华：《宋元时代泉州海外交通的盛况》，中国海洋发展史论文集编辑委员会主编《中国海洋发展史论文集》（一），"中央研究院"中山人文社会科学研究所1984年刊行。

1. 风帆的使用与海上丝绸之路的开通

1973 年发现于浙江余姚的河姆渡文化系东亚新石器时代的百越人海洋文化遗存，其中的有段石【左"石"右"奔"结构】是最有代表性的造舟工具。[①] 1928 年发现于山东章丘县的龙山文化也是一个与东夷人有关的海上族群遗迹，他们与百越人一道，创造了亚洲东缘及太平洋上的海洋文化。近代以来，"在朝鲜、日本、太平洋东岸和北美阿拉斯加等地，还发现了龙山文化中的有孔石斧、有孔石刀和黑质陶器，标志着龙山人在远方海上活动的行踪"，表明早在四五千年东夷人就有横渡太平洋的能力。"而在遥远的大洋洲的一些岛屿上，均发现了百越文化的有段石【石奔】。这些地方与中国之间都远隔着重洋，除由海上传递以外别无他途。说明远在五六千年以前，百越人已有远涉大洋的能力"[②] 了。

近来越来越多的学者认为亚洲蒙古利亚人种是分南北两路到达美洲的。北路即经白令海峡，南路则经太平洋东南部诸岛或经由澳大利亚到南极洲再转向南美地区。遗传学研究结果显示，距今约 8 000 年前，蒙古人种第二次迁往美洲当是借助船只从海上实施的。[③] 至于利用什么样的船只，美国学者认为是通过一种有三角帆的船，顺太平洋特定的海流东漂，经过漫长的海上生活，横渡太平洋，到达北美大陆，时间在 6 000—12 000 年前。[④] 中国本土学者通过研究认为，山东、苏北一带大汶口文化居民的体质类型"与居住在太平洋岛屿上的波利尼西亚人种接近"[⑤]。对此，

[①] 林惠祥遗：《中国东南区新石器文化特征之一：有段石【石奔】》，载《考古学报》，1959。
[②] 张炜、方堃主编：《中国海疆通史》，8 页，郑州，中州古籍出版社，2002。
[③] 毛磊：《人类进入美洲比估计的还要更晚》，见《新华每日电讯》，2003 年 7 月 29 日第 7 版。
[④] 《人民日报》，1993 年 11 月 24 日。
[⑤] 中国社会科学院考古研究所编：《新中国的考古发现和研究》，190 页，北京，文物出版社，1984。

一些西方考古学家也认为"距今 30 000—5 000 年间，澳大利亚出现的古人类与中国的柳江人、周口店人有渊源关系"①。上述可见，古代中国的东部沿海先民与海洋有着极其密切的关系，尤其是新石器时代的龙山人和百越人，缔造了上古时代卓越的海洋文化，并创造了横渡世界最大的洋——太平洋的壮举。

秦汉是古代中国造船业发达、越洋航海工具成熟的时代。司马迁记载说，前汉武帝时"越欲与汉用船战逐，乃大修昆明池，列观环之。治楼船高十余丈，旗帜加其上，甚壮"②。按公制折算，前汉朝十余丈约合今日 27 米左右。③ 类似于那种高大的船舶，孙光圻通过对 1956 年广州出土的西汉木船模、1955 年广州出土的东汉陶船模与 1974 年湖北江陵出土的西汉船模的分析，认为汉代为了远洋航行，已经有了用立（竖）板将船舱分割成若干个单元的分隔舱技术。④ 与之相适应，汉代的风帆技术已经成熟，能广泛利用信风，并发明了橹、舵。吴春明认为橹、舵的使用，"是秦汉行船设施中最伟大的发明之一"⑤。伴随着航海器具与技术的大幅度发展，汉武帝在继续保护传统的渤海、黄海、日本海、东海、南海等沿岸航路的同时，开辟了从黄海到北印度洋的海上丝绸之路，进而利用这些航线，动辄调动数万乃至于 20 万水军、⑥ 战船 2 000 余艘远征今闽粤沿海、中南半岛与朝鲜半岛。

① 胡远鹏：《澳大利亚土著来源之谜——从考古看最早的移民来自中国或亚洲（二）》，载《化石》，2007（7）。
② 司马迁撰：《史记》卷30《平准书》，1 436 页，北京，中华书局标点本，1959。
③ 据国家标准计量局度量衡史料组：《我国度量衡的产生和发展》（载《考古》，1977〈1〉）及吴承洛：《中国度量衡史》（北京，商务印书馆，1993）：前汉 1 丈约合今日 2.765 米。
④ 孙光圻：《中国古代航海史》，117~118 页，北京，海洋出版社，2005。
⑤ 吴春明：《环中国海沉船——古代帆船、船技与船货》，122 页，南昌，江西高校出版社，2003。
⑥ 司马迁撰：《史记》之司马贞《索隐》："因南方楼船卒二十万击南越"，1 436 页，北京，中华书局标点本，1959。

关于从今合浦到南海、南海到北印度洋航线，一般认为是在马六甲海峡附近对接的。至于何人开辟了南海与印度洋之间的航线，一种意见认为，希腊人水手希帕勒斯在埃及托勒密王朝托勒密三世（前246—前222年在位）当政时，掌握了印度洋季风的规律，开辟了埃及直航印度的航线。① 但国际著名中国学学者藤田丰八对此观点却不以为然，他说："前汉武帝时，汉之译使已往来印度东岸矣。武帝之西域经略一如西方业已开凿陆路交通，而南海经略，亦于海上之印度，既开海道矣。"② 孙光圻据此认为，秦汉航海家不但能够熟练地利用各种星体来定向导航，而且已经能运用"重差法"对海上地形地貌进行精确测量。同时，还掌握了海洋潮汐知识，对西太平洋与北印度洋上的季风规律也基本上掌握，并将其应用于航海。③

西汉开辟的这条南海至北印度洋的航路，连接着由今越南巴江入海口（汉朝日南郡辖区）至今韩国汉江入海口（汉朝真番郡辖区）航线，加上汉朝恢复的经由朝鲜半岛至日本列岛航线，便是著名的海上丝绸之路，此乃当时世界上最长的远洋航线。

2. 中国航海大发展时期

魏晋南北朝时期的航海事业比汉代又有所进步。当时航行在南海的中国人不但掌握了打偏使风与斜张驶风技术，而且能娴熟地利用风力反射与能量传递原理，充分地反映了中国风帆技术已经走向成熟。④ 另外，对东海、南海与孟加拉湾等海域的信风的

---

① 何芳川、宁骚，等：《非洲通史》（古代卷），上海，华东师范大学出版社，1995，第12卷《古代非洲的对外交通与文化交流》。
② 藤田丰八：《中国南海古代交通丛考》，收入藤田丰八著，何健民译：《中国南海古代交通丛考》，上海，商务印书馆，1935。
③ 孙光圻：《中国古代航海史》，136～138页，北京，海洋出版社，2005。
④ 李昉等编纂，王晓天等点校：《太平御览》卷771引万震：《南州异物志》："外徼人随舟大小，或作四帆，前后沓载之。有卢头木叶如牖形，长丈余，织以为帆。其四帆不正前向，皆使邪移，相聚以取风，吹风后者，激而相射，亦并得风力。若急，则随宜城减之，邪张相取风气，而无高危之患，故行不避迅风激波，所以能疾"。

转换时间，以及某些航区中的船舶在信风驱动下的相应航期具有定量的概念——"黄雀长风"① 则认识更加清楚。对此，孙光圻评价说，由于"帆舵配合的信风航海技术的走向成熟，以及中日北路南线与广州—波斯湾远洋航线的开辟，不但使中国人在 3 世纪至 6 世纪的世界航业中依然居于领先地位，而且为接踵而至的隋唐航海进入全面繁荣的新阶段，奠定了必要的基础"②。

3. 中国帆船时代

（1）中国官民航海繁荣与鼎盛时代

唐朝的远洋船队，不但轻松地穿越阿拉伯海与波斯湾，而且能够从广州直航红海与东非海岸。其航程之绵长，航区之广阔，已远远凌驾于波斯人、阿拉伯人、印度人、南洋人等擅长航海的民族。因此之故，《中国印度见闻录》的法译本作者 J. 索瓦杰在译序中说，"应该承认中国人在开导阿拉伯人近东航行中的贡献，波斯湾的商人乘坐中国的大船才完成他们头几次越过中国南海的航行"③。因为当时只有隋唐帝国及五代各朝的所造的船舶结构精良，航海工具工艺先进，甚至出现了操驾之工数百、载重量超过一万石、适于远洋航行的巨舶，如此才可以抵抗北印度洋及阿拉伯海、孟加拉湾的惊涛骇浪。关于唐代所造的海船情况至今尚遗留不少记载，如唐代僧人玄应描述说，唐之"大船也，大者长二十丈，载六七百人者是也"；该种"大船也，今江南泛海舡谓之，昆仑及高丽皆乘之，大者盛受之，可万斛也"④。故出现了唐代阿拉伯商人东航或回国者皆乘中国船，如果中国船未到，宁可等待

---

① 徐坚：《初学记》卷 1《天部上》征引周处《风土记》曰："五月风发，六日乃止。黄雀风，是时海鱼变为黄雀，因以名之"。

② 孙光圻：《中国古代航海史》，186 ~ 187 页，北京，海洋出版社，2005。

③ 穆根来等译：《中国印度见闻录》法译本序言，25 页，北京，中华书局，1983。

④ 玄应：《一切经音义》卷 10《三具足沦》征引《字林》，"丛书集成本"，472 页，上海，商务印书馆，1936。

也不坐别国船的现象。①

之所以如此，是因为唐代中国的造船技术与航海水平又有飞跃，熟练地运用了对远洋帆船的安全具有革命性意义的"水密舱"技术。唯因如此，隋唐时代的中国人开辟了多条航线：（1）黑水靺鞨人、渤海人开辟了多条横渡鄂霍次克海、日本海的航线；（2）横渡黄、东海直达日本的海上航线；（3）开通了直航印度洋到西亚、东非的航路，即《新唐书》所征引的贾耽所记述的"广州通海夷道"②。

宋元两朝最高统治阶层均实施鼓励内外航海，重视对外贸易的政策。官民共同航海贸易，使得宋元两朝无论是国内海运，还是远洋航海事业，都远胜于隋唐。宋元时代的中国造船业空前发达，无论是船体结构、抗风性能、载重量，还是导航技术，都远远超过欧洲与擅长造船航海的阿拉伯世界，在当时世界上没有望其项背者。经过宋元两朝400多年的经营，培育出的古代中国航海历史上的鼎盛时期也将中国推上"中国帆船时代"的巅峰。

首先，宋元造船业十分发达，造船基地几乎遍及濒海临江地区的港湾泊头，不但数量众多、载重量大，质量也很优良。汶江认为宋神宗时所用的"神舟"长度当约四十丈，阔七丈五尺，可载粟二万斛。就是保守地估计，其载重量应在1 100吨以上，甚至可达1 780吨。③ 对元代的中国海船，阿拉伯旅行家伊本·拔都的《拔都他自印度来中国之旅行》中记载说，"中国船舶共分三等"，"大船有三帆至十二帆，帆皆以竹为横架，织成席状。大船

① 桑原骘蔵著，陈裕菁译订：《蒲寿庚考》，51页，上海，中华书局，1929。另参见比叶（Orley Beyer）：《中国与马来间的最早关系》（Early Chinese Relairions with Malay land），《亚细亚杂志》（Asia），卷21。
② 欧阳修、宋祁、范镇，等撰：《新唐书》卷48《地理志七下》，1 146页，北京，中华书局标点本，1975。
③ 汶江：《古代中国与亚非地区的海上交通》，137页，成都，四川省社会科学院出版社，1989。

一只可载一千人，内有水手六百人，兵士四百人"。①

其次，宋元航海技术取得重大突破，以全天候磁罗盘导航术的应用、海洋天文定位的普及、航路指南书与海图的大量问世，以及娴熟地利用季风航行、比较准确地预测海洋气象、船舶操纵技术高超等为标志，使中国远洋航海事业从"原始航海"过渡到"定量航海"时期。形成了"12 世纪前后，中国就技术上来讲，已经能够航行到任何船只所能到达的地方去了"② 的态势。当时中国的远洋航海术比西方至少先进两至三个世纪。

另外，元世祖忽必烈动辄以舰船数百艘乃至于四千四百艘，载军数万或十数万跨海远征，莫不彰显出元帝国巨大的远洋航行势力与高超的编队航行技术，虽然因天气等因素败多胜少，但也不能因此否认其航海驱动设施、导航仪器均已达到世界领先水平。

（2）中国帆船时代的终结

朱元璋登上皇位伊始，立即采取严厉的"片板不得下海"的海禁政策，宋元以来数百年昌盛的航海事业遭受到前所未有的打击。嗣后，中国私人海商一边遭受明廷的残酷镇压，设法逃过明廷对海船尺寸的限制，一边与西方殖民者抗争，冒着被葡、西、荷等西方殖民者屠杀的危险，在明廷专制君主制或单独或与西方殖民者联合积压的夹缝中发展中国的远洋航海与海上贸易事业。

尽管如此，承继元朝留下的先进造船技术，明朝造船工匠不断加以改进，使得中国海船不仅体积巨大，载重量多，而且坚实耐用。其中，中国海船采用的龙骨技术、水密仓工艺，以及侧舷弯曲、横梁宽大而扩大舱位的设计，要比欧洲早两个世纪。特别是明朝航海家予以改进的木片计程法和测深器等"计程的方法，

---

① 伊本·拔都他：《拔都他自印度来中国之旅行》；张星烺编注，朱杰勤校订：《中西交通史料汇编》第 2 册，54~55 页，北京，中华书局，2003。
② 巴兹尔·戴维逊：《古老非洲的再发现》，271 页，北京，三联书店，1973。

已接近近代航海中的扇形计程仪的方法"①。明清时代的中国私人海上力量借助于这些航海技术，以及早已确定的贸易网点，与西方殖民抗争了 200 多年，但他们毕竟是一群前面被母国政府追杀、后面被西方殖民者劫杀，或经常被二者联合绞杀，且没有祖国的弃民，最终还是被西方殖民者打败。

明朝为了垄断海上贸易与禁海，限制海商远距离贸易，洪武年间竟规定把便于航行的尖底船改为有碍航速与抗风浪的平头船，并把二桅以上的大船一概拆毁。② 永乐帝虽然派郑和下西洋，但只准官家航海，民间海上贸易严厉禁止。故"永乐间，以渔人引倭为患，禁片帆寸板不许下海"③。明隆庆年间虽曾开放海禁，但仍时开时禁。清初又严厉禁海，康熙二十三年平定台湾郑氏集团后，虽曾一度开放海禁，但强烈的反对本国海商贸易之声经常响起。乾隆帝又实施闭关政策，只允许外国到广州港进行有限贸易，对本国私人海商远洋贸易愈益限制。

自前汉起挂帆远航，中经唐宋时代，到元朝达到鼎盛的中国帆船时代，在朱明专制皇权及其后来的清朝统治者手中，帆破樯倾，到了鸦片战争爆发之日，悲惨地退出历史舞台。

4. 海上板块的形成

（1）官民共同航海与市舶司制

714 年，唐朝在广州市设置市舶司，管理海上贸易。松浦章将该年视为古代中国王朝正式介入海上贸易事务的开始。④ 该司具有以下几个方面的职责：（1）征收船舶税，凡"蕃舶泊步有下碇税"。在此之前"始至有阅货宴，所饷犀珺，下及仆隶"，唯独

① 严敦杰：《中国古代航海技术上的成就》，收入《中国古代科技成就》，北京，中国青年出版社，1978。
② 李金明：《明代海外贸易史》"导言"，3 页，北京，中国社会科学出版社，1990。
③ 顾炎武：《天下郡国利病书》第 22 册《浙江下》，上海，上海涵芬楼影印本，出版年不详。
④ 松浦章：《中国的海商与海贼》，16 页，东京，山川出版社，2003。

国家缺少了税收，自孔戣为岭南节度使后，此潜规则一概"禁绝"，"下碇税"之外"无所求索"；① （2）一俟进口船舶泊妥，登船检查货物；（3）代表皇室收购珍异物品；（4）接收舶商进奉给朝廷或地方衙门的礼品；（5）待舶商完成上述手续后，收取货物商税；（6）置市舶使，"设市区，令蛮夷来贡者为市，稍收利入官"②。

　　盛时，广州港市舶司的收入得失直接影响到朝廷国库的盈亏与财政的兴废。③ 当时的广州港已能停泊千艘海船，前来经商的各国客商之多、商货之丰富前所未有。9 世纪时，侨居广州的外国商人及其家属达到了 12 万人之多。④

　　北宋承继唐朝海上贸易发展的良好势头又有所进步。到了南宋，更加依赖海上贸易，仅市舶司税收一项就占全国财政总收入的 20%，出现了"宋自难渡后，经费困乏，一切倚办海舶"⑤的局面。

　　元朝不但全盘继承唐宋市舶司制，而且发扬光大，成为中国历史唯一一个既靠铁骑征讨四方，又能驾船跨洋进行大规模贸易，进而借助海军开疆拓土的王朝。

　　（2）"海上板块"海神信仰圈的形成

　　自先秦时代起，官方就对本土的海神进行祭祀，后汉至隋代还产生了龙王崇拜。唐代还产生了中国第一个女性海神——观世音。辽宋金元时期，特别是南宋、元朝是我国海神信仰的划时代变革时期，除了前代遗留的神灵，各地方涌现出许多区域性海

① 欧阳修、宋祁、范镇，等撰：《新唐书》卷 163《孔戣传》，5 009 页，北京，中华书局标点本，1975。
② 顾炎武：《天下郡国利病书》（不分卷），"续修四库全书本"，381～383 页，上海，上海古籍出版社，2003。
③ 刘昫、赵莹、张昭远，等撰：《旧唐书》卷 178《郑畋传》（4 633 页，北京，中华书局）："南海有市舶之利，岁贡珠玑，如今妖贼所有，国藏渐当废竭"。
④ 曾昭璇：《广州历史地理》，232 页，广州，广东人民出版社，1991。
⑤ 徐继畬注：《瀛环志略》卷 2《南洋各岛》，54 页，上海，上海书店出版社，2011。

神，但唯有妈祖屡屡受到元廷的册封，朝廷敕修的天妃庙宇遍及沿海各地、运河两岸，以及内陆河流码头等处，接受上至皇家，下至海洋乃至于内河事业从业者与其他黎民的祭拜，妈祖一跃成为全国性的海神，一神独尊。

到了清代，妈祖不但神格不断上升，被封为"天后"乃至"天上圣母"，遥居海神之首，而且在皇家御苑内设有专庙，享春秋二祭。① 与此同时，伴随着中国帆船、海商、移民遍及"海上板块"，妈祖成为该地区最有影响力的海神，受到海洋事业从业者的广泛信仰。陈进国认为明清时期的妈祖崇拜已被作为"文明化"符号被再构，成为东亚海洋民众的共通信仰，进而使得妈祖崇拜经历了一个从"地方化（中国）"到"区域化（东亚）"的创造性转变。②

关于"海上板块"海神信仰圈的形成问题，我们可以从妈祖崇拜的兴起、国家宗教化、扇形传播、东亚化，以及该信仰何以兴起于元代而不是其他时代等方面探讨。

元代海运空前，对海商也极为重视，直至元末不替。与此相关联，朝廷对海神妈祖的真正信仰也始于元世祖忽必烈时期，妈祖的封号从南宋的"妃"升格到"天妃"。③ 对于元世祖的屡屡敕封，宋濂评论说："凡名山大川、忠臣义士在祀典者，所在有司主之。惟南海女神灵惠夫人，至元中，以护海运有奇应，加封天妃神号积至十字，庙曰灵慈。直沽、平江、周泾、泉、福、兴化等处皆有庙。"自"皇庆以来，岁遣使赍香遍祭，金幡一合，银一铤，付平江官漕司及本府官，用柔毛酒，便服行事"。其祝

① 嘉庆帝：《着百龄赴清江浦将天后等神牌封号字样详缮陈奏事上谕》，中国第一历史档案馆等编：《清代妈祖档案史料汇编》，206～207 页，北京，中国档案出版社，2003。
② 陈进国：《明清朝鲜使臣眼中的妈祖信仰——以〈燕行录〉为中心》，"2010 年海峡两岸妈祖信仰文化论坛"（2010 年 4 月 15～16 日，台中市）发言稿，未刊稿。
③ 宋濂、王袆、胡翰，等撰：《元史》卷 10《世祖纪七》，204 页，北京，中华书局点校本，1976。

文云："维年月日，皇帝特遣某官等，致祭于护国庇民广济福惠明著天妃。"① 从至元十五年以降，元廷数朝相继对妈祖加以敕封，直至元廷北狩草原为止。

明朝懈怠于海运，对民间贩海也是封禁，故整个明代仅敕封两次。与之相较，清朝对海上事业相对重视一些。康熙帝平定台湾、开放海禁后，清廷屡屡敕封妈祖，先后达十数次之多。同时为妈祖御赐匾额，将妈祖列入国家祀典，与黄帝、孔子并列接受上至皇帝下至黎民的香火。值得一提的是，嘉庆二十二年（1817年），嘉庆帝在圆明园绮春园内建立了惠济祠，妈祖在皇家御苑内的专庙里享春秋二祭，从而使得妈祖在国家祭祀体系中的地位上升到了最崇高的境界。②

据不完全统计，截止到现在，以"环中国海"为中心的世界各地仍存妈祖庙 4 000 座或 5 000 座，③ 妈祖信众有 2 亿之多。④

奉祀妈祖固然是为了获得神灵的佑护，但同时还获得了许多副产品，即"在陆域与海岛各类海洋社会（如渔村、商帮、移民群体）中的神灵祭祀活动都极大地增强了海洋社会内部的凝聚力，强化了海上活动的群体精神"⑤，从而使得中国沿海、岛屿，连同环中国海其他地方的华人，共同构筑了"海上板块"海神信仰圈。海外华人中所流行的俗语，"有海水的地方就有华人，有华人的地方，就有妈祖"，大概是这个信仰圈的生动写照。

（3）"海上板块"贸易圈形成

借着唐朝留下的航海遗产，北宋，特别是南宋进一步发扬光

---

① 宋濂、王祎、胡翰，等撰：《元史》卷76《祭祀志五》，1 904 页，北京，中华书局校点本，1976。
② 嘉庆帝：《着百龄赴清江浦将天后等神牌封号字样详缮陈奏事上谕》，中国第一历史档案馆等编：《清代妈祖档案史料汇编》，206～207 页，北京，中国档案出版社，2003。
③ 上田信：《海和帝国：明清时代》，16 页，东京，讲谈社，2005。
④ 曲金良主编：《中国海洋文化》，91 页，北京，中国海洋出版社，2006。
⑤ 王荣国：《海洋神灵：中国海神信仰与社会经济》，287～288 页，南昌，江西高校出版社，2003。

大，当时的中国人不但泛舟"海上板块"经商或经营其他生业，而且开始定居当地，并进而形成了海上商业网络。仅市舶司一项，岁入就占南宋全国总收入的 1/20，① 还不算其他收入。形成了东至日本，南至南海诸国，均行用中国铜钱的局面。② 也因为如此，从南宋以后禁止铜钱进入海上的规定越来越严的现象中，可以推想到当时海上交易之盛、宋朝铜币使用之广、作为海上共通货币之高耸地位。

到了元代，据元人记载，当时的龙牙门（Lingga = Singapore）有中国人侨居，勾栏山（Gelam）有唐人与番人杂居。③ 马鲁涧国之酋长陈姓为元临漳人，威逼诸蕃。④

迨至明清时代，中国人贩舟南海更盛，定居环中国海者更多。如在郑和大航海以前，有梁道明者雄长三佛齐，"广东、福建民从者至数千人，推道明为首"⑤。在当时的南洋群岛，民间华人拥有强大的经济势力，明廷在招徕当地各政权朝贡的同时，还于永乐二十二年（1424 年）在该地设立了行政机构——旧港宣慰司。⑥ 这种情况在西方殖民者初来"环中国海"南部伊始仍旧如此。⑦ 这些遍布南中国海各个贸易口岸的华人不但经营着各种生业，"并且是市场上的主要商人群。华人在东亚水域的散置网，早在欧洲人进入这个水域之前已经稳然形成"。耐人寻味的是，

① 桑原骘藏著，陈裕菁译：《蒲寿庚考》，200 页，北京，中华书局，1954。
② 马欢：《瀛涯胜览》之"爪哇国"条、"旧港国"条、"锡兰国、裸形国"条，北京，海洋出版社，2005。
③ 汪大渊原著，苏继庼校释：《岛夷志略校释》，248 页，北京，中华书局，1981。
④ 汪大渊原著，苏继庼校释：《岛夷志略校释》，360 页，北京，中华书局，1981。
⑤ 《明太宗实录》卷38，"永乐三年春正月戊午"条，"中研院"历史语言研究所，1962。
⑥ 张廷玉、万斯同、毛奇龄，等撰：《明史》卷314《郑和传》，7 767 页，北京，中华书局标点本，1974。
⑦ Charles R. Boxer，〈South China in the Sixteenth Century〉（London，1953），"Introduction"，pp. 39～42，以及正文 p. 112。转引自张彬村：《十六至十八世纪华人在东亚水域的贸易优势》，见《中国海洋发展史》第3辑，[《"中央研究院"三民主义研究所丛刊 (24)》]，1988 年刊行。

"欧洲人来到远东之后，随着海贸幅度的扩大，华人的散置网也变得更大更密"①。对此，西班牙人康塞普逊对 17 世纪初的菲律宾状况给予中肯的描述："要是没有中国人的贸易和商业，这些领地就不能存在下去。"②

与此同时，这些华人不但握有南洋商业经业的锁钥，而且在人数上也远远超过西方殖民者。据曹永和研究，1603 年 Manila 城内住有 16 000~20 000 个华人，而西班牙人只有 1 000 人左右；1599 年住在 Batavia 城内的华人有 3 679 人，而所有的欧洲人只有 1 783 人，此后的比率更加悬殊。③

到了清代，海上私人华商贸易不仅规模扩大，而且活动范围更广。闽海商为"海舶之利，西至欧罗巴，东至日本之吕宋、长崎，每一舶至则钱货充牣"④。浙海商则"虽极远番国，皆能通之"⑤。海上私人华商在"环中国海"的主要口岸、码头大都开设了贸易点，并在此集聚。如爪哇之新邨"中华人客此成聚，遂名新邨，约千余家"；吉兰丹"华人流寓甚多，趾相踵也"⑥。"闽粤之人，驾双桅船，挟私货，百十为群，往来东西洋"⑦。

当元明时代浙、闽、粤海商在"海上板块"之中部、南部建起贸易网时，葡萄牙人正在沿着非洲西海岸艰难地向南探索。经过 15 世纪和 16 世纪的征服，欧洲殖民者在世界各地相继建立了

① 张彬村：《十六至十八世纪华人在东亚水域的贸易优势》，《中国海洋发展史》第 3 辑，《"中央研究院"三民主义研究所丛刊 (24)》，1988 年刊行。

② John Forenan "The Philippine Islands" Jondon1899，p110. 转引自陈伟明：《明清粤闽海商的海外贸易与经营》，载《中国社会经济史研究》，2001（1）。

③ 曹永和：《明末华人在爪哇万丹的活动》，见《中国海洋发展史》第 2 辑，《"中央研究院"三民主义研究所丛刊 (24)》，1986 年刊行。

④ 王胜时：《漫游纪略》卷 1《闽游》，丛书集成三编第 80 册，270 页，台北，新文丰出版公司，1999。"东至日本之吕宋、长崎"，系原文。

⑤ 万表撰：《玩鹿亭稿》卷 5《九沙草堂杂言》，丛书集成续编第 115 册，989 页，上海，上海书店，1994。

⑥ 张燮著，谢方点校：《东西洋考》卷 3《西洋列国考·大泥》，59 页，北京，中华书局，1981。

⑦ 周硕勋：(乾隆)《潮州府志》卷 40《艺文》，台北，成文出版社，1960。

海上的霸权。但"海上板块"的海上贸易优势，直到 18 世纪末始终掌握在华人手中。

海上华商之所以获得如此地位，按照张彬村的说法，是因为"在各贸易港埠，华人几乎都掌握了主要的市场行销网，地方性的贸易如此，国际性的贸易也如此"①。与此同时，在这个由海上华商构筑的贸易圈中，华商还有强大的远距离运送能力，如在长崎港口，"1700 年，中国商船把 2 万吨货物运到华南，而欧洲商船仅装走 500 吨"②。所以，布鲁克在其研究明代经济与社会的专著的导言中写道："中国，而不是欧洲，是当时世界的中心。"③

正因为如此，虽然经常处于清政府与西方殖民者的夹缝中，但海上私人华商贸易事业还是有所发展，主要特征有三：（1）各沿海贸易点的华人贸易网成型且交易对象相对固定化；（2）交易时间相对定期化与恒常化；（3）海外及沿岸贸易网的配套服务相对完备化。清朝海上贸易得以恒常化，有赖于被称为"戎克"的中国式大帆船的出现。据载，戎克船使用三根帆柱，材质采用外国产的木料。该船较大者可载万余担，小者可载数千担。④ 在这种帆船上有分工比较完备的船员，有船主、财副、总管、火长等22 人、水手 60～100 人。⑤ 如果以 19 世纪初期富尔顿发明汽船为分水岭的话，那么在此之前，中国帆船在"环中国海"上有着无与伦比的优势，纵横驰骋。

① 张彬村：《十六至十八世纪华人在东亚水域的贸易优势》，《中国海洋发展史》第 3 辑，《"中央研究院"三民主义研究所丛刊（24）》，1988 年刊行。
② 贡德·弗兰克著，刘北成译：《白银资本：重视经济全球化中的东方》，169～170 页，北京，中央编译出版社，2008。
③ 贡德·弗兰克著，刘北成译：《白银资本：重视经济全球化中的东方》，109 页，北京，中央编译出版社，2008。
④ 周凯修：《道光〈厦门志〉》卷 5《洋船》，见《台湾文献史料丛刊》第 39 册，177 页，台北，大通书局，1984。
⑤ 黄叔璥撰：《台海使槎录》卷 1《赤嵌笔谈·海船》，《台湾文献史料丛刊》第 21 册，16 页，台北，大通书局，1984。

（4）建立在"环中国海"贸易圈与妈祖信仰圈上的海上板块

如上所述，尽管 18 世纪末期以前华人海上主导着"环中国海"贸易权，但世界各国"讲述十七八世纪亚洲海上贸易史的人都太强调欧洲人的角色了"，"造成这样的误解，有一个原因是因为学者太过于倚重欧洲人所建立、所留下来的文献"①，以至于产生了主客易位现象。

唯其如此，滨下武志认为从 15 世纪左右开始，泰国、马六甲、越南、爪哇、菲律宾、长崎、朝鲜及其他各地和中国（华南、华北、东北）联结的朝贡贸易网，以及与地区间沿岸贸易结合的移民浪潮的扩大，形成了一种内外共同发展的现象。②"东亚贸易圈"也好，"朝贡贸易网"也罢，均在"环中国海"中展开。但不可否认，"海上板块"的最终形成，既是中国帆船发展的必然结果，也是唐代至元代中国连续七八百年经济持续增长的产物。

正如弗兰克所说，东南亚曾经是世界上最富裕、商业上最重要的地区之一，但该地仅仅是面临南中国海而不是印度洋的"中国和印度之间的'边陲'贸易中心区"③ 而已。

需要说明的是，明清时期的"环中国海"上，中国的社会性力量——私人海商与贸易、私人帆船与移民、私人海上交通与海盗是起主导作用的。而明清政府的举措，则是被动地应对而已。尽管如此，具有一定海洋意识与海洋思维的"海上板块"业已烂熟。

另外，伴随着元、明、清三朝对妈祖的迭次加封，进入国家祭祀体系乃至于最高祭祀境界，妈祖信仰渐渐达到高潮。中国本

① 陈国栋：《东亚海域一千年》，19 页，济南，山东画报出版社，2006。
② 滨下武志著，朱荫贵、欧阳菲译：《近代中国的国际契机：朝贡贸易体系与近代亚洲经济圈》，57 页，北京，中国社会科学出版社，1999。
③ 贡德·弗兰克著，刘北成译：《白银资本：重视经济全球化中的东方》，87～88 页，北京，中央编译出版社，2008。

土的妈祖庙从沿海地带向运河沿岸扩展，再向内陆河流渡口或码头挺进，进而进入内陆深处，并与佛教、道教结合。与此同时，随着闽、粤、桂、浙、苏、鲁等移民、商人，以及历朝册封使臣的传播，妈祖信仰迅速在"环中国海"上普及开来。以中国的社会力量为中心的"环中国海"各地，因共通的信仰而得以凝聚，并有别于陆上文明，成为"海上板块"形成的又一推手。

三、"海上板块"的特质

1. "海上板块"的独自性

笔者认为，如果将"海上板块"再细分的话，可以说该板块是一个由三个不同地域构成的海域世界。即：其一，海陆交汇处且有一定宽度的沿岸地区，系海域的背后纵深地带；其二，紧傍海岸线的海缘地带，其上分布着港口、码头，系海域的枢纽地带；其三，通过远距离贸易将各个海缘与海域地带连接起来的口岸城市。这些口岸城市既是海洋与内陆交往的出入口，又是各个海缘与海域地带之间的连接点。

围绕着各个海域，位于其周缘的国家与居民及其交易城市之间相互影响，构成了历史性的海域交易圈。各海域交易圈的周缘地带之间是相互关联、没有明显的分界线，并且彼此给予对方不同程度的影响且生活方式与文化比较接近的。但由于各个海域背后地带的陆上政权不同，从而使得各个海域经常维持着相对独自性，形成相对独立的交易圈。该交易圈的周缘生成交易港、交易都市与口岸。另外，在各个交易圈的交错地带，还衍生出一系列交易条件相对完善的中继都市，如长崎、马尼拉、那霸等，这些都市的市场相对完备，并形成了稳定的商人居住区，有的甚至发行通货，交易条件较为完善。虽然各个海域沿岸的政权（国家或准国家）与居民各异，但围绕着海域、航线、口岸与中继都市，形成了与陆上不同的人、物、文化、宗教的流通空间。该世界虽背靠陆域却又有别于陆域，是另一个秩序空间，保持着独自性。

所谓"独自性"，是指海域世界的组织原理具有流动性、商业指向性，呈现出相互协调的多种族性、多文化性的同时，还具有相对的市场同一性与信仰同质性。如东亚海域周边有几十个不同政权、百十个不同族群，但妈祖却是该海域上的人们的共通信仰。不同国度的海商拥有共同的市场，构成了一个呈现网络状的"海上循环世界"。

自17世纪中期以降，先是欧、美、亚各国相继在陆地上形成了比较明确的边界。但人类确立12海里领海与200海里专属经济区原则业已是300多年后的1982年。因此之故，当1820年中国在陆上与邻国已大体上具有较明确的边界时，"海上板块"并没有受到太大影响。该板块依然沿着自身的发展惯性前行，仍然以整个东亚海域为内径，中国海上社会力量直至18世纪末期，还经常扮演着主导性角色。

2. 没有海的海洋民与"没有帝国的商人"

元朝发达的海洋事业，伴随着朱元璋及其继承者们严厉的"片板不得下海"[①] 政策的实施，顷刻间冰消瓦解，使得在8—15世纪业已形成的世界上最强大的海商集团——中国海商，渐渐地被后起的亦商亦盗的早期欧洲殖民者所替代。清朝继承了明朝的禁海政策，从此，明清的海上军事活动的主要职能是缉拿海盗、约束海商，导致官军舰船"窄而脆，其器则朽而钝，或能游弈于沿海，而不能远驾以破敌"[②]。

但现实是不以人们的意志为转移的，海禁必出海盗。有明一代，海盗猖獗。但这些所谓的"海盗"并不都是严格意义上的"海盗"，他们是对明清朝廷海禁政策的反抗，是在代替紧扼自由

① 张廷玉、万斯同、毛奇龄，等撰：《明史》卷205《朱纨传》，5 403 页，北京，中华书局标点本，1974。

② 《兵部〈兵科抄出两广总督李题稿〉稿》，台北"中央研究院"历史语言研究所编：《明清史料》乙编第七本，615 页，上海，商务印书馆，民国二十五年版。

贸易之喉的朝廷或者在自由贸易事业中缺席的朝廷，维持着另类的贸易秩序。正因为如此，他们始终遭到明清官军的追杀，或明清朝廷与葡、荷等殖民者的联手围攻。对于一些难以镇压者，明清朝廷往往采取剿抚结合、分化瓦解的策略，挑动海商人之间的火并，并将之转化为维护官方控制海外贸易的工具。郑芝龙集团就是利用这种政策而趁机崛起的。为此，李金明评论说："在16至17世纪中叶，正当西欧殖民者东来，对我国沿海进行侵略和惊夺之时，明政府如此残酷地对付海寇商人，无异于消灭自己的海外贸易势力，反而为殖民者的海盗活动扫清了道路，同时也抑制了我国私人海外贸易的顺利发展"①。庄国土认为"清政府视华侨为盗贼、叛逆、汉奸、边蠹，认定华侨在政治上危害清朝的统治，这是限制和迫害华侨的主导原因"。所以"当朝廷认为海外华侨的聚居可能导致某种危险时，就实行南洋禁航令，制止华侨出国，瓦解海外华侨的聚居"。"当边外华侨聚居渐多，清廷认为可能为患边境时，就施以各种限制，瓦解边外华侨的聚居点，甚至不惜与外国统治阶级携手镇压"②。张维华对此有感而发，认为"有明一代，海禁甚严，其视贩海者，均属不良之人，素为律令所禁绝"③。所以中国人冒险海上，贸易或劫掠，都有一个帝国在后面追剿他们，而且常常与西方殖民者合作，使得中国海商成为"没有帝国的商人"④。

另一方面，唐以降迄元末，中国人相继移民南洋。16世纪末的吕宋，仅漳州移民就有数千人之多。到了清代，进出海外的移民迅速增加。1570年，马尼拉华人仅40人，到了1635年马尼拉

① 李金明：《明代海外贸易史》"导言"，5页，北京，中国社会科学出版社，1990。
② 庄国土：《中国封建政府的华侨政策》，105页，厦门，厦门大学出版社，1989。
③ 张维华：《明史欧洲四国传注释》，79页，上海，上海古籍出版社，1982。
④ 王庚武著，李原、钱江译：《没有帝国的商人：侨居海外的闽南人》，载《海交史研究》，1993（1）。

城外东北部的 Parián 已住有两万人以上的华人。① 远远比殖民者多得多的华商人数，让西班牙殖民当局害怕，于是，便有预谋、有准备地每隔三十几年便进行一次惨绝人寰的大屠杀。经过 1603 年 2 200 名华人、② 1639 年 22 000 名华人与 1662 年 25 000 名华人③被三次有组织有计划地大屠杀，致使马尼拉华人人数逐渐减少。

关于 1603 年西班牙人大规模屠杀华人事件，张维华援引了多种记载此事件的西方与中国资料，披露了西班牙人如何处置此次屠杀事件，明廷对华人被杀事件之真实态度："西班牙人残杀华人后，深恐此次事变，影响中国与吕宋之通商，遂遣人至福建，陈述其杀戮华人之苦衷，藉以和缓华人情感。及吕宋使臣至福建，见其地长官，对于此次屠杀事，殊不关心，深为喜幸"④。明朝皇帝认为此次事件"所杀华人，多系素属无赖，于我国无益，且系久背乡井之人"。"故于屠杀华人一事，可勿视为重要"⑤。

由此可见，海外华商伴随着西方殖民者的到来，与明清海禁政策的实施，始终处于被中国官军与西方殖民者或单独或联合屠杀与迫害的境地，使得海外华人成为"没有帝国的移民"⑥。

西方资本主义扩张时期，国家与私商、海盗密切合作，政治军事征服与航海贸易拓殖同步进行。而对中国明清式专制政体而

① 方真真：《还原真相：1684 年一位中国海商的案件分析》，"中研院"人文社会科学研究中心主编：《人文及社会科学集刊》第 20 卷，1997（2）。
② 《美洲白银与妇女贞节：1603 年马尼拉大屠杀的前因后果》，收入朱德兰主编：《中国海洋发展史输文集》第八辑，295～326 页，台北，"中研院"中山人文社会科学研究所，2002。
③ 陈荆和：《十六世纪之菲律宾华人》，135～147 页，香港，新亚研究所东南亚研究室，1963。
④ 《Chinese Repository》，Vol. 7，p. 472. 转引自张维华：《明史欧洲四国传注释》，78～79 页，上海，上海古籍出版社，1982。
⑤ 《China Review》，Vol. 7，No. 4，pp. 251～253. 转引自张维华：《明史欧洲四国传注释》，80 页，上海，上海古籍出版社，1982。
⑥ 包乐史：《巴达维亚华人与中荷贸易》，83～85 页，南宁，广西人民出版社，1997；《清高宗实录》卷 189；庄国土：《中国封建政府的华侨政策》，厦门，厦门大学出版社，1989。

言，紧闭国门是迫使百姓顺服的最有效的办法。在这种情况下，中国官府与海上民间势力在内斗中互相抵消。明清王朝蓄意遏制面向海疆的南洋移民，压制了民间海外移民的冲动。

四、"海上板块"对中国社会及疆域形成的影响

自明中叶以降，中欧之间的贸易收支均以欧洲人带来的白银来平衡，由于当时中国拥有高于欧洲的生产力，从而使得中国成为世界白银的最大吸收库。[①] 而这些进口白银对明清时代中国社会的维系有着不可替代的作用，正如刘军所言，"自明代中期始，由海外流入的大量白银解决了白银长期短缺的问题，为实行以银为本位货币，以铜钱为辅币的货币制度提供了必要条件。并且直到民国初年，这种货币制度相对稳定地运行了三百多年"[②]。

另外，借着白银巨量输入中国，内地的生产力随之提高，人口也随之激增。这些迅速增长的人口携带着从海上传来、原产于美洲的玉米、红薯与马铃薯等高产、耐旱、耐寒作物种子向东北、北部、西北与西南等高寒、高纬度地带移民，使得这些地域与中原地带迅速均质化。官府则凭借着从西方传来的火器开始征服西南等地抗命土司，许多地方被改土归流。另一方面，伴随着郑成功 1662 年收复台湾、康熙帝 1683 年统一台湾、鸦片战争后清朝被迫开港、清朝内海及近海被列强主导、清朝 1858—1860 年丧失鄂霍次克海与日本海，以及琉球、越南与朝鲜等清朝海上及沿海属国相继被吞并或"独立"、1885 年台湾建省，"海上板块"对中国社会进程，特别是疆域变更的影响越来越大。

上述议题的具体内容，笔者将另文专门阐述，此不赘言。

---

① 全汉升：《明清间美洲白银的输入中国》，收入氏：《中国经济史论丛》第 1 册，435～450 页，香港，香港新亚研究所，1972。
② 刘军：《明清时期海上商品贸易研究》（1368—1840），东北财经大学博士论文，2009。

五、明清王朝禁海与海上社会力量的兴起及辛酸

关于明清两朝垄断海上贸易与禁海问题,李金明、林仁川、曹永和等曾予以比较深入的研究,笔者将在充分参考此诸成果的基础上,从中国海疆奠定的角度予以探索。

1. 明清专制王朝垄断海上贸易与禁海

明朝禁海政策始于明太祖朱元璋。曹永和认为,随着明廷虽"承袭前朝遗制,设置市舶司来管理,起初虽相常开放,最终却必然地走向皇家独占的路线。其究竟是朝贡贸易制度的确立,而被排拒的一般舶商只有犯禁出海,而犯禁所招来的是更严厉的管制,于是愈禁愈严"①。所以,林仁川认为明代中国的海上贸易虽很发达,"但它的性质是以皇帝为中心的封建专制政权严格控制下的官方海上贸易,它的存在和发展是为以皇帝为中心的封建官僚统治集团服务的",即经济上为统治阶级采办"海外奇珍",政治上是为了"羁縻"海外诸国,确立其宗主国的地位。②

可以说,明朝在我国快速发展的海上贸易巨轮上,强行地安上一个刹车装置,使我国海上贸易由盛转衰。

明朝为了垄断海上贸易与禁海,限制海商远距离贸易,竟规定把便于航行的尖底船改为有碍航速与抗风浪的平头船,把二桅以上的大船一概拆毁。③ 所以,当葡萄牙人举全国之力寻求航线,并于1498年到达印度洋时,我国商船早在多年前就无力远航到

---

① 曹永和:《试论明太祖的海洋交通政策》,中国海洋发展史论文集编辑委员会主编:《中国海洋发展史论文集》(一),70页,台北,"中研院"中山人文社会科学研究所,1984年刊行。
② 林仁川:《明末清初海上私人贸易》"前言",1页,上海,华东师范大学出版社,1987。
③ 李金明:《明代海外贸易史》"导言",3页,北京,中国社会科学出版社,1990。

马六甲海峡以西的印度洋进行贸易了。① 忆往昔，元代"国家出财，资舶商往海南贸易宝货，赢亿万数"② 的光景，已是明日黄花，一去不归。

一般论者认为，中国传统思想中的轻商意识，往往将商人、商业与"趋利""鬻奇""奢靡"，进而与立国之本——农业的危机相联系，故"商贾者，王者之所必抑"③。但这些都不能解释为什么同是农业社会的宋元两朝不但不禁海，而且大力提倡。

明清禁海与中国社会进入彻底的绝对专制君主主义时代，进而视人民为贼寇的连带意识不无关系。对于绝对专制君主而言，他们所害怕的是，"海外贸易之利，关税之征榷，往往很容易成为割据地方政权的重要财源"④。

基于此，明清两朝虽然偶尔开放海禁，中国私人海上贸易虽然在内外势力或单独镇压或联合打击的夹缝中顽强地发展，但终究难以摆脱被东来的西欧殖民者逐渐压倒的态势。

2. 支撑海上板块的社会力量

对于该问题，中外学者从不同视角进行过比较深入的研究，笔者将在参考此诸成果的基础上，从"海上板块"的视点予以考察。

（1）"嘉靖倭难"

明嘉靖年间（1552—1565 年），欧亚大陆东岸从日本海、黄海、东海，直至南海北部，2 万数千多公里海岸，几乎同时告警，普遍受到海盗的劫掠，史称"嘉靖倭难"。以往，中外大多数史

① 博克塞（C. R. Bosei）：《明末清初欧洲史料中有关我国外华人的记载》，《天下月刊》，1939（12）。
② 吴澄：《吴文正集》卷 32《董忠宣公神道碑》，《四库珍本二集》本。
③ 王夫之：《读通鉴论》卷 14《孝武帝》，998 页，北京，中华书局，1975。
④ 曹永和：《试论明太祖的海洋交通政策》，中国海洋发展史论文集编辑委员会主编：《中国海洋发展史论文集》（一），台北，70 页，"中研院"中山人文社会科学研究所，1984。

学家都认为这是一场抵抗外来侵略的抗倭之战，但经过学者多年实证性研究，嘉靖年间之"倭寇"者，绝大多数是中国人且为领导者，而非真"倭"也。这是一场由中国海上贸易商人为主导，联合其他各阶层的人们、雇佣少量日本人，反抗明廷海禁政策、求生存的战争。① 中国人之所以打着"倭寇"的旗号抵抗明廷，是因为"第一，是王直等海商有意制造混乱，使人不易识别其庐山真面目"；"第二，明朝将领为了冒报战功而有意造成的。"② 实际上，更主要的原因是拥有话语权的明朝士大夫们为了掩饰明廷海禁政策的错误，凡"海上之寇，概以倭子目之"③，有意将罪责外引，借以减轻责任；而"诸司奏乱，止云倭寇，未云首恶"④，则成为东南沿海官员自保的护身符。

（2）海商与海盗

海上私人华商早在宋元时代就遍布"海上板块"的各地，故朱元璋禁海之前，"两广、浙江、福建愚民无知，往往交通外番，私易货物"⑤。由于垄断海上贸易并防范人民，明廷统治下的中国已经没有合法的私人海上贸易。所谓合法的海外贸易，仅仅局限于朝廷垄断的朝贡贸易这一个渠道。

但闽东、闽南、粤东、浙东等地自唐末以降便显现出人多地少的问题，逼得人们不得不以海谋生。早在元明时期，闽、粤、

---

① 林仁川：《明末清初海上私人贸易》，55～56 页，上海，华东师范大学出版社，1987。
② 林仁川：《明末清初海上私人贸易》，56～58 页，上海，华东师范大学出版社，1987。
③ 郑若曾撰：《筹海图编》卷 5《浙江倭变纪》，影印明嘉靖四十一年胡宗宪刻本；《中国兵书集成》第 16 册，444 页，北京·沈阳，解放军出版社·辽沈书社，1990。
④ 傅维鳞撰：《明书》卷 162《乱贼列传二·汪直》，四库全书存目丛书第 40 册，398 页，济南，齐鲁书社，1996。
⑤ 《明太祖实录》卷 205，"洪武二十三年冬十月乙酉"条，3 067 页，台北，"中央研究院"历史语言研究所，1962。

浙一带就有很大规模的海上私人华商队伍，即使明初、中期实施极其严厉的海禁，也无法使这些别无生路的海商灭绝。明宣宗时官商勾结、军民思变、商民互动，造成了"官员军民不知遵守，往往私造海舟，假朝廷干办为名，擅自下番"① 的局面。

明廷对付海商的政策是不分良莠，无情打击，坚决镇压，借机处没海商财产。但沿海居民以海为田，是挡不住的自然的经济需求。何况"华夷同体，有无相通，实理势之所必然。中国与夷，各擅土产，故贸易难绝。利之所在，人必趋之"②，于是，"明代中国的对外贸易，也就奇特地利用走私这一偏道作为常道"③。关于明代走私贸易的特点，张彬村认为"可以用三种力量的交互关系来说明。这三种力量分别由三群人所代表，他们是：（1）海上走私商人。他们驾船驰骋于东亚水域，转运中国和外国的产品。（2）陆上走私商人。他们将海上私商所运的水货，运销中国市场，同时也收集中国产品，交给海上私商运销海外。（3）政府从业人员，包括军政各阶层的工作人具，是负责取缔走私，落实海禁政策的警察力量"④。

在明廷的严厉镇压下，东南沿海的海商从 16 世纪初期开始走向集团化，以期通过组织化保护生存空间。16 世纪 50 年代，浙江沿海一带形成了"倭寇"王直集团称霸的局面，据称当时往

---

① 《明宣德实录》卷 103，"宣德八年秋七月己未"条，2 308 页，台北，"中央研究院"历史语言研究所，1962。

② 唐枢：《复胡梅林论处王直》，《明经世文编》卷 270《御倭杂著》，2 850 页，北京，中华书局，1962。

③ 张彬村：《十六世纪舟山群岛的走私贸易》，中国海洋发展史论文集编辑委员会主编：《中国海洋发展史论文集》（一），75 页，台北，"中研院"中山人文社会科学研究所，1984。

④ 张彬村：《十六世纪舟山群岛的走私贸易》，中国海洋发展史论文集编辑委员会主编：《中国海洋发展史论文集》（一），75～76 页，台北，"中研院"中山人文社会科学研究所，1984。

来于浙海的海商船只,若不插王直的旗号,就不得通行。[①] 嘉靖三十一年(1552年),王直为了促使明廷开放海禁,攻松江、温州,破黄岩[②],以期引起朝廷的重视,酿成"壬子之变"。翌年,又"纠岛倭及漳泉海盗",率巨舰百余艘"蔽海而至,浙东西、江南北、滨海数千里同时告警"[③]。持续十数年的"嘉靖倭难"拉开了序幕。

关于明廷严厉禁海,造成官逼民为"贼"、官逼"商"为寇的问题,最早予以讨究的是嘉靖时代的政治家郑晓。他说,明朝"宠赂公行,官邪政乱,小民迫于贪酷,苦于役赋,困于饥寒,相率入海为盗。盖不独潮惠漳宁绍徽歙奸商而已。凶徒、逆贼、罢吏、黠僧及衣冠失职,书生不得志群不逞者,皆从之,为乡道,为奸细"[④]。

3. 郑氏海上王国

1683年,台湾郑氏王国降服清廷后,康熙帝准许郑成功遗骨移葬福建,并亲书挽联一副相赠:"四镇多二心,两岛屯师,敢向东南争半壁;诸王无寸土,一隅抗志,方知海外有孤忠。"

如果不知道作者的话,大凡读过该挽联的人,绝大部分人都无法相信其作者会是郑氏的劲敌——清廷的最高统治者康熙帝。御制该挽联,既可以解读为千古一帝——康熙帝与千古一王——郑成功之间的惺惺相惜,也可以理解为康熙帝对郑成功征服台湾、驰骋海上的褒奖。假使没有郑成功征伐荷兰,收复台湾,并由后来的清廷继承,以当时最高统治集团对海洋的认识,很难断

[①] 万表:《海寇议》,收入《江防总论》(及其他六种),丛书集成初编本,北京,中华书局,1991。

[②] 有研究者认为,攻陷黄岩的主力是林碧川集团,不是王直集团,更不是日本海盗。

[③] 张廷玉、万斯同、毛奇龄,等撰:《明史》卷322《日本传》,8352页,北京,中华书局标点本,1974。

[④] 郑晓:《郑端简公文集》二《与彭草亭督宪》,《明经世文编》卷218《郑端简公文集二》,2 276页,北京,中华书局,1962。

定他们能否兴师动众与荷兰人开战。从这个意义上说，无论怎样评价郑成功都不过分。

郑氏海上王国肇始于海盗出身的郑芝龙。明末时，郑氏集团"已基本上拥有东起江浙至日本以南海域，西至越南、暹罗附近海域、南至东南亚沿海的广大地区的海权"①，使得"芝龙兵益盛，独有南海之利。商舶出入诸国者，得芝龙符令，乃行，八闽群不逞归之"②。而海舶"每一舶，例入三千金。岁入千万计，芝龙以此富堪敌国"③。

郑芝龙降清后，郑成功以金门、厦门两岛为中心，以漳、泉为两翼，在海上建立起抗清根据地。经过十余年间经营，拥兵10多万，"其中20镇水师更是郑军的主力"④。

到了郑经时期，郑氏集团已成为拥有"水陆官兵计四十一万二千五百名，大小战舰，约计五千余号"⑤ 的强大海上王国。1635—1683 年，以闽、粤、浙的社会力量为政权基础的郑氏集团曾将"海上板块"中部海域作为根据地，主导着北起黄海，整个东海，南至南海，面积达数百万平方公里海域的贸易。

那么，郑氏集团养兵数十万的财源问题是如何解决的呢？清人郁永河分析其奥秘："成功以海外弹丸之地，养兵十余万，甲胄戈矢，罔不坚利，战舰以数千计，又交通内地，遍买人心，而

① 余丰：《从明末清初郑氏的海上经营看中国古代的海权维护》，载《福建省首届海洋文化学术研讨会论文集》，2007。
② 邵廷采：《东南纪事》卷11《郑芝龙》，台北，台湾银行经济室编辑：《台湾文献丛刊》第96辑，131页，台北，台湾银行，1960。
③ 三余氏撰：《南明野史》卷中《绍宗皇帝纪》，台北，大通书局，1987；邹漪《明季遗闻》，台北，大通书局，1987。
④ 余丰：《从明末清初郑氏的海上经营看中国古代的海权维护》，载《福建省首届海洋文化学术研讨会论文集》，2007。
⑤ 《郑泰洪旭黄廷咨靖南王耿继茂总督李率泰文》，见《郑氏关系文书》，《台湾文献资料丛刊》第6辑，8页，台北，大通书局，1987。

财用不匮者，以有通洋之利也。"①

大约 1603 年前后，荷兰人出现于中国南海，并于 1642 年占领了台湾岛。清顺治十八年（1661 年）4 月，郑氏集团击败了素有"海上马车夫"之称的荷兰人。此举为后来郑氏集团降服清朝，台湾岛连同大部分"海上板块"正式地纳入了中国版图打下了坚实的法理基础。

六、本章小结

黑格尔曾将欧洲文化喻为海洋文化，而将中国文化斥为大陆文化。对此，李约瑟博士说："中国人一直被称为非航海民族，这真是太不公平的了。他们的独创性本身表现在航海方面正如在其他方面一样，中世纪和文艺复兴时期西方商人和传教士发现的中国内河船只的数目几乎令人难以置信，中国的海军在 1100—1450 年之间，无疑是世界上最强大的。"②

所以，不能将广袤的中国疆域与悠久而复杂的文化，笼统地称之为大陆文化或海洋文化。为此，吴春明说："史前、上古时期，从我国东部到东南沿海分布的东夷和百越等土著先民共同创造了一个不同于内陆华夏农耕的海洋文化时空存在，东南土著就是源远流长的环中国海海洋社会经济与人文的直接源头。"③ 中国东部及东南沿海从来都不缺乏或未曾间断过海洋文化，只是陆上专制皇权势力经常凌驾于海上社会力量之上，阻遏了中国海洋文化的进一步发展，从而使中国成为"大航海时代"的落伍者。

---

① 郁永河：《裨海纪游·郑氏逸事》，台湾文献丛刊第 44 册，48 页，台北，台湾银行，1963。
② 李约瑟著，陈养正译：《科学与中国对世界的影响》，收入潘吉星主编：《李约瑟文集》，沈阳，辽宁科学技术出版社，1986。
③ 吴春明：《环中国海沉船——古代帆船、船技与船货》，154～155 页，南昌，江西高校出版社，2003。

但不论是葡、西，还是后起的法、荷等国，虽然积极开拓海外殖民地，但尚不能称之为海洋国家，因为它们是从陆地视角去开拓或发现海洋秩序的。相对彻底地、相对完全地以海洋为视点进行生活与思考，渐渐选择海洋作为其生存的空间，且将其政治存在置于海洋这一元素之中的国家，唯有英国。但英国也不是天生的海洋国家，施米特认为，"从16、17世纪开始，英国才在其政治的整体性存在中选择了以海洋为基础的世界秩序，以对抗欧洲大陆"①。

清朝从明朝承袭而来的是背对东部与东南部大海，面朝北部与西北部大陆的禁海观念。该观念渐次转变的动力，主要源于英国人分别于1840年与1856两次从海上对中国进行的实质性攻击。英国攻击清朝的理由非常清晰：清廷闭关锁国、妨碍贸易自由。而有关贸易自由、世界市场的法则，正是英国的"特殊的"国际法，此法是以自由的海洋为根基的英国称霸世界诉求的直接表达。

尽管遭到陆上专制皇权势力的不间断阻击，但中国东部与东南沿海居民由于受地理环境的影响，其向海上伸展的愿望与行动从来都没有停止过。问题恰恰就在这里，与同一时期在海外求生的英国人背后站着一个保护着他们的国家截然不同，求生于海外的中国人背后有一个追杀他们的祖国，前面有着劫杀他们的西方殖民者，二者经常联合起来剿杀他们。

自都铎王朝以来，英国数百年向海外发展的历程，实质上就是一部经由海洋对陆地施加影响力的海权伸张史。与之相反，明清王朝制定海外贸易政策的出发点是保护绝对君主专制严格控制下的政府经营，是为统治集团服务的。为此，严厉镇压私人海上

① 格劳修斯著，宇川译：《海洋自由论》，220页，上海，三联书店，2005。

华商，那些海外经商者或移民海外者便是朝廷的敌人，朝廷每每必欲置其死地而后快，甚至不惜联合西方殖民共同屠杀。从某种意义上说，这也是一种将陆上的绝对君主专制主义权力辐射到海上，使陆地主宰着海洋，使海洋秩序屈服于陆地秩序的产物。而这种海禁政策不但扼杀了唐、宋、元以来的官民共同经营海洋的良好发展态势，更是中国后来失去了富庶的鄂霍次克海、日本海，乃至于浩瀚的西太平洋的罪魁祸首。

第八章 疆域黏合剂：『华夷同源』

谱系与大一统思想的建构

—— 以《史记》有关记述为中心

□ 桂林定粤寺大铁钟铸造于清康熙八年（1669 年），重 2 500 多公斤。该钟铭用『皇图巩固』『帝道遐昌』等句作为每栏铭文的引首，旨在宣扬『大一统』思想。

皇图巩固大铁钟

（本书作者 2007 年夏摄于广西桂林。）

第八章　疆域黏合剂:"华夷同源"谱系与大一统思想的建构

——以《史记》有关记述为中心

一、引言

司马迁（字子长）曾在《报任少卿书》中披露其作史的抱负:"亦欲以究天人之际，通古今之变，成一家之言。"①而今检讨子长先生的豪言壮语，果不其然。他确实纵观古今，网罗全局，独自构建了世界迄今尚无与之匹敌的史学巨制——《史记》。《史记》由本纪、表、书、世家、列传5个部分构成。其中，子长先生以"十二本纪"为纲，配以"十表"，构筑了古代中国从黄帝到汉武帝3 000年间历史的纵轴，给人以明晰、流动而一贯的时间景象；以"八书""三十世家""七十二列传"为横轴，将不同时期的政令、人物、族群②等，纳入相应的统一的空间之

---

① 班固撰:《汉书》卷62《司马迁传》，北京，中华书局点校本，1962。
② 本文的"族群"，即英文"ethnic group"一词，是指具有自身文化特质的人们群体。这一特质所显现的是这一群体的宗教的、语言的共同特征，或者其成员自我认为具有共同的体质的、种族的、地理的起源。长期以来，国内不但将现存的56个种族（族群、ethnic group）共同界定为"民族（nation）"，而且将前近代的种族（族群）也称之为民族。为了防止混同，本文用"族群"称谓替代时下常用的前近代民族。

中。如此，形成了显明的历史景象——统一的空间，在流动而一贯的时间内活动，从而凸现并预设了司马子长先生以帝王为中心的"大一统"思想、"华夷同源"谱系的构筑。

　　早在多年前，笔者曾论述中国疆域的最终奠定，是由历史渊源原本不同、文化传承各异的五大文明板块：泛中原农耕文明板块（以下简称"泛中原板块"）、大漠游牧文明板块、东北渔猎耕牧文明板块、雪域牧耕文明板块、海上文明板块，经过长时段的相互撞击，最后于1820年统合而成。统合五大板块的黏合剂，则是诞生于"泛中原板块"上的"大一统"思想、"华夷同源"谱系。① 这是一个大致生成于战国时代，逮至西汉中前期，首次由司马迁从历史学、谱系学的视角予以系统地建构的理论。那么，"大一统"思想、"华夷同源"谱系，为什么在"泛中原板块"② 上被创造出来，在西汉中前期、在司马迁手中成熟的呢？

　　欲解答这个问题，我们不得不对"泛中原板块"形成的历史，做一个简短的回顾。

　　到目前为止，今日中国境内所有省区均已发现新石器时代文化遗址，时间大致始于前6 000年左右，一般延续到前2 000年前后。很难想象，在交通闭塞的原始时代，分布在地域如此广阔、生态环境如此迥异、肤色如此不同的人们会出于同一祖源。所以到了前21世纪"夏后涂山之会"时，"执玉帛者万国"；经过10个世纪的互相攻战、彼此融合，直至前11世纪"周武王孟津之上，尚有八百诸侯"③；春秋初年，仅中原地带犹有五十余国，至战国中、后期，尚余七雄。到了秦始皇登场，灭六国，才首次

---

① 于逢春：《构筑中国疆域的文明板块类型及其整合模式序说》，载《中国边疆史地研究》，2006（3）。
② 从清代柳条边之老边、万里长城一线到南海与中南半岛北部，从巴颜喀拉山、横断山以东迄渤海、黄海、东海，这片土地加上夹在昆仑山与天山之间、通过河西走廊与世界屋脊东麓下的黄土高原相衔接的南疆绿洲，是农夫的家园，本文的"泛中原板块"，即指此诸地方。
③ 班固撰：《汉书》卷99上《王莽传》，北京，中华书局点校本，1962。

初步统一了"泛中原板块"。

秦亡70多年后，汉武帝承秦始皇之余绪，再度拓展"泛中原板块"。概而言之，于东北则在今朝鲜半岛设朝鲜四郡；在西方则占领湟水流域，建护羌校尉；于西南则置犍为、牂牁、益州等郡，斯处遂得比于内地诸郡；于西北则筑河西四郡，进而攻讨西域而有之；在南方则平南越，立合浦、交趾等九郡，汉朝势力突入中南半岛北中部；在北方则拓河南地、阴山，设朔方、五原郡。这样，"泛中原板块"的统合滥觞于秦始皇，最终奠定于汉武帝。

司马迁恰恰生长在"泛中原板块"，即由若干个互不统属的文明区域，经过数千年的经济交流、文化沟通、军事征战，最终统合的时代。与此同时，秦始皇的"书同文"政策，经过百余年的发展，在汉武帝时代收到了成效：一种便于书写、识别与传播的今文字——隶书，成熟了起来。[①] 另一方面，伴随着汉武帝以儒家思想作为统治帝国的官方思想，社会上形成了整理与研究先秦儒家经典的高潮。凡此种种，催生了古代中国有系统的"正史"记载的登场。

与"泛中原板块"地理的统合过程相同调，晚周秦汉时代的知识分子也在倡导"天下一统""四海一家"的理念。孟子、"公羊传"、董仲舒等在舆论上鼓吹之，《尚书·禹贡》等对未来一统地理格局预设之，彼此遥相呼应。而在血缘政治尚有残存的晚周，乃至于秦汉时代，预言"天下一统""四海一家"，既涉及华夏族群自身的认同问题，又牵连到如何看待与华夏族群或犬牙相错或密不可分的夷狄族群问题。

"泛中原板块"的核心区域在黄河中、下游一带。春秋时期以降，处于中原边缘的秦、楚、吴、越等族群，逐渐被纳入到中原的华夏族群之中，华夏族群的界限随之外展，华夷形态也相应

---

① 詹鄞鑫：《汉字说略》，130页，沈阳，辽宁教育出版社，1991。

变化。嗣后，秦始皇藉横扫六合之余威，四方征伐，将华夏族群界限再度扩展。到了西汉中前期，汉武帝的开疆拓土，达到了中原农耕族群所能生存的生态地理极限，也达到了华夏帝国行政力量所能控制的政治地理极限，"泛中原板块"亦跟着奠定。伴随着华夏族群界限的大规模移动，一些夷狄族群被包容了进来；另一些夷狄族群则组成国家或部落联盟，要么与汉朝处于敌对状态，要么与汉朝形成隶属关系，抑或游离于汉朝势力圈之外。在华夷族群的互动之中，夷狄与华夏族群均产生了异族（族群）意识，自然产生了自我认同与他者意象。

那么，作为史家的司马迁是如何从历史学、族群系谱的视角来构筑华夷同居天下、共处四海之内的"大一统"框架的呢？与该课题有所牵涉的先行研究，不在少数。当然，其中既有相当数量的纵论"知其然"，而鲜证"其所以然"的文章；也有发人深省的名篇佳作。徐复观先生的《论〈史记〉》一文，洋洋八余万言，虽不以太史公之"大一统"思想为论题，但本文仍受教益；[①]清人汪越、近人张大可、张新科、汪高鑫等先生，对该问题曾潜心研究，所论皆有新意。[②] 然而，像本文这样从华夷变态[③]、从

---

① 徐复观：《两汉思想史》第二卷，上海，华东师范大学出版社，2001。本文在写作过程中，多处参考了徐先生的研究成果。

② 汪越：《读史记十表》，收入《二十五史补编》，3~4 页，北京，中华书局，1955；张大可：《史记研究》，北京，华文出版社，2002；张新科：《大一统：〈史记〉十表的共同主题》，载《学术月刊》，2003（6）；汪高鑫：《司马迁大一统思想析论》，载《淮北煤炭师范学院学报》（哲学社会科学），2001（5）。

③ "华夷变态"一词系笔者借用于日本江户时代名著——《华夷变态》书名而来。1644 年清帝国以"蛮夷"身份入主中原，在中原实施了诸如剃发束辫等"满洲化"政策。此事对日本的知识分子产生了极大的冲击。他们认为清朝之中原，业已变化成了"夷狄"之邦。幕府的儒者林鹅峰、林凤冈等基于儒家的"华夷之辨"意识，将 1644—1717 年长崎奉行（官名）向幕府进呈的有关清朝的传闻书信 2 200 封，按类进行编纂，书名就叫"华夷变态"。笔者所使用的"华夷变态"，系指华夷族群边界是经常处于漂移的状态，即夷狄族群经常变成华夏族群，华夏族群也常常变成夷狄族群；华夏族群也好，夷狄族群也罢，既无高下之分，更无贵贱之别；华夷族群之间争斗也好，融合也罢，莫不是"中华民族"（Chinese nation）形成过程中自然而然的事情，他们都是"中华民族"得以形成之活水源头。

《史记》篇章构造本身去寻求司马迁的"夷夏观""大一统"思想者，囿于眼界，尚不多见。有鉴于此，本文希冀在前人研究成果的基础上，就上述问题予以探索。

为此，本文首先以《史记》"五帝夏商周秦"本纪与"楚吴越"世家、"匈奴"等蛮夷列传为中心，探索司马迁是如何苦心孤诣地建构"华夷同源"谱系、"天下一统"框架的。尔后再回过头来，探讨司马迁这个大框架得以构建的历史条件、理论准备、人文地理构想等问题。在此基础上，研讨华夷界限的移动、华夷变态、司马迁及司马迁以前时代华夏族群的自我认同及其他者认同等问题。

二、《史记》有关"华夷同源、天下一统"的纵向与横向构筑

《史记》是一部包罗万象的百科全书，本文无意于全面论述之。在此，仅想就有关移动的华夷界限、华夷变态、华夷族群自我认同与大一统思想体系的构筑等问题展开探究。

1. 纵向构造：五帝、夏、商、周、秦"本纪"

何谓"本纪"？《史记正义》引裴松之《史目》云："天子称本纪，诸侯曰世家。本者，系其本系，故曰本；纪者，理也，统理众事，系之年月，名之曰纪。"① 关于设置"本纪"的意义，司马迁说："罔罗天下放失旧闻，王迹所兴，原始察终，见盛观衰，论考之行事，略推三代，录秦汉，上记轩辕，下至于兹，著十二本纪，既科条之矣。"② 所谓"既科条之矣"，王先谦释为"科分条例，大纲已举"③。可见，司马迁是以"本纪"为纲，配之以"表"，将从黄帝到汉武帝的历史，一以贯之，凸现并预设了其以帝王为中心的族群谱系框架。

---

① 司马迁撰：《史记》卷1《五帝本纪》，北京，中华书局点校本，1982。
② 司马迁撰：《史记》卷130《太史公自序》，北京，中华书局点校本，1982。
③ 王先谦：《汉书补注》，北京，中华书局，1983。

在司马迁之前,孔子曾据《尧典》《舜典》《皋陶谟》等,以删《书》,将华夏历史的上限断自唐尧。但《史记》之《五帝本纪》则始自黄帝,在唐尧之上逐次衔接了帝喾、颛顼、黄帝事迹。换言之,司马迁将其所构建的历史建筑,在《书》的基础上,向上增加了三层。至于为何将"本纪"始自黄帝,司马迁是这样解释的:①

学者多称五帝,尚矣。然《尚书》独载尧以来;而百家言黄帝,其文不雅驯,荐绅先生难言之。孔子所传宰予问《五帝德》及《帝系姓》,儒者或不传。余尝西至空桐,北过涿鹿,东渐于海,南浮江淮矣,至长老皆各往往称黄帝、尧、舜之处,风教固殊焉,总之不离古文者近是。予观《春秋》《国语》,其发明《五帝德》《帝系姓》章矣,顾弟弗深考,其所表见皆不虚。《书》缺有闲矣,其轶乃时时见于他说。非好学深思,心知其意,固难为浅见寡闻道也。余并论次,择其言尤雅者,故著为本纪书首。

也就是说,《史记》叙述黄帝、颛顼、帝喾事迹的主要根据出自《五帝德》与《帝系姓》。但此二书皆系战国后期之人假托孔子答宰予之问,将各种有关历史传说、族源神话加以整理而成。这是两部比司马迁早生了400多年的孔丘自己都没见过的假托之作,其可信程度之低,自然不可能逃过见多识广的司马迁的法眼。也正因为如此,司马迁自称"卒述陶唐以来,至于麟止,自黄帝始。"②云"卒述陶唐以来",而不言"卒述黄帝以来"者,借以区别"传说史"(黄帝、颛顼、帝喾事迹)与"信史"(唐尧以降历史)。

那么,以司马迁的谨慎与旷代之识,何以用此等"文不雅驯,荐绅先生难言之"的假托之物,勘比辍辑"五帝本纪"呢?

---

① 司马迁撰:《史记》卷1《五帝本纪》,北京,中华书局点校本,1982。
② 司马迁撰:《史记》卷130《太史公自序》,北京,中华书局点校本,1982。

让我们先看看司马迁所描述的五帝，以及五帝与夏商周秦之间的关系后，再来解答这个问题。

首先，让我们看看"五帝"们究竟何许人也：①

（1）"黄帝者，少典之子，姓公孙，名曰轩辕。"

（2）"帝颛顼高阳者，黄帝之孙而昌意之子也。……黄帝居轩辕之丘，而娶于西陵之女，是为嫘祖。嫘祖为黄帝正妃，生二子，其后皆有天下：其一曰玄嚣，是为青阳，青阳降居江水；其二曰昌意，降居若水。昌意娶蜀山氏女，曰昌仆，生高阳，高阳有圣德焉。"

（3）"帝喾高辛者，黄帝之曾孙也。高辛父曰蟜极，蟜极父曰玄嚣，玄嚣父曰黄帝。自玄嚣与蟜极皆不得在位，至高辛即帝位。高辛于颛顼为族子。"

（4）"帝尧者，放勋。……帝喾娶陈锋氏女，生放勋。娶娵訾氏女，生挚。帝喾崩，而挚代立。帝挚立，不善（崩），而弟放勋立，是为帝尧。"

（5）"虞舜者，名曰重华。重华父曰瞽叟，瞽叟父曰桥牛，桥牛父曰句望，句望父曰敬康，敬康父曰穷蝉，穷蝉父曰帝颛顼，颛顼父曰昌意：以至舜七世矣。自从穷蝉以至帝舜，皆微为庶人。……尧立七十年得舜，二十年而老，令舜摄行天子之政，荐之于天。"

在此，司马迁为我们勾勒出了一幅五帝之间同一血缘的谱系图。所谓"自黄帝至舜、禹，皆同姓而异其国号，以章明德"②者，是也。

关于五帝中的帝王，查诸《诗》等典籍，春秋时期只有禹；揭诸《论语》等图书，战国时代才有尧、舜。对此种现象，日本学者白鸟库吉先生早在 1909 年便利用近代史学方法予以研究，

---

① 司马迁撰：《史记》卷 1《五帝本纪》，北京，中华书局点校本，1982。
② 司马迁撰：《史记》卷 1《五帝本纪》，北京，中华书局点校本，1982。

并认为"尧、舜、禹乃儒教传说，三皇五帝乃易及老庄派之传说"①。14 年后的 1923 年，顾颉刚先生发表了《与钱玄同先生论古史书》，揭示了历来公认的三皇五帝古史系统是由神话传说层累地造成的。②

其次，关于五帝与夏商周之间的关系，司马迁是这样描述的：

（1）"夏禹，名曰文命。禹之父曰鲧，鲧之父曰帝颛顼，颛顼之父曰昌意，昌意之父曰黄帝。禹者，黄帝之玄孙而帝颛顼之孙也。"③

（2）"殷契，母曰简狄，有娀氏之女，为帝喾次妃。"④

（3）"周后稷，名弃。其母有邰氏女，曰姜嫄。姜嫄为帝喾元妃。"⑤

看来，无论是夏之先人，抑或商周之祖上，都与黄帝血缘相连，一脉相承。而且依据上述记载，殷商始祖殷契与周朝始祖周弃乃同父异母兄弟。这与历史事实，显然是难以合符的。

关于夏的祖源，自战国以降便有多种说法。除了（1）禹学于西王母（《荀子·大略篇》），（2）禹生于昆石、禹生碣石之东（《随巢子》），（3）大禹生石夷之野（《易林》）等说之外，"禹出西羌"说影响最广。此说由扬雄在《蜀王本纪》中首倡，嗣后跟进者众多："禹兴于西羌"（《史记·六国年表》）、"大禹出于西羌"（《新语》）、"禹出西羌"（《盐铁论》）等，不一而足。正因为大禹的出身是一个不确定之事，所以唐人司马贞早就怀疑："皇甫谧云：鲧，帝颛顼之子，字熙。又《连山易》云：鲧封于

① 白鸟库吉：《中国古传说之研究》，《东洋时报》第 131 号，1909。
② 顾颉刚：《与钱玄同先生论古史书》，收入《古史辨》第一册，北京，北平朴社，1926。
③ 司马迁撰：《史记》卷 2《夏本纪》，北京，中华书局点校本，1982。
④ 司马迁撰：《史记》卷 3《殷本纪》，北京，中华书局点校本，1982。
⑤ 司马迁撰：《史记》卷 4《周本纪》，北京，中华书局点校本，1982。

崇，故《国语》谓之'崇伯鲧'。《系本》亦以鲧为颛顼子。《汉书·律历志》则云：颛顼五代而生鲧。按：鲧既仕尧，与舜代系殊悬，舜即颛顼六代孙，则鲧非是颛顼之子。盖班氏之言近得其实。"①

有关殷商族群的起源问题，从汉朝至今，一直众说纷纭，大致有：（1）陕西商洛说；（2）关中地区说；（3）河南商丘说；（4）山东说；（5）山西永济说；（6）山西桓曲与永济一带说；（7）河北漳水说；（8）河北易水说；（9）河北永定河与滹水之间说；（10）河北东北说；（11）河北环渤海一带说；（12）北京说；（13）辽宁西部说；（14）幽燕说；（15）河北内黄说等16说。②

三国人谯周对殷商的来源，早就持怀疑态度："契生尧代，舜始举之，必非喾子。以其父微，故不著名。其母娀氏女，与宗妇三人浴于川，玄鸟遗卵，简狄吞之，则简狄非帝喾次妃明也。"③ 实际上，上述十数个有关殷商起源说，都在否定殷契与地喾之间的血缘关系。

---

① 司马迁撰：《史记》卷2《夏本纪》"索隐"，北京，中华书局点校本，1982。
② 其中，（1）《书·汤誓》郑玄注："契始封商，遂以商为天下之号"；（2）顾颉刚：《殷人自西徂东说》，收入王宇信主编《甲骨文与殷商史》第3辑；（3）王国维：《说商》，《观堂集林》卷12，北京，中华书局，1959；（4）王玉哲：《商族的来源地望试探》，载《历史研究》，1984（1）；（5）李民等：《夏商周三族源流探索》，97页，郑州，河南人民出版社，1998；（6）陈昌远：《商族起源地望发微》，载《历史研究》1987（1）；（7）邹衡：《论汤都郑亳及前后的迁徙》，收入邹衡《夏商周考古论文集》，201～202页，北京，科学出版社，2001；（8）李亚农：《殷代社会生活》，收入《李亚农史论集》，上海，上海人民出版社，1980；（9）丁山：《商周史料考证》，17页，北京，中华书局，1988年；（10）、（11）傅斯年：《东北史纲》（初稿）（第一卷），"中央研究院"历史语言研究所1932年刊印，24页；（12）徐中舒：《殷人服象及象之南迁》，《历史语言研究所集刊》第2卷第1期；（13）曹定云：《商族渊源考》，收入《中国商文化国际学术讨论会论文集》，北京，中国大百科全书出版社，1998；（14）金景芳：《商文化起源于我国东北说》，载《中华文史论丛》1978（7）；（15）于志耿、李殿福、陈连开：《商先起源于幽燕说》，载《历史研究》，1985（3）；（16）王震中：《商族起源及其早期迁徙》，收入《中国社会科学院历史研究所学刊》，北京，商务印书馆，2004。
③ 司马迁撰：《史记》卷3《殷本纪》"索隐"，北京，中华书局点校本，1982。

关于周人的来源,按照周人自己整理过的传说,其祖母姜嫄为帝喾元妃,姜嫄之子弃与商祖契、唐尧、帝挚均为同父异母兄弟。帝喾娶四妃生四子,元妃姜嫄生弃,次妃简狄生契,三妃陈锋氏女生尧,四妃娵訾氏女生挚。帝喾崩,四妃三妃之子帝挚、帝尧先后即位。尧崩,中间隔了虞舜与夏朝十四世十七君,二妃之子契的第十三代孙成汤才即位。又经过殷商十七世三十二君,元妃之子弃的第十六代孙姬发克殷为王。也就是说,从前 23 世纪左右唐尧即位到前 11 世纪周武王灭殷的约 1 200 年间,华夏王统经过了唐尧、虞舜、夏、商四朝,共历 32 代君王,平均每代间隔约 40 年,周人只经过了从弃到姬发的 17 代,平均每代间隔达 70 年以上,从而使得这个传说系统失去合理性。正因为如此,《汉书·古今人表》出现了周弃在帝喾时代,其妃竟在近 200 年后帝舜时代,其子更晚到数百年后夏朝太康时代才出世的笑话。而《史记·三代世表》也因周人错位的传说,出现了周文王与夏朝君王并存于世的局面。《国语·周语》说:"昔我先王世后稷,以服事虞、夏。及夏之衰也,弃稷弗务,我先王不窋用失其官,而自窜于戎狄之间"。也就是说,周人祖先应该是羌人的一支,始活动于泾渭上游一带,以后渐渐迁移到渭水中下游岐山一带。应该说,周人发迹于中原后,为了掩饰其夷狄出身而攀附帝喾为其祖先,只是搞错了年代频生笑话而已。

对此,苏秉琦说:"对于中原地区来说,夏商周都是'外来户',大约先周与西部有关,夏则有源于东南方的线索,商人则认东北为老家。"[①]

再次,关于五帝与秦之间的关系,《史记》是这样记载的:

"秦之先,帝颛顼之苗裔孙曰女脩。女脩织,玄鸟陨卵,女脩吞之,生子大业。大业取少典之子,曰女华。女华生大费,与禹平水土。已成,帝锡玄圭。禹受曰:'非予能成,亦大费为

① 苏秉琦:《中国文明新探》,53~54 页,沈阳,辽宁人民出版社,2009。

辅．'帝舜曰：'咨尔费，赞禹功，其赐尔皂游。尔后嗣将大出。'乃妻之姚姓之玉女。大费拜受，佐舜调驯鸟兽，鸟兽多驯服，是为柏翳。舜赐姓嬴氏。大费生子二人：一曰大廉，实鸟俗氏；二曰若木，实费氏。其玄孙曰费昌，子孙或在中国，或在夷狄。"①

也就是说，秦的先祖与"五帝"、与夏商周的先人之间亦系同一血亲。但稍微比照上述的《史记》记载，便可窥见其漏洞。按《五帝本纪》，"黄帝者，少典之子"也，少典与秦之始祖大业之间，至少悬隔六代，说"大业娶少典之子，曰女华"，实在令人无法相信。

关于秦国国君的族源，主要存在着两说。一是西方戎狄说。近世以来最早论述此事者，当推王国维先生。② 嗣后，蒙文通先生予以详考。③ 到了20世纪80年代以降，俞伟超先生从考古学的视角，从秦墓所具有的，且有别于中原的屈肢葬、铲形袋足鬲、洞室墓等文化特征入手，予以探讨，得出了秦之祖先"源自羌戎"，"秦人（至少其主体）是西戎的一支，应当是没有问题的"结论。④ 二是"东来说"。认为秦之先祖最早是生活在东方的夷人，后来才逐渐向西迁移。"东来说"最早产生于1933年，由傅斯年先生提出的。⑤ 其后卫聚贤、黄文弼、徐旭生等先生，以及当代学者林剑鸣、尚志儒等先生予以附和，并从多方面加以

① 司马迁撰：《史记》卷5《秦本纪》，北京，中华书局点校本，1982。
② 王国维：《观堂集林》卷12《秦都邑考》，北京，中华书局，1959。
③ 蒙文通：《秦为戎族考》，载《禹贡》，1936，6（7）；蒙文通：《秦之社会》，载《史学季刊》，1940，1（1）。
④ 俞伟超：《古代"西戎"和"羌""胡"考古学文化归属问题的探讨》，《先秦两汉考古学论集》，187～188页，北京，文物出版社，1985。
⑤ 傅斯年：《夷夏东西说》，收入《国立"中央研究院"历史语言研究所集刊》"外编第一种"，《庆祝蔡元培先生六十五岁论文集》，1933。

论证。① 无论是"戎狄说"也好，还是"东来说"也罢，秦之先祖出身于夷狄是确定无疑的。

从上述的五帝、夏、商、周、秦"本纪"可见，司马迁是将一些茫昧难稽的材料用来作为缝缀、整合华夏族群的道具的。一般而言，传说与神话是连缀族群外衣的最好针线与布料，特别是像华夏这样巨大的族群，无疑有着多歧的族群来源与迥异的骨肉血脉，但在司马迁这里，起源与世系的传说及神话则成为单一的、一致的。这个族群外衣的缝制过程本身，在于证明五帝之间，以及五帝与夏商周秦之间具有共同的历史根性，进而赋予这庞大的华夏群体以"共同血缘"的意识。共同血统的神话，对于族群认同是绝对不可缺少的，正如史密斯所言，"它是深埋于其成员内心深处的种族联系意识与情感之下的那一组意义复合体的关键因素"②。在中原这种有着长久的姓氏传统与宗族构造的社会里，在所有的崇拜对象之中，对祖先的崇拜最具有合法性，因为人们普遍认为，正是祖先造就了我们。

为了建构"五帝"之间一脉相承的"历史"，司马迁在《五帝本纪》中证明黄帝是因为诸侯咸尊"为天子，代神农氏"，而得登大宝的。③ 以期表明在黄帝之前，中原已有王系存在，使黄帝的横空出世不至于产生突兀之感。

同时，司马迁为了连缀上起黄帝下迄汉武帝3 000多年的历史时间，在"十二本纪"之后安排了"十表"。表主要用于对时间的梳理，以及由表以得人与事，尔后与时代会通，并在会通中

---

① 卫聚贤：《中国民族的来源》，收入《古史研究》第三集，49 ~ 51 页，上海，商务印书馆，1934；黄文弼：《嬴秦的东方氏族考》，载《史学》创刊号，1945；徐旭生：《中国古史的传说时代》，北京，科学出版社，1960；林剑鸣：《秦人早期历史探索》，载《西北大学学报》，1978（1）；尚志儒：《早期嬴秦西迁史的考察》，载《中国史研究》，1990（1）。

② Anthony D. Smith（史密斯）：The Ethnic Origins of Nations. Oxford：Basil Blackwell，1986，p. 24. 转引自姚大力：《"满洲"如何演变为民族》，载《社会科学》，2006（7）。

③ 司马迁撰：《史记》卷1《五帝本纪》，北京，中华书局点校本，1982。

把握历史之关联性等。譬如《三代世表》，上起黄帝，下迄共和。本表分为两大部分，第一部分以"帝王世国号"为经，以颛顼、俈、尧、舜、夏、殷、周的世属为纬，终结到周武王代殷，明确颛顼、喾、尧、舜四帝、夏、殷、周三代皆黄帝之后，以照应"五帝、夏商周"本纪，表明黄帝乃百世之本，各属均为黄帝后裔的大一统思想。第二部分从周成王开始，以成、康、昭、穆、恭、懿、孝、夷、厉、共的帝王世号为经，以鲁、齐、晋、秦、楚、宋、卫、陈、蔡、曹、燕各诸侯为纬，描述在周朝大一统的框架下的各诸侯的状况。而不将这些诸侯列入《十二诸侯年表》，而列于《三代世表》之中，按照汪越的研究，司马迁之用意在于"明诸侯亦黄帝后也"。①

耐人寻味的是，述舜帝之事，相对而言，被孔子等奉为信史的《舜典》，比战国后期问世的《五帝德》要可信得多。但在描述"四罪而天下咸服"这件事上，《舜典》与《五帝德》虽然均予以记载，但司马迁却舍《舜典》而用《五帝德》。因为《五帝德》在"流共工幽陵"下，多"以变北狄"；在"放驩兜于崇山"下，多"以变南蛮"；在"迁三苗于三危"下，多"以变西戎"；在"殛鲧于禹山"下，多"以变东夷"等语句，按照徐复观的研究，"盖取其在流放四罪之中，依然有教化四夷之意"。②实际上，司马迁更深层的寓意在于表明，四夷之地亦在虞舜掌握之中，为其撰写夏商周祖源时，将其皆归入黄帝世系后裔张本并预设伏笔。

由此可见，五帝们也好，夏商周秦的祖先们也罢，他们不仅族群起源不同，起初活动范围亦相距甚远。他们是华夏族群初期形成的不同源头，惟其经过长时段的融合后，逐渐地具有了认同意识，反过来经过集体失忆与对过去的重构，将传说中的黄帝移

---

① 汪越：《读史记十表》，3~4 页，收入《二十五史补编》，北京，中华书局，1955。
② 徐复观：《两汉思想史》第二卷，207 页，上海，华东师范大学出版社，2001。

入了华夏族群意识与华夏社会意识的最核心部位。类似景象,世界任何族群莫不如是。所以,在法国社会学家哈布瓦赫的眼中,一个民族的记忆就是对过去的重构,现在的情势影响着人们对过去的历史具有选择性的感知。[①]

2. 横向构造:"楚、吴、越"世家、"匈奴"等蛮夷列传

在《史记》中,从五帝至汉武帝等古今帝王是作为华夏历史发展的经线归入"本纪"的。与此同时,仅次于"本纪"中帝王的人物,则被纳入"世家""列传"之中。关于何以设此两个体例,司马迁如是说:"二十八宿环北辰,三十辐共一毂,运行无穷,辅拂股肱之臣配焉,忠信行道,以奉主上。"[②] 也就是说,司马迁"作三十世家""立七十二列传"的本意,是将仅次于帝王的人物作为体现华夏历史发展的纬线予以记述的,蕴涵了王者独尊的大一统思想。其父司马谈临终遗言:"今汉兴,海内一统,明主贤君忠臣死义之士,余为太史而弗论载,废天下之史文,余甚惧焉,汝其念哉!"[③] 司马迁自然不敢"堕先人所言",于是为那些"扶义俶傥,不令己失时,立功名于天下"[④]者,作"世家"、立"列传"。

既然大一统是以"天下""四海"为指向,而不囿于"中国""华夏",而司马迁在生存与文化价值上,又视华夷为平等,那么,他将本是戎狄之秦纳入"本纪"、让蛮夷之楚、吴、越进入"世家",进而为蛮夷之"匈奴""南越""东越""朝鲜""西南夷"等树碑立传也就是情理中之事了。在这种情形下,无论是秦也好,还是楚、吴、越也罢,抑或匈奴、南越、东越、朝鲜、西南夷之类,司马迁通过一部以"本纪"为纲,辅之以

---

① 莫里斯·哈布瓦赫著,毕然、郭金华译:《论集体记忆》,58 页,上海,上海人民出版社,2002。
② 司马迁撰:《史记》卷 130《太史公自序》,北京,中华书局点校本,1982。
③ 司马迁撰:《史记》卷 130《太史公自序》,北京,中华书局点校本,1982。
④ 司马迁撰:《史记》卷 130《太史公自序》,北京,中华书局点校本,1982。

"表"，以"书""世家""列传"为纬的《史记》，将其整合成为一个时代相继、绵延不断的庞大的具有族群认同性质的共同体，也就顺理成章了。当然，赋予这庞大的共同体以"共同血缘"的意识是维系其存在的关键因素。很明显，这里所谓的共同血统并不是就其真实的性质而言，而是一个族群对过去的重新建构。尽管族群的共同标志主要是文化的，但人类，特别是前近代社会却总是从生物血统的角度去认识它。所以，共同血统的神话，既是西汉中期以前的华夏族群边界向外拓展的根据，也是魏晋以降夷狄族群边界向内漂移的依据。就华夏族群外向拓展而言，王明珂先生认为是借助于两种变迁过程来达成的：即其一，"华夏心目中的异族概念向外漂移的过程；另一则是，华夏边缘人群假借华夏族源记忆成为华夏的过程"。① 应该说，王明珂所论只是华夷变态的一个方面，即"夷变华"，而未对"华变夷"方面予以充分地关注。就长时段历史态势、就华夏族群方面的记载而言，"夷变华"现象在西汉中、前期及其以前较为突出，"华变夷"在魏晋以后相对较为突出。

关于"夷变华"现象，我们只要看看《史记》"秦本纪""楚、吴、越世家""匈奴等蛮夷传"对华夏族群周边的蛮夷族群的记载，便一见而知。

（1）东方

①《史记·吴太伯世家》："吴太伯，太伯弟仲雍，皆周太王之子，而王季历之兄也。季历贤，而有圣子昌，太王欲立季历以及昌，于是太伯、仲雍二人乃奔荆蛮，文身断发，示不可用，以避季历。季历果立，是为王季，而昌为文王。太伯之奔荆蛮，自号句吴。荆蛮义之，从而归之千余家，立为吴太伯。"

②《史记·越王勾践世家》："越王勾践，其先禹之苗裔，而夏后帝少康之庶子也。封于会稽，以奉守禹之祀。……后二十余

---

① 王明珂：《华夏边缘》，163 页，北京，社会科学文献出版社，2006。

世，至于允常。……允常卒，子勾践立，是为越王。"

关于吴国主君的族源，向来都有争议。20世纪50年代，江苏丹徒县出土了一批西周铜器，其中的宜侯夨簋铭文记载了虞侯被改封到宜地之事。唐兰先生认为，虞便是吴，虞侯夨是仲雍的曾孙周章，他所封的"宜"地就在丹徒附近。是以，该项考古发现确认了《史记》所记太伯奔吴的记载。① 伴随着西周青铜器在长江下游的陆续发现，不少学者接受了唐兰先生的观点。② 但同样是这件器铭，却有学者提出反对意见。黄盛璋等认为周初淮河流域为徐戎、淮夷等族所阻隔，周人势力远未达到长江下游，丹徒一带不可能有周贵族在封。③ 而黄盛璋等人的论点，也被20世纪70—80年代的出土文物所证实。这就是出土于陕西陇县、宝鸡一带的夨国遗址及其器物。刘启益等据此认为，太伯所奔之吴就是夨国，也就是虞国。④

对于越国国君之祖源，迄今为止，主要有六种说法。即（1）越为禹后说。该说自司马迁起，流播最广，影响亦最大。（2）祝融之后说。《国语·吴语》韦昭注曰："句践，祝融之后、允常之子，芈姓也。……《世本》亦云：越，芈姓也。" 《国语·郑语》："融之兴者，其在芈姓乎？芈姓夔越不足命也。蛮芈蛮矣，唯荆实有昭德，若周衰，其必兴矣"。（3）有遽之后说。《墨子·非攻下篇》："越王繄亏出自有遽，始邦于越"。（4）周人之后说。《国语·越语》范蠡曰："昔吾先君固周室之不成子也"；《韩诗外传》（卷八）廉稽曰："夫越、亦周室之列封也"。（5）

① 唐兰：《宜侯夨簋考释》，载《考古学报》，1956（2）。
② 李学勤：《宜侯夨簋与吴国》，载《文物》，1985（7）。
③ 黄盛璋：《铜器铭文宜、虞、夨的地望及其与吴国的关系》，载《考古学报》，1983（1）；董楚平：《吴越文化新探》，杭州，浙江人民出版社，1988。
④ 刘启益：《西周夨国铜器的新发现与有关的历史地理问题》，载《考古与文物》，1982（2）。

马来说，认为越族群之始祖来源于马来。① （6）土著说，认为越族群是东南地区创造印纹陶文化的主人，其主体来源于当地原始先住民。②

"越为禹后说"出台后，一直有人提出异议。《汉书·地理志》注引臣瓒曰："自交阯至会稽七八千里，百越杂处，各有种姓，不得尽云少康之后也。按《世本》，'越为芈姓，与楚同祖'，故《国语》曰'芈姓夔越'，然则越非禹后明矣。又芈姓之越，亦句践之后，不谓南越也。"颜师古注曰："越之为号，其来尚矣，少康封庶子以主禹祠，君于越地耳。故此志云其君禹后，岂谓百越之人皆禹苗裔？"清人梁玉绳通过考证诸多典籍，对越为禹后说持彻底的否定态度："禹葬会稽之妄，说在夏纪，夏商称帝之妄，说在殷纪，而少康封庶子一节，即缘禹葬于越伪撰。盖六国时有此谈，史公谬取入史，后之著书者，相因成实，史并谓闽越亦禹苗裔，岂不诞哉。《墨子·非攻下篇》：越王繄亏出自有遽，始邦于越"；"韦昭《吴语》注：句践，祝融之后，然则越非禹后明矣。《越语》范蠡曰：吾先君周室之不成子也。《韩诗外传》（八）曰：越亦周室之列封也，然则越非夏封明矣。"③ 实际上，吴越民族有自己的语言文字，风尚喜好。《说苑·善说》记载了这样一则故事：鄂君子皙驾船外出，作越地之游，越人拥楫而歌，作为越国邻近的楚人，他也懵然无知，于是请来精通越语的翻译，方能听懂。古代越人操着一种"胶着语"，一字有多音节，不像古汉语是单音节。与吴越民族独特的语言相对照，吴越民族的文字多为"鸟虫书"或称"鸟篆"。

---

① 吕思勉：《中国民族史》，上海，世界书局，1934；罗香林：《中夏系统中之百越》，北京，独立出版社，1943；徐松石：《东南亚民族的中国血统》，香港，平安书店，1959。
② 蒋炳钊：《"越为禹后说"质疑》，载《民族研究》，1981（3）。
③ 梁玉绳：《史记志疑》卷22，北京，中华书局，1981。

（2）东北方面

①《史记·太史公自序》："箕子者,纣亲戚也。"周武王灭殷纣王后,"乃封箕子于朝鲜而不臣也"。

②《史记·太史公自序》："朝鲜王满者,故燕人也。"

中外学者对箕子朝鲜之说,颇多争议。大体上可概括为两种说法对立、两个系统并存。

所谓"两种说法对立",是指肯定与否定皆有。否定派学者中日韩均有,此不赘述。肯定说中,还可以内分三种说法:（1）因袭东汉人注箕子与朝鲜俱在乐浪之说;①（2）辽西说;②（3）中原说。③

所谓"两个系统并存",是指箕子朝鲜说与祖源神话说并行不悖。檀君王俭神话是朝鲜半岛中世以降最有影响的族源神话:桓因（谓帝释也）庶子桓雄在太伯妙香山与由熊变得人形的女子婚媾,生子名曰檀君王俭。以前2333年即位于平壤,始称朝鲜。周武王封箕子于朝鲜后,檀君乃移于藏唐京,后还隐于阿斯达,为山神。④

（3）东南方面

《史记·东越传》："闽越王无诸及东海王摇者,其先皆越王勾践之后也。"

---

① 班固撰:《汉书》卷28下《地理志》,北京,中华书局点校本,1962;《后汉书》卷85《东夷传论》,北京,中华书局点校本,1982;《三国志》卷30《魏书·东夷传》,北京,中华书局点校本,1982。

② 张博泉:《箕子与朝鲜研究的问题》,载《吉林大学学报》,2000（3）。

③ 对于箕国的地望,陈梦家认为在今山西河津（陈梦家:《殷墟卜辞综述》,北京,中华书局,1988）;李学勤认为在今山西榆社南的箕城镇（晏琬:《北京、辽宁出土铜器与周初的燕》,载《考古》,1975〈5〉）;曹定云认为当为今山西蒲县东北的箕城（曹定云:《亚其考——殷墟"妇好"墓器物铭文探讨》,载《文物集刊》,1980〈2〉）;丁山提出在河北北部易水、滱水流域容城、赞皇一带（丁山:《殷商氏族方国志》,北京,中华书局,1988）。

④《三国志集解》卷30《魏书·东夷传》注及卢弼集解;释一然:《三国遗事·纪异》。

（4）西方

①《史记·秦本纪》："秦之先，帝颛顼之苗裔孙曰女脩。"

②《史记·六国年表》："禹兴于西羌。"《集解》皇甫谧曰："孟子称禹生石纽，西夷人也。《传》曰：'禹生自西羌'是也。"《正义》："禹生于茂州汶川县，本冉駹国，皆西羌。"

（5）西南方面

①《史记·秦本纪》："蜀王，黄帝后世也，至今在汉西南五千里。常来朝降，输献于汉。"

②《史记·西南夷传》："始楚威王时，使将军庄蹻将兵循江上，略巴、黔中以西。庄蹻者，故楚庄王苗裔也。蹻至滇池，方三百里，旁平地，肥饶数千里，以兵威定属楚。欲归报，会秦击夺楚巴、黔中郡，道塞不通，因还，以其众王滇，变服，从其俗，以长之。"

关于蜀国国君之祖先来源于黄帝后裔之说，早就受到质疑。近年来，在故蜀国核心地域——四川广汉三星堆发现了大量的、相当于殷商时期的青铜器。这些青铜器不但制作之精巧胜过殷墟出土的青铜器物，而且其反映出的文化属性与当时的中原有着极大的差异，足以证明蜀王所属族群与华夏族群是根本不同的。

至于滇国，其立国时间大约在前 7 世纪至前 6 世纪之间，其主体民族，尤中先生认为是僰族①、方国瑜先生认为是越嶲羌②、张增祺先生认为是百越③。对于"庄蹻王滇"之事，李昆声通过考证、比照滇池地区出土的青铜器的特征、通过列举铜鼓、以图代文、贵重海贝、羊角钮钟、一字格剑、猎首等文化类型，认为

① 尤中：《尤中诗文选集》，274 页，昆明，云南人民出版社，2004。
② 方国瑜：《彝族史稿》，15 页，18 页，成都，四川人民出版社，1984。
③ 张增祺：《中国西南民族考古》，昆明，云南人民出版社，1990；张增祺：《滇国与滇文化》，昆明，云南美术出版社，1997。

先秦滇池地区的主体民族与楚人无关。① 龚友德等通过对照《史记》与《后汉书》有关庄蹻征讨滇国时间、派遣人物、进军路线之舛误，通过分析当时楚国正面临着秦军压境的史实，认为"庄蹻王滇"是根本靠不住的。②

（6）南方

①《史记·楚世家》："楚之先祖出自帝颛顼高阳。高阳者，黄帝之孙，昌意之子也。"

②《史记·南越传》："南越王尉佗者，真定人也，姓赵氏。"

古来论述荆楚族群之族源者，大体上可分为七种说法。即（1）华夏说；（2）氐羌说；（3）东夷说；（4）苗蛮说；（5）祝融说；（6）西方米地亚人说；（7）土著说七说。③ 诸说之中，唯有土著说既能得到可信文献的证实，又有田野考古的证明。祝融说实质上也是土著说，按照张正明的解释，祝融集团既不是华夏的先民，也不是蛮夷戎狄的先民，荆楚是一个独立的族群。④ 随着荆楚地区出土文物的增多，俞伟超等考古学者通过对这一带原始文化深入细致的研究，认为这里的某支原始文化是"先楚文化"，其族属就是"先楚"，楚文化与楚族都是这里土生土长发展

① 李昆声：《云南考古材料所见百越文化考》，收入《云南考古学论集》，昆明，云南人民出版社，1998。

② 龚友德、姚天祥：《滇文化之谜》，8～9页，昆明，云南民族出版社，1993。

③ 关于第（1）说，屈原与楚王系同宗，他在《离骚》中说自己是"帝高阳之苗裔"。又据《史记·楚世家》：楚之先祖出自帝颛顼高阳。高阳者，黄帝之孙，昌意之子也。《史记·五帝本纪》：帝颛顼高阳者，黄帝之孙而昌意之子也。《世本》《大戴礼》亦为此说；（2）姜亮夫：《三楚所传古史与齐鲁三晋异同辨》（载《历史学》，1978〈4〉）、姜亮夫：《天问概说》（收入《楚辞今释讲录》，北京，北京出版社，1981年）、姚汉荣：《先楚族源考辨》（载《江汉论坛》，1983〈11〉）、一之：《楚人源于姜族考》（载《青海民族学报》，1981〈1〉）等主此说；（3）郭沫若：《中国古代社会研究》（上海，大东书局，1930）；（4）周谷城：《中国通史》上册，（上海，上海人民出版社，1957）；（5）胡厚宣：《楚民族源于东方考》（《史学论丛》第一册，1934）；（6）姜亮夫：《说高阳》（收入《楚辞学论文集》，上海，上海古籍出版社，1984）；（7）岑仲勉：《楚为东方民族辨》（收入《两周文史论丛》，上海，商务印书馆，1958）。

④ 张正明：《先秦的民族结构、民族关系和民族思想》，载《民族研究》，1983（5）。

起来的。① 虽然考古派与文献派的看法不尽相同，然而以楚为土著则是一致的。

（7）北方

《史记·匈奴列传》："匈奴，其先祖夏后氏之苗裔也，曰淳维。唐虞以上有山戎、猃狁、荤粥，居于北蛮，随畜牧而转移。"

关于匈奴族源之探索，最有影响的莫过于王国维。他认为胡乃匈奴人自称，商周时代的鬼方、昆夷、獯鬻、猃狁，春秋时代的戎狄，战国时代的胡，均一脉相承，与匈奴同种。② 梁启超、孟世杰、方壮猷、胡君伯、冯家升、马长寿、林幹等观点均符合此说。蒙文通、黄文弼等人为匈奴与义渠同种。③ 蒙古学者策·道尔吉苏荣认为匈奴的渊源与蒙古境内的石板墓文化的居民有关。④ 应该说，匈奴族源出自夏后氏一说，就历史事实而言，显然是无法证明的。

综上所述，《史记》关于五帝夏商周秦与夷狄的族源架构，可谓"源出于一，纵横叠加"。"源"则为黄帝，就纵向而言，黄帝以下则为颛顼、帝喾、尧、舜、禹、夏、商、周、秦，就横向而言，黄帝子孙除了华夏族群之外，还有秦、楚、吴、越、匈奴、南越、东越、朝鲜、西南夷等蛮夷族群。

纵观《史记》的建构及其显现出来的思想，我们可以清楚地看到，司马迁是在充分地利用汉武帝以前数千年间积淀下来的有

① 俞伟超：《关于楚文化发展的新探索》，载《楚文化新探》，武汉，湖北人民出版社，1981。
② 王国维：《鬼方昆夷猃狁考》，收入《观堂集林》第13卷，北京，中华书局，1959。
③ 蒙文通：《周秦少数民族研究》，成都，龙门联合书局，1958；黄文弼：《论匈奴之起源》，《边政公论》第2卷第3～5合期，1943年6月；林幹：《匈奴通史》，北京，人民出版社，1986。
④ 策·道尔吉苏荣：《北匈奴》（蒙文），乌兰巴托，蒙古人民共和国科学委员会，1961。

关社会变迁、族群演变及族群边缘移动等历史素材的基础上纂修而成的。那么,司马迁得以构建"华夷同源、天下一统"框架的主要历史条件、理论素材究竟是什么样的呢? 解答这个疑问,便是下面几章的课题了。

三、司马迁构建"华夷同源、天下一统"框架的历史条件

——华夏族群边缘的外展

前 770 年以降,伴随着周平王的东迁,周朝社会进入"礼崩乐坏"的时代。接踵而来,从西周晚期业已发动的中原四周各族群内徙的步伐加快,尤其是北方与西北各族群,大量迁入中原,以至于到春秋时期,中原地区形成了各种族群交错杂处的局面,从而使得华夏族群感受到了威胁。在这种情势下,齐桓公借机而起,首倡"尊王攘夷"终成霸主。其后,晋、楚纷起效仿,相继成就霸业。到了春秋末期,继楚国之后,位处东南的蛮夷之国——吴、越与位于西方的夷狄之国——嬴秦,先后崛起,逐鹿中原,从而打破了以往唯有华夏国度才能争夺天下的独占权。到了战国初期,百国兼并、优胜劣汰的态势越发明显。迨至战国中后期,列国仅剩七雄,而其中蛮夷之国竟据其二。进入战国晚期,六雄渐弱、夷狄之秦独大的趋势越发明显,中原一统的曙光,最终由夷狄之秦开启。与此同时,华夷边界亦随之漂移、华夷关系跟着改变。

1. 晚周春秋时期

就整个春秋时期的"华""夷"称呼而言,齐、鲁、晋、郑等中原诸侯自称为"中国""诸华"或"华夏"。居住在中原地带的非华夏族群与位处中原外缘的秦、楚、吴、越乃至于燕等,则被称或自称为"夷狄"。此时期的"华夏"往往与"夷狄"相对应,以彰显其"高贵"与"卑贱","典雅"与"猥琐","仁义"与"贪婪"之别。

（1）关于"华夏"与"夷狄"对称之例，《左传》有如下的记载：

①闵年，管敬仲曰："戎狄豺狼，不可厌也；诸夏亲昵，不可弃也。"

②襄公十一年，晋侯曰："子教寡人，和诸戎狄，以正诸华，八年之中，九合诸侯。"

③襄公十三年，子囊曰："赫赫楚国，而君临之，抚有蛮夷，奄征南海，以属诸夏。"

④成公七年，季文子曰："中国不振旅，蛮夷入伐，而莫之或恤。"

⑤定公十年，孔丘曰："裔不谋夏，夷不乱华。"

（2）关于秦、楚、吴、越等被他称或自称为"夷狄"之例，有如下的记载：

①《左传》哀年，楚越两国，"介在蛮夷。"

②《史记·秦本纪》："秦僻在雍州，不与中国诸侯之会盟，夷翟遇之。"

③《史记·商君传》："始秦戎翟之教，父子无别，同室而居。"

④《史记·楚世家》记楚王熊渠之语曰："我蛮夷也，不与中国之号谥。"

⑤《史记·楚世家》载楚武王之言曰："我蛮夷也。今诸侯皆为叛相侵，或相杀。我有敝甲，欲以观中国之政，请王室尊吾号。"

正因为如此，司马迁概括说："秦、楚、吴、越，夷狄也，为强伯。"① 齐思和在此基础上发挥说："秦、楚、燕三国，皆边

---

① 司马迁撰：《史记》卷 27《天官书》"太史公曰"，北京，中华书局点校本，1982。

疆民族,春秋时之夷狄。"①

2. 战国时代

进入战国初期,秦、楚等夷狄诸国越发强大。继楚王问鼎于周王之后,嬴秦逐鹿于中原。秦、楚、燕已经跻身于"华夏"之列。最后,"秦遂以兵灭六王,并中国,外攘四夷"②,成为华夏的代表。

战国时代的人们,因各民族大融合的趋势而淡化夷夏限域,"夷夏之防"的观念业已被抛弃。正是在此背景下,孟子揭起了以往的"华夏"代表性人物的老底:"舜生于诸冯,迁于负夏,卒于鸣条,东夷之人也。文王生于岐周,卒于毕郢,西夷之人也"。他们之间"地之相去也,千有余里;世之相后也,千有余岁"。之所以"得志行乎中国",是因为他们"若合符节。先圣后圣,其揆一也"③。在此,真可谓英雄不问出身了。对此,顾颉刚等经过考证后说:"'诸夏''华夏'等名号多用于春秋时期。到战国时,由于民族融合,原先'诸夏'和'夷狄'的对立逐渐消失,因而'诸夏'、'华夏'等名号就很少再用。偶尔也作为地理名词用一下"④。

上述可见,就华夏族群边界而言,随着秦、楚、吴、越等参与中原的争霸,这些在春秋时期还是夷狄的族群,到了战国时期,业已与齐、三晋同称为诸夏,这不仅使华夏族群的外缘随之扩展,并且造就了华夷同居天下、共处海内的客观条件。显然,这也是司马迁构建"华夷一统"框架的历史条件。

① 齐思和:《战国制度考》,收入《中国史探研》,115页,北京,中华书局,1981。
② 司马迁撰:《史记》卷27《天官书》"太史公曰",北京,中华书局点校本,1982。
③ 赵岐:《孟子注疏》卷8《离娄章句下》,阮元校刻:《十三经注疏》,北京,中华书局,1980。
④ 顾颉刚、王树民:《"夏"和"中国"——祖国古代的称号》,载《中国历史地理论丛》第1辑,13页,1981。

四、司马迁构建"华夷同源、天下一统"框架的理论与地理学准备

春秋时代以前的"严夷狄之防"观，逮至战国时代已大有改观。以下就战国秦汉时期对司马迁的夷狄观与天下观产生重大影响的、分别诞生于战国中、晚期、汉时期的《孟子》《春秋公羊传》《春秋繁露》的相关内容，予以剖析。

1. 孟子

孟子是一位对司马迁产生过极大影响的思想家。在春秋以来萌芽，特别是在战国时代快速发展的大一统思想，经过孟子的提倡、诠释与论证，日趋成熟。孟子不但将"天下"概念与"四海"概念紧密地联系在一起，而且频繁地使用。所谓"三代之得天下也以仁……天子不仁，不保四海"① 等话语，比比皆是。所以，当梁襄王问何以安定天下时，孟子一言以蔽之曰："定于一。"②

由于天下"定于一"的前提是华夷共居于"四海"，故孟子构建的是一个"德教溢于四海"③ 的社会。在这个社会中，"域民不以封疆之界"④，而且"苟行王政，四海之内皆举首而望之，欲以为君"⑤。正因为如此，舜帝虽为东夷之人，文王虽为西夷之人，且地之相去也，千有余里，但因其行为合乎符节，故能"得

① 赵岐：《孟子注疏》卷 8《离娄章句下》，阮元校刻：《十三经注疏》，北京，中华书局，1980。
② 赵岐：《孟子注疏》卷 1 下《梁惠王上》，阮元校刻：《十三经注疏》，北京，中华书局，1980。
③ 赵岐：《孟子注疏》卷 8《离娄章句下》，阮元校刻：《十三经注疏》，北京，中华书局，1980。
④ 赵岐：《孟子注疏》卷 3 下《公孙丑下》，阮元校刻：《十三经注疏》，北京，中华书局，1980。
⑤ 赵岐：《孟子注疏》卷 6 上《滕文公下》，阮元校刻：《十三经注疏》，北京，中华书局，1980。

志行乎中国"①。

2.《春秋公羊传》

《春秋公羊传》系汉代今文经学派的主要经典之一,司马迁曾拜在董仲舒门下,研习之。

《春秋》开篇便是:"隐年,春,王正月。"《公羊传》解释曰:"元年者何?君之始年也。春者何?岁之始也。王者孰谓?谓文王也。曷为先言王而后言正月?王正月也。何言乎王正月?大一统也。"② 这个"大一统"思想,对后世产生过重大影响。

关于夷狄观,《公羊传》有一段著名的阐述:"春秋内其国而外诸夏。内诸夏而外夷狄。王者欲一乎天下,曷为以外内之辞言之?言自近者始也。"那么,何为"自近者始"呢?何休注曰:"明当先正京师,乃正诸夏。诸夏正,乃正夷狄,以渐治之。"③也就是说,诸夏也好,夷狄也罢,均被纳入统治体系之中,以往的内外之别,而今演化成远近之别、施政先后之分而已。所以,在公羊的三世说中,在第一世,即"所传闻之世",是"见治起于衰乱之中,用心尚粗粗,故内其国而外诸夏,先详内而后治外,录大略小,内小恶书,外小恶不书,大国有大夫,小国略称人,内离会书,外离会不书是也"。在第二世,即"所闻之世",则"见治升平,内诸夏而外夷狄,书外离会,小国有大夫"。到了第三世,即"所见之世",则达到了"著治大平,夷狄进至于爵,天下远近小大若一"的境界。④

3.《春秋繁露》

《春秋繁露》既是董仲舒淋漓尽致地发挥其夷夏观与大一统

---

① 赵岐:《孟子注疏》卷8《离娄章句下》,阮元校刻:《十三经注疏》,北京,中华书局,1980。

② 何休注,徐彦疏:《春秋公羊传注疏》卷1"隐年"条,阮元校刻:《十三经注疏》,北京,中华书局,1980。

③ 何休注,徐彦疏:《春秋公羊传注疏》卷18"成公十五年"条,阮元校刻:《十三经注疏》,北京,中华书局,1980。

④ 《春秋公羊注疏》"隐年"条,阮元校刻《十三经注疏》,北京,中华书局,1980。

思想的载体，也是其创造"天人合一"学说的舞台。"天人合一"学说对董氏弟子司马迁产生过很大的影响，《史记》之创作动机便是"亦欲以究天人之际，通古今之变"①。

董仲舒对"大一统"思想的阐释，也是始于对《春秋》的诠释："《春秋》曰：'王正月。'《传》曰：'王者孰谓？谓文王也。曷为先言王而后言正月？王正月也。'何以谓之王正月？曰：王者必受命而后王，王者必改正朔，易服色，制礼乐，一统于天下。所以明易姓，非继人，通以己受之于天也。王者受命而王，制此月以应变，故作科以奉天地，故谓之王正月也。"② 也就是说，王者改正朔，一统于天下，是受命于天的结果。所谓"《春秋》之序辞也，置'王'于'春'、'正'之间，非曰：'上奉天施而下正人，然后可以为王也'云尔！"③ 因为宇宙万物统一于天，天是万物之源，"人之曾祖父"④，所以受命于天的天子必须奉天道，统一于天，否则将失去权力之源。由于天子替天行道，故万民必须统一于王，此既是"以人随君，以君随天"⑤ 的"《春秋》之法"，亦为"大一统"也。所以董仲舒说："《春秋》大一统者，天地之常经，古今之同谊也。"⑥ 如此而来，公羊家的大一统思想便被董仲舒纳入到他的"天人合一"思想体系之中。

那么，怎样才能成为真正的"大一统"之君呢？他认为真正的王者，要"爱及四夷"⑦。这是他跳出《春秋》中的种族、族群的华夷之辨，进而为文化的华夷之辨，最终欲达到泯除华夷之辨的写照。所谓"春秋无通辞，从变而移。今晋变而为夷狄，楚变而为君子，故移其辞以从其事。夫庄王之舍郑，有可贵之美。

① 班固撰：《汉书》卷62《司马迁传》，北京，中华书局点校本，1962。
② 董仲舒撰：《春秋繁露》卷8《三代改制质文》，上海，上海古籍出版社，1989。
③ 董仲舒撰：《春秋繁露》卷2《竹林》，上海，上海古籍出版社，1989。
④ 董仲舒撰：《春秋繁露》卷11《为人者天》，上海，上海古籍出版社，1989。
⑤ 董仲舒撰：《春秋繁露》卷1《玉杯》，上海，上海古籍出版社，1989。
⑥ 班固撰：《汉书》卷56《董仲舒传》，北京，中华书局点校本，1962。
⑦ 董仲舒撰：《春秋繁露》卷8《度制》，上海，上海古籍出版社，1989。

晋人不知其善而欲击之。所救已解，如挑与之战，此无善善之心，而轻救民之意也。是以贱之，而不使得与贤者为礼。"① 也就是说，衡量"夷狄"与"华夏"之区别，已不在种族，而在于文化本身。

4.《禹贡》

尊称为中国古今地理志之祖的《尚书·禹贡》内容分为两大部分，即"九州说"与"畿服制"。司马迁在记述夏朝的疆域时，全面接受了《禹贡》的"九州说"与"畿服制"。

所谓"九州说"是指它假托大禹治水以后的政治区划，从地理角度将全国依次划分为冀、兖、青、徐、扬、荆、豫、梁、雍九州。在九州之下，又细划"导山"与"导水"两个部分，以黄河、长江两大流域的山脉、河流等为指向，覆盖了战国时代华夏族群所能主导地域的土壤、物产、田赋、交通，并将蛮夷族群的分布情况也纳入其中。应该说，这幅九州山水图超越了当时分裂割据的政治局面，蕴涵着人们对天下一统的强烈愿望。

所谓"畿服制"，在此为"五服"，指自京师向四面每五百里为一"服"区，由近及远，分别是甸服、侯服、绥服、要服、荒服。该学说具有如下的地位和价值：（1）将"服"与贡赋的结合，作为大一统观念的体现加以阐述；（2）首次在畿服制中引入了声教观念。《禹贡》主张的大一统，在政治上可以是多层次的，但其一统的根基则是声教（文化）的一致性。②

五、本章小结：移动的华夷界限与司马迁的华夷族群认同

按照史密斯（Anthony D. Smith）的说法，民族主义有现代主义、永存主义、原生主义与族群—象征主义等四种范式。其中

---

① 董仲舒撰：《春秋繁露》卷2《竹林》，上海，上海古籍出版社，1989。
② 刘逖：《论〈禹贡〉畿服制——中国最古的边疆学说试探》，载《中国边疆史地研究》，1991（1）。

"永存主义"在第二次世界大战之前代表着主流与正统。"永存主义"认为：即使民族主义的意识形态是现近的，但民族却始终存在于历史的每个时期，并且许多民族甚至是在远古时代就已存在的。这部分原因是因为许多人将"种族（ethnicity）"与"民族（nation）"等同了起来。在战前的西方国家，"种族"这一术语常常表示世系群体的不同文化，而不是表示遗传的和不变的生物特征和基因。所以，史密斯认为今天我们似可以用"族群（ethnic group）"来替代之。① 依据西方民族学者的研究成果，加之国内部分民族学、社会学者的现地调查，我们得知，任何族群的认同均通过一系列的文化特质表现出来，应该说族群认同是以文化认同为前提的。特别是共同的历史记忆、共同祖先神话与传说是族群认同的必要条件。但随着人口的迁徙、族际通婚、宗教信仰的改变、语言的更替等，族群的内涵与边界也将随之变更，族群绝不是固定不变的，恰恰相反，族群始终处于动态的变化过程之中。

这个问题，我们在春秋战国时代夷夏边界的移动与夷夏观的演变中，也可以窥其全豹。春秋时期，齐、鲁、晋等中原诸侯自称为"华夏"，位处中原外缘的秦、楚、吴、越等，则被称为"夷狄"。进入春秋晚期的战国初期，伴随着秦、楚等夷狄诸国的强大与问鼎中原，它们也随之跻身于"华夏"之列。与此相呼应，"夷夏之防"的观念也被抛弃。不消说，"华夏族群"边界自然随之扩展，部分夷狄族群更被化成或自化成华夏族群。春秋战国时代的华夷边界大移动乃华夷变态的第一波，第二波则随着汉武帝的开疆拓土，最终达成。因为此时的汉朝已是"中国一统，明天子在上，兼文武，席卷四海，内辑亿万之众"② 的华夏帝国。

---

① 安东尼·史密斯著，叶江译：《民族主义：理论、意识形态、历史》，52 页，上海，上海世纪出版集团，2002。

② 司马迁撰：《史记》卷20《建元以来侯者年表》，北京，中华书局点校本，1982。

帝国内部充斥着夷狄族群,帝国边缘环绕着夷狄部落或国家,汉朝面临着一个如何对待这些夷狄族群、如何与这些夷狄部落或国家相处的问题。诞生在这种境况下的《史记》,并没有回避这个问题,而是借助于已有的历史素材,加之自己的远见卓识,将夷狄族群与华夏族群之间的关系,重新加以构建。那就是司马迁对夷狄、华夏族群的族源予以"源出于一,纵横叠加"的架构。如前所述,"源"则为黄帝,就"流"而言,黄帝后裔除了华夏族群之外,还有秦、楚、吴、越,进而涵盖匈奴、南越、东越、朝鲜、西南夷等蛮夷族群。现代西方民族学现代主义论最杰出的贡献,被认为是其发现,族群或民族具有人为地从主观上加以构建的属性。从某种意义上说,司马迁在 2 000 多年前也已开始重新构建华夏族群。

史密斯(Anthony D. Smith)认为构成种族(ethnic)(本文权且称之为"族群")的基本要素,应有以下六个标准,即专门的名称、共同祖先的神话或传说、共享的历史记忆、某些共同的文化特质、与某个"故土"的联系、至少存在于其精英阶层之中的某种一体同心的意识。明眼人一看便知,这六个衡量尺度,在许多方面与民族的标准是重叠的。为此,史密斯给了我们一个界定的砝码,"虽然种族与现代民族都有共同专名、神话和共同记忆等因素,二者的重心所在却不相同:种族在很大程度上由他们的共同祖先神话和历史记忆来界定,现代民族则由所具有的历史领土及其大众的公共文化和共同法律来界定。一个民族必须占有它自己的故土,一个种族却不必一定如此"①。事实上,我们从司马迁所构筑的"华夷共祖"的意境中,可以推想到子长先生已凭直觉知道,族群心理的核心是共享血缘的感觉。借用英国民族学家

---

① 史密斯(Anthony D. Smith):The Nation in History:Historiographical Debates about Ethnicity and Nationalism, Hanover:University Prese of New England, 2000, p.65. 转引自姚大力:《"满洲"如何演变为民族》,载《社会科学》, 2006(7)。

沃克·康诺（Walker Connor）的话说，这种血缘纽带的信念，以及共同的族群血统神话、传说并非必然，并且通常与真正的生物学上的血缘与我们所确知的真实历史往往不相一致。在这里，重要的不是事情是什么，而是感受到的事情是什么。①

华夏族群自商周以来，由血统关系所形成的组织——宗族，便在古代中国社会中起着举足轻重的作用。华夏族群的姓氏，最初乃系部落的名称。至周初，为了加强中央政治权力的统治机能，将姓与氏分开，以形成宗法制度中的骨干。自春秋中叶，宗法制度开始崩溃，姓与氏又开始合而为一，而出现社会平民的姓氏；至西汉之末，平民之有姓氏始大体上完成。其他蛮夷族群，或仅有第一阶段的姓氏，或演变有第二阶段的贵族姓氏。像华夏族群经过三大演变所形成的姓氏，由姓氏而宗族，在姓氏、宗族基础之上，塑造成古代中原三千年的生活形态与意识形态，已构成古代中国特殊的社会结构。值得关注的是，姓氏及宗族在族群生存、发展上曾发生过不可替代的功用。确实，由宗族为核心所构筑的华夏社会形式，对环绕在周围的夷狄族群而言，乃华夏族群所独有。而华夏族群同化力之强，鲜有出其右者。按徐复观先生的话说，华夏族群同化力之源，在于有姓氏及宗族所形成的社会形式。② 在古代中国极具宗族色彩的社会环境中，族群性始终被体验为一种血缘现象，即一种在自我的持续以及在几代人之间共享祖先联系的持续。所以，当司马迁构筑"中国"大一统思想框架时，建构华夷一体、华夷共祖认同的历史体系便成为最紧要的一环了。因为没有华夷界限的移动、没有华夷共祖的认同，天下一家、四海如一的"大一统"便无法架构。即使勉强架构，也不是真正意义上的"大一统"。应该说，司马迁所架构的华夷共

---

① Connor, Walker: Ethno – Nationalism: The Quest for Understanding. Princeton: Princeton University Press, 1994, p. 98～103.

② 徐复观:《两汉思想史》第一卷，204 页，上海，华东师范大学出版社，2001。

祖认同体系,或许反映了华夏知识分子或官方单方面的意向,但族群认同与民族认同不同,族群可以被外人来辨别和认定,并且不必有自我意识。随着时间的推移,司马迁构筑的华夷共祖认同体系,不但为华夏族群所认同,而且为夷狄族群所认同,进而成为夷狄族群逐鹿中原、华夷界限移动的理论根据。如魏晋南北朝时期的匈奴人赫连勃勃之夏与刘渊之汉、鲜卑人之前燕、南凉、北魏、西魏等政权,莫不以黄帝之裔自居,并以此作为入主中原的法理根据。当然,这是后话,作者将另行撰文予以考察。①

---

① 本章内容大部分来自于于逢春:《华夷衍变与大一统思想框架的构筑——以〈史记〉有关记述为中心》(《中国边疆史地研究》,2007〈2〉)一文,并有所增删,特此说明。

第九章　现实与想象：『天下观』的形成与衍变

□ 孔氏南宗家庙为中国境内仅有的两座孔氏家庙之一，因座落于浙江衢州而得名南宗，以与北方的孔庙相对称。系孔子第48世孙衍圣公孔端友于南宋初年南迁衢州时，由宋高宗赐建。自汉朝以降，儒学一直被历代统治者视作正统学科，并作为任贤用能的标准。同时，儒学所倡导的『大一统』思想也随之影响中国数千年，并绵延至今。

中原文化播江南：孔氏南宗家庙后花园
（本书作者 2012 年摄于浙江衢州。）

第九章　现实与想象："天下观"
的形成与衍变

一、引言

　　关于"国"与"天下"之别，明末清初顾炎武曾有过精辟的论述："有亡国，有亡天下。亡国与亡天下奚辨？曰，易姓改号，谓之亡国；仁义充塞，而至于率兽食人，人将相食，谓之亡天下。……保国者，其君其臣，肉食者谋之。保天下者，匹夫之贱，与有责焉耳矣。"① 在这里，由于这个"国"是一个家族及其大臣的私产，故只能由这个私产的所有者自己来保卫。而天下则有别于"国"，比较接近于今日的近代意义上的国家，它是所有生活在这片土地上的人们所共有，故即使贱如匹夫亦有责任。早在战国时期，人们便将"国"与王朝相提并论，故有"自古及今，未有不亡之国"②。当东魏孝静帝面对权臣高澄的侮辱，愤然道"自古无不亡之国，朕亦何用此生为"③ 时，这里的"国"，

---

① 《日知录》卷13《正始》。
② 吕不韦撰，高诱注：《吕氏春秋》卷10《孟冬季第十》，诸子集成本，北京，中华书局，1959。
③ 司马光撰：《资治通鉴》卷99《晋纪》，"晋穆帝永和八年"胡注，《四部丛刊》初编本，影印宋刻本，上海，商务印书馆，民国十八年。

自然指王朝，而"天下"则应指超越具体王朝之上的政治共同体观念，这种政治共同体寄托着古代中国的大同理想，主观建构出来的空间结构，表达了人们关于政治秩序的一种理想或者说价值依托。可见，在古代中国话语中，"国"与"天下"之间是有差别的。所以，当梁启超痛切感受到中国人国家观念不强时，便说"其不知爱国者，由不知其为国也。……故吾国数千年来常处独立之势，吾氏之称禹域也。谓之'天下'，而不谓之'国'。既无国矣，何爱之可云"[①]。

王尔敏认为古代中国产生"国"之观念，当在上古，当时普通之通称有三，即：（1）"邦"，在古代汉语中，"邦"与"国"是可以相互训诂的；（2）方，亦是国之义也；（3）国，这是后代应用最多的词语。[②] 这个"国"又往往与"中国"一词密切相连。秦汉以后，"中国"一词的含义有所外延，姚大力认为有三层含义，即：（1）包括关东和关中在内的北部中国的核心区域；（2）中央王朝直接统治权力所及的全部版图；（3）也是一种对汉族的称呼。[③]

关于"天下"一词，从战国时代起，天下就已经在确定意义上被使用了，此后直到晚清，大都是作为从空间意义上概括性定义前近代中国政治社会的称呼而出现的。在先秦时代，其基本意义是地理学意义上的"苍天底下的所有土地"，天下肯定大于国家，相当于人类可以居住的整个世界，但由于古代交通条件的限制，故先秦时代的人们所理解到的世界并不太大，其描述的"九州"，只相当于今天的数省面积，而且按照想象，是几何形式上很整齐的地域，以中国（都城、王畿）为中心而向四面八方辐

---

① 梁启超：《爱国论》，引自《饮冰室合集》"文集"卷三，北京，中华书局，1989。
② 王尔敏：《中国近代思想史论》，382～383 页，北京，社会科学文献出版社，2003。
③ 姚大力：《中国历史上的民族关系与国家认同》，载《中国学术》，2002（4）。

射。当然，不乏想象宏大的邹衍的大九州学说，但时人并不相信这个想象，仅仅作为茶余饭后的谈资，并不当真。①与此同时，战国时代的"中国"还指周天子应该或实际的统治范围。②秦汉以后，随着人们地理知识水平的提高，"天下"的地理范围逐渐扩展，如后文所述，从方三千里经五千里终于到了方万里。与此相对应，前汉以后，许多史学家在撰写历史时，却大都将天下与郡县等同起来。

由此说来，无论是先秦，还是秦汉以降迄于晚清，"天下"与"中国"一词与今日作为国家名称的"中国"之间，是有本质上差异的。

关于"中国""天下"等问题，国内及港台学者王尔敏、姚大力、李扬帆、赵汀阳、陈玉屏、何新华等都有涉猎。③日本学者早在1920年代便开始探讨天下观念问题。

我们素常研究历史与撰述时，经常会在"中原王朝""中央政权""天下""中国"等概念面前踟蹰，应该说，这些概念是人们客观而全面地了解古代中国疆域问题不可逾越的屏障，故正确地解析这些概念及其它们之间的关系，是我们研究中国疆域不可缺少的环节。为此，笔者希冀在先行研究成果的基础上，特别是在参酌渡边信一郎、王尔敏、姚大力等研究成果的基础上，从"中原王朝"与近代国家意义上的"中国"之间的差异、"天下"

① 司马迁撰：《史记》卷74《孟子荀卿列传》，北京，中华书局点校本，1982。
② 譬如李扬帆曾统计《孟子》一书中86处"天下"一词，多表示"王所（应该的或实际的）统治的范围"。李扬帆：《"天下"观念考》，载《国际政治研究》，2002（1）。
③ 王尔敏：《中国近代思想史论》，北京，社会科学文献出版社，2003；姚大力：《中国历史上的民族关系与国家认同》，载《中国学术》，2002（4）；李扬帆：《"天下"观念考》，载《国际政治研究》，2002（1）；赵汀阳：《"天下体系"：帝国与世界制度》，载《世界哲学》，2003（3）；赵汀阳：《天下体系的一个简要表述》，载《世界经济与政治》，2008（10）；陈玉屏：《略论中国古代的"天下""国家"和"中国"观》，载《民族研究》，2005（1）；何新华：《试析古代中国的天下观》，载《南亚研究》，2006（1）。

与近代国家意义上的"中国"如何重合等视角,探讨疆域视域中"天下""天下观"问题。

二、近代国家意义上的"中国"与"中原王朝"之间的差异

笔者在前文中曾将中国疆域最终奠定的时间坐标判定在 1820 年,空间坐标判定在《嘉庆志》及所附《皇舆全图》所确定的领域。同时认为,这个最终底定的"中国"疆域,在其没有被完全统合以前,开始存在着数百乃至于上千个,后来逐步衍化成若干从不同的历史渊源发展起来的地域性"文明板块"。如果从前 200 年前后匈奴冒顿单于统一大漠南北算起,直至 17 世纪,至少有"五大板块"先后崛起于 1820 年奠定的中国疆域内,这些板块从不同方面影响着中国历史的进程与不同时期"中国"的构筑。

如果从战国时期孟子提出天下"定于一"①的"大一统"观念形成算起,到这种理想于 1820 年变成现实,至少耗时 2 100 多年之久。所以,历史上所说的"中国"与今天的近代国家意义上的中国之间,是有相当大的距离的。同时,除了 1820 年及其以后的清朝之外,没有一个王朝的疆域能囊括清朝于 1820 年最终奠定的"中国"疆域。换言之,只有 1820 年及其以后的清朝,才能与近代国家意义上的"中国"画上等号。譬如,曾拥有空前疆域的唐朝最西端曾抵咸海之东岸,最北线曾达西伯利亚,最东面曾掩有库页岛,最南方曾在北纬 18 度线左右。但唐朝的四至从来没有同时达到过,而且其四至中的一些地方的到达是短暂的,况且 1820 年奠定之中国疆域内的西藏、台湾、云南西南部、黑龙江以北等地,始终都在盛唐王朝的版图之外,并且在其北方与辽东地方,不同时期存在着突厥、回纥与渤海等政权。元朝虽

---

① 赵岐:《孟子注疏》卷 1 下《梁惠王上》,阮元校刻:《十三经注疏》,北京,中华书局,1980。

然也拥有空前的版图，但 1820 年奠定之中国疆域内侧的今乌鲁木齐以西至巴尔喀什湖之间的西域西部、台湾岛及相当部分的"海上板块"，大部分时间都在元朝有效管辖之外。

另外，两汉也好，盛唐也罢，抑或大元，当时的世界正处于前近代，亦即当时疆域的范围广窄与否，均不能成为近代国家拥有领土的法理根据。由此可见，我们还需慎重使用"中国历代"一词。因为在 1820 年以前的中原王朝，实在无法囊括与这些中原王朝同时存在于"古代中国"境内的其他政权，譬如与唐朝并存的政权有吐蕃、南诏、突厥、回纥等；北宋与辽朝对峙、南宋与金朝分割中原、与辽宋及宋金并存的还有西夏、西州回鹘、黠戛斯、喀喇汗朝、吐蕃诸部、大理等。所以，清朝中、后期以前的任何古代中原王朝都不能代表或全部代表"中国"（近代意义上的民族国家），这些王朝均不能等同于"中国"。再以领域空前的盛唐为例，8 世纪中期赞普赤松德赞（742—797）即位时，吐蕃已是"东接凉、松、茂、巂等州，南邻天竺，西陷龟兹、疏勒等四镇，北抵突厥，地方万余里，诸胡之盛，莫与之比"的强大赞普朝，[①] 而此时此刻，正是大唐的"开元天宝盛世"。783 年唐蕃双方于清水会盟，划分疆界："泾州西至弹筝峡西口，陇州西至清水县，凤州西至同谷县，暨剑南西山大渡河东，为汉界。蕃国守镇在兰、渭、原、会，西至临洮，东至成州，抵剑南西界磨些诸蛮，大渡水西南，为蕃界。"[②] 也就是说，除了整个青藏高原、四川西部、天山南路归属吐蕃外，靠近唐朝首都长安的陕西西部、整个甘肃与宁夏的大部分也收归于吐蕃赞普帐下。唐朝的西部边界在北起宁夏、经陕西西部，南抵四川盆地西缘一线。所

---

① 司马光撰：《资治通鉴》卷 202《唐纪》18，《四部丛刊》初编本，影印宋刻本，上海，商务印书馆，民国十八年。

② 刘昫、赵莹、张昭远，等撰：《旧唐书》卷 196 下《吐蕃传下》，北京，中华书局点校本，1975。

以说，清中、后期以前的历代中原王朝，即便强盛如唐朝尚且不能代表"中国"，遑论疲弱的两宋、明朝等。也正因为如此，只有 1820 年以后的王朝与国家，即与近代意义上的国家——"中国"重合的清朝、中华民国与中华人民共和国，才能称得上是真正的"中央政权"。故"中央政权"仅能与 1820 年以后的清、中华民国与中华人民共和国画上等号。在此之前的"中原王朝"，仅仅是中原王朝而已，均不能称之为中央政权，或历代中央政权。

三、扩张与变动的"天下"

如前所述，在前近代的中国社会，与今天的国家意义相对比较接近的汉语词语为"天下"一词。至少从战国中期以降，该词语就已经在比较确定意义上被使用了，此后直到晚清，大都是作为从空间意义上概括性定义前近代中国政治社会或空间的称呼而出现的。

日本学者渡边信一郎通过探究战国后期至西汉时期所编纂的经书等典籍及其时人对这些典籍的诠释，认为这个时期"天下观"的特点是"扩张的天下"。同时，渡边氏认为作为比较成熟且确指政治共同体空间的"天下"一词，出现在战国中期，到了前汉末期趋于定型。天下的领域也从"方三千里"，进而到"方五千里"，最终达到"方万里"[①]。以下顺着渡边氏的研究思路，借助于他的研究成果，兹将三种变动性的天下观分述如下。

1. "方三千里"的天下观

该天下观，早在战国中期，孟子已经提出。

曰："邹人与楚人战，则王以为孰胜?"曰："楚人胜。"曰：

---

① 渡边信一郎：《中国古代の王権と天下秩序——日中比較史の視点から》，40～60页，东京，校仓书房，2003。

"然则小固不可以敌大，寡固不可以敌众，弱固不可以敌强。海内之地，方千里者九，齐集有其一；以一服八，何以异于邹敌楚哉？盖亦反其本矣。今王发政施仁，使天下仕者皆欲立于王之朝，耕者皆欲耕于王之野，商贾皆欲藏于王之市，行旅皆欲出于王之途，天下之欲疾其君者，皆欲赴愬于王。其若是，孰能御之？"①

孟子心目中的"海内之地"乃是由九个方千里的空间构成的，齐国据有其中之一。"海内之地"又称"四海之内"，也可以置换成"天下"一词。比较完整地阐述"方千里"天下观概念的典籍，当属《礼记·王制篇》。《礼记》是前汉后期学者戴圣所编辑的与礼相关的文集，故亦称为《小戴礼记》，共四十九篇，为十三经之一，大抵是孔子弟子及其后学所记。有后汉郑玄注、唐朝孔颖达正义、元朝陈澔集说、清朝孙希旦集解等。其《王制篇》对四海领域是这样描述的：

方一里者为田九百亩。方十里者，为方一里者百，为田九万亩。方百里者，为方十里者百，为田九十亿亩。方千里者，为方百里者百，为田九万亿亩。自恒山至于南河，千里而近；自南河至于江，千里而近。自江至于衡山，千里而遥；自东河至于东海，千里而遥。自东河至于西河，千里而近；自西河至于流沙，千里而遥。西不尽流沙，南不尽衡山，东不近东海，北不尽恒山，凡四海之内，断长补短，方三千里，为田八十万亿一万亿亩。

据此，北起恒山，南抵衡山，东起东海，西迄流沙的四海之内，被取长补短为方三千里的领域。这个为四海所包围的方三千里的领域，被设想为由九个方千里之州所构成的九州，而位于其

---

① 赵岐：《孟子注疏》卷1下《梁惠王上》，阮元校刻：《十三经注疏》，北京，中华书局，1980。

中心方三千里的一州之地，则被规划为"天子之田"，即天子直接管辖之畿内。关于这个九州之内的状况，《礼记·王制篇》是这样构想的：

凡四海之内九州，州方千里。州，建百里之国三十，七十里之国六十，五十里之百有二十，凡二百一十；名山大泽不以封，其余以为附庸间田。八州，州二百一十。天子之县内，方百里之九，七十里之二十有一，五十里之六十有三，凡九十三；名山大泽不以盼，其余以禄士，以为间田。凡九州，千七百七十三。天子之元士、诸侯之附庸不与。

此四海之内九州，被构想成一个大的正方形地域，该方形被分割成九个方千里之州。其中，位于方形最中心的州为天子之县，环绕着这个中心有东、南、西、北、东北、西北、西南、东南八个方千里之州，合计九个州。

至于如何管理九州内的事情，《礼记·王制篇》设想说：

天子百里之内以共官，千里之内以为御。千里之外，设方伯。五以为属，属有长。十以为连，连有帅。三十以为卒，卒有正。二百一十以为州，州有伯。八州八伯，五十六正，百六十八帅，三百三十六长。八伯各以其属，属于天子之老二人，分天下以为左右，曰二伯。千里之内曰甸，千里之外，曰采、曰流。

无独有偶，成书于战国末期的《吕氏春秋》也有着与《礼记·王制篇》大体相同的天下观：

凡冠带之国，舟车之所通，不用象译狄鞮，方三千里。古之王者，择天下之中而立国，择国之中而立宫，择宫之中而立庙。天下之地，方千里以为国，所以极治任也。[1]

可见，为秦统一中原立言的《吕氏春秋》业已将具有共同语言的文化圈、道路相通的交通圈锁定为方三千里之内，这方三千

---

[1]　许维遹撰：《吕氏春秋集释》卷17《审分·慎势》，北京，中华书局，2009。

里的领域，便是其构想的天下。与此同时，九州之民须被纳入同一个政治共同体之中，接受天子的直接统治，即《吕氏春秋·季冬纪》所说的："凡在天下九州之民者，无不咸献其力，以供皇天上帝社稷寝庙山林名川之祀。"

　　2. "方五千里"的天下观

　　该天下观主要体现在汉朝人对《尚书·禹贡》的注释上。孔颖达在注疏《礼记·王制篇》中的"凡九州，千七百七十三"之句时，引用了许慎《五经异义》的见解：

　　又《异义》："今《尚书》欧阳、夏侯说：中国方五千里；古《尚书》说：五服旁五千里，相距万里。许慎谨按：以今汉地考之，自黑水至东海，衡山之阳至于朔方，经略万里。从古《尚书》说。"郑氏无驳，与许同。按《易·下系》云："一君二民，君子之道。二君一民，小人之道。"郑注："一君二民，谓黄帝尧舜，谓地方万里为方千里者百，中国之民居七千里，七七四十九，方千里者四十九。夷狄之民居千里者五十一，是中国、夷狄，二民共事一君。二君一民，谓三代之末，以地方五千里，一君有五千里之土，五五二十五，更足以一君二十五，始满千里之方五十，乃当尧舜一民之地，故云二君一民。实无此二君一民，假之以地广狭为优劣也。"[1]

　　之所以出现上文中的今《尚书》欧阳、夏侯"中国方五千里"说，古《尚书》的"五服旁五千里，相距万里"说，是由于时人对《尚书·禹贡》中"五服"内涵的不同理解。故《禹贡》云：

　　五百里甸服：百里赋纳总，二百里纳铚，三百里纳秸服，四百里粟，五百里米。五百里侯服：百里采，二百里男邦，三百里

---

① 郑玄注，孔颖达疏：《礼记正义》卷12《王制篇》，《十三经注疏》本，北京，中华书局，1980。

诸侯。五百里绥服：三百里揆文教，二百里奋武卫。五百里要服：三百里夷，二百里蔡。五百里荒服：三百里蛮，二百里流。东渐于海，西被于流沙；朔、南暨声教，迄于四海。禹锡玄圭，告厥成功。

对这一个方五千里领域，西汉桓宽在《盐铁论》、东汉王充在《论衡》中均有类似的表述。前者云："古者，天子之立于天下之中，县内方不过千里，诸侯列国，不及不食之地。《禹贡》至于五千里，民各供其君，诸侯各保其国，是以百姓均调，而繇役不劳也。"[1] 后者说："儒者论天下九州，以为东西南北，尽地广长，九州之内，五千里竟，三河土中。"[2]

3．"方万里"的天下观

系统阐述方万里天下观的是《周礼》。在该书《夏官·职方氏》中，首先介绍了职方氏的职责为："掌天下之图，以掌天下之地。辨其邦、都鄙、四夷、八蛮、七闽、九貉、五戎、六狄之人民，与其财用、九谷、六畜之数要，周知其利害。"而后展开描述"九服"说：

乃辨九服之邦国。方千里曰王畿，其外方五百里曰侯服，又其外方五百里曰甸服，又其外方五百里曰男服，又其外方五百里曰采服，又其外方五百里曰卫服，又其外方五百里曰蛮服，又其外方五百里曰夷服，又其外方五百里曰镇服，又其外方五百里曰藩服。

就是从侯服到藩服共有九服，每个方向一服为方五百里，每服四个方向合计则为方千里，小计为方九千里，如加上王畿方千里，则合计为方万里。

对此，郑玄在注释《周礼·夏官·职方氏》："凡邦千里，封

---

① 桓宽著，王利器校注：《盐铁论》卷4《地广》，北京，中华书局，1992。
② 王充：《论衡》卷24《难岁》，北京，中华书局，1979。

公以方五百里，则四公；方四百里，则六侯；方三百里，则七伯；方二百里，则二十五子；方百里，则百男。以周知天下"这段经文时，是这样解释的："以此率遍知四海九州邦国多少之数也。方千里者，为方百里者百。以方三百里之积，以九约之，得十一有奇。（略）周九州之界，方七千里，七七四十九，方千里者四十九，其一为畿内，余四十八。八州各有方千里者六。周公变殷汤之制，虽小国，地皆方百里。是每事言'则'者，设法也。设法者以待有功，而大其封。一州之中，以其千里封公，则可四。又以其千里封侯，则可六。又以其千里封伯，则可十一。又以其千里封子，则可二十五。又以其千里封男，则可百。公侯伯子男，亦不是过也。州二百一十国，以男备其数焉。其余以为附庸。四海之封，黜陟之功，亦如之。虽有大国，爵称子而已。"[①] 此制亦见《大司徒职》："诸公之地方五百里，诸侯之地方四百里，诸伯之地方三百里，诸子之地方二百里，诸男之地方百里。"

"九州"说主要体现在《周礼·秋官·大行人》中。大行人职责是："掌大宾之礼及大客之仪，以亲诸侯。春朝诸侯而图天下之事，秋觐以比邦之功，夏宗以陈天下之谟，冬遇以协诸侯之虑。时会以发四方之禁，殷同以施天下之政；时聘以结诸侯之好，殷覜以除邦之慝；间问以谕诸侯之志，归脤以交诸侯之福，贺庆以赞诸侯之喜，致禬以补诸侯之灾。"即大行人乃行最高礼宾司之职，具体职责范围是：

邦畿方千里。其外方五百里谓之侯服，岁壹见，其贡祀物。又其外方五百里谓之甸服，二岁壹见，其贡嫔物。又其外方五百里谓之男服，三岁壹见，其贡器物。又其外方五百里谓之采服，四岁壹见，其贡服物。又其外方五百里谓之卫服，五岁壹见，其

---

① 郑玄注，贾公彦疏：《周礼注疏》，《十三经注疏》本，北京，中华书局，1980。

贡材物。又其外方五百里谓之要服，六岁壹见，其贡货物。九州之外谓之蕃，世壹见，各以其所贵宝为挚。

也就是说，大行人掌管了九州之内六服领域中的诸侯朝贡问题。关于六服，郑玄说："此六服去王城三千五百里，公侯伯子男封焉"，"要服，蛮服也"。王城（畿）加上六服，便构成了方七千里的领域。对于上文中的"九州之外谓之蕃，世壹见，各以其所贵宝为挚"之句，郑玄注曰：

九州之外，夷服、镇服、蕃服也。《曲礼》曰：其在东夷、北狄、西戎、南蛮，虽大曰子。《春秋传》曰：杞，伯也，以夷礼，故曰子。然则九州之外，其君皆子男也。无朝贡之岁，以父死子立，及嗣王即位，乃一来耳。各以其所贵宝为挚，则蕃国之君无执玉瑞者，是以谓其君为小宾，臣为小客。所贵宝见传者，若犬戎献白狼、白鹿是也。其余则《周书·王会》备焉。①

据此，六服相当于方七千里，即九州的领域。位于九州之外的蕃国，相当于《周礼·职方氏》中的夷服、镇服、藩服。郑玄将其理解为东夷、北狄、西戎、南蛮所处的领域。根据上述，郑玄对《职方氏》中"凡邦千里"一句所作的"以此率遍知四海九州邦国多少之数"②的注释，可知他是将位于《大行人》九州之外的蕃国（即夷狄戎蛮）厘定为四海的。而郑玄的根据则是《尔雅》"九夷、八狄、七戎、六蛮，谓之四海"③之说。

根据渡边信一郎的研究，上述方万里的天下观可称之为"九州+蕃国（四海）=方万里"说。④另外，还有"九州+四海=方万里"说。该说的代表者当推郑玄，他在注释《诗·殷武》：

①　郑玄注，贾公彦疏：《周礼注疏》，《十三经注疏》本，北京，中华书局，1980。
②　郑玄注，贾公彦疏：《周礼注疏》，《十三经注疏》本，北京，中华书局，1980。
③　郭璞注，邢昺疏：《尔雅注疏》卷7《释地》，《十三经注疏》本，北京，中华书局，1980。
④　渡边信一郎：《中国古代の王権と天下秩序——日中比較史の視点から》，50页，东京，校仓书房，2003。

"天命多辟，设都于禹之绩"时说：

《皋陶谟》云：禹曰："予惟荒度土功，弼成五服，至于五千。"注云："荒，奄也。奄大九州四海之土。敷土既毕，广辅五服而成之，至于面各五千里，四面相距为万里。尧制五服，服各五百里，要服之内四千里曰九州，其外荒服曰四海。禹所弼五服之残数，亦每服者合五百里，故有万里之界焉。"①

在此，郑玄认为禹将尧制定的五服方五千里扩大了，从而构成了五服方万里的领域。具体办法是，尧时一服五百里，每服四个方向合计则为方千里，计方五千里。禹则定每服为方千里，每服四个方向合计则为方两千里，计方万里。在方万里领域中，王畿、甸服、侯服、绥服、要服的领域为九州，九州之外的领域为四海，天下是由九州＋四海构成的。方万里的天下领域观，秦朝以前的文献没有出现过，根据现有史料，最早出现在汉初陆贾出使南越时与南越王赵佗的谈话中：

皇帝起丰沛，讨暴秦，诛强楚，为天下兴利除害，继五帝三王之业，统天下，理中国。中国之人以亿计，地方万里，居天下之膏腴，人众车舆，万物殷富，政由一家，自天地剖判未始有也。今王众不过数万，皆蛮夷，崎岖山海间，譬如汉一郡，王何乃比于汉！②

当然，陆贾出使南越是为了使其宾服，故不乏夸大其词之处。嗣后，东汉王充在其著作中多次使用此词语：

萧何入秦，收拾文书，汉所以能制九州者，文书之力也。以文书御天下，天下之富，孰与家人之财？③

殷、周之地，极五千里，荒服、要服，勤能牧之。汉氏廓

---

①　郑玄笺，孔颖达疏：《毛诗正义》，《十三经注疏》本，北京，中华书局，1980。

②　班固撰：《汉书》卷43《陆贾传》，北京，中华书局点校本，1962。

③　王充：《论衡》卷13《别通》，北京，中华书局，1979。

土，牧万里之外，要、荒之地，褒衣博带。夫德不优者，不能怀远；才不大者，不能博见。故多闻博职，无顽鄙之訾；深知道术，无浅阁之毁也。①

今上即命，奉成持满，四海混一，天下定宁。物瑞已极，人应讦隆。今亦天下修仁，岁遭运气，穀颇不登，迥路无绝道之忧，深幽无屯聚之奸。周家越常献白雉，方今匈奴、善鄯、哀牢贡献牛马。周时仅治五千里内，汉氏廓土，收（牧——引者注）荒服之外。牛马珍于白雉，近属不若古之露首，今冠章甫；古之跣跗，今履商（高——引者注）舄。以磐石为沃田，以桀暴为良民，夷陷坷为平均，化不宾为齐民，非太平而何？②

上述的各种类型的天下观形成于中原从诸侯分立走向统一国家产生的前夕，这些思想家们以良好的历史感悟力，触摸着时代的脉搏，随着中原社会的发展，构建新的国家模式的使命便摆在了人们面前，以天下观、四海论、畿服制等为核心的疆域学说应运而生。天下观的产生标志着由先秦诸侯分割、万国林立的态势向统一帝国疆域学说的过渡。关于中原由万国林立逐步走向统一的态势，《战国策》概括得比较清晰：

且古者，四海之内分为万国。城虽大，无过三百丈者；人虽众，无过三千家者，而以集兵三万距此，奚难哉？今取古之为万国者，分以为战国七，能具数十万之兵，旷日持久，数岁，即君之齐已。齐以二十万之众攻荆，五年乃罢。赵以二十万之众攻中山，五年乃归。今者，齐、韩相方，而国围攻焉，岂有敢曰'我其以三万救是'者乎哉？今千丈之城，万家之邑相望也，而索以三万之众，围千丈之城，不存其一角，而野战不足用也，君将以

---

① 王充：《论衡》卷13《别通》，北京，中华书局，1979。
② 王充：《论衡》卷19《宣汉》，北京，中华书局，1979。

此何之？①

四、现实中的"天下"与想象中的"天下"

前汉以后，许多史学家在撰写历史时，即便如汉唐这样强大帝国的史学家，也大都将天下与郡县等同起来。如班固是这样描述从周朝到秦朝的领域的：

周爵五等，而土三等：公、侯百里，伯七十里，子、男五十里。不满为附庸，盖千八百。而太昊、黄帝之后，唐、虞侯伯犹存，帝王图籍相踵而可知。周室既衰，礼乐征伐自诸侯出，转相吞灭，数百年间，列耗尽。至春秋时，尚有数十，五伯迭兴，总其盟会。陵夷至于战，天下分而为七，合纵连横，经数十年。秦遂并兼四海。以为周制微弱，终为诸侯所丧，故不立尺土之封，分天下为郡县，汤灭前圣之苗裔，靡有孑遗者矣。②

即战国时代，七国之地为天下。秦朝兼并四海后，将郡县填充于天下之中，天下与郡县相应重叠。

关于唐朝玄宗时代的疆域，《旧唐书》是这样界定的："开元二十一年，分天下为十五道，每道置采访使，检察非法"，③即十五道的总和为天下。《资治通鉴》是这样表述的：天宝元年，"天下声教所被之州三百三十一，羁縻之州八百，置十节度、经略使以备边"④。也就是说，唐朝的天下领域为三百三十一个直属州与八百个羁縻州之总和，而且这个天下不是无限伸展的，故有边境。既有边境，便需有设置，唐廷在边境上设置了十节度、经略使，以与周围的邻国或敌国相区别，同时防备其入侵。类似的记

① 《战国策》卷20《赵策三》，上海，上海古籍出版社，1978。
② 班固撰：《汉书》卷28上《地理志上》，北京，中华书局点校本，1962。
③ 刘昫、赵莹、张昭远，等撰：《旧唐书》卷38《地理志一·序》，北京，中华书局点校本，1975。
④ 司马光撰：《资治通鉴》卷215《唐纪》"天宝元年一月"条，《四部丛刊》初编本，影印宋刻本，上海，商务印书馆，民国十八年。

载，还有很多。如《资治通鉴》又载：天宝十三年，"户部奏天下郡三百二十一，县千五百三十八，乡万六千八百二十九，户九百六万九千一百五十四，口五千二百八十八万四百八十八"①。

应该说，古代中国的皇帝统治是通过版籍来实现的。即运用户籍制度，将臣民固定于不同的区域，通过郡县机构予以统治。而天下作为皇帝所能直接支配的领域，是被限定于郡县制所及的有限范围之内的。

但另一方面，与史学家的客观记述历史不同，自前汉汉武帝"罢黜百家，独尊儒术"以降，经学家们开始主导社会意识形态，他们基于儒家经典所提倡的德治观，认为古代中原王朝皇帝还对周边夷狄负有德治之责。皇帝通过版籍来支配的天下是有限的，但通过德来支配的天下就有无限拓展的可能性。日本学者渡边信一郎经过缜密研究，发现经学家的天下观与历史学家及政治家不同。经学上的天下观从《礼记·王制篇》中的方三千里，到《禹贡》中的方五千里，再到《周礼》中的方万里，是扩张与变动，可以无限扩大的。② 正因为如此，古代中原王朝皇帝始终以上述两种传统支配方式的相互作用为基础。渡边信一郎认为，天下观之所以具有单一政治社会型面貌与复合型社会面貌这两个侧面，也正缘于此。天下型国家是以存在成为天子德治对象的夷狄（四海）为其成立条件的。③

因为古代中国的天下观具有双重性，使得"天下"一词的含义，在日本学术界也产生了大致两种不同的看法。一种看法认为，"天下"乃是超越了民族、地域并呈同心圆状扩展的世界，

① 司马光撰：《资治通鉴》卷217《唐纪》"天宝十三年"条，《四部丛刊》初编本，影印宋刻本，上海，商务印书馆，民国十八年。
② 渡边信一郎：《中国古代の王権と天下秩序——日中比較史の視点から》，东京，校仓书房，2003。
③ 渡边信一郎：《中国古代の王権と天下秩序——日中比較史の視点から》，65页，东京，校仓书房，2003。

或将其理解为世界秩序、帝国概念之类，田崎仁义、平冈武夫、西岛定生、堀敏一等力主此"广域天下说"。① 另一种看法则认为天下就是中国，即九州，将其理解为处于强力统治权力下的"国民国家"概念，山田统与安部健夫等为此说的代表。② 无论是哪一种看法，都既有实证依据，同时又有难解之处。集大成者当属渡边信一郎。③ 但无论是哪一种看法，都既有实证依据，同时又有难解之处。④ 下面，笔者将在渡边氏研究成果的基础上，对上述两种代表性观点予以进一步的分析。

主张天下即世界的"广域天下说"的主要有田崎仁义、平冈武夫、西岛定生、堀敏一等学者。

田崎仁义早在 20 世纪 20 年代便开始探讨天下观念问题。他通过分析《尚书·洪范》后认为，"天下即所谓普天之下之义，意味着世界与无限之地域"，"领土无限的观念，即为拥有天下，换言之，即为大一统思想"，"洪范中的天下观念，并不认为具有服从君权之身份的民众有一定的范围限制，人类全体都可以成为王治之下的民众"。⑤

平冈武夫也认为天下是超越了民族与地域理念的，亦即天下者世界也。平冈氏通过探索《尚书·周书》中的五诰等篇章后认为，在古代中国人的世界中，秩序最为和谐之处位于世界的中心，向周边则无限扩展。根据与中心（王畿）之间的距离远近，

---

① 田崎仁义：《王道天下之研究——支那古代政治思想及制度》，8~9 页，东京，内外出版会社，1926。
② 山田统：《天下とうい観念と国家の形成》，《山田统著作集》第一卷，东京，明治书院，1949；安部健夫：《中国人の天下観念——政治思想的試論》，《元代史の研究》，东京，创元社，1972。
③ 渡边信一郎：《中国古代の王権と天下秩序——日中比較史の視点から》，东京，校仓书房，2003。
④ 渡边信一郎：《中国古代の王権と天下秩序——日中比較史の視点から》，10~19 页，东京，校仓书房，2003。
⑤ 田崎仁義：《王道天下之研究——支那古代政治思想及制度》，8~9 页，东京，内外出版会社，1926。

人们的教化程度与道德水准呈反比例渐次下降。这其中存在着文明与野蛮的区分。环绕着中心的周边的野蛮者常常仰慕文化与道德，中心文化也常常会普及周边。一个以中国为中心的世界由此成立。在这个世界中只有文明程度的差别，但没有矛盾、对立的关系。这就是中国古典经书所描述的天下型世界观。[1]

西岛定生认为，所谓天下就是为苍天所覆盖的整个下界——地上，即世界本身。所谓“王天下”，亦即君临世界之意。[2]

堀敏一主张，天下是由中国与夷狄共同构成的同心圆世界，这个世界在隋唐时期作为中华型世界帝国被实现。将超越中国的广域世界称为天下，大致发端于战国时代。按照秦始皇的想法，日月所照之处即为天下。在东亚，帝国的思想很早就出现了。换言之，中国的天子，统治了包括中华与夷狄在内的无限扩展的天下，隋唐帝国即囊括了以上诸民族的东亚世界。由此可见，隋唐乃东亚最为成熟的世界帝国。[3]

将天下理解为中国，即九州的，主要有山田统与安部健夫。

山田统认为天下是以四海为界限的闭锁空间。在实行封建体制的三王（夏商周）时代，天下观呈现出几种形态，有的以囊括万国为同一政治圈，并将此政治圈视为天下；有的则以此同一政治圈之首领视为天子或王。在这一时代，作为万国之一的天子自身之王国（京畿）便是京师，即所谓中国，其他则由诸夏之国所构成。后来，原本仅仅意指天子之王国的“中国”，在交通交易圈与政治交涉圈的扩大过程中随之拓展，诸夏、中国与天下也渐次成了同义词，天下成了包含了诸夏与九州在内的闭锁空间整体

① 平冈武夫：《经书の成立》，东京，岩波书店，1951。
② 西岛定生：《東アジア世界と日本史》，收入《中国古代国家と東アジア世界》，东京，东京大学出版会，1975—1976。
③ 堀敏一：《中国と古代東アジア世界——中華的世界と諸民族》（二），收入《中華思想と天下観念》，58～186页，东京，岩波书店，1993。

的代名词，而与四海之外的四夷形成了直接对峙。山田氏进而认为，将此构想付诸实际的是汉帝国。在汉代，在汉帝国内部形成了立足于强固国家基础之上的成熟的同质社会，并与周边的匈奴等强大的异质社会相互作用，中国即天下这一闭锁的绝对空间的固定性于是确立了下来。①

安部健夫认为天下意指中国传统式国家的关系概念，应将天下理解为只是局限于现实中国（九州），尤其是在一个强力统治下的中国的行政区域内，或者中国民族所固有的生活领域内，天下基本上就是我们所说的"国家"，甚至毋宁说是国境明确的"国民国家"。安部氏的研究不单单局限于先秦时期，而是涵盖了整个前近代时期。他认为首先有由上天（上帝）—王君—下土（下民）这样的上下关系所构成的原始天下观念，顺着此观念向前发展，到了春秋末期，墨子开始确立了典型的战国式概念。到了秦始皇统一中原后，他将作为郡县之总和的天下付诸实现，中国（九州）即天下的天下观念由此变得明确起来。与此同时，天下观也从另一方面展开，出现了邹衍的大九州说②与广域天下观③。但是，天下 = 世界的广域天下观，只是对应于汉武帝的军事征服与商业主义式扩张时期，现实证据并不十分充足。此后，古代中国王朝基本上继承的是中国（九州）= 天下的天下观念。基于此，安部氏进一步探讨了天下与王朝之间的关系，他认为天下是郡县的总合。与此相对应，则"国"只是"王朝"，只是"第一诸侯国"而已。也就是说，天下是总体社会概念，王朝只是单纯的部分社会概念。④

① 山田统：《天下とういう観念と国家の形成》，《山田统著作集》第一卷，6页、54~80页，东京，明治书院，1949。
② 邹氏认为中国即九州，不过是天下的八十一分之一。
③ 此观念将天下理解为中国 + 蛮夷，即天下 = 世界。
④ 安部健夫：《中国人の天下観念——政治思想的試論》，《元代史の研究》，450页、494页、501页、508页，东京，创元社，1972。

渡边氏认为,天下=中国说,与天下=世界·世界帝国说之间,存在着难以逾越的鸿沟,列阵于鸿沟两侧的分别是国民国家论与帝国国家论这两大阵营。国民国家论是对诞生于近代欧洲的资本主义社会进行分析并概念化的产物;而帝国概念则缘于欧洲古典时代,是从其与资本主义经济间的关系出发,论述近代欧洲殖民主义扩张的国家论。对于前近代中国之天下,用源于欧洲的国民国家概念与帝国概念来诠释,首先需要直面的是适用是否的问题。不可否认,前近代中国之天下与天下理念,与国民国家概念及帝国概念之间,确实跟任何一个都很相似,但又都不太像。在中原生活或入主中原的人们,是把天下作为国家(被政治性编成的社会)来表达的,同时将其理想样态视为"天下大同"之世。① 换言之,在前近代中国人那里,天下是有两个不同的境界的,即现实的天下与想象的天下,前者是指王朝本身所能管辖的领域,后者是作为理想之物,是可以无限放大的。由此可见,清朝中后期以前的所有王朝,均不能等同于嘉庆二十五年奠定的中国=天下。

以往,许多深受儒家经典影响的古代中国读书人常以所谓中华之世界秩序为一个以中国为中心的层级。在理论上,这个秩序至少应有三个方面是层级的:中国是核心(内)的、伟大的、文明的;而蛮夷是边缘(外)的、渺小的、野蛮的。但只要我们认真地梳理一下中国历史的发展脉络,就能够发现这个多面的中华中心之世界秩序,只是许多人在不同的时间、不同的场合,相互传承,长时段地建立起来的一个主观的"虚构"。

---

① 渡边信一郎:《中国古代の王権と天下秩序——日中比較史の視点から》,10~19页,东京,校仓书房,2003。

五、"天下"与近代意义上的国家——"中国"之间的重合

在前近代的东方，中原王朝（包括汉族与非汉族在中原建立的王朝）无疑经常扮演一个领导的角色，但不应该就此推断，这些中原王朝不承认其他文明国度或强大势力的存在。譬如，汉朝一方面赞美文明的西方民族——大秦①，另一方面承认敌国——匈奴的存在，并平等地视之为"北朝"，自诩为"南朝"。有趣的是，与后来的"南北朝"双方彼此作村妇骂，互相攻讦不同，这个"南朝"与"北朝"双方是相互认同、彼此承认的。这从"南朝"皇帝与"北朝"单于之间互致国书的内容可窥一斑。

前 162 年，汉文帝遗书匈奴单于曰：

皇帝敬问匈奴大单于无恙。（中略）先帝制，长城以北引弓之国受令单于，长城以内冠带之室朕亦制之，使万民耕织，射猎衣食，父子毋离，臣主相安，俱无暴虐（后略）。②

首先，汉朝皇帝在称呼上就将匈奴单于视为平等的对象。承认以长城为界，彼此在各自领域内均有合法的统治权。就匈奴方面而言，单于在前 89 年遣使遗汉皇帝书曰：

南有大汉，北有强胡。胡者，天之骄子也，不为小礼以自烦。今欲与汉闿大关，取汉女为妻，岁给遗我蘖酒万石，稷米五千斛，杂缯万匹，它如故约，则边不相盗矣。③

单于虽然承认汉朝皇帝作为南朝统治者有合法的统治权，但单于才是真正的"天之骄子"，所以不但有资格娶汉家女，而且汉朝还需每年进贡一定数量的贡品。

---

① 有人将"大秦"一词，理解为大的中国之意。
② 班固撰：《汉书》卷 94 上《匈奴传》，北京，中华书局点校本，1962。
③ 班固撰：《汉书》卷 94 上《匈奴传》，北京，中华书局点校本，1962。

　　后来，唐与突厥、北宋与辽、南宋与金、明与北元之间的关系大都如此。不仅如此，唐与南宋，均曾分别称臣于突厥汗朝和金朝，北宋皇帝与辽朝皇帝以兄弟相称。汉、唐王朝常将公主或皇家女子嫁给匈奴或突厥、吐蕃等君主。汉、唐、北宋、南宋、明等每年将大量物品送给匈奴、突厥与回纥、辽、金、北元（蒙古）等，实质上就是另一种形式的朝贡。可见，"外国"一词，并不始于 19 世纪，而是可以追溯到汉朝的，迨至宋朝，《外国传》已进入官修史书。

　　实际上，战国后期，人们就有了一定的国家观念，故孟子说诸侯之宝有三：土地、人民、政事。与此同时，这个时期，"天下"与"中国"之间有了区别，也就是说，春秋及战国早期的"中国"是不包括秦、楚、吴、越等边远之国的。所以，秦始皇统一中原后，内外相对的用法仍被延续下来，但这绝不意味着中原汉族王朝与其对手或邻邦之间没有疆界。金皇统元年（1141年），金朝与南宋签订了"以淮水中流为界，西自邓州南四十里、西南四十里为界"① 的界约。关于金与西夏在陕西划界，史籍亦有明载："后破宋都获二帝，乃画陕西分界，自麟府路洛阳沟东距黄河西岸、西历暖泉堡，鄜延路米脂谷至累胜寨，环庆路威边寨过九星原至委布谷口，泾原路威川寨略古萧关至北谷川，秦凤路通怀堡至古会州，自此直距黄河，依见今流行分熙河路尽西边以限封域。复分陕西北鄙以易天德、云内，以河为界。"② 中原皇帝有的也单方面宣布一个疆界，据说宋太祖赵匡胤曾以玉斧在地图上沿着云南大渡河画一条线，宣布："自此以外，朕不取。"明太祖朱元璋曾单方面宣布朝鲜、越南、日本等 15 个国家为"不

① 脱脱、贺惟一、欧阳玄，等撰：《金史》卷 25《地理志》，北京，中华书局点校本，1975。
② 脱脱、贺惟一、欧阳玄，等撰：《金史》卷 134《西夏传》，北京，中华书局点校本，1975。

臣之国"，明朝将不加征讨。①

另外，如上所述，按照中原士大夫的构想，中华之世界秩序的层级是：中国是内的，蛮夷是外的。但在非汉族执掌皇权的朝代中，往往与之相反。元季明初学者叶子奇在《草木子》一书中是这样描述元朝之地域与族群态势的："元朝自混一以来，大抵皆内北国而外中国，内北人而外南人。"他认为理想的疆域构造、胡汉关系是"治天下之道，至公而已尔。公则胡越一家，私则肝胆楚越"。

就古代中国汉文化传统而言，譬如孔子在修《春秋》时，他既把内诸夏而外夷狄的思想渗入其中，使得这个思想在以后两千多年里影响了数十代士大夫与儒家知识分子。另一方面，他又强调"王者无外"，无形中给后人增添了许多想象的空间。所以，讨论以汉族为主的古代文人所声称的"天下"时，应尽可能厘清"虚幻"与真实之间的界限。同时，在前近代中国，文化的分界与政治的疆界之间，经常是不一致的。应该说，"天下"与"中国"之间的最终重合，已是 1820 年以后的事。

六、本章小结：在外延与内缩之间

进入晚清以后，伴随着中国民族（国民）国家的构建，"中国"与"天下"二词曾分别经历过外延与内缩的过程。故美国汉学家列文森形容说，"近代中国思想史的大部分时期，是一个使'天下'成为'国家'的过程"②。

曩者，梁启超曾因中国人缺少国家观念而痛心疾首，愤然道："吾中国有最可怪一事，则以数百兆人立国于世界者数千年，

---

① 《明会典》105 卷，2 281 页，万有文库本，上海，商务印书馆，1936。
② 列文森著，郑大华、任菁译：《儒教中国及其现代命运》，87 页，北京，中国社会科学出版社，2000。

而至今无一国名也。"① 明末清初传教士利玛窦也有同样感受："中国人从来没有听说过外国人给他们的国度起过的各样名称，而且他们也完全没有觉察这些国家的存在。"② 梁启超在检讨中国传统史学时，蓦然发现，二十四史竟然只是"二十四姓之家谱"，上自司马迁、班固，下至毕沅、赵翼，莫不只"知有朝廷而不知有国家"③。说到此，人们往往会想起保国会的例子，康有为成立该会后，御使文梯上书弹劾说，保国会"名为保国，势必乱国，（中略）徒欲保中国四万万人，而置我大清以度外"。这句话后来被缩略成"保中国，不保大清"一语，作为一项政治帽子，扣向维新派。为此，姚大力认为即使到了晚清，时人在"维护一个现存的王朝与维护一个作为历时性共同体的中国之间可能存在矛盾与冲突"④。

在中国历史上，一个王朝（或单于朝、汗朝等）逐渐等同于"中国"，是一个很漫长的过程，如果从秦汉王朝与匈奴单于朝分别统一了中原与北方大漠时代开始算起，到嘉庆二十五年（1820年）中国疆域的时空坐标最终奠定，这个过程长达两千年之久。也正缘于此，历史上汉、唐、北宋、明等王朝的学者与今日受过教育的中国人对"中国在哪里？""中国人是谁？"等问题，会分别给出差距极大的不同答案。可以想见，处于中原的汉朝人可能会将今日大漠南北、东北北部、青藏高原等地等同于异国或邻邦，视匈奴、东胡、氐羌等民族为异己者；唐朝人可能会将今日

---

① 梁启超：《中国积弱溯源论》，《饮冰室文集点校》第二集，672 页，昆明，云南教育出版社，2001。
② 利玛窦著，何高济等译：《利玛窦中国札记》，5 页，北京，中华书局，1983。其他传教士也有如是观："毫不奇怪的是，中国从不在意甚至根本就不知道这些外部世界对中国的称呼"。尼·斯·米列斯库著，蒋本良译：《中国漫记》，6~9 页，北京，中华书局，1990。
③ 梁启超：《新史学》，《饮冰室合集》"文集"之九，北京，中华书局，1989。
④ 姚大力：《中国历史上的民族关系与国家认同》，载《中国学术》，2002（4）。

东北北部、大漠北部、西藏、云南西南部、台湾等视为化外之地，将靺鞨、突厥、吐蕃、南诏等民族排除在"中国人"之外；北宋人可能会将辽朝、西夏、西域、吐蕃等地视为域外，将契丹、党项、西域诸族、吐蕃等视为外人；明朝人可能会将今日大漠南北、东北北部、西域、吐蕃等地和鞑靼、北山野人（今鄂伦春、达斡尔、鄂温克等先民）、野人女真、畏兀儿、吐蕃等民族分别剔出明朝与"中国人"之外。而今天的中国人，包括台港澳人、海外华侨，乃至于外籍华人，则会将乾隆末期基本奠定、嘉庆二十五年（1820年）最终确认的版图及其生活于其上的一切民族，分别界定为"中国"与中国人。从历史上汉、唐、宋、明等不同时期人们的不同答案，到今天海内外中国人的共通答案，标志着中国的构建，即民族的多元性与地理多样性统合在"中国"之下过程的完成。

由此可见，作为近代意义上国家的中国，其疆域的最终奠定，是一个渐进的过程。也就是说，清朝中期以前的历代中原王朝、清朝中后期以降至晚清的"中国"与近代意义上的民族国家（亦称国民国家）（nation state）之"中国"之间，是一个从法理上前后相继承的发展过程；前二者之间是存在差异的，在各自的"版图"上从来没有重合过。历代王朝与此"中国"之间是经过了长时段的历史演进之后，才由清朝于19世纪20年代最终完成了这个重合过程。

所以，我们在研究古代中国疆域时应谨慎地使用"中国"一词，更不能用"中原王朝"一词随意替代"中国"一语，也不能将"历代中原王朝"置换成"历代中国"。换言之，我们不能想当然地理解"中国"的含义。中国与任何一个近代的民族（国民）国家一样，只有在其构建过程完成以后，它才最终具有了当前的意义和形态。

　　实际上，虽然作为近代意义上的国家——中国与"天下"之间到了 19 世纪 20 年代从疆域上最终完成了重合过程，但经学"天下观"的退场，却与近代中国连连败北于西方列强，儒教作为前近代中国的官方意识形态的崩溃密不可分的。也就是说，在"中国"与"天下"重合和经学"天下观"崩溃之间，前后相差七八十年。可见，经学"天下观"退场与近代西方的民族主义理论及民族国家理论在中国登场之间，应该有一个此消彼长的过程，关于此课题的探讨，将是笔者下一步的任务。①

---

① 该章内容主要来源于于逢春：《疆域视域中"中国"与"天下""中原王朝"与"中央政权"之影像》（《云南师范大学学报》〈哲社版〉，2010〈1〉一文），并在此基础上有所增删补充，特此说明。

结　语

一、中国疆域底定的必然性与中国疆域形成模式的例外论

在人类历史上，世界级的帝国肇始于前 2000 年代后期的尼罗河流域，埃及帝国一时间地跨西亚北非。形成于前 1000 年前期的亚述帝国，首次将两河流域和尼罗河流域两大文明地区囊括了进来。时间距今最近的拿破仑帝国崩溃于 19 世纪初期。期间，许多世界级帝国兴衰更替，你方唱罢我登场。但迄今为止，除了中国之外，还从来没有一个世界级帝国在大国游戏中被淘汰出局后，其嫡传文化继承者能够成功地重返世界大国之列。与罗马等世界级帝国的兴衰更替均只有一个周期，消亡之后就再也没有复兴过相比，中华帝国则在旧帝国的废墟上前仆后继，绵延两千多年，经历了由兴起到鼎盛再到衰败的多次循环周期。就此点而言，中国前近代国家形态，特别是疆域构造与形成路径是独特的，是例外的，欧亚所有的世界级帝国的历史经验都无法在此得到验证。

但这种例外性并不意味着前近代中华帝国的形成缺乏历史必然性。恰恰相反，前近代中华帝国的性格、疆域构造与奠定路径是东亚特定的地理态势下、特殊的历史环境下，特别是特殊的文

明背景下的必然产物。这种特殊性在于前近代中国由于地理环境的差异，早在新石器时代就开始形成了不同类型的文明圈。经过数千年的交流、融合，到了前200年左右冒顿单于统一大漠游牧区、前100年左右汉武帝统一泛中原农耕区，"五大文明板块"的初步轮廓开始显现。嗣后，再经过漫漫两千多年，原本历史渊源不同、文化传承各异，特别是生产方式相差较大的"五大文明板块"最终融合为一体。期间，各个"文明板块"上兴起的势力有如接力赛，前后相继，往往先由边缘兴起再逐鹿中原，尔后再以中原为基地向周边拓展，最终于1820年完成了中国疆域的统合。而其他所有世界级帝国消亡后，其废墟上均先后产生了多个政治中心，旧帝国文明往往冰消瓦解，出现了多个国家的复杂局面。

就古代中国疆域的奠定路径而言，"五大文明板块"都置身于缔造古代中国疆域的接力赛之中，先后与不同程度地做出了各自的贡献。其中，最先崛起的是"大漠板块"与"泛中原板块"。

就"大漠板块"来说，蒙古草原处于比较恶劣的气候带上，冬天是西伯利亚酷寒气候的延长地带；夏季的草原是戈壁滩炎热气温的纵深地域。那里几乎是10年一次的冬季暴雪或春季旱魃，导致牲畜死亡或牧草枯萎。此时，游牧民往往将目光投向黄河流域肥沃温湿的土地。况且游牧业属于单一经济，它需要农耕区的粮食、茶叶、铁器、各类日用品等来支撑其生存。在这种状况下，游牧民对农耕区的定期性推进便成了一条自然规律。这些草原之子，莫不属于头脑清醒、身强体壮与注重实际者。当农耕区政权腐败无能时，快如飓风的铁骑每每轻易地将其征服，他们成了"泛中原板块"的皇帝。毋庸置疑，这些征服者不但带来了固有的文化，而且还不同程度地接受农耕文化，并使之相互融合。

人们津津乐道的盛唐文化，就是这种融合的代表性产物。同时，崛起于"大漠板块"上的各种政权也经常是农耕文化的继承者，乃至于代言人，如北朝及隋朝、唐朝、辽朝、元朝等。

就"泛中原板块"而言，在秦汉及其以前，该板块曾利用其先发优势，对其他"文明板块"起到过主导作用。同时，"五大文明板块"最终被统合于近代意义上的"中国"的黏合剂——"大一统"思想、"华夷同源"谱系、"天下观"等理论发祥于此。另外，各"文明板块"入主中原后共通的交流工具——汉字也在这里产生。但不可否认的是，自三国时代以降，由于生活手段与生产方式的局限，从"泛中原板块"上孕育出来且由汉族为核心集团成员建立起来的中原王朝，往往善文治而乏武功，在底定中国疆域的最后几轮冲刺表演中，更多的时候只是一个看客，而不是表演者本身，而"泛中原板块"所能做的则经常是提供一个表演舞台而已。"泛中原板块"最终未能在武功上担负起统合中国疆域的历史使命。

位于东北亚的"辽东板块"，在前近代，她既有着与"大漠板块"大致相同的恶劣的自然环境与艰苦的生活条件，也有着与游牧铁骑同样的南下冲动，但更兼有游牧、农耕、渔猎三种生活方式之长。唯其如此，康熙帝、雍正帝与乾隆帝祖孙三代最终实现了将"天下归于一统"的长久理念。这个理念自战国时代生成、前汉业已成熟，但在康、雍、乾三帝之前，始终没有人能够将其变成现实。

"雪域板块"介于印度、中亚与中原文明之间。但令人感兴趣的是，"雪域板块"为什么最终能够成为中国疆域的有机构成部分。究其要者，人文地理条件起到了不可替代的作用。四周环绕着崇山峻岭的青藏高原，唯其东北部低缓，并且有若干个山口与"泛中原板块"相连。这些山口既是吐蕃人祖先移住青藏高原的通道，也是其欲回归故土、回归母文化的回路。自吐蕃民族共同体形成之时，吐蕃人就有着与生俱来的东向发展与东向拓展的潜在冲动。恰恰是这种东向发展的态势，以及相对便利的地理环境，为元朝开拓青藏高原、为清朝最终将青藏高原纳入中国疆域提供了切实的机会与条件。

从西汉到明初，以中国官府与中国私人海上力量为核心，辅之以东亚其他力量，曾主导着"海上板块"贸易约 1 500 年之久。明初至清中后期，一支反抗母国禁海政策的中国私人海上力量先是被母国水军追杀，后来明清朝廷水军又与西方殖民者前追后杀，朝廷与西方殖民者均欲灭之而后快。但这支海上私人力量前仆后继，在该海域贸易体系中仍维持着主导地位，并为明清乃至于民国货币银本位的实现与维持，起到了不可替代的作用。而通过"海上板块"大量吸收日本、美洲白银的直接后果，促成了 16 世纪至 18 世纪明清两代的经济和人口的迅速扩张与增长。这些迅速增长的人口携带着从"海上板块"传来、原产于美洲的玉米、红薯与马铃薯等高产、耐旱、耐冷、耐瘠土的作物种子向东北、北部、西北与西南等高寒、高纬度地带移民，使得这些地域与中原地带迅速均质化。同时，官府则凭借着从西方传来的火器开始征服西南等地抗命土司，讨平以游牧铁骑著称的青海蒙古和硕部与西北蒙古准噶尔部，并抵挡住了沙俄第一轮侵略。另一方面，因大海之子郑成功收复台湾及周边数百万平方公里的海域、康熙帝承继了郑成功的事业而使今日中国仍拥有巨大海域。凡此种种，莫不表明"海上板块"对中国社会进程，特别是疆域变更的影响有着不可替代的作用。

值得一提的是，世界古代数大文明发祥地，如尼罗河流域、两河流域、印度河流域、伊朗高原、黄河流域、爱琴海周边、台伯河流域，大都发展成世界帝国。但除了黄河流域文明之外，今日所有主导旧帝国废墟的人们，都不是旧帝国原文明衣钵的嫡派传人。那么，为什么单单中国例外呢？这似乎应该从统合中国疆域的意识形态与内在动力之中寻求答案。

就统合中国疆域的意识形态而言，如上所述，"五大文明板块"得以统合为一体的主要价值观，实际上是诞生于战国时代，最后烂熟于董仲舒、司马迁、司马光、李世民、脱脱、爱新觉罗胤禛等的"大一统"思想。如本书"导言"所述，司马温公曾对大一统之内核有过极其精彩的阐释。① 而司马温公对"大一统"内涵的深刻诠释，实际上是在为其他"文明板块"入主中原正名。正如笔者在本书"导言"中所说，"大一统"思想实质上是一种意识形态，通过历代有识者的努力，他们把难懂的、学术性的、而且常常是朦胧混乱的哲学转变为明白易懂的语言，最终简化为标语口号。所以，虽然在1820年以前，"中国"一直处于非统合状态，但各"板块"统治者的指导思想却是一种将国家统合作为终极追求的"大一统"领土观。伴随着这个"大一统"思想逐渐衍变成历代帝国的意识形态，历代有作为的最高统治者也获得了统一天下的思想武器。自秦汉以降，古代中国历代世界级帝国开创者心中的疆域模式始终是统一的帝国，尽管在绝大多数时间里，这个"统一的帝国"是想象的或理念之物，但这并不妨碍它们作如是观、作如是想。这也意味着，在近两千年的时间里，每每重新创建和重新形成帝国体制，总是有现成的意识形态资源和组织资源可以利用。中国各个时期的较强大的王朝，如唐、

① 司马光撰：《资治通鉴》卷69，《魏纪一》，"黄初二年三月"条，"臣光曰"，《四部丛刊》初编本，影印宋刻本，上海，商务印书馆，民国十八年。

元、清等统治一个幅员辽阔的帝国的能力，确实依赖于国家在意识形态方面具有能够为人们普遍接受的伦理。否则，如果国家只是力求用军事手段延长自己的统治寿命的话，就会在强制性资源和控制手段方面引起难以收拾的残局，从而造成国家的瓦解。因为唐、元、清即使在全盛期，相对于其 1 300 多万平方公里或以上的陆疆、四五百万平方公里以上的海疆而言，其不足百万的军队，面对前近代极端落后的交通条件与以人力、畜力为动力的交通工具，有如夜幕中有限的星斗显得那么微不足道。但汉、唐、元、清时期的国家有能力根据各地的社会特点，高举"大一统"的旗帜，改变策略和人员配备，以促进统合和控制。

在 2 000 多年时光里，各个时期的中华帝国业已经历了数轮兴衰更替而不绝如缕。进入 21 世纪后，这些世界级帝国的嫡传继承者——今日中国则在新的国际环境下，刚刚经过一轮新的凤凰涅槃而走进了世界级现代大国之列。通过本书的探讨，我们有充分的理由推断：延续各个时期中华帝国链条不断绝的内在动力，来源于中国疆域形成模式的独特性。罗马帝国等其他世界级帝国的疆域无一例外的都是由中心地带向周边扩展而形成，故一旦灭亡，就再也没有后续力量予以补充。而古代中国的汉、唐、元、清四个世界级帝国，均在中原地带的边缘形成，而且还都高举着"大一统"思想大旗走向核心区域。中华各帝国之间之所以具有文化连续性，是因为发祥于不同"文明板块"上的各种力量生生不息、此消彼长，它们为新、旧帝国的兴衰更替提供了强大的内在动力。应该说，在疆域形成之路上，中国与欧亚其他世界级帝国走着不同的道路。

二、1820—1949 年约 350 万平方公里左右陆疆与两个海域之殇

前面已经谈过，1820 年中国疆域最终奠定时，本土陆疆约有近 1 400 万平方公里，海疆有 1 个内海、5 个共有海域，另有许多属国（部）。自 1820 年中国疆域底定以降，俄（苏）、英、法三国及周边的日本、越南、锡克等国，特别是沙俄—苏联，它们或明火执仗地强占，或悄悄地偷窃，或骗取等，先后攫取了中国固有的陆上领土 350 万平方公里左右，鲸吞了中国固有的领海——鄂霍次克海与日本海。

尽管 1820 年中国疆域底定后的疆域变化状况不是本书重点探讨的主题，但 1820—1949 年间的中国疆域确实发生了很大变化，为了深化本书的主题，理应大致叙述清楚，以便照应前后文。

回溯中国近代以来的失地情形，大体上可分为两种形式。其一，以沙俄—苏联、英国、法国等为首的穷凶极恶的殖民者，通过巧取豪夺的卑劣手段强行鲸吞或窃取；其二，有些时期的个别统治者将部分领土放弃或让渡给外国。

以下择要罗列 1820—1949 年间中国丧失的陆疆与海疆领土的大致情形。但限于时间与资料，特别是限于本书体例，恕此处不能一一列举所有事项，如北部边疆除了唐努乌梁海与外蒙古之外，还曾丧失过其他领土，其他地方亦然。换言之，此处无法面面俱到地点明所有丢失的领土，特此说明。

1. 沙俄与英国通过条约攫取的中国固有领土
（1）黑龙江以北60万平方公里领土被沙俄强行割占

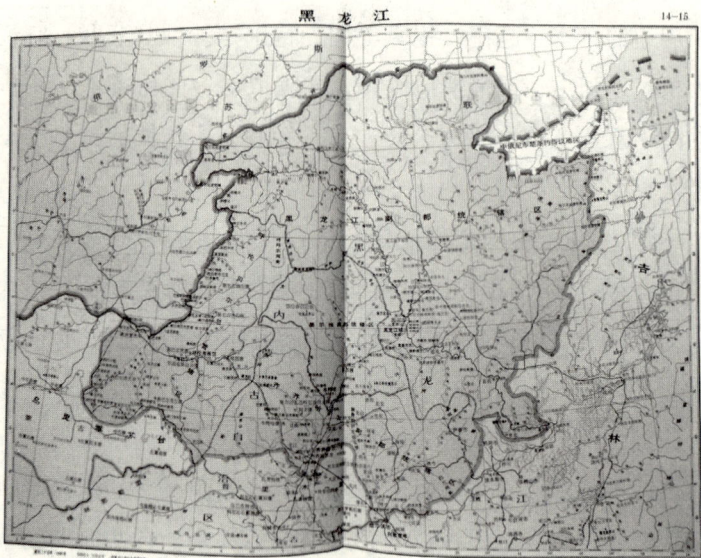

1820年黑龙江将军辖区图 ［引自谭其骧主编：
《中国历史地图集》，北京：中国地图出版社，1982年］

咸丰八年（1858年）四月八日，英法联军攻占大沽，进逼北京。期间，中国东北的军队几乎全部被调到镇压"洪杨起事"的战场上，边界几无可守之兵。沙俄东西伯利亚总督穆拉维约夫闻讯后，乘机于四月十一日兵临瑷珲城下，要挟与黑龙江将军奕山进行边界谈判。十六日，奕山被迫与穆拉维约夫订立《瑷珲条约》。

与此前《尼布楚条约》规定的中俄东段边界走向相比，《瑷珲条约》的签订使中国内河黑龙江成为界河，中国丧失了黑龙江以北60多万平方公里领土。同时，乌苏里江以东40万平方公里中国固有领土成为中俄"共管"之地；此外，俄国还获取了在松花江、乌苏里江的航行权。①

(2) 乌苏里江以东40万平方公里领土被沙俄鲸吞

1820年吉林将军辖区图 [引自谭其骧主编:

《中国历史地图集》,北京:中国地图出版社,1982年]

---

① 《清代中俄关系档案史料选编》第三编,中册,508～509页,北京,中华书局,1979。

　　中俄《瑷珲条约》签订后，俄国出动军队抢占了乌苏里江以东的中俄"共管"地方。至咸丰十年（1860 年）五月，沙俄基本上完成了对东起日本海西岸、西至乌苏里江之间的中国领土的占领。九月二十六日，俄使伊格纳切夫利用英法联军占领天津、北京之机，诱迫清廷签订了中俄《北京条约》（又称《中俄续增条约》）。该约的核心条款就是清政府确认了《瑷珲条约》，并将原约内中俄两国"共管"的清朝乌苏里江以东 40 万平方公里固有领土变更为俄国独家占有。

　　与此前的 1689 年《尼布楚条约》规定的边界走向相比，中俄东段法定边界发生重大变更，中国东北边疆百万陆地领土，连同鄂霍茨克海、日本海及海中岛屿丧失殆尽。①

　　（3）巴尔喀什湖以东以南 44 万平方公里中国领土被沙俄吞并

[引自李天鸣主编：《失落的疆域》，
（台北）国立故宫博物院刊印，2000 年]

---

① 《清代中俄关系档案史料选编》第三编，下册，1 004～1 009 页，北京，中华书局，1979。

　　1825 年 6 月，沙俄派遣 50 名军人侵入巴尔喀什湖以南的中国特穆尔图淖尔地区。嗣后，沙俄数十次派兵侵入巴尔喀什湖以东、以南地区，并在阿拉套山一带建立了科帕尔堡（今卡帕尔）。咸丰四年（1854 年）又入侵伊犁河中游以南地方，建立维尔内堡（今阿拉木图），由此奠定了沙俄侵占巴尔喀什湖以东以南及外伊犁地区的基础。于是，沙俄便开始寻找时机，以重新划定边界为名，使其侵占的清朝西部疆土合法化。适逢第二次鸦片战争爆发，沙俄立即利用英法联军占领天津、北京之机，诱迫清廷与之签订了《北京条约》。该约包括中国西北与沙俄边界划分条款。在落实《北京条约》中俄西北边界问题时，沙俄边疆官员除了多次采取中断谈判相威胁之外，主要的策略是加紧攻击中国巡边部队、攻占中国界内常住卡伦与骚扰居民点，实现其以"打"逼"谈"的战略目标。导致清廷上下慌张，加之清廷官员多系井底之蛙，毫无近代国际谈判知识及技能且软弱怯懦，远不是老谋深算、纵横捭阖且机智勇敢的沙俄官员对手，只好就西北边界划分问题与之签订了《勘分西北界约记》。

　　根据该约及后来的数个界约、补充条约，中国固有的巴尔喀什湖以东以南约 44 万平方公里领土悉数被沙俄侵占。①

---

① 王铁崖主编：《中外旧约章汇编》第 1 册，215～217 页，北京，三联书店，1982。

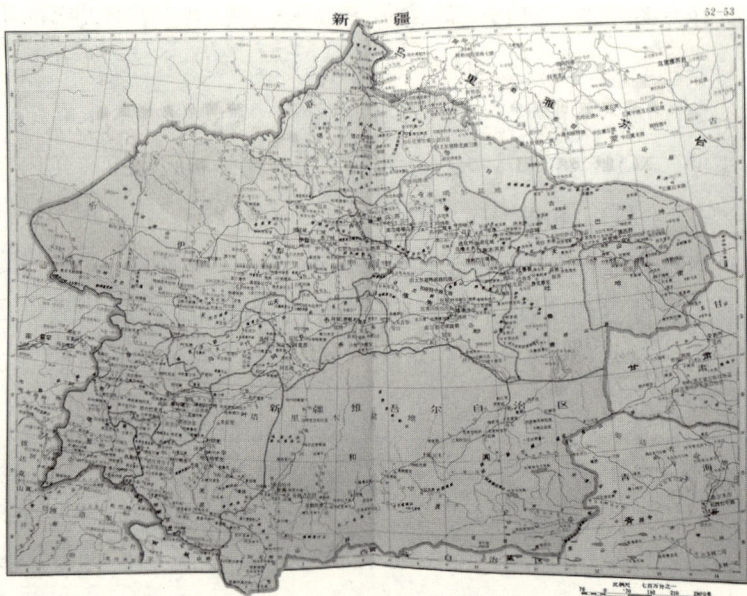

1820 年之新疆图 ［引自谭其骧主编：《中国历史地图集》，
北京：中国地图出版社，1982 年］

（4）沙俄利用《伊犁条约》侵占 7 万平方公里中国领土

清同治十年（1871 年）五月，沙俄利用中国属国——浩罕国
军官阿古柏占领中国南疆之际，攻占了中国伊犁地区。后经清政
府反复抗议、多次交涉，俄方同意接受清朝出使俄国的钦差大臣
崇厚作为全权大臣，前往俄京商谈交收伊犁事宜。光绪五年
（1879 年）二月二十五日，中俄举行正式谈判，俄方提出了修改
边界之议案，并以此为交收伊犁的条件。崇厚昏聩无能，竟然答
应沙俄的无理要求，出卖了大片国土，回国后即被送交刑部
治罪。

光绪六年三月十一日，清廷颁布谕旨，以曾纪泽为出使俄国
钦差大臣，奉使前往圣彼得堡另议新约。翌年正月二十六日
（1881 年 2 月 24 日，俄历 1881 年 2 月 12 日），中俄两国签署了
《中俄伊犁条约》，又称《改订条约》或《圣彼得堡条约》。

根据《中俄伊犁条约》，沙俄在 1882 至 1884 年间，先后强迫清政府签订了中俄《伊犁界约》《喀什噶尔界约》《科塔界约》《塔尔巴哈台西南界约》和《中俄续勘喀什噶尔界约》5 个子约。沙俄利用这些子约，先后从中国强行割占了 7 万多平方公里的领土。[①]

2. 苏联及英俄通过"密约"或"私约"攫取的中国固有领土

（1）苏联通过"雅尔塔协定"攫取 150 万平方公里的中国外蒙古

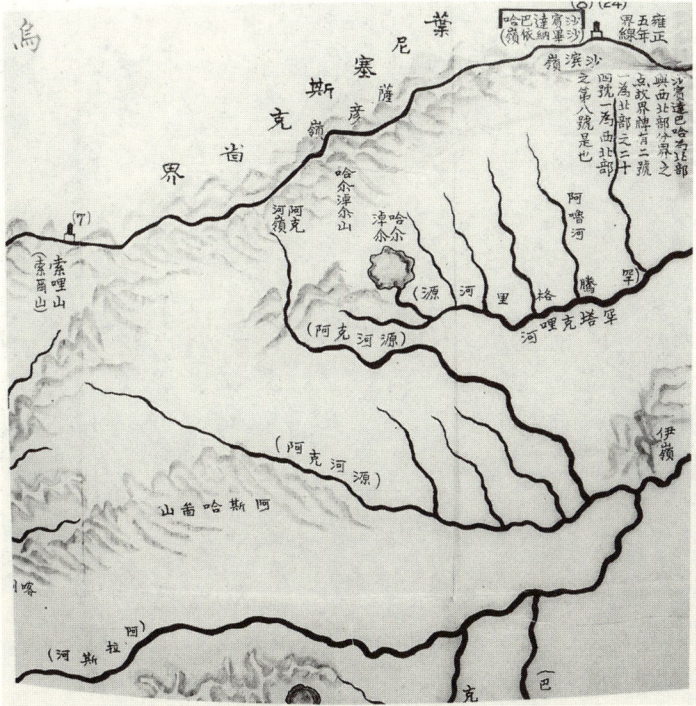

民国初年之乌里雅苏台全图 ［引自李天鸣主编：
《失落的疆域》，（台北）国立故宫博物院刊印，2000 年］

[①] 中国科学院近代史研究所编：《沙俄侵华史》第 3 卷，293 页，北京，人民出版社，1980。

　　1945 年 2 月 4～11 日，美、苏、英三国首脑罗斯福、斯大林
和丘吉尔在克里米亚半岛的雅尔塔召开会议，就结束"二战"，
特别是分配战后各大国利益等重大问题达成一系列协议和谅解。
并就苏联出兵中国的利益交换问题签署了雅尔塔秘密协定，全称
《苏美英三国关于日本的协定》。根据该《协定》中的"蒙古人
民共和国的现状须予维持"条款，中国固有的 150 多万平方公里
的外蒙古领土被苏联攫取，嗣后近 50 年间，外蒙古始终作为苏
联的附庸国而存在。
　　（2）沙俄攫取、英俄两国私分数万平方公里中国帕米尔

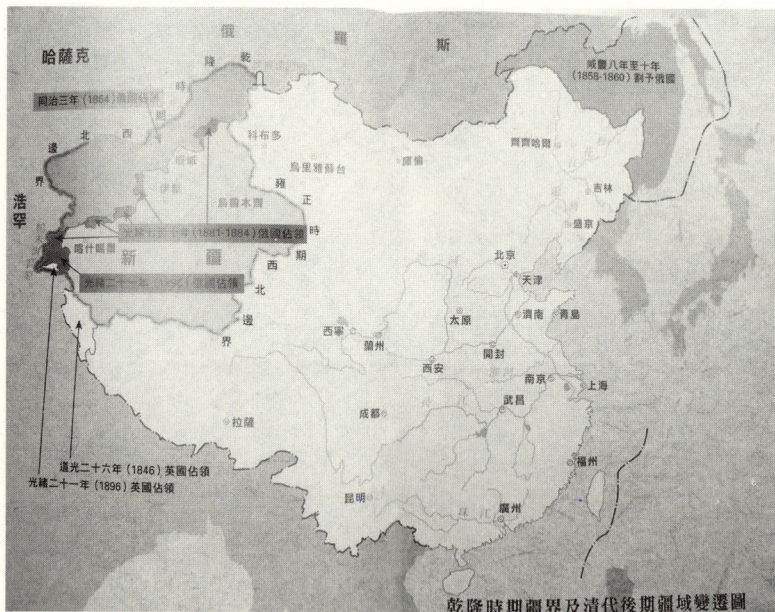

[引自李天鸣主编：《失落的疆域》，
（台北）国立故宫博物院刊印，2000 年]

　　帕米尔高原位于亚洲中部，号称世界屋脊，海拔 4 000～7
700 米。该地系地球上两条巨大山系——喜马拉雅山—阿尔卑斯、
帕米尔—楚科奇山系的山结所在地。又因喜马拉雅山、天山、昆
仑山、喀喇昆仑山和兴都库什山等世界著名山脉汇集之处，故有

"万山之祖"之称。帕米尔共分 8 个"帕",由北向南依次为和什库珠克帕米尔、萨雷兹帕米尔、郎库里帕米尔、阿尔楚尔柏米尔、大帕米尔、小帕米尔、塔克敦巴什帕米尔、瓦罕帕米尔,大致位于东起塔克拉玛干沙漠西缘以西,西至喷赤河以东,北起天山山脉南麓,南至兴都库什山北麓之间。

19 世纪 70 年代以前,整个帕米尔地区都属于中国,绝大部分为喀什噶尔参赞大臣直接管辖,极少部分为清朝属部(国)游牧。清朝曾在帕米尔中部伊西洱库尔(湖)北岸建立了"乾隆御制纪功碑",该地名遂称"苏满塔什"(意为写字的石头),是为帕米尔属于清朝领土的见证。今日之帕米尔因沙俄强占大部分、英俄两国私自瓜分一部分而成为地跨中国、塔吉克斯坦和阿富汗三国之地。

19 世纪后期,俄国开始正式染指中国帕米尔地区。光绪二年(1876 年),俄军进占帕米尔北部的阿赖谷地。翌年,俄国趁中国受困于东海的"琉球事件"而趁机占领帕米尔东北的伊尔克什坦。

光绪七年(1881 年),中俄签订《改定条约》,其中第九款规定中俄在帕米尔地区"照两国现管之界勘定"。但沙俄利用中俄两国于光绪十年签订的《中俄续勘喀什噶尔界约》,不仅将帕米尔分成三块,还将喀什噶尔(今新疆喀什)北部阿克赛河一带的中国领土划入俄国版图,更为日后沙俄进一步占有乌孜别里山口以南的中国领土埋下了伏笔。20 世纪 90 年代初,正当中国受遏于日本、甲午之战惨败之时,"俄军大举入侵帕米尔,进一步违约占领了萨雷阔勒岭以西 2 万多平方公里的中国领土"①。

沙俄侵占帕米尔的举动引起了英国的不满。于是英俄两国开始拿中国领土做交易,并于光绪二十一年(1895 年)二月秘密签订了《关于帕米尔地区势力范围的协议》。根据该协议,英国私

---

① 中国科学院近代史研究所编:《沙俄侵华史》"前言",4 页,北京,人民出版社,1980。

分了瓦罕帕米尔、沙俄私分了瓦罕以北诸帕，并将兴都库什山北
麓与帕米尔南缘之间的狭长地带划作两国间的"隔离带"，导致
中国数万平方公里领土丧失。同年八月，英俄勘界委员会完成了
帕米尔的"勘界工作"。对此，清政府声明："英俄不顾中国允认
与否，遽行定界，迹近强占，尤出情理之外。"① 并向英俄多次提
出抗议。② 但直到清朝灭亡，帕米尔界务问题依然未能解决，清
朝仅保留了塔克敦巴什帕米尔及郎库里帕米尔的一部分，即清朝
仅剩 8 个"帕"中的一个半"帕"。

　　3. 中国被沙俄—苏联等窃取，但没有条约承认的固有领土

（1）面积 17 万多平方公里的唐努乌梁海被盗取

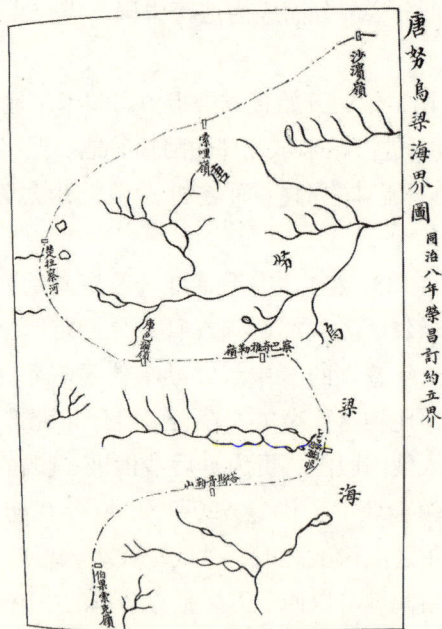

[引自李天鸣主编：《失落的疆域》，

（台北）国立故宫博物院刊印，2000 年]

---

① 《总理各国事务衙门致新疆巡抚书》，转引自王树楠等：《新疆图志》卷 5《国界
志》，20 页，据铅印本影印，台北，文海出版社，1965。
② 王彦威编：《清季外交史料》卷 113，16 页，北京，书目文献出版社，1987。

唐努乌梁海位于外蒙古的西北部，系介于东、西萨彦岭与唐努乌拉山之间的一个巨大盆地，叶尼塞河在其中部东西流淌，境内森林密布，水草丰茂，面积17万多平方公里。

早在前3世纪，该地区便归属古代中国的匈奴单于国管辖。1207年蒙古汗国征服此地，设置了4个千户，归成吉思汗直接管辖，后成为元朝岭北行省下辖的益兰州。明末清初，唐努乌梁海地区属于喀尔喀蒙古扎萨克图汗部和托辉特首领管辖。1655年以降，唐努乌梁海地区成为清朝直辖领地，由乌里雅苏台将军所管辖。该将军所辖乌梁海由唐努乌梁海、阿尔泰乌梁海和阿勒坦淖尔乌梁海三部分组成。

自17世纪初期以降，沙俄便开始觊觎唐努乌梁海，无奈因清朝还很强大，沙俄便无法遂愿。1864年沙俄利用中国在第二次鸦片战争中战败之机，通过《中俄勘分西北界约记》侵占了唐努乌梁海西部的阿穆哈河地区。嗣后，沙俄开始以通商开矿之名，向唐努乌梁海地区大量移民，步步为营。截至1911年，建立居民点160多个，移民超过5 000余人，进而以保护移民为借口，派遣管理移民事务的官员，设立教堂和学校。

1912年2月，沙俄利用"辛亥革命"清帝逊位之机，支持其傀儡——唐努旗副都统贡布多尔济宣布属下的三旗"独立"，并令贡氏"请求"俄国出兵协助。但贡氏的行为却遭到了萨拉吉克、托锦两旗的强烈反对，各旗大都归附了外蒙古哲布尊丹巴。这一局势变化暂时打断了沙俄图谋吞并唐努乌梁海的计划。

于是，沙俄决定暂不出兵，而是大量地向唐努乌梁海移民，并派警察予以保护。同时，胁迫唐努乌梁海各旗向其提出"保护"申请。1914年7月，沙俄委任格里戈里耶夫为乌梁海边区事务专员，已事实上将该地变成其殖民地。1916年，克穆齐克旗总管派人向北京北洋政府求救。翌年，中国政府决定向唐努乌梁海地区派遣官员，却遭到沙俄的阻挠。

1918 年 8 月，中国政府任命陈毅为乌里雅苏台佐理专员、严式超为库伦公署秘书长，并命令二人率军收复唐努乌梁海。翌年 6 月，中国军队收复了克穆齐克旗。7 月，中国政府正式任命严式超出任唐努乌梁海佐理专员，被沙俄与苏俄侵占了七年之久的唐努乌梁海重新回归祖国。1920 年 12 月，中国政府发布大总统令，任命黄成垿为唐努乌梁海参赞。但这时苏俄已在唐努乌梁海非法建立了政权，并强迫唐努乌梁海各旗与其订立了"脱离保护条约"。

1921 年夏，苏俄红军侵占了唐努乌梁海地区。同年 8 月 13 日，苏俄主导的唐努乌梁海宣布"独立"。12 月，唐努乌梁海按照苏俄的安排，召开了大呼拉尔开幕，将"国名"定为"唐努图瓦共和国"。嗣后，该"国"作为苏俄的傀儡开始粉墨登场。

1944 年 8 月 17 日，在斯大林的主导下，"图瓦人民共和国""请求"加入苏联。同年 10 月 11 日，苏联"同意"其"请求"，并将"图瓦人民共和国"正式改名为"图瓦苏维埃社会主义自治共和国"，隶属于俄罗斯苏维埃联邦。但狡猾的斯大林对此事不准对外报道，以便于重演惯技，在下一步与民国政府谈判时再进一步攫取利益。1945 年 8 月，斯大林利用中国抗日战争即将结束、国共之争不可避免之机，特别是利用了民国政府急需苏联将中国东北交还给自己而不是交给共产党的心理，诱使民国政府与其签订了《中苏友好同盟条约》，迫使民国政府承认外蒙古独立，但不提唐努乌梁海的归属问题。同年 10 月，苏联将唐努乌梁海列为第 299 号选区，以参加最高苏维埃主席团的"选举"，中国驻苏大使傅秉常这才知道自己祖国的固有领土已被窃取的真相。

1948 年 5 月 7 日，中国驻苏大使傅秉常照会苏联外交部，提出严重抗议并声明"唐努乌梁海是永远属于中国的神圣的领土"。苏联政府装聋作哑，要弄其一贯的欺诈、流氓手段，始终不予正面答复。

（2）约4.5万平方公里的中国拉达克被窃取

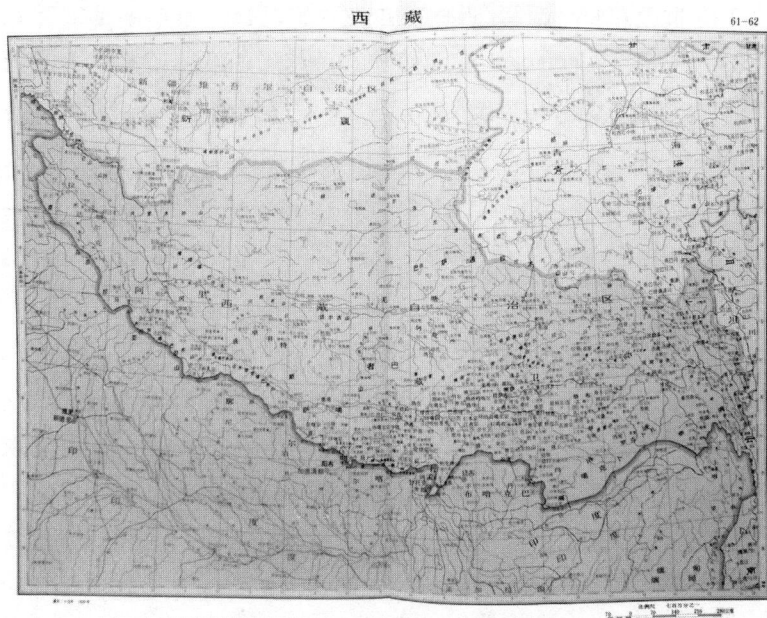

1820年之西藏地图［引自谭其骧主编：《中国历史地图集》，
北京：中国地图出版社，1982年］

拉达克地区系指位于喀喇昆仑山西南侧、以列城为中心的印度河上游流域，面积大约4.5万平方公里。现在有人口约260 000人，居民主要由藏族构成，另有部分雅利安人，至今仍是藏传佛教大本营之一，故素有"小西藏"之称。

早在7世纪前期，伴随着吐蕃王朝向西推进，拉达克地区便被纳入吐蕃版图。

13世纪作为西藏一部分的拉达克又统一于中国的元朝，成为中国西藏的组成部分，一直到19世纪30年代末期。期间，莫卧儿帝国曾一度征服拉达克，以其为藩属，但随着莫卧儿帝国的衰亡，拉达克又复归中国西藏管辖。①

　　18世纪60年代，邻近西藏拉达克、克什米尔西南部的锡克（Sikh）人摆脱了莫卧儿王朝而独立。英属印度鉴于其势力还无法伸展到该地，故与锡克国王兰吉特·辛格订立条约，划定各自的扩张范围，并支持兰吉特·辛格征服克什米尔其他地方。期间，因克什米尔南查谟地区道格拉族②统治者古拉伯·辛格（GulabSingh）协助锡克王国有功，兰吉特·辛格便任命他为查谟土邦的总督，附属于锡克王国。③

　　1834年7月，古拉伯·辛格派遣克什瓦尔（今查谟东北）地方长官瓦齐尔·辛格率领约5 000名士兵突然侵略拉达克。拉达克王仓皇失措，无力抵抗，立即派人至拉萨向驻藏大臣告急求援，但"驻藏大臣拒之弗纳，拉达克怨，反投森巴，诱之寇唐古忒，欲复茫丘纳山西故地"④。翌年，多格拉军队攻抵拉达克首府——列城城下，拉达克王被迫签订城下之盟，沦为多格拉土邦的属国。后来，经过几番争夺，查谟国王吉拉布·辛格的军事长官辛格在此建立了政权，⑤ 但拉达克王室被允许保留部分王权，这种态势直至今日未变。1846—1847年，多格拉土邦沦为英国的藩属土邦，英国为限制他的发展及取得与西藏贸易的利益，向中国清朝政府提出划定克什米尔东部与西藏边界要求，但没有得到中国清朝正式答复，于是英国单方面组织了"划界"工作。但拉达克与西藏本来同属于清朝，二地之间根本就不存在着"边界"，其行政区划也一直是以传统的习惯为准。直到20世纪40年代末，

---

① 周伟洲：《19世纪前后西藏与拉达克的关系及划界问题》，载《中国藏学》，1991（1）。
② 在藏文文献中习惯称为"森巴"人。
③ 陈庆英、高淑芬主编：《西藏通史》，436页，郑州，中州古籍出版社，2003。
④ 黄沛翘辑：《西藏图考》，185页，拉萨，西藏人民出版社，1982。
⑤ R·I·帕提、胡光利译：《拉达克人》，载《民族译丛》，1986（4）。

这段"边界"从未经中国政府与英印或印度政府正式划定。[①]

所以，无论是多格拉土邦或锡克王国，还是英印政府，抑或今日之印度，它们虽然占领了拉达克，但就国际法而言，它们依然没有改变拉达克固有的归属和地位。

（3）中国最大的海岛——7.6万平方公里的库页岛被偷窃

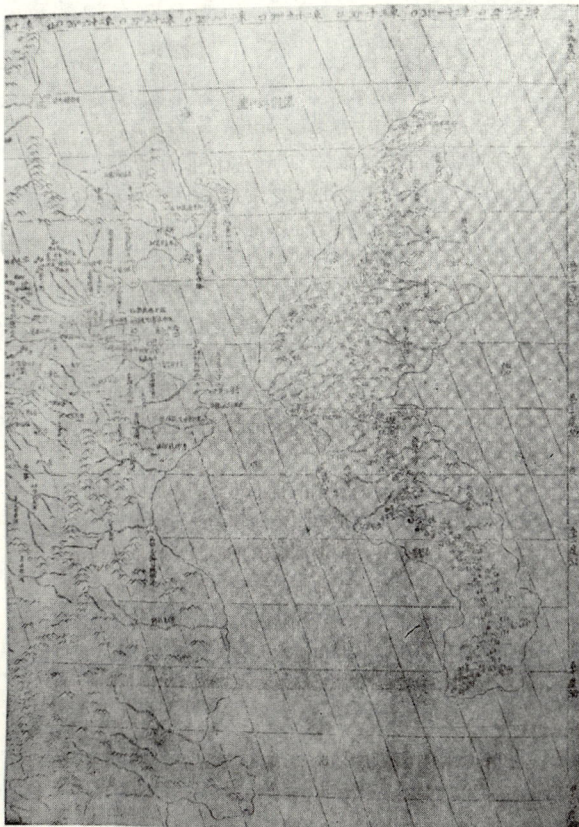

一七一八年康熙《皇舆全览图》中的黑龙江口与库页岛图

[引自中国社会科学院近代史研究所：《沙俄侵华史》第二卷，北京：人民出版社，1978年]

———————

① 周伟洲：《19世纪前后西藏与拉达克的关系及划界问题》，载《中国藏学》，1991（1）。

　　库页岛，也称萨哈林岛、桦太岛，有如横卧在黑龙江出海口、日本海与鄂霍次克海之间的永不沉没的航母，面积 7.64 万平方公里。渔业资源与矿产、石油资源极其丰富，更是北太平洋地区的战略要地。该岛自唐朝及后来的渤海国时代便归属古代中国所有，后历经辽、金、元、明王朝，直至清朝，始终在古代中国主权管辖之下。但日俄两国对库页岛也早有觊觎之心。清初（日本宽永十二年，1635 年），日本松前藩家臣曾前往库页岛考察。① 清中期（1742 年），俄国人舍利京克勘察了几乎整个库页岛的东海岸。② 1806 年 10 月 10 日，沙俄令俄美公司海军军官赫沃斯托克率武装船只袭击库页岛南端亚庭湾（即久春占丹）的日本松前藩税务所，焚烧仓库，宣布库页岛为俄国所有。③ 鉴于沙俄的野蛮行为触犯了各列强的利益，英、法、美等国纷纷公开支持日本占领库页岛，以此来对抗俄国，以扼制俄国扩张势力持续南下。1853 年 7 月，沙皇命令俄军攻占库页岛。④ 与此同时，委派普提雅廷为全权代表赴日进行谈判，希冀通过战场与谈判两手对日本施压。

　　咸丰五年（1855 年），日俄两国背着库页岛的主人——中国，私自签订了《日本国俄国通好条约》，其第二条规定："从今而后，日本国与俄国的国境在择捉岛和得抚岛之间，择捉岛全岛属于日本，得抚岛全岛及以北的千岛诸岛属于俄国。至于库页岛，日本与俄国在此不另定国界。"⑤ 条约的签订一方面反映了幕府政治的软弱，另一方面也表现了俄国吞并整个库页岛的野心。

　　1875 年 5 月 7 日，日俄双方签订了《库页岛·千岛交换条约》，条约规定：日本占据的库页岛南部地区转让给沙俄，两国

---

① 约翰·J·史蒂芬著，安川一夫译：《桦太岛》，40 页，东京，原书房，1974。
② 约翰·J·史蒂芬著，安川一夫译：《桦太岛》，56 页，东京，原书房，1974。
③ 约翰·J·史蒂芬著，安川一夫译：《桦太岛》，59~60 页，东京，原书房，1974。
④ 中国科学院近代史研究所编：《沙俄侵华史》第 3 卷，93~95 页，北京，人民出版社，1980。
⑤ 收入外务省编：《日本外交文书》上卷，东京，原书房，1965。

以宗谷海峡为界；作为补偿，沙俄将千岛群岛的占守岛至得抚岛等十八个岛屿让给日本，两国以洛巴加岬和占守岛之间的海域为界。

但无论是沙俄占领库页岛，还是日俄交换库页岛，它们从来没有与该岛的主人——中国交涉过，更没有签订过任何协约，纯属窃取。

（4）沙俄对中国江东六十四屯采取先灭绝主人后窃取土地之道

[引自谭其骧主编：《中国历史地图集》，

北京：中国地图出版社，1982 年]

　　江东六十四屯系指位于精奇里江（结雅河）与布迪音河交汇处以南，伯勒格尔沁河流域以北，黑龙江东岸一带，面积约3 600平方公里的地方。该地"南北一百五十里许，东西八十里许"，共有六十四个居住着满、汉、达斡尔族的村庄。因地处瑷珲段黑龙江以东，故称瑷珲江东六十四屯。1900年，"江东六十四屯惨案"发生时，该地约有中国居民二万五千人左右。[①]

　　1858年，沙俄强迫中国签订的《瑷珲条约》规定：中俄由额尔古纳河沿黑龙江至海口划界，右岸属中国，左岸属俄国，但"黑龙江左岸由精奇里河以南至豁尔莫勒津屯，原住之满洲人等，照旧准其各在所住屯中永远居住，仍著满洲国大臣官员管理，俄罗斯人等和好，不得侵犯"。同时，该条约还明确规定黑龙江左岸、乌苏里江右岸"遇有中国人住之处及中国人所占渔猎之地，俄国均不得占，仍准中国人照常渔猎"[②]。据此，中国固有的黑龙江以北60万平方公里领土被沙俄一次性鲸吞，仅仅保留了面积约3 600平方公里的江东六十四屯，直接归瑷珲副都统衙门管辖。[③]

　　义和团运动兴起后，沙俄立即捕捉到侵略中国的机会。根据薛衔天的研究，沙俄为了彻底占领江东六十四屯，采取了老办法，即首先屠杀所有的在沙俄新占有土地——黑龙江东岸居住的中国人，尔后再彻底占领东岸零星保留下来的中国领土。[④]当时，紧邻江东六十四屯的海兰泡市中国居民区和郊区，计有长期居住的华侨、华商，以及雇工、小商贩和手工业者万人以上。[⑤]由于海兰泡与江东六十四屯相邻，故沙俄认为其屠杀的计划应该是先

① 薛衔天：《江东六十四屯惨案研究》，载《近代史研究》，1981（1）。
② 王铁崖主编：《中外旧约章汇编》，150页，北京，生活·读书·新知三联书店，1982。
③ 佟东主编：《沙俄与东北》，164页，长春，吉林人民出版社，1984。
④ 薛衔天：《江东六十四屯惨案研究》，载《近代史研究》，1981（1）。
⑤ 薛衔天：《江东六十四屯惨案研究》，载《近代史研究》，1981（1）。

杀尽海兰泡市中国居民，接着再斩尽江东六十四屯居民。

1900 年 7 月 15 日，沙俄阿穆尔省军管省长格里布斯基下令禁止海兰泡市中国人渡江回国。翌日，俄军将海兰泡市中国侨民悉数逮捕。[1] 7 月 17 日清晨开始将其全部驱赶到黑龙江边予以屠杀。据当时日本派往海兰泡的一名谍报人员目击，这些中国侨民都被"一股脑儿地投入江流"，水面又浮起一层半死的人筏，翻滚着向东流去。"一些紧搂婴儿企图逃脱的母亲被纷纷刺倒，从怀中滚落的婴儿被碾得粉碎"[2]。

与此同时，格里布斯基率俄军大规模扑向江东六十四屯。大队俄军杀来后，立即将其中的 28 屯中国人"各屯居民聚于一大屋中"举火焚烧，大部分被活活烧死。[3] 另外，俄军将其他"各该村华人驱逐入江，溺死者七千余人"[4]。海兰泡和江东六十四屯被害的中国居民的尸体壅塞在黑龙江水面，直到三个星期后还在江上浮游。[5]

沙俄在完成了屠杀黑龙江北岸中国侨民与占领中国的江东六十屯之后，立即南下占领了东北全境。1902 年，沙俄在欧美国家压力下，被迫与中国签订了"中俄交收东三省条约"。该约第一款规定"东三省一如俄军未经占据以前仍归中国版图及中国官员治理"。1907 年 8 月 18 日，东三省总督徐世昌、黑龙江省巡抚程德全行文瑷珲副都统姚福升，令"所有瑷珲江东六十四屯地方"，应"照约交还"，并令姚福升"查照办理"交收事务。[6] 俄地方

---

① 石光真清：《谍报记》，23～24 页，长春，吉林文史出版社，1989。
② 石光真清：《谍报记》，23～24 页，长春，吉林文史出版社，1989。
③ 徐曦：《东三省纪略》卷 1，15～16 页。
④ 黑龙江省档案馆藏：《为姚都护姿请据约索还江东屯地由》，转引自杨旸主编：《中国东北史》第 5 卷，282 页，长春，吉林文史出版社，1998。
⑤ 《满洲旅行记（1900—1901 年）》，18～21 页，转引自薛衔天：《江东六十四屯惨案研究》，载《近代史研究》，1981（1）。
⑥ 《东三省总督徐、黑龙江巡抚程为所有瑷珲江东六十四屯地方请照约交还由》，江档。

当局，以"事关重大"，"须候政府议定"① 为由，拒绝履约。东
北地方当局只好呈请外务部与俄国政府直接交涉。沙俄政府以
1900 年"江左华民弃地逃回中国，现已将该地交俄民居住，碍难
交还中国"② 为由，予以拒绝。俄国十月革命以后，中国政府又
与苏联政府多次交涉，但交涉均无结果。

　　直至今日，江东六十四屯仍被俄罗斯非法占领，由其阿穆尔
州管辖。

　　4. 鄂霍次克海与日本海之失

沙俄占领下的海参崴 [引自中国社会科学院近代史研究所：
《沙俄侵华史》第二卷，北京：人民出版社，1978 年]

　　1858 年《瑷珲条约》签订的结果，中国不但丧失了黑龙江口
到外兴安岭之间的 40 万平方公里固有领土，而且还因丧失了从
黑龙江口到外兴安岭之间的鄂霍次克海沿岸，使得中国的鄂霍次
克海连带丧失。

---

① 姚福升呈程德全呈文，呈徐世昌呈文，"江档"。
② 总督锡良巡抚周树模为准奉天行省咨江左旗屯刻下有无留居之满洲人人数多少查
　　明见复由，"江档"。

1860 年《中俄续增条约》，不但使中国固有的从乌苏里江以东到日本海的 60 万平方公里陆疆被沙俄侵占，而且还使中国连带着丧失了日本海。

5. 高贡黎山以西至野人山的中国领土或失或成"争议"之地

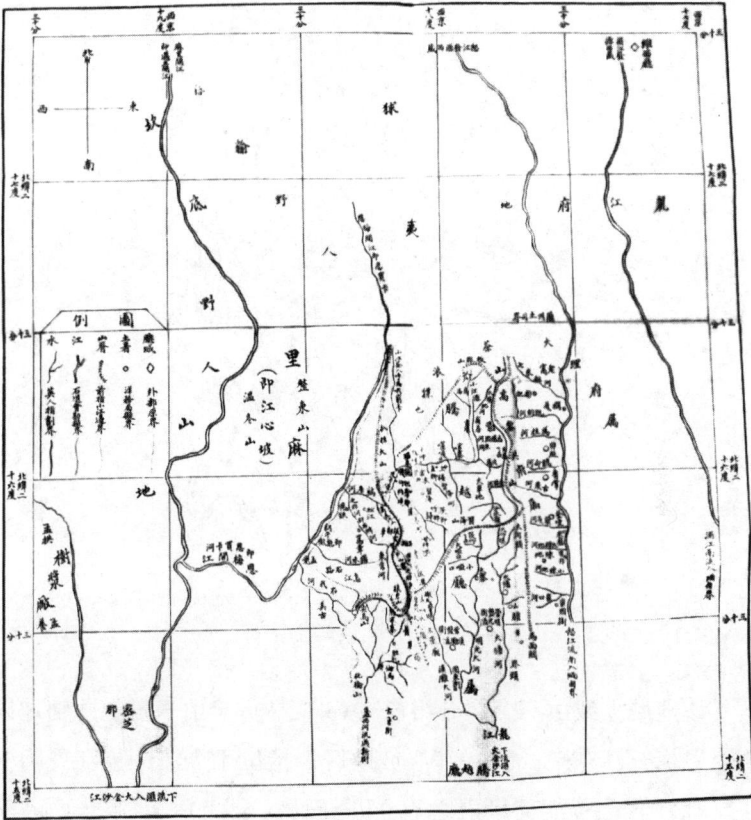

[引自陈玉科等编辑：《云南边地问题研究》（上），

昆明：云南省立昆华民众教育馆编印，1933 年]

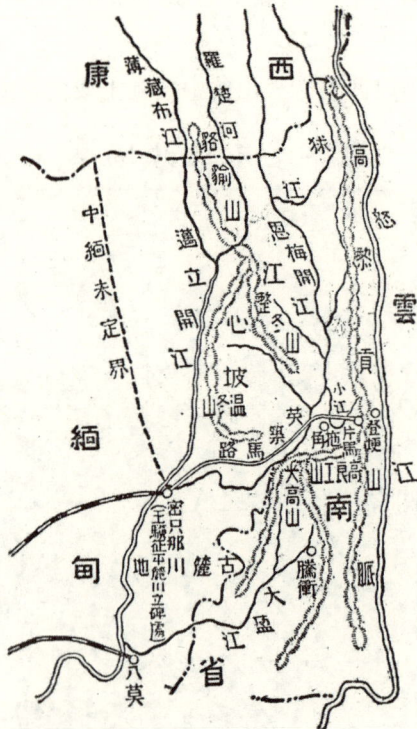

江心坡形势图

[引自华企云编著:《云南问题》,上海:
大东书局,民国二十年]

　　该地域大致由三个部分组成:(1)高贡黎山—腾越厅辖地以
西至恩梅开江东岸;(2)江心坡地区,指位于今滇缅界江恩梅开
江(俅江)与今缅甸境内之迈立开江(大金江)、北起今西藏察
隅县,南到原滇缅界山——尖高山之间的狭长地带。长约320公
里,一般宽处约70公里;(3)迈立开江以西至野人山(今克钦
山)之地,三者相加约有十数万平方公里。

　　现在,该地区大多归属缅甸北部的克钦邦、实皆省管辖。但
该地早在唐朝时便归属中国的南诏国管辖,后归大理国腾冲府统

辖。到了元代，该地属云南行省之云远路、蒙光路等管辖。进入明代以后，该地的北部归丽江土知府，中部与南部则归孟养军民宣慰使司管辖。据刘金洁的研究，明朝丽江土知府到清代中叶之后，直接受维西康普土千总管辖；嘉庆初年，独龙江上游地区被赠与西藏察瓦隆土千总。光绪三十四年（1908 年），云贵总督锡良派夏瑚巡视了独龙江（俅江，又称狇江）一带，逐村委派原来的头人为伙头和甲头，并分别发给委任状一张和小红帽一顶。1930 年，中国内政部及外交部会派滇缅界务调查专员尹明德等人进行调查时，还发现独龙江下游地区仍有宣统年间发给的印照文件。1912 年，独龙江地区被划归菖蒲桶（今贡山）殖边公署。同年，云南迤西国民军总司令李根源派"怒俅殖边队"进驻怒江和独龙江地区，并设"怒俅殖边总局"于兰坪县营盘街，就近领导殖边各队的工作。① 孟养军民宣慰使司则设于明永乐二年（1404年），其地"东有鬼窟山，又有茫崖山。又有大金沙江，其上流即大盈江，南流入于缅甸。又南有密堵城，有速送城。又南有戛撒寨。西有猛伦，西南有孟拱、戛里、猛别、盏西诸部"②。鬼窟山，又名"鬼哭山"，位于孟养西南、伊洛瓦底江西边；大金沙江即流经缅甸的伊洛瓦底江；大盈江，古称太平江，是伊洛瓦底江上游的一条支流，发源于高黎贡山南麓。

永乐五年与六年，明廷从孟养辖地的中、北部先后分出茶山、里麻二长官司，辖地在恩梅开江上游及其支流小江流域。到了明末，茶山长官司被明廷废除。清朝代替明朝统治该地后，原茶山长官司辖地的相当部分被划归腾越厅（今云南腾冲一带）管辖。茶山地区以西的里麻地区（即所谓江心坡地区），明朝在此

---

① 刘金洁：《中缅边界中的"麦克马洪线"问题及其解决》，载《当代中国史研究》，2006（1）。
② 张廷玉、万斯同、毛奇龄，等撰：《明史》卷 46《地理志七》，"孟养军民宣慰司"条，北京，中华书局点校本，1976。

地设长官司，① 辖地位于恩梅开江至迈立开江之间的广阔地带，明末后废。清朝初期继承前朝管理中缅边境地区管理模式，向当地的土司木邦、孟养等征收"差发银"赋税，两司的额度分别为1 400两和750两。清朝虽然对该地予以间接管理，但这一地区是清朝从明朝继承来的遗产，从法理上说仍是清朝的领土。况且"密支那东北的原里麻长官司之地，为缅王势力所不曾及，更无论里麻长官司东部的茶山长官司之地了"②。

关于中缅两国"国界"问题，按照古代中国藩属体制，"外藩"与"内地"一样，均属于中华帝国皇帝——外藩与内地人民共主的土地，故从法理上说，就不存在着"国界"。

乾隆三十四年（1769年）十二月，缅甸国王面对清军的征讨，决定称臣入贡。五十五年（1790年），缅王孟陨来朝，向清廷请封号，缅甸正式成为清朝藩属国。当时云南与缅甸之间存在着许多或归云南或归缅甸的土司，土司之间只有大概的领地，也无明确的边界，也就是说，缅甸与云南之间充其量有个较为模糊的省府县（土司）界。中缅之间真正划界始于光绪十一年（1885年）。是年，英印占领缅甸首都阿瓦。次年初，英国政府宣布缅甸为英帝国领土的一部分。为防英印向北侵略中国，总理衙门令时任清驻英公使曾纪泽与英国交涉，拟收回本为中国所属的八莫（今缅甸之八莫，为蛮莫土司属地，又称新街），以期将英国势利阻遏在该地以南。英国认为八莫是滇缅边界重镇，仅提议将大盈江以北归还中国，并允将大金江为两国公用之江。随后曾纪泽与英国外交副大臣克蕾达成三点划界意向：（1）将萨尔温江以东之地归还给中国；（2）伊洛瓦底江上游设立一中国码头；（3）伊洛

---

① 张廷玉、万斯同、毛奇龄，等撰：《明史》卷46《地理志七》，"里麻长官司"条，北京，中华书局点校本，1976。

② 尤中：《中国西南边疆变迁史》，323页，昆明，云南教育出版社，1986。

瓦底江为中英两国公用之江。①

嗣后，中英又进行了 10 次谈判，并未形成定议。唯英国在对待中缅边界问题上，采取了先军事占领，尔后再谈判的手段。1886 年，英国派兵占领腾越虎踞关内的崩冈寨。1889 年，英军占领麻汤、垒弄，又进犯昔董、昔马等地，并且以考察为名窜入麻栗坝土司、孟连长官司等地。1897 年 2 月 4 日，中英再次签订《续议滇缅界务商务条约附款》。根据该条约，中国将野人山（与迈立开江平行走向的克钦山）南部部分地区、伊洛瓦底江上游流域、木邦土司、萨尔温江上游流域的大片领土划给缅甸。另外，南坎地区"由中国永远租与英国"。

1897 年 12 月 13 日至 12 月 17 日，中英在缅甸八莫（新街）举行会议，双方签订《新街会议勘界章程》，对勘界的主管人员、方向、办法、标记、兵员、时间做了约定，但此次会议拟勘的边界线不包括尖高山以北的边界线。从后来的中缅边界总体走向看，清末勘定或未勘定的中缅边界线可分为五段。其中，（1）尖高山以北，即所谓的江心坡地区，在整个民国时期都处于未定界状态；（2）从南马河流入南卡江处起，至南阿河（南雅河）流入湄江处，为中英（英缅）南段未定界。

期间，英国一直觊觎高贡黎山以西至野人山之间这个世世代代都归属中国或中国土司的广袤土地。1911 年初英军曾武装侵占片马，但立即遭到了当地土司与全中国官民的强烈反对。迫于中国的土司的抵抗与官民的压力，英国政府只好在同年 4 月 10 日照会中国政府，不得不承认片马、岗房、古浪等地属于中国。1929 年 3 月 17 日，英军又入侵中国的江心坡。滇缅界务研究会代表谢棍等呈请国民政府对英人侵略之事提出抗议，并要求侵入该地之

① 王彦威编：《清季外交史料》卷 65，2 页，北京，书目文献出版社，1987。

英军一律撤出。4 月 17 日，行政院训令外交部，对英人侵略云南江心坡进行严重抗议。[①]

　　6. 猛乌、乌得两版纳沦入法人（法属老挝）之手

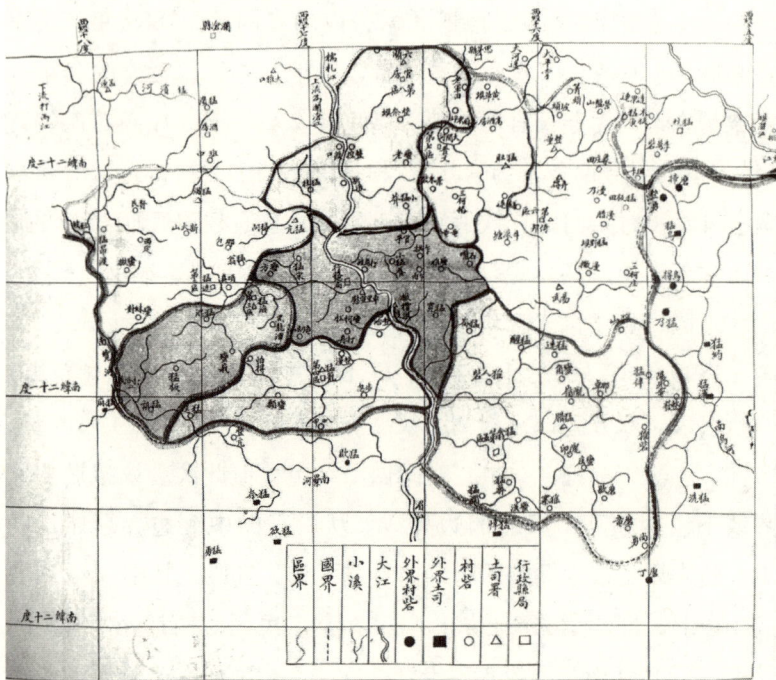

普思沿边版图 ［引自柯树勋编撰：《普思沿边志略》，
民国五年云南铅印，云南大学图书馆藏本］

　　光绪十九年（1893 年），法国占领湄公河东岸老挝领地。翌年末，英法两国达成了湄公河西岸土地属英，东岸全归法国的协议。二十一年，法国以"法和俄、德争退辽东全境"有功，要求将位于云南普洱府东南部的"普洱十二版纳"之一——版纳勐乌（包括勐乌、乌德两勐）划归法属越南。该版纳于明代属车里宣

----

① 龚育之主编：《中国二十世纪通鉴（1901—2000）》，1 835～1 836 页，北京，线装书局，2002。

慰司，清雍正七年（1729 年）隶属于宁洱县，清廷分别在勐乌、乌德任命了土把总，设讯兵，实施土司式管理。

清雍正年间，分车里司北境置普洱府。南境仍保留土司建制，所辖土地，分十三版纳、十二便委、广轮盖三四千里，十三版纳者，倚邦、易武、橄榄坝、猛笼、猛腊、六顺、猛阿、整董、猛旺、普藤、猛遮、猛乌、乌得是也。傣语之"西双版纳"四字的汉语字义分别是：十、二、千、田。就是十二个较大坝子之意，后来演化成 12 个行政单位。

光绪年间，越南趁中国内地战乱之际，占领了约有 3 000 平方公里的猛乌、乌得两土司。因越南当时系清朝属国，系清帝国内部矛盾，故暂未被深究。法国占据老挝后，即诱引猛乌、乌得两土司归属法。光绪十九年五月，法国公使向清总理衙门递交了一幅由法方绘制的地图，其中以红色标识了车里一带中老边界的分界线。七月，法提出照会，要求在车里地方"补勘"分界。清廷当即指出法方绘制的地图与清朝舆图不符，将原图奉还。继而又告知法国：盖当日中越分界，但到孟宾为止，孟宾之西系云南思茅厅车里土司所属十三猛地方。若由孟宾沿暹罗边界而抵湄江，须向南转西绕过车里土司边界，并非一直向西。唯将来分界，所有滇省车里土司所属界内，中国所有权利，毫不能损。[①] 双方意见对立。

光绪二十一年五月二十八日（1895 年 6 月 20 日），法国借着中国刚刚惨败于日本，其"干涉还辽"有功，且陈兵边境为后盾，逼迫清廷签署《续议界务专条附章》，根据该附章第三条之规定，猛乌、乌得两地归属法国。

---

① 郭廷以、王聿均主编：《中法越南交涉档》第 6 册，2 315 条，3 985 页，台北，"中央研究院"近代史研究所，1962。

7. 勐赖、勐梭、勐蚌等大片国土沦于法越之手

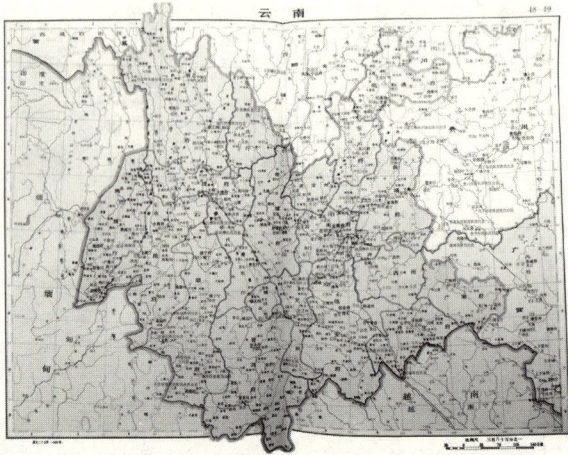

1820 年之云南地图（引自谭其骧主编：《中国历史地图集》，
北京：中国地图出版社，1982 年）

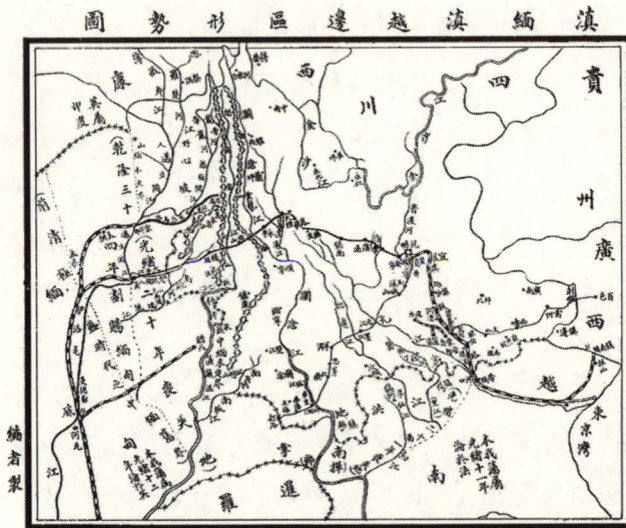

[引自陈玉科等编辑：《云南边地问题研究》（上），
昆明：云南省立昆华民众教育馆编印，1933 年]

清顺治十五年（1658 年）以降，清廷在云南省承袭明制，在边地设置长官司、土巡检、土舍、土掌寨（土司）等统治机构。明初，云南临安府南部有若干个小土司（勐）为沐氏勋庄。清顺治朝入吴三桂藩地。康熙二十六年（1687 年），这些小土司（勐）归临安府，共有勐喇、勐丁（今金平）、勐梭（今越南）、勐赖（今越南）、勐蚌、茨通坝（今金平）、五亩（今元阳）、五邦（今元阳）、者米（今金平）、勐弄（今元阳）、马龙（今元阳）、瓦遮（今元阳）、斗岩（今建水）、阿土（今建水）、水塘（今元阳）十五土掌寨，又叫江外十五勐地。临安府在每勐设掌寨管属土众，年纳籽种粮银，遇土舍事故，报县承袭，册籍俱存。①

嘉庆七年（1802 年）顺化阮氏统一越南南北伊始，便开始诱降云南边地各勐，并取得了一定成效，"芒齐、芒抉、芳芒、尊那依（以上属莱州）、芒揞（属黄岩州）、平芦峒（属绥阜州）请酋长相率归附"②。到了道光十年（1830 年），据云贵总督阮元向朝廷禀呈六猛边情：猛梭、猛赖等迫于越南的压力，既心向内地，又不得不与越南周旋，处于首鼠两端状态③。

光绪十二年（1886 年）六月，中法商定滇越段勘界办法八条。据此，滇越边界被划分为五段，自光绪十二年（1886 年）八月初至九月中旬，分别校图定界，九月二十二日（10 月 19 日），中、法勘界大臣签署勘界节略五项，后统称《滇越边界勘界节略》。

自光绪十二年（1886 年）六月至二十三年（1897 年）五月，中越两国协议和勘定中越边界之滇越段前后达 11 年。中国丧失了勐赖、勐梭、勐蚌等三勐之地。

① 陈肇奎修，叶涞纂：（康熙）《建水州志》卷2，康熙刻本；丁国梁修，梁家荣纂：《续修建水县志》卷2，民国二十二年（1933 年）铅印本。
② 第一历史档案馆藏，"军机处录副奏折外交类"，"嘉庆十一年正月照会越南国王文稿"。
③ 第一历史档案馆藏，"军机处录副奏折外交类"，"道光十年十月二十四日云贵总督阮元奏事折"。

8. 藏南9万、滇西北大片中国领土成为"有争议"土地

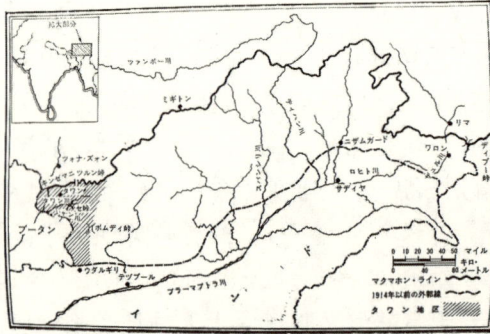

1914年前英印东北部边界线与麦克马洪线

引自［英］ネビル・マックスウェル著、［日］前田寿夫訳：
『中印国境紛争』、东京：时事通信社、1972年］

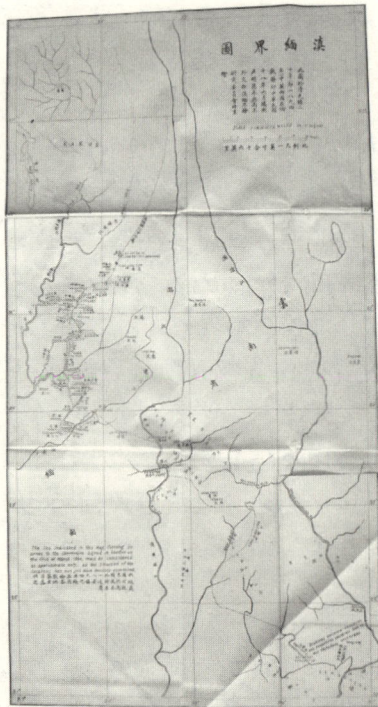

[引自陈玉科等编辑：《云南边地问题研究》（上），
昆明：云南省立昆华民众教育馆编印，1933年]

藏南、滇西北约十数万平方公里的中国领土之所以成为"有争议"土地，起源于一条无中生有的"麦克马洪线"。该线实际上就是英国图谋侵占西藏、云南的战略计划。英国占领印度后，欲利用青藏高原为世界制高点的战略地位称霸世界，故先后于1888 年、1903 年两次发动了侵略西藏的战争，逐步将西藏纳入其势力范围。1911 年辛亥革命爆发后，英国认为彻底攫取西藏，并将之与滇北江心坡等地连接成片的机会来临。英国的战略是首先以"西藏自治"名义将中国排除在西藏之外，尔后挑动"西藏独立"，将其纳入英国统治之下。

1913 年 10 月—1914 年 7 月，中国中央代表陈贻范、英印政府代表麦克马洪与西藏地方代表在印度西姆拉（今喜马偕尔邦境内）召开了会议。会议期间的 1914 年 3 月，英印与西藏代表以秘密换文的方式签署了事先策划好的"藏印边界"（麦克马洪线）条约。4 月，麦克马洪又让陈贻范草签了英方提出的《西姆拉条约》及附图，而"麦克马洪线"则作为西藏与中国其他地区界线的一部分被混入附图。

但这次会议因中国代表拒绝签字而没有产生任何成效，北洋政府与民国政府也从来没有承认过麦克马洪线，直至 1947 年印度独立及 1949 年民国政府退守台湾，这个边境问题都始终没有解决。1962 年 9 月 29 日，业已退守台湾的"中华民国政府"发表的声明说：历届中国政府从未承认过所谓"麦克马洪线"为中印疆界线。[①]

所谓的"麦克马洪线"，是指从不丹边境南部边界东端向东北行走，大致沿着喜马拉雅山分水岭山脊，东进至棒（Bum）山口，进入在洛隅。从此向东北方向行走，经过马及墩（Migyitun）南边的朗久村（Longju）以南平行至塔马顿（Tamaden）以南，

---

① 龚育之主编：《中国二十世纪通鉴（1901—2000）》，4 133 页，北京，线装书局，2002。

再东北行过蒙哥（Mongku）山口，东至永加普（Yonggyap）山口、岗利卡保（Kangrikarpo）山口，转而南行，进入察隅。在此穿过格累（Gri）山口，东行从喀耗（Kahao）以北横跨罗希特河，东行穿过达鲁克（Talok，又称底富山口，Diphu）山口，由此进入中国云南北部。在此向东北方向行走再转向东南，在北纬27度40分处跨过独龙（Taron）河向东南进至伊索拉希山口。①这是一条基本上毫无历史根据与法理依据，为了掠夺中国领土而人为制造的假设线，涉及今日中印边界东段及今中缅边界北段地区的界务问题。

　　这个"麦克马洪线"长达1 360公里，可分为中国西藏段与云南段。在西藏段，英国人将中印之间的传统习惯边界线向北推移160余公里的，约9万平方公里的中国领土被划入"麦线"以南。在滇藏段，英国人肆无忌惮地在中国的云南省内及滇藏二省之间划出所谓"国界"，其意图是将该线暂时作为边界，尔后从缅甸中部向北推进，一直推进到该段"麦线"，从而达到将滇藏之间界线变成中缅之间边界的目的。滇藏界线南部的野人山与高黎贡山之间、恩梅开江与迈立开江流域十数万平方公里土地为中国固有领土。

　　鉴于这条"麦克马洪线"在西姆拉会议上的破产，马上予以实施的可能性也不大，英印政府起初也没有着意继续纠缠此事。因此，该政府于1929年出版的与西藏有关的文件——《艾奇逊条约集》（第14卷）中未收入任何与"麦线"有关的内容。对于有关西藏的"纪事"，该条约集说："1913年，西藏、中国以及英国的全权代表在印度举行会议，试图解决有关中藏边境事宜，起草了三边条约，并于1914年草签。然而中国政府不准其全权

---

① 吕昭义：《英帝国与中国西南边疆：1911—1947年》，157～158页，北京，中国藏学出版社，2002。

代表进行正式签字"①。到了 20 世纪 30 年代后期，由于日本的猖狂侵略，中华民族已处于生死存亡的紧急关头，根本无暇顾及边境事宜。精明的英国人哪能放过这个千载难逢的实现"麦线"阴谋的机会？于是，英印政府于 1938 年 8 月收回并销毁了 1929《艾奇逊条约集》（第 14 卷本）的同时，伪造了 1929《艾奇逊条约集》（第 14 卷本）。在 1929 年伪造版本中，不但收入了"麦克马洪线"换文与并不生效的西姆拉条约，而且巧妙地修改了原"纪事"部分的关键内容：声称西姆拉会议"试图就西藏的国际地位，特别是关于三国政府的关系、西藏与中国，以及西藏与印度的边界，通过谈判达成了协议"。虽然中国没有批准该协议，但"英国和西藏政府通过发表一项接受条约条款，并对他们具有约束力的声明而批准了这个条约"，其中当然"包含了中藏和印藏边境的定界内容"②。

英国借日本侵华之机，通过伪造手段将"麦克马洪线"纳入出版物之中，企图吞并中国固有领土的卑劣之心昭然若揭。但正当英国准备施展手脚，欲毕其功于一役占领中国的藏南、滇北领土之际，欧战爆发。英国基于自身难保，需要中国帮助的考量，放慢了侵略中国领土的脚步。"二战"结束伊始，英属印度与英属缅甸分别于 1947 年和 1948 年独立。两国一方面声称反对英国殖民统治，另一方面对英国留下的侵略邻国领土的遗产如获至宝，并有着比英国还强烈的攫取邻国领土的意愿，更不吝使用武力予以实施。尤其是这条毫无历史根据与法理依据的"麦克马洪

---

① C. U. Aitchison, B. C. S., Under secretary to the government of India in the Foreign Department (compiled). A Collection of treaties, Engagements and Sanads: relating to India and neighbouring countries, VOL. XIV [Z]. Calcutta: Covernment of India Central Publication Branch, 1929, Kraus reprint, 1973. p. 21.

② 卡·古普塔：《中印边界秘史》，114 页，北京，中国藏学出版社，1990。另外，本部分内容还参考了吕昭义：《英帝国与中国西南边疆：1911—1947 年》（中国藏学出版社，2002，369~390 页）与康民军：《试析"麦克马洪线"问题的来龙去脉》[《首都师范大学学报（社会科学版）》，2002〈6〉] 等先行研究成果。

线"更是成为独立后的印度与缅甸求之不得的巨大遗产。耐人寻味的是，这两国都得到内外各种力量的有意无意地配合，均获得了连"麦克马洪线"臆想者——麦克马洪本人都意想不到的超巨大成功。冒险家麦克马洪近乎荒唐的构想，竟在刚刚获得独立的英国殖民地——印缅两国那里找到了知音，演变成了令人瞠目结舌的结果。

三、台湾海峡两岸的和平统一大业

如上所述，1820 年中国疆域底定后，相继丧失（或变成"有争议"）了三百四五十万平方公里左右的陆疆、2 个海域与所有属国（部）。那么，为什么会产生这种结局呢？首先，人所共知，清朝长时期闭关自守、妄自尊大、排斥先进的生产方式与科学技术，从而导致中国经济发展迟缓、科学技术落后、有国无防，而沙俄等列强恰恰在这时逼近中国边疆，宰割中国。另一个更重要的原因应该是晚清与民国时期始终处于内乱与内战状态。长期的内斗，不但严重地阻碍了中国社会经济的进步，也严重地消耗了中国国防力量，导致中国领土接连不断被沙俄等列强鲸吞、窃取、蚕食。兹举例说明之。

1851 年太平天国运动兴起，清廷为了镇压洪杨起事，只好将东北的八旗精锐几乎都调到了江南战场，致使关外防御体系空虚到了极点。这也是第二次鸦片战争期间，沙俄得以顺利地攫取东北 100 万平方公里陆疆与 2 个海疆的主要原因所在。也是同期中国在新疆丧失了 44 万平方公里领土的主要缘由所在。

1864 年以降的新疆各族人民起义、起事，在南疆引来了清朝属国——浩罕军官阿古柏之乱。结果，沙俄利用此机占领了伊犁。后来，沙俄虽然归还了伊犁城，但却以此为砝码，通过合法与非法的、明抢与暗窃等手段，又抢占了中国西北 7 万多平方公里的领土。

自 20 世纪 10 年代末期起，中国就陷入内战状态，先是军阀混战，后是第一、二、三次国内战争。这些旷日持久的内战，先是引来了日本侵略中国，尔后就是苏联利用日本占领中国半壁江山的机会，先是于 1944 年窃取中国固有的 17 万平方公里唐努乌梁海，后是于 1945 年蛮横地分割了 150 万平方公里中国固有的外蒙古领土。

由此可见，内战、内乱是丧失大片领土的主要原因之一。而今台湾海峡两岸分治，就是内战的产物。两岸为此耗费了大量的外交资源与政治能量，损失了巨额的经济利益，让唯利是图的邻邦得以从中坐收渔人之利，也让居心叵测的大国得以从中挑拨离间。现在已是"兄弟阋于墙，难御外侮"的时代，海峡两岸的中华民族子孙应当捐弃前嫌，共同为复兴中华民族之荣光而尽力，为统一祖先留下的基业而奔走。而两岸能否和平统一、如何统一，时刻考验着中华民族的智慧。

后　记

　　撰写本书的想法始于 2003 年末，起因于当时感觉到有关中国疆域与边疆史地的研究，无论是探讨范围，还是论说方法，大多是传统的历史学方法的延长，还没有完全脱离中国断代史，或中国通史，或地方史研究的范式。

　　于是，笔者便萌生了为"中国边疆学"划出一条学术边界，使其成为一个独立学科的想法。但研究如此长时段的、空间如此广阔的中国疆域演变与边疆形成过程，其所涉及的知识面，所需要的学术积累实在是太多了。所以，笔者在多年探索过程中，经常有力不从心、心力交瘁之感。尽管如此，经过多年的思考与摸索，逐步形成了有关中国边疆研究的思路，即首先寻找中国疆域最终奠定的时空坐标，尔后再探索中国边疆是如何形成的问题。

　　为此，笔者于 2006 年首先发表了《论中国疆域最终奠定的时空坐标》一文，将 1820 年推断为中国疆域最终奠定的时间坐标、将纂修于 1820 年的《嘉庆重修一统志》及该志所附"皇舆全图"所确定的领域推定为中国疆域最终奠定的空间坐标。在找到了这个时空坐标的基础上，便于同年底发表了探讨中国疆域与边疆是如何形成、带有总序性质的《构筑中国疆域的文明板块类型及其统合模式序说》一文，认为奠定于 1820 年的中国疆域是 2 000 多年间（前 200 年～1820 年）中国社会衍化的必然结果。这个最终奠定的疆域是由原本历史渊源不同、文化传承各异的"五大文明板块"经过长时间的物质交流、彼此征战、文化沟通，最终融合为一体的。各个文明板块在不同的历史时期所起的作用是不同的，统合"五大文明板块"的黏合剂，则是古代中国固有的人文地理条件与文化传统——"大一统"思想、"天下"观与"华夷同源"谱系等。

嗣后，笔者开始对每个文明板块的形成过程、各文明板块在中国疆域奠定过程中的地位问题，又作了较长时间的再检讨与细化，并逐步发表了相关文章，本书就是这些成果有机聚合的产物。

就笔者目力所及，从"文明板块"的视角，特别是从这些"文明板块"的自身特质和客观发展趋向的视角，探讨"五大文明板块"与古代中国国家建构之间关系的研究成果，目前还很少。尤其是探讨中国疆域得以奠定的内在动力、必然性及例外性，更是前人极少涉及的领域。但不可否认，虽然从上述视角专门研究这个课题的成果不多，然而涉及此课题，或与此课题有些许关系的成果却十分丰硕。这些先行研究成果，不但是本书研究框架得以构想的基础，也是这个框架最终成型的重要建筑材料之一。

如上所述，本书是由描述"五大文明板块"形成过程及特质的多篇文章聚合而成。这些论文的主旨并非是进行一些专门性与实证性的研究，而是拟借助于先行研究成果，特别是相关史料来构筑一个理论框架，并以长时段、大空间为切入点，将"五大文明板块"的自然地理、社会制度及宗教信仰等作为研究对象，考察"五大文明板块"的成因与特质，探索其在中国疆域形成过程中的作用。

为此，诚挚地感谢为本书提供了先行研究成果的人们，包括本书征引过或无意中遗漏的，提到过或无意中疏忽的人们。

　　另外，素常与学界同行及众多朋友，就边疆问题进行交流，在相互鼓励、彼此砥砺之中互有启发；有些难得一见的资料也都是学界同行与朋友们提供的，在此表示感谢。

　　近十年间有意识的边疆考察，以及在此之前20多年间作为个人兴趣爱好的边疆漫游，使我增加了许多见识，特别是对各地山川地貌、地理环境与风土人情的观摩与体味，获益良多。无论到何处考察或漫游，都有当地的同行、朋友相伴。如果没有这些实地考察，特别是没有朋友们的无私帮助，本书所描述的对象必然会缺乏真实性与现场氛围，可能会给人以纸上谈兵之感。在此，感谢这些帮助我完成考察的朋友们、同行们。

　　毋庸置疑，本书基本上还是一个阶段性的研究成果，实在不敢奢望其成为不刊之论。如果此项探索能够引起同行、各方人士的兴趣，并由此吸引更多的人来研究这一课题，实乃笔者之幸也。

　　期待着学界同行与各界人士的批评、指导，笔者将虚怀受教，诚挚感谢，以便于进一步修正和提高。

图书在版编目(CIP)数据

时空坐标、形成路径与奠定:构筑中国疆域的文明
板块研究/于逢春著. -- 哈尔滨:黑龙江教育出版社,
2012.7
　ISBN 978 - 7 - 5316 - 6563 - 2

　Ⅰ.①时…　Ⅱ.①于…　Ⅲ.①文化史—研究—中国
Ⅳ.①K203

中国版本图书馆 CIP 数据核字(2012)第 175090 号

时空坐标、形成路径与奠定:构筑中国疆域的文明板块研究
Shikong Zuobiao、Xingcheng Lujing Yu Dianding:Gouzhu Zhongguo Jiangyu De Wenming Bankuai Yanjiu

于逢春　著

选题策划	丁一平　华　汉
特约编审	吕观仁
责任编辑	华　汉　杨云鹏
封面设计	sddoffice.com
版式设计	王　绘　周　磊
责任校对	张　影
出版发行	黑龙江教育出版社
	(哈尔滨市南岗区花园街 158 号)
印　刷	山东临沂新华印刷物流集团有限公司
开　本	640 毫米×960 毫米　1/16
印　张	26.75
字　数	350 千
版　次	2012 年 12 月第 1 版
印　次	2013 年 4 月第 2 次印刷

书　号　ISBN 978 - 7 - 5316 - 6563 - 2　定　价　58.00 元

黑龙江教育出版社网址:www.hljep.com.cn
网络出版支持单位:东北网络台(www.dbw.cn)
如需订购图书,请与我社发行中心联系。联系电话:0451 - 82529593　82534665
如有印装质量问题,影响阅读,请与我社联系调换。联系电话:0451 - 82529347
如发现盗版图书,请向我社举报。举报电话:0451 - 82560814